ARGONAUTENSCHIFF
JAHRBUCH DER ANNA-SEGHERS-GESELLSCHAFT
BERLIN UND MAINZ E.V.

Anna Seghers: *Das siebte Kreuz*

ARGONAUTENSCHIFF

JAHRBUCH DER ANNA·SEGHERS·GESELLSCHAFT
BERLIN UND MAINZ E.V.

26 · 2018

ARGONAUTENSCHIFF
Jahrbuch der Anna-Seghers-Gesellschaft Berlin und Mainz e.V.

Herausgeber
Anna-Seghers-Gesellschaft Berlin und Mainz e.V.

Kontaktadresse
c/o Anna-Seghers-Str. 81, 12489 Berlin-Adlershof
oder vorsitz@anna-seghers.de

Alle Rechte für die Beiträge dieses Bandes liegen bei den Autorinnen
und Autoren.

Das Argonautenschiff dokumentiert die Verleihung des Anna Seghers-Preises
durch die Anna Seghers-Stiftung (Berlin).

Die Drucklegung dieses Bandes erfolgte mit finanzieller Unterstützung
der Anna Seghers-Stiftung (Berlin) und des Dezernats für Bauen,
Denkmalpflege und Kultur der Stadt Mainz.

Redaktion
Dr. Ulrike Schneider, Potsdam
Dr. Margrid Bircken, Seehausen
Dr. Ursula Elsner, Freiburg
Anja Jungfer, Berlin
Hans-Willi Ohl, Darmstadt

Texterfassung
Lea Wyrwal, Potsdam

Mit 40 Abbildungen

ISSN 1430-9211
ISBN 978-3-947215-35-5

Quintus-Verlag c/o Verlag für Berlin-Brandenburg,
Inh. André Förster, Binzstraße 19, 13189 Berlin
Umschlaggestaltung: Roland Berger nach einer Idee von Sigrid Bock
Satz: Ralph Gabriel, Berlin
Druck und Bindung: druckhaus köthen GmbH & Co. KG, Köthen

www.quintus-verlag.de

INHALTSVERZEICHNIS

Editorial 8

Verleihung des Anna Seghers-Preises

Moritz Malsch: Begrüßung 12
Marianne Grosse: Begrüßung 14
Dirk Knipphals: Keine Wegweiser. Laudatio auf Maren Kames 16
Maren Kames: Rede 23

Grussworte zur Jahrestagung

Hans-Willi Ohl: Anna Seghers: *Das siebte Kreuz*. Ein Roman als deutscher »Erinnerungsort« 34
Ernst Schäfer: Begrüßung 36

Beiträge zu den Theaterfassungen des Romans *Das siebte Kreuz* in Frankfurt am Main (2017) und Oberhausen (2018)

Hans-Willi Ohl: Gespräch mit dem Regisseur Anselm Weber zu *Das siebte Kreuz* am Schauspiel Frankfurt 40
Hans-Willi Ohl: Gespräch mit der Dramaturgin Sabine Reich zu *Das siebte Kreuz* am Schauspiel Frankfurt 47
Judith von Sternburg: Schauspiel Frankfurt. Was jetzt geschieht, geschieht uns 53
Norbert Abels: Gespräch über Bäume. Winterreisen und Todesreisen bei Anna Seghers und Franz Schubert 55
Ursula Elsner: Gespräch mit der Chefdramaturgin Patricia Nickel-Dönicke zu *Das siebte Kreuz* am Theater Oberhausen 68
Achim Lettmann: Auf der Flucht. *Das siebte Kreuz* am Theater Oberhausen 74
Ursula Elsner: *Bekenntnis zur Menschenwürde* oder: Zwischen Avantgardismus, Tradition und Nummernrevue. Zur Schweriner Uraufführung von *Das siebte Kreuz* – Mit einem Blick auf aktuelle Inszenierungen in Frankfurt am Main und Oberhausen 76

Beiträge zum Lesefest Frankfurt liest ein Buch

Sabine Baumann: Frankfurt liest ein Buch 2018. Anna Seghers: *Das siebte Kreuz* 86
Margrid Bircken / Rainer Dyk: *Das siebte Kreuz*. Auf den Spuren des Romans im Rheinhessischen 93

Helen Fehervary: Der biblische Themenbereich in Anna Seghers'
    Roman *Das siebte Kreuz*   113
Christiane Zehl Romero: Der »Schatten hinter den Grenzpfählen
    der Wirklichkeit«. Frauen im Roman *Das siebte Kreuz*   125
Ursula Elsner: Dem Häftling wird geholfen, der KZ-Aufseher
    flieht in den Tod. Eine vergleichende Betrachtung der
    Fluchtgeschichten von Heisler und Zillich   136
Uwe Wittstock: Als John F. Kennedy mal Anhalter mitnahm   149
Marie-Christin Flohr / Carsten Jakobi: Das siebte Manuskript.
    Die abenteuerliche Entstehungs- und Editionsgeschichte von
    Anna Seghers' Roman *Das siebte Kreuz*   151

WEITERE BEITRÄGE ZUM ROMAN *DAS SIEBTE KREUZ*

Christa Degemann: Erzählen von der Kraft der Schwachen.
    Anna Seghers: *Das siebte Kreuz – Der Ausflug der toten Mädchen*   166

TEXTDOKUMENTATION

Walter Kaufmann: *Lieutenant Murray* (1944/2018)   182
Max Zimmering: *Das siebte Kreuz* (1944)   183

SEGHERS-STUDIEN

Otmar Käge: Elli, Leni, Liesel, Eugenie, Grete, Gerda, eine Schneiderin,
    eine Hure, eine Garagistin, eine Kellnerin. Netty Reiling alias
    Anna Seghers und *Das siebte Kreuz*   186

AUS SCHULE UND HOCHSCHULE

Jan Müller-Wieland: Henzes »Enkel« – Im Fokus des Widerständigen.
    Ansichten zu Henzes 9. Sinfonie   192
Birgit Burmeister: Über den Umgang mit der Vergangenheit.
    Betrachtungen zur Lektüre der Romane *Nackt unter Wölfen*
    und *Das siebte Kreuz*   202

ANNA SEGHERS UND DIE BILDENDE KUNST

Monika Melchert: Gespräch mit Roland R. Berger   208

REZENSIONEN

Klaus Bellin: Das Widrige tapfer ertragen. Joy und Günther
Weisenborn: *Liebe in Zeiten des Hochverrats. Tagebücher
und Briefe aus dem Gefängnis 1942–1945*, hg. von Christian
und Sebastian Weisenborn und Hans Woller, München:
Verlag C. H. Beck 2017   218
Andrée Fischer-Marum: Dierk Ludwig Schaaf: *Fluchtpunkt
Lissabon. Wie Helfer in Vichy-Frankreich Tausende vor Hitler
retteten*, Bonn: Dietz-Verlag 2018   221
Monika Melchert: Rund um die Welt. Walter Kaufmann erinnert
sich an Menschen, die sein Leben beeinflussten. Walter
Kaufmann: *Die meine Wege kreuzten. Begegnungen aus
neun Jahrzehnten*, Berlin: Quintus-Verlag 2018   224
Hans-Willi Ohl: Anna Seghers und die Psychoanalyse. Neue Blicke
und Perspektiven: *American Imago. Psychoanalysis and
the Human Sciences. Exile and Memory*, hg. von Louis Rose,
Baltimore: JHU Press 2017   226
Hans-Willi Ohl: Träumen und Erzählen. Anna Seghers im
französischen Exil. Monika Melchert: *Wilde und zarte Träume.
Anna Seghers Jahre im Pariser Exil 1933–1940*,
Berlin: Bübül Verlag 2018   229

ERINNERUNGEN

Ulrich Kaufmann: Zwischen Böhmen und Utopia.
  Zum Tode des Jenaer Professors Hans Richter   232
Lutz Winckler: Artistik und Engagement.
  Erwin Rotermund 1932–2018   235

ZU UNSEREN AUTORINNEN UND AUTOREN   242

BILDNACHWEIS   248

EDITORIAL

1942, vor nunmehr 76 Jahren, erschien in Mexiko ein Buch, das zum Meilenstein in der deutschsprachigen Literatur des Exils werden sollte. Unter dem prägnanten Titel *Das siebte Kreuz* legte Anna Seghers einen Roman vor, der auf der Grundlage regionaler Ereignisse zu einem Teil der Weltliteratur wurde.

Sieben Häftlinge fliehen im Jahr 1937 aus einem deutschen, genauer gesagt rheinhessischen Konzentrationslager, nur einer, Georg Heisler, entkommt. Dies gelingt deshalb, weil viele Menschen ihm in unterschiedlicher Weise helfen, z. B. indem sie ihn nicht verraten, die Behörden in die Irre führen, alte Netzwerke aktivieren, um ihm einen Pass zu beschaffen, ihre Menschlichkeit bewahren. Der Roman wurde zu einem Symbol der Hoffnung auf die Überwindung des Nationalsozialismus durch die »Kraft der Schwachen« (Anna Seghers), deren Stärke nicht zu unterschätzen ist.

Wir sind im Rahmen unserer Mainzer Jahrestagung im November 2017 an einige der Originalschauplätze gefahren, die den fiktiven Fluchtweg von Georg Heisler im Roman markieren. Unser Ziel war es, im Sinne der Konzeption der »Erinnerungsorte« von Pierre Nora, der Frage nachzugehen, welche Erkenntnisse uns das Aufsuchen dieser Orte ermöglichen kann. Finden wir dadurch einen anderen oder neuen Zugang zu einem Text, der uns doch eigentlich vertraut erscheint, den wir doch eigentlich kennen?

Margrid Bircken (Textauswahl) und Rainer Dyk (Fotos) haben dies auf ganz eigene Weise versucht, indem sie im Vorfeld der Tagung den Spuren des Romans in Rheinhessen, Mainz und Frankfurt am Main nachgegangen sind. In ihrer Ausstellung, die auch im Rahmen des Lesefestes Frankfurt liest ein Buch gezeigt wurde, haben sie in eindrucksvoller Weise eine dialektische Spannung zwischen dem Romantext und den heutigen Bildern evoziert, die Bezüge und Brechungen zwischen dem damals Geschehenen und dem heute Erkennbaren thematisiert.

Unser Weg im November 2017 führte zunächst in den Mainzer Dom, der zu Beginn des Romans eine zentrale Rolle spielt. Hier findet der verletzte und fiebernde Georg Heisler für eine Nacht Obdach. Eine eindrucksvolle Lesung des Dom-Kapitels durch die Schauspielerin Gaby Reichardt und verschiedene Gänge durch den Dom trugen zur Erschließung der Romanhandlung bei.

Abweichend von der Chronologie des Romans fuhren wir nach Mainz-Kostheim in die Gaststätte Zum Engel. »Dort« wurde auch Georg Heisler beköstigt (u. a. mit Most), bevor er das rettende Schiff nach Holland bestieg. Den Abschluss bildete ein Besuch in der Gedenkstätte des ehemaligen Konzentrationslagers in Osthofen. Im Rahmen einer Führung stand dort der Ausgangspunkt der Flucht im Mittelpunkt, und es wurde zugleich auf die Vielfalt der Häftlingsschicksale und die Langwierigkeit ihrer historischen Aufarbeitung verwiesen.

Zeitgleich zu unserer Tagung hat das Schauspiel Frankfurt als westdeutsche Premiere eine sehr erfolgreiche dramatisierte Version des Romans *Das siebte Kreuz* in sein Programm aufgenommen. Wir beziehen uns darauf mit einer exemplarischen Kritik aus der *Frankfurter Rundschau* sowie exklusiven Interviews mit Sabine Reich, die die Textfassung erarbeitet hat, sowie Anselm Weber, dem Regisseur der Inszenierung. Da auch das Theater in Oberhausen eine eigene Fassung des Romans herausgebracht hat, sprechen wir mit der Chef-Dramaturgin Patricia Nickel-Dönicke über die Inszenierung und dokumentieren eine Kritik aus dem *Westfälischen Anzeiger*. Eine vergleichende Betrachtung von Ursula Elsner setzt schließlich diese beiden aktuellen Fassungen mit der Schweriner Erstaufführung aus dem Jahr 1981 in Beziehung.

Zudem stellte die Initiative Frankfurt liest ein Buch den Roman im April 2018 in den Mittelpunkt ihres alljährlichen Lesefestes. Auch diese Veranstaltung wurde zu einem großen Erfolg. Dies zeigt Sabine Baumann, die Vorsitzende des Vereins Frankfurt liest ein Buch, eindrucksvoll in ihrem Beitrag. Auch Mainz beteiligte sich in vielfältiger Weise an dem Veranstaltungsmarathon zum Roman, u. a. mit einer Lesung im Mainzer Dom, die von ca. 600 Mainzer Schülerinnen und Schülern besucht wurde. Wir präsentieren im Jahrbuch einige der Vorträge, die im Rahmen dieser einzigartigen Veranstaltungsreihe gehalten wurden, sowie weitere vom Tagungsthema inspirierte Beiträge zum Roman *Das siebte Kreuz*. All dies zeigt, dass dieser auch in der heutigen Zeit nichts von seiner Faszination verloren hat.

In diesem Jahrbuch finden Sie darüber hinaus die Dokumentation der Preisverleihung durch die Anna Seghers-Stiftung und Rezensionen zu literarischen Neuerscheinungen, die den Blick über die Seghers-Forschung hinaus weiten. Für die Mitglieder der Anna-Seghers-Gesellschaft liegt diesem *Argonautenschiff* die Reproduktion eines Farblinolschnittdrucks von Roland R. Berger mit dem Titel *Zu Anna Seghers »Das siebte Kreuz«, 2017* bei.

Verleihung des Anna Seghers-Preises 2017 an Maren Kames, v. l. n. r.: Jean Radvanyi, Maren Kames, Dirk Knipphals, Moritz Malsch, Foto: Rainer Dyk

VERLEIHUNG DES ANNA SEGHERS-PREISES

Moritz Malsch
BEGRÜSSUNG

Liebe Frau Dr. Grosse, liebe Frau Plättner,
lieber Jean Radvanyi, liebe Maren Kames, lieber Dirk Knipphals,
liebe Mitglieder der Anna-Seghers-Gesellschaft,
sehr geehrte Damen und Herren,

der Anna Seghers-Preis geht auf Anna Seghers' testamentarische Verfügung zurück, dass mit den Mitteln aus ihrem Nachlass Nachwuchsautorinnen und -autoren aus dem deutschen Sprachraum sowie Lateinamerika, dem Kulturraum ihres Exils, gefördert werden sollen. Er wird in diesem Jahr – wenn man die Anfangsjahre, in denen der Preis noch ein von der Ostberliner Akademie der Künste verliehenes Stipendium war, mitrechnet – zum 30. Mal verliehen. Ich habe dieses kleine Jubiläum genutzt, um einen Blick zurückzuwerfen und zu fragen: Was ist eigentlich aus unseren Preisträgerinnen und Preisträgern geworden?

Selbst wenn Sie die Liste der Literaturnobelpreisträger anschauen, finden Sie Namen, die einem durchschnittlich literarisch Gebildeten nach einigen Jahrzehnten nichts oder nur wenig sagen. Der Seghers-Preis hat sich hier durchaus achtbar geschlagen. Beim Anna Seghers-Preis, der sich ja als Nachwuchspreis versteht, gibt es alle Varianten: Die Autoren, die später berühmt wurden und die wichtigsten Preise einheimsten; diejenigen, die gemessen an äußerlichen Ehrungen und finanzieller Entlohnung erfolglos weiterschrieben; auch einige wenige, die verstummten oder ihre Ideale und Ziele mit anderen Mitteln weiterverfolgten als mit der Feder.

Hier ein kleiner, eklektischer Rundgang durch die Preisträger und Stipendiaten der vergangenen Jahrzehnte. Beginnen wir mit zwei sehr unterschiedlichen Stipendiatinnen aus dem Jahr 1987: Kerstin Hensel, für die das Anna-Seghers-Stipendium gleichsam der Auftakt zu einer bis heute andauernden, literarisch sehr produktiven und an Auszeichnungen nicht armen literarischen Karriere war, und die Nicaraguanerin Gioconda Belli, heute eine der international renommiertesten lateinamerikanischen Autorinnen, die damals schon als Lyrikerin bekannt war.

Auch Kathrin Schmidt ist eine der frühen Anna-Seghers-Stipendiatinnen, sie hat mit ihrem literarischen Werk seit vielen Jahren dauerhafte Anerkennung erfahren und dafür Ehrungen erhalten, hat nie aufgehört zu schreiben und zu publizieren. Vielleicht war für sie das Anna-Seghers-Stipendium seinerzeit eine Bestärkung zur rechten Zeit.

Reinhard Jirgl – Anna Seghers-Preisträger 1990 und Büchner-Preisträger 2010 – ist mit seinem Werk, das für den Literaturbetrieb der DDR einst zu experimentell war, ein literarischer Sturkopf im besten Sinne.

Springen wir zu Ulrich Peltzer, dem Preisträger des Jahres 1997, heute Direktor der Literatursektion in der Berliner Akademie der Künste und unter vielen anderen Ehrungen letztes Jahr mit dem Kranichsteiner Literaturpreis ausgezeichnet. Oder der spätere Bachmannpreisträger Lutz Seiler, der den Anna Seghers-Preis 2002 erhielt.

Der derzeit vielleicht bekannteste und erfolgreichste ehemalige Seghers-Preisträger ist Jan Wagner, Anna Seghers-Preis 2004, Kranichsteiner Literaturpreis 2011, Preis der Leipziger Buchmesse 2015 und Büchner-Preis 2017, er gilt aktuell als einer der wichtigsten deutschsprachigen Lyriker und als »Poeta doctus« seiner Generation. Und angesichts der Aufmerksamkeit, die die jüngsten Preisträgerinnen Olga Grjasnowa und Nino Haratischwili innerhalb der Literaturszene bereits jetzt erfahren, bin ich optimistisch, dass sie die Reihe der erfolgreichen, schaffensfreudigen und prominenten Preisträgerinnen und Preisträger fortsetzen.

Wozu dieser kleine Rückblick? Er soll nicht dazu dienen, uns selbst auf die Schulter zu klopfen, und auch nicht nur, um die glückliche Hand unserer jeweiligen Jurorinnen und Juroren zu preisen. Vielmehr soll die genannte Auswahl verdeutlichen, was eine solche Auszeichnung für junge Autorinnen und Autoren neben der finanziellen Entlastung bedeuten kann. Sie gibt Anerkennung in einer Phase des Schriftstellerdaseins, in der man sich vielleicht schon ganz der poetischen Profession verschrieben hat, aber stets mit vielen anderen um Aufmerksamkeit und Anerkennung konkurriert und manchmal Schwierigkeiten hat, Gehör zu finden. Sie soll bestärken und zum Weiterschreiben ermutigen, soll ein Signal setzen, dass die Mühe sich lohnt. Genauso wie es Anna Seghers erfahren hat, als sie 1928, mit 28 Jahren, den Kleist-Preis erhielt.

Doch auch diejenigen Preisträgerinnen und Preisträger, denen, sei es aufgrund exzentrischer und experimenteller literarischer Position, bewusst gewählten Rückzugs oder aus anderen Gründen, nicht die konventionellen Ehrungen des Literaturbetriebs zuteilwurden, die aber dennoch unbeirrt ihren literarischen Weg fortsetzten, und auch die wenigen, die kurze Zeit nach dem Anna Seghers-Preis literarisch verstummten, halten wir in Ehren. Geehrt wurden sie für das Talent und die Haltung, die sie zum Zeitpunkt der Preisverleihung bereits durch ihr bisheriges Werk erkennen ließen, und zu dem Zweck, sie zum Durchhalten und zum Weiterschreiben zu ermutigen.

Ohne der Laudatio vorgreifen zu wollen, freue ich mich dieses Jahr über eine Preisträgerin, die bereits mit ihrem Debüt eine gänzlich eigene Stimme, ja eine eigene moderne literarische Form gefunden hat. Ich bin neugierig darauf, wohin dieser Ansatz sie in den nächsten Jahren führen wird, und hoffe, dass die Wertschätzung, die in dieser und den übrigen Ehrungen der jüngsten Zeit zum Ausdruck kommt, ihr Schreiben weiter beflügelt.

Ich danke Dirk Knipphals für seine gelungene Auswahl und übergebe das Wort an die Mainzer Kulturdezernentin, Dr. Marianne Grosse.

Vielen Dank.

Marianne Grosse
BEGRÜSSUNG

Sehr geehrte Frau Plättner,
sehr geehrte Frau Kames,
meine sehr verehrten Damen und Herren,

1920 schreibt sich Netty Reiling, Absolventin der Höheren Mädchenschule zu Mainz, an der Universität Heidelberg ein und belegt zunächst die folgenden Fächer: Allgemeine Geschichte im 19. Jahrhundert, Chinesische Umgangssprache, Sozialtheorie des Marxismus, Moderne Entwicklung in China und Japan und schließlich Einführung in die ägyptische Kunst.

Diese Fächervielfalt lässt bereits erahnen, dass sich hier ein junger Mensch auf eine große Reise durch die Welt des Wissens, der Kunst und der gesellschaftlichen Lebensformen begibt. Wer sich mit der Biographie von Anna Seghers näher auseinandergesetzt hat, kennt das Foto, auf dem die Studentin Netty in einem chinesischen Kostüm zu sehen ist.

Beim Anblick des Bildes spürt man regelrecht, dass die große Vorstellungskraft und Kreativität Netty Reilings in irgendeiner Weise einen künstlerischen Niederschlag finden musste. Es verwundert daher nicht, dass bereits kurz nach ihrer Promotion im November 1924 in der Weihnachtsausgabe der *Frankfurter Zeitung* und im *Handelsblatt* die Erzählung *Die Toten auf der Insel Djal. Eine Sage aus dem Holländischen* erscheint. Es ist die erste Erzählung in ihrem Werk, geschrieben und veröffentlicht ganz selbstbewusst unter dem Pseudonym »Seghers«. Und auch wenn sich hier ein neuer Weg auftat: Die Sagen und Märchen sollten sie auch Jahre später noch beschäftigen.

So schreibt sie in einem Brief vom Juli 1938, in dem sie sich an ihre brennend intensiven Erlebnisse in Spanien erinnert:

»Ob ich das riesendicke Novellen-Sagen-Märchen-Buch werde hintereinanderschreiben können, wie ich einmal wollte, erscheint mir ganz zweifelhaft. Und vor allem aus praktischen Gründen. Also schreibe ich die kurzen Sachen zwischendurch und jetzt vor allem ein kleines Buch, einen kleineren Roman.«

Diese Lust, sich gedanklich in neue Welten zu begeben – sie wird in den Texten von Anna Seghers, finde ich, immer wieder ganz stark spürbar. Wenn wir in der Erzählung *Der Ausflug der toten Mädchen* oder im Roman *Das siebte Kreuz* sehen, mit welch plastischen Bildern Anna Seghers ihre rheinhessische Heimat und Landschaft vor dem inneren Auge des Betrachters entstehen lässt, dann ist das eine geniale Wortmalerei, die die Leser mit wenigen Sätzen in vertraute und doch neue Welten eintauchen lässt.

Wären die Texte von Anna Seghers nur den gesellschaftskritischen Inhalten ihrer Zeit gewidmet, dann wäre aus Netty Reiling vielleicht eher eine

Journalistin geworden. Aber diese eindringliche Verknüpfung von Gesellschaftsfragen und politisch-sozialer Kritik mit den stetig präsenten Bildern innerer Landschaften, das ist es, was das Werk Anna Seghers' ausmacht. Und ich meine, genau diese Wortmalerei, dieser Aufbruch ins bekannt Unbekannte ist im Debütwerk unserer Preisträgerin Maren Kames auch zu erleben.

Der Aufbruch ins Unbekannte. Wenn in Ihrem Debütwerk, liebe Frau Kames, die weiße, rechteckige Landschaft der Buchseiten zu einer Projektionsfläche für subjektive Kopflandschaften wird, dann spielen Sie mit zahlreichen poetischen und virtuellen Ebenen, die über das Medium Buch weit hinausgehen und *Halb Taube halb Pfau* damit zu einem ganz besonderen Werk machen. Oder noch besser gesagt: zu einem Gesamtkunstwerk. Denn hier trifft der literarische Text auf eine bis ins Detail durchdachte bibliophile Verarbeitung des Objekts »Buch« und auf eine Typographie, die ihrerseits zum bewussten Teil und Stilmittel des Großen Ganzen wird. Ich möchte der Laudatio nicht vorgreifen, in der Herr Kniphals das Werk unserer Preisträgerin gleich sicher noch viel genauer erläutern wird.

Liebe Frau Kames, es freut mich sehr, dass Sie heute in Mainz, dem Geburtsort von Anna Seghers, diesen wichtigen Literaturpreis erhalten, und ich beglückwünsche Sie dazu sehr herzlich. Ich hoffe, dass dieser Preis einen Impuls für Ihre weitere literarische Karriere gibt und wünsche Ihnen für Ihr weiteres künstlerisches Schaffen viel Energie, Glück und Erfolg.

Dirk Knipphals
KEINE WEGWEISER
LAUDATIO AUF MAREN KAMES

Liebe Maren Kames,
liebe Mitglieder der Anna-Seghers-Gesellschaft,
liebe Leserinnen und Leser,
liebe Sonstige,

»Es gibt hier keine Wegweiser«, heißt es einmal in dem Band *Halb Taube halb Pfau* von Maren Kames.

Als Leser kann man an dieser Stelle kurz innehalten und so etwas denken wie: Ja, das kann man wohl so sagen. Denn man bezieht diese Aussage sogleich auf den Text selbst, der viele Richtungen kennt, weiße Ebenen, die durchquert werden müssen, eine Menge Abzweige, aber eben keine Wegweiser. Es gibt ja noch nicht einmal Seitenzahlen.

Texte, in denen man sich verlaufen kann, vielleicht verlaufen muss, womöglich auch verlaufen soll, brauchen Möglichkeiten, immer wieder neu in sie hineinzukommen; sonst gehen ihnen ihre Leserinnen und Leser schnell verloren. *Halb Taube halb Pfau* bietet viele solcher Möglichkeiten. Es ist erstaunlich, wie schnell hier die Sprache, der doch immer wieder die Zusammenhänge wegbrechen, ein Eigengewicht entwickelt, das einen gleich wieder in den Text reinholt. Einstiege in den Text sind für mich etwa einzelne Sätze: »Sehen Sie hier: Das Blaue vom Himmel.« So ein Satz entwickelt gleich eine Aura, einen Wallungswert. Es gibt auch seltsame, fremde, geheimnisvolle Sätze: »Ich habe einen See in den Hof geworfen.« Man stutzt oft beim Lesen.

Einstiege sind auch einzelne Absätze, etwa der, in dem auf einer Seite eine ganze Kindheit aufscheint, »Gras im Hemd, bis zu den Knien im Bach, Zehen im Matsch«. Es ist eben keine hohe, singende Sprache, die hier inszeniert wird, sie ist vielmehr sehr konkret und kann beim Lesen sehr konkrete Bilder hervorrufen. Manchmal holen mich auch Variationen und Wiederholungen in den Text hinein. Etwa die Motivkette: »Ich möchte etwas, das unter Einsatz des ganzen Körpers entsteht.« Und 15 Seiten später: »Ich möchte etwas, das unter Einsatz aller Register zustande kommt.« 22 Seiten später: »Ich möchte etwas, das im Regen entsteht.« Wiederum zwölf Seiten später: »Ich möchte eine Regung. Ich möchte etwas, das unter Einsatz des ganzen Körpers zustande kommt.« Hier berührt einen nicht nur die Schönheit einzelner Sätze, man fühlt sich auch belohnt durch das Aufspüren solcher Ketten.

Manchmal sind es auch die Motive selbst, die einen schnell beschäftigen können. Das Motiv der leeren, weißen Landschaft. Die Landschaft, die an ihren Nahtstellen zerreißt. Der Südpol. Das Motiv, wie Steine über das Wasser geflippt werden. Oder es sind Bilder von Verlorenheit, die sich immer wieder dazwischendrängen: »Du ziehst die Knie an, du klemmst den Kopf dazwischen, dann gehst du tanzen.«

Es würde mir schwerfallen, solche unterschiedlichen Sätze und Motive auf *einen* Punkt zu bringen. Es gibt vielmehr unterschiedliche Punkte. Das Schillernde der Sprache zieht einen an. Die Lust am Spiel mit ihr, das gute Gehör dabei. Außerdem berufe ich mich manchmal auf etwas, was der Philosoph Martin Seel die »Ästhetik des Erscheinens« genannt hat. Also nicht die Ästhetik der Erscheinung, sondern des Erscheinens: die Kunst, etwas Flüchtiges für einen Moment als schön und ungeheuer präsent erscheinen zu lassen. Ein Paradebeispiel wäre Brechts Wolke, die »ungeheuer oben« am Himmel steht. Auch diese Kunst beherrscht Maren Kames. »Stehe hier an meinem See, halte meine offene Hand in den Regen und warte auf die Schwäne.« Solche Momente entwickeln in diesem Buch große Präsenz – und vergehen leise wieder.

Und was mich auch immer wieder in den Text zieht, ist das Selbstbewusste dieser Versuche. So tastend die Texte auch sind, dahinter weiß man doch immer einen selbstsicheren Willen zum Ausdruck. Dass das ein Debütband ist, glaubt man manchmal einfach nicht. Und es ist eine Selbstsicherheit, die erarbeitet ist, die durch den Zweifel entsteht, ob der Satz, das Wort wirklich gut steht und gut klingt, so wie er ist.

Die PreisträgerInnen des Anna Seghers-Preises sollen laut Satzung »den Wunsch haben, mit den Mitteln der Kunst zur Entstehung einer gerechteren menschlichen Gesellschaft beizutragen, in der gegenseitige Toleranz und Hilfsbereitschaft der Menschen aller Kulturen im Mittelpunkt stehen«. Nun ist Maren Kames keine in direktem Sinn politische Autorin. Ich habe die Preisvorgaben, wie Sie sich möglicherweise auch bereits selbst gedacht haben, also weit ausgelegt.

Lassen Sie mich, um das zu begründen, zunächst kurz erzählen, wie es mir mit meiner Jurorentätigkeit in diesem Fall ergangen ist. Es ist, habe ich festgestellt, ziemlich seltsam, alleiniger Juror zu sein. Ich war bereits Juror beim Deutschen Buchpreis, auch beim Leipziger Buchpreis, und in solchen Konstellationen, als ein Juror von sieben, wappnet man sich für langwierige Diskussionen und komplizierte intersubjektive Gruppenprozesse. Man weiß vorher wirklich nicht, was aus solchen Diskussionen herauskommt.

Auf genau solche Abwägungsprozesse habe ich mich nun automatisch auch eingestellt, diskutierst du halt mit dir selber, habe ich gedacht, ich habe eine Datei angelegt, Namen von Kandidaten hineingeschrieben, Gründe für und gegen einzelne Kandidaten hinzugeschrieben, habe mich umgehört – und irgendwann habe ich festgestellt: So laufen Entscheidungen, die man allein zu verantworten hat, einfach nicht, jedenfalls bei mir nicht. Irgendwann habe ich eingesehen, dass ich mich sowieso längst entschieden hatte, nämlich für Maren Kames. Die wirklich interessanten Entscheidungen im Leben sind ja vielleicht sowieso diejenigen, die man sich nicht restlos erklären kann.

Als ich über Gründe nachdachte, habe ich festgestellt, dass ich die Geschichte, die diese Autorin jetzt schon umgibt, sehr schön finde. Und als Moritz Malsch mich fragte, ob ich der diesjährige Juror des Anna Seghers-Preises sein wolle, sah ich offenbar die Möglichkeit, auf meine Art Teil dieser Geschichte zu werden.

Die Geschichte begann für mich vor vier Jahren, 2013, beim Open Mike im Veranstaltungsort Heimathafen in Neukölln. Meine Zeitung, die *taz*, kooperiert mit diesem Wettbewerb, indem wir eine Leserjury organisieren und einen Leserpreis vergeben. Ich betreute damals diese Leserjury. Und Maren Kames war eine der Vorlesenden, mit einem Text, von dem sich Teile in dem Buch *Halb Taube halb Pfau* wiederfinden lassen.

Kurz und gut, Maren Kames gewann den Leserpreis, und nicht nur das, sie gewann auch den Lyrikpreis der professionellen Jury von Schriftstellerkollegen. Und das mit diesem Text, der doch alles andere als eingängig ist und über den sich viel sagen lässt, aber ganz gewiss nicht, dass er den Verdacht unterfüttern könnte, bei solchen Wettbewerben wie dem Open Mike hätten nur oberflächliche und kalkulierte Mainstreamtexte eine Chance.

Die Geschichte ging weiter. Zu dem *taz*-Publikumspreis gehört, dass der Text in unserer Zeitung abgedruckt wird. Ehrlich gesagt, ich hatte Angst davor, mit diesem Text in unsere Layoutabteilung zu gehen, in die Abteilung, in der die Zeitung gestaltet und produziert wird. Denn schon sozusagen einfache Lyrik wirft in der Zeitungsproduktion Probleme auf; der Zeilenfall passt nicht in die Spaltenbreite und manches mehr, das ist manchmal einfach schwierig. Sie können sich vielleicht vorstellen, wie schwierig das erst bei einem Text von Maren Kames ist, in dem Zeilen die volle Breite von zwei Seiten einnehmen können, in dem sowohl die vertikale als auch die horizontale Stellung von Sätzen wichtig ist, in dem die Abstände zwischen den Textblöcken variieren usw. Kurz: Ein Layouter war einen ganzen Tag lang damit beschäftigt, nur diesen einen Text einzurichten und dabei immer wieder das Redaktionssystem der *taz* auszutricksen. Wenn man den Kollegen mit so etwas kommt, können sie einen manchmal groß angucken, und man weiß als Redakteur genau, was sie jetzt denken. Sie denken: Ok, ich mache es, aber damit das mal klar ist, ich glaub, du spinnst!

In diesem Fall war das nun aber anders. Der Layouter hatte den ganzen Tag gute Laune. Einzelne Sätze aus dem Text rief er immer wieder durch den Raum und freute sich am Rhythmus der Sätze, an den ungewöhnlichen Wendungen, und irgendwie freute sich bald das ganze Großraumbüro mit. Ein bestimmter Vers wurde noch tagelang wiederholt. Er findet sich auch jetzt in dem Buch wieder. Der Satz lautet: »und wieder nichts im Haus / außer Chips.«

Es war wirklich so. Wenn der Layouter und ich Feierabend hatten und nach Hause gingen, riefen wir uns das eine Zeit lang zu: »und wieder nichts im Haus / außer Chips.« Irgendwie ist der Satz traurig, aber er tröstet auch. Manchmal steckt das ganze moderne, fordernde Großstadt- und Beziehungsleben in so einem Satz.

Und die Geschichte ging natürlich noch viel weiter. Maren Kames erhielt Stipendien. Es kam zu einer Ausstellung im Literaturhaus Stuttgart, die ich selbst nicht gesehen habe, von der man aber begeisterte Berichte im Internet nachlesen kann. Und vor allem habe ich mich schließlich gefreut, als ich das Buch gesehen habe und in Händen halten und durchblättern konnte. Es ist wirklich einfach nur großartig, dass sich hier ein Verlag dazu entschlossen hat, dieses Kunstwerk von Buch zu machen. Und es ist eine glückliche Fügung, dass die Buchgestalter Erik Spiekermann und Ferdinand Ulrich offenbar Lust hatten, dabei alle Register zu ziehen.

Wir erinnern uns: »Ich möchte etwas, das unter Einsatz aller Register zustande kommt.« Das ist bei diesem Buch der Fall. Der Umschlag mit diesem schillernden Effekt. Das Format, das zugleich etwas Ungewöhnliches wie das Selbstverständliche eines schlichten Notizbuches hat. Das dichte Papier. Das satte Schwarz dieser klaren Schrift. Die Links zu den Audiodateien auf Soundcloud, die man aufrufen kann. Das alles atmet große Sorgfalt, das Buch ist mehr als nur eine Bühne für den Text, es macht den Text zu einer Art Installation. In dem Buch kommen Wendungen wie »Sehen Sie« und »Hier haben Sie« immer wieder vor. Diese Wendung möchte ich aufnehmen und Sie auffordern: Sehen Sie das Schöne an dieser Geschichte. Manchmal will es mir scheinen, dass sie, wenn man so will, geradezu etwas Märchenhaftes hat. Da hat eine Autorin einen Text geschrieben, der so eigenwillig ist, der erkennbar so wenig auf Trends setzt oder auf Themen – und der dennoch oder vielleicht auch gerade deswegen die Menschen, die ihm nahekommen, inspirieren kann.

Ich kann nicht anders, als diese Geschichte als einen dieser leisen, aber doch auch beharrlichen Triumphe des Literarischen zu begreifen, die es manchmal offensichtlich eben gibt. Irgendwie hat das tatsächlich etwas Märchenhaftes. Ich glaube sehr fest, dass man sich in unserer Zeit der vielen schnell geschriebenen Bücher – manche meiner literaturkritischen Kollegen sprechen von literarischer Überproduktion – gerade an solchen Ereignissen der Ernsthaftigkeit und des Sprachvertrauens, wie sie dieses Buch darstellt, festhalten sollte.

Es hat sich in den vergangenen, sagen wir dreißig Jahren – das ist der Zeitraum, den ich einigermaßen selbstbestimmt überblicke – an der Basis des Literarischen und des Schriftstellerseins einiges getan, das vielleicht noch nicht genug durchdacht worden ist. Und zwar ist das Kreativsein von etwas, das nur wenigen Menschen zugestanden wurde – den Künstlern, den Genies – zu etwas geworden, das viel mehr Menschen betrifft.

Das hat große Vorteile. Ein Schulfreund von mir ist tatsächlich von seiner Mutter noch zum Arzt gebracht worden, weil er so viel las. Die Mutter war sehr nett, aber ihr Sohn war halt der Erste in ihrer Familie, der aufs Gymnasium ging. Da stimme doch was nicht mit dem Jungen, hat sie bei seinem ständigen Lesen befürchtet. Und es ist ja auch nicht gut für die Augen. Wenn Sie das im Umfeld heutiger Leseförderung bereits im Vorschulalter erzählen, schauen Sie in ungläubige Gesichter; aber das war so, und es ist erst ein, zwei Generationen her.

Um ein Buch zu schreiben, musste man sich bis vor kurzer Zeit noch selbst als Genie verstehen und überfordern. Der Schriftsteller Rainald Goetz hat von einer Picasso-Latte gesprochen, unterhalb von Pablo Picasso oder Franz Kafka oder Thomas Bernhard oder Ingeborg Bachmann hatte alles keinen Wert.

Das hat sich zum Glück gewandelt. Lange Zeit hat man gedacht, Schriftsteller seien besondere Menschen, die schreiben »müssen«, irgendwo zwischen narzisstischer Selbstbeschäftigung und Genialität oder auch weil es nun einmal ihre Natur ist. Inzwischen kann man es aber auch so sehen, dass sehr viele junge Menschen zunächst schreiben, und sei es ein jugendliches Tagebuch, das gehört vielleicht einfach auch zu einer gegenwärtigen Individualisierung in unserer komplex gewordenen Gesellschaft dazu; dass die meisten von ihnen aber irgendwann auch wieder aufhören, spätestens dann, wenn der Beruf und die Familiengründung anstehen. Schriftsteller wären dann also diejenigen, die einfach nicht aufhören.

Es gibt aber auch Nachteile oder sagen wir lieber spezifische Schwierigkeiten dieser Verallgemeinerung des Kreativen. Kreativsein wird damit nämlich wenigstens teilweise zu einem Imperativ. Man *will* nicht mehr nur kreativ sein, man *muss* auch kreativ sein wollen. Die einstmals elitäre und oppositionelle Orientierung am Kreativen (»Phantasie an die Macht!«) ist längst, so schreibt der Soziologe Andreas Reckwitz, »allgemein erstrebenswert und zugleich für alle verbindlich geworden«. In diesem Zusammenhang interessiert mich das Sperrige und das Eigenwillige an den Texten von Maren Kames. Als ein Ausdruck der Verallgemeinerung des Kreativen wird ja vielen jungen Autoren inzwischen das Angebot gemacht, sich einmal auszuprobieren, an den Studiengängen in Leipzig und Hildesheim beispielsweise. Und in diesem Rahmen gibt es auch, wenn ich recht sehe, einige Angebote, sich eine klare Autorenidentität zuzulegen, sei es als dystopischer Jungschriftsteller, Sprachrohr ihrer Generation oder als Grenzgängerin zwischen den Kulturen oder dergleichen.

Entschuldigen Sie, ich möchte nicht zynisch erscheinen, aber gerade deutsche SchriftstellerInnen haben das Schicksal, dass sie schnell gelabelt und mit eindeutigen Autorenidentitäten geführt werden. Das hat auch etwas Enges. Belohnt werden in unserem Literaturbetrieb Bücher und Autoren, die sich eindeutigen Schubladen zuordnen lassen. Um das Bild von Maren Kames zu variieren: Vielleicht gibt es gegenwärtig im Literaturbetrieb nicht zu wenige, sondern im Gegenteil zu viele Wegweiser, und sie alle zeigen gerade Richtungen und keineswegs Umwege und alternative Möglichkeiten an. Fragen Sie mal Feridun Zaimoglu, was er davon hält, ständig als deutsch-türkischer Autor geführt zu werden, selbst bei seinem aktuellen Luther-Roman. Aber das nur nebenbei.

Maren Kames macht das, wenn ich richtig sehe, sowieso anders. Sie befragt Sätze und Wörter, klopft sie darauf ab, wie sie klingen, wie sie zusammenpassen, sie reißt sie auseinander, sie kombiniert sie. Dahinter steht, wieder, wenn ich es richtig verstehe, eine Art schriftstellerisches Ethos. Es besagt so etwas wie: Wenn man schon die Möglichkeit hat, Sprache auszuprobieren, dann mach es auch richtig! Mach es ohne Angst vor fehlenden Zusammenhängen! Und vor allem: Arbeite dabei immer auch an dir selbst und fühle dich nicht so sicher!

In einem kurzen, programmatischen Text, der zum vergangenen Literaturfestival Prosanova erscheinen sollte und, zu meinem großen Unverständnis, von der Leitung des Hildesheimer Studiengangs zensiert wurde, hat Maren Kames selbst das so ausgedrückt:

»Werdet niemals großkotzig. Kultiviert eure Neurosen, Befindlichkeiten, Sperenzchen. Aber werdet nicht affig. Bitte so wenig wie möglich Posen. Brecht lieber zusammen. Text ist ein Ort, an dem das geht, ohne gefeuert zu werden. Seid zärtlich, zweifelt.«

Ich kann es nicht anders sagen: Ja, habe ich gedacht, ja, genau das sollte man jungen Autoren sagen.

Warum der Text zensiert wurde, darüber kann ich nur spekulieren. Ich nehme an, das hat mit einem anderen Satz aus demselben Text zu tun: »Ich habe in Hildesheim nichts übers Schreiben gelernt«, lautet er. Das ist ein deutlicher Satz. Aber ihn zu zensieren, ist natürlich ein riesiges Missverständnis. Denn wirklich schreiben, das kann man eh niemandem beibringen. Man muss vielmehr einen Rahmen bieten, in dem der jeweilige Autor, die Autorin auf die eigene Suche nach dem richtigen Schreiben gehen kann, und genau das hat Maren Kames auch gemacht, und wenn man genau liest, ist ihr Text voller Anerkennung und Respekt dafür, dass sie das tun konnte.

Dieses Moment von Widerspenstigkeit, das man dem Hildesheim-Text ablesen konnte, zeichnet auch ihr Buch *Halb Taube halb Pfau* aus. Es ist eine auf der eigenen genauen Arbeit und mit Sprache gegründete Widerspenstigkeit auch gegenüber den Zuschreibungen, wie man sich Kreativität und AutorInnen und Bücher heute vorstellt. Und wir alle wissen doch eigentlich, dass Literatur solche Widerspenstigkeit nicht nur braucht, sondern dass sie überhaupt erst durch sie entstehen kann. Und vielleicht liegt hier letztendlich auch der Grund dafür, dass ich Maren Kames für eine sehr passende Anna Seghers-Preisträgerin halte. Auch der Wunsch, »mit den Mitteln der Kunst zur Entstehung einer gerechteren menschlichen Gesellschaft beizutragen«, sollte, finde ich, von so einer Widerspenstigkeit flankiert sein; es gibt schließlich auch auf den Wegen zur Gerechtigkeit keine Wegweiser.

Erlauben Sie mir noch einen Satz zu den sogenannten Schreibschulen in Leipzig, Hildesheim und anderswo. Es gibt immer noch das Vorurteil, dass man auf ihnen vor allem Mainstream und Korruption innerhalb des Literaturbetriebs lernt. Ich kann das aus meiner Erfahrung nicht bestätigen. Es gibt einige AutorInnen, die innerhalb dieser Studiengänge auch ihre Widerspenstigkeit schärfen konnten. Man muss sich den Raum dazu eben dort suchen, wo man ihn bekommt. Aber eine Garantie gibt es natürlich in keine Richtung.

Nun ist Widerspenstigkeit nur die eine Seite. Wichtig ist vor allem aber natürlich der Text selbst, der bei alledem herauskommt. Manchmal, wenn ich in die Texte in dem Band *Halb Taube halb Pfau* gehe – so erscheint es mir manchmal nicht so sehr als ein Lesen, sondern vielmehr als ein Hineingehen in den Text – manchmal erscheint mir alles dann auch ganz einfach. Ich habe schon alle möglichen Ansätze gelesen, diesen Text zu verstehen. Von Naturlyrik war die Rede. Vom romantischen Projekt, ein »Ich« in der Landschaft zu spiegeln und umgekehrt. Vom Gesamtkunstwerk, das Lyrik, Prosa und auch dramatische Episoden vereint.

Das alles trifft natürlich auch Aspekte dieses Textes, es gehört zu seiner Qualität, dass er sehr offen für unterschiedliche Deutungen ist, und er besitzt interessante Spiegel-Eigenschaften. Er lädt nämlich zu Projektionen ein; wenn man über ihn schreibt, schreibt man offenbar immer auch über sich selbst.

Und was ich manchmal in den Text hineinprojiziere und was er mir dann zurückwirft, ist der Eindruck, dass in dem Buch eine ziemlich gute Beschreibung darüber steht, was es heutzutage heißt, erwachsen zu werden, und wie kompliziert, ja, was für ein Drama das ist.

Eine Kindheit, die man hinter sich hat und von der aus Bilder – schöne Bilder, aber auch heftige Bilder – einem wie Echos hinterherlaufen.

Manchmal die Lust zu tanzen.

Um einen herum eine weiße Landschaft, die erobert werden will, die aber auch, sobald man sich in ihr bewegt, zerreißt.

Die ständigen Orientierungsversuche und Orientierungsverluste.

Die Suche nach einem passenden Gesicht.

Der Regen auf seinem Schädel und in seiner Hand.

Und bei allem: keine Wegweiser.

Es wäre selbstverständlich viel zu einfach, den Text nur unter diesem Gesichtspunkt zu verstehen. Aber man kommt recht weit mit dieser Lesart einer sprachlichen Identitätssuche und dann auch wieder einer Befragung der sprachlichen Identitätssuche – so meine ich jedenfalls. Bevor ich dann wiederum manchmal denke: Ach, warum es auf einen Punkt bringen wollen, erfreu dich doch einfach an der manchmal dreckigen, manchmal schillernden Schönheit der Sprache. Übrigens ist es ein Erwachsenwerden, das recht prekär immer neu erkämpft werden muss, auch von angeblich längst Erwachsenen; so wie auch der Klang der Sprache immer neu erkämpft werden muss, teilweise auch gegen die Sprache.

Schriftsteller, habe ich eben gesagt, sind diejenigen Menschen, die einfach nicht mit dem Schreiben aufhören. Der Anna Seghers-Preis soll seine Preisträgerinnen und Preisträger ermutigen, tatsächlich nicht mit dem Schreiben aufzuhören.

Ich freue mich, dass ich durch diesen Preis die Chance habe, Maren Kames dazu zu ermuntern, das doch wirklich einfach nicht zu tun und mit dem Schreiben und dem Ausprobieren und dem Zusammenbrechen einfach immer weiterzumachen. Das wäre schön. Ich selbst bin einfach auch gespannt darauf, wie es weitergeht.

Maren Kames
REDE

Lieber Dirk Knipphals, lieber Jean Radvanyi,
liebe Vorsitzende der Anna Seghers-Stiftung,
liebe Akademie für Wissenschaften und Literatur,
liebe Anna Seghers,

es stimmt gar nicht.

Nachdem ich am 19. Juni 2017 um 12:39 Uhr vom Stuhl gefallen war – genauer, nachdem ich vom Stuhl auf- und in einer hechtartigen Drehbewegung auf die Matratze gegenüber, wieder hoch- und daraufhin mehrere Male in die Höhe gesprungen war, solchermaßen außer Atem meinen Lektor Alexander Weidel angerufen und »Anna Seghers«, »2017«, »gerade eben« ins Telefon gerufen hatte, nachdem ich also nach Empfang der Preisvergabe-E-Mail wieder einigermaßen bei Trost und zurück im Häuschen war, war mein erster vollständiger Gedanke: Um Himmels Willen, eine Rede.

Reden, dachte ich, liegen am anderen Ende des Spektrums dessen, was für mich zu schreiben infrage kommt. Gegen Reden, dachte ich, sei sich doch per se zu wehren. Wegen des ganzen vorurteilsbehafteten Rattenschwanzes von »Rede«, wegen der Nähe zur Proklamationshaftigkeit, zur Kanzelhaftigkeit, zur Meinungsversessenheit, wegen der mitschwingenden Belehrung, der behaupteten Übersicht, der Förmlichkeit und ein bisschen auch der Anzughaftigkeit wegen. Reden jedenfalls, dachte ich, sind überhaupt nicht mein Ding.

Aber es stimmt gar nicht.

Auf der vorvorletzten aller nicht nummerierten Seiten meines ersten Buches habe ich, als eine Art Finale oder Da capo al fine, Folgendes aufgeschrieben:

Und am Ende ist es so ich
halte hier Reden
vom Firn über den Dingen
über den Tau im Revier und das Tier
den räudigen Zustand und
das hier ist Regen
das die Lähmung
und das der Regen

und wo der Kopf das Lot die Route
dass alles steht
während der Regen in Bewegung
über dem Firn über den Dingen
bei den Seen wo die Schwäne
(ja ja die Schwäne) und
du weißt nicht wohin rasen
du errätst nicht wohin atmen
und die Dinge drehen
und die Rede dreht an den Dingen
und die Dinge schmelzen
und die Rede schmilzt an den Dingen
und das geht in Schleifen
das geht nicht
das bricht
ab
hier
wo anders hin

– Ich würde also offenkundig und öffentlich lügen, würde ich behaupten, ich hätte mit Reden nichts am Hut. Schon weil das Buch das Gegenteil behauptet, weil es sich letztlich und ausdrücklich selbst zur Rede erklärt.

Vor allem aber, weil auch ohne jeden selbstreflexiven oder selbstreferentiellen Verweis auf das Format jede Sorte Literatur, jeder Text eine Rede ist. Weil alle Literatur und jeder Text wortwörtlich das ja tut: Reden. Zur Sprache bringen. Sprechen.

Aber auch deshalb, weil jeder Text im übertragenen Sinn eine Rede ist: eine Rede im Sinn einer Haltungsäußerung. Eine Positionierung, Verortung, Standortbestimmung. Weil jeder Text Töne anschlägt, Stimmlagen und Stimmungen transportiert, im wahrsten Sinne Stimmung macht, herstellt. Eigentlich ist jeder Satz, jede Wortreihe, jede Selektion, auch das, was nicht aufgeschrieben, ausgelassen ist, eine Wahrnehmungsdirektive, ein Denkbefehl, ein Lenkungsmanöver von Köpfen und Ohren.

Macht ist überall, Macht ist auch in Literatur, auch Literatur ist Macht. Und wenn im turnusmäßigen Abgesang auf das gesamte Medium, die Sparte und den Markt schon nicht »global«, im sogenannten Großen und Ganzen, von dem ich, weil sich über das Allgemeine schlecht konkret sprechen lässt, nicht sprechen mag, dann jedenfalls auf den Mikroebenen, in Texten selbst.

Ich dirigiere, wenn ich schreibe, wie ich schreibe, die Lautstärke eines Textes, sein Tempo, seinen Rhythmus, die Distanz. Ich reguliere seine Augenhöhe. Ich entscheide, ob er suchend, tastend oder behauptend vorwärtsgeht, ob seine Stimmen laut sind oder brüchig, wann sie aussetzten und neu ansetzten, ob sie trotzig, fordernd, irritierend oder transparent und zärtlich sind. Ob ich in Flächen spreche, ausladend und rauschend, oder in filigranen Fragmenten. Wieviel sich wann erschließt, ob ich voraussetze, hineinwerfe, ranklotze oder erkunden lasse und erkunde. Ob das mikroskopisch passiert oder luftbildartig. Ich erfinde und baue an der Grammatik eines Textes und justiere, wie offen oder geschlossen dieses System ist. Und moduliere mit allen diesen musikalischen, syntaktischen, grammatischen Parametern auch die Semantik.

Und ich kann an ihr drehen. Ich kann durch die Rede an den Dingen drehen, sie sehr groß stellen oder verschwimmen lassen, ich kann sie verbinden, entkoppeln, unterlaufen, behauen, in Bezüge setzen, ich kann sie verändern, verdrehen und erweitern. Ich kann machen, dass sie, auch wenn sie aufgeschrieben sind, weniger festgeschrieben sind als zuvor, fungibel, beweglich, schwebend. Dass nichts eindeutig und entschieden sein muss, nicht einfach traurig oder fröhlich, nicht einfach festgefahren oder amorph, nicht einfach statisch oder dynamisch, autistisch oder kollektiv, mutig oder feige, hoch oder tief, schwarz oder weiß, nicht einfach oder schwer, sondern beides, alles, halb und halb.

In dem, was man vielleicht den alltäglichen Verortungs-, Haltungs- oder Wahrnehmungstrubel nennen könnte, passiert es oft genug, dass diese Bezugssysteme, Distanzen, Augenhöhen oder Grammatiken ins Überfordernde und dann schnell ins Laute, Heftige, Zuordnende, Polarisierende wegbrechen. Dann kann Literatur immerhin das: Tempo wegnehmen, Blick einstellen, sortieren, dosieren, abwägen. Das Abwägen üben im Lesen und im Schreiben, sich auf andere Sortierungs- und Bezugssysteme einlassen. Texte sind Verständnisherausforderungen, Empathiebootcamps, im besten Fall Synapsenerweiterungen.

Vor zwölf Jahren hat David Foster Wallace vor Collegestudenten eine Abschlussrede gehalten, die den Titel *This is water* trägt und inzwischen zu einem Mantra für mich geworden ist. Er bezeichnet in dieser Rede die im Alltag permanent strapazierten menschlichen Haltungs- und Bezugssysteme, genauer unsere tendenziell egozentrische, ignorante und erschöpfte Grundausrüstung als »natural default setting«. Und lässt es aber darauf hinauslaufen, dass es ausgerechnet in den frustrierendsten Alltagssituationen wie Supermarktkassenschlangen Momente gibt, Zeitschneisen, in denen wir einen Schritt zurücktreten, uns stoppen und die Routinen im Denken und Bewegen umlenken können, das »natural default setting«, die faule, blöde Polung unserer Synapsen austricksen, aushebeln und verändern können. Weil wir die Freiheit haben zu denken und die Fähigkeit zu entscheiden. Darüber, wie und worauf wir unsere Aufmerksamkeit lenken, darüber, wie wir Dinge sehen wollen.

Schreiben ist für mich ein verlängerter Moment an der Supermarktkassenschlange.

Denn wenn schon nicht in jeder Warteschlange, in allen Streitsituationen und Alltagskonflikten, dann habe ich zumindest im Schreiben einen Ort, an dem ich zurücktreten, pausieren und sensibel werden kann und muss, mit allen noch so beschränkten Mitteln meines »natural default settings« darauf zurückgeworfen und verpflichtet bin zu entscheiden, wie ich Dinge sehe, wie ich andere Dinge sehen lasse, welche Aufmerksamkeitsraster ich anlege und anderen zumute.

– Ich kann entscheiden, wer mein Text sein will.

Weil im Text, im Schreiben und im Lesen, die Zeit anders, langsamer geht.

Weil ich den Raum gestalten kann, in dem ich mich dort bewege. Weil ich im Schreiben und im Lesen ein- und aussteigen kann aus diesem Raum, anders als in der sogenannten Realität, aber unter Umständen mit Nachwirkungen dafür.

Weil ich Begriffe und Sprechweisen ins Spiel bringen kann.

Weil Literatur ein Ort ist, an dem routinierte Bezüge und Muster auf die Probe gestellt, verwirrt, anders verstrickt werden können.

Weil es wie Sehen und Denken mit anderen Gehirnen ist.

Schreiben ist eine mächtige, manipulative Angelegenheit. Ich habe Angst davor, was gut ist, weil mich das verantwortlich macht und vorsichtig.

Und ich danke Dirk Knipphals, dass er mir durch den Zuspruch dieses Preises die Zeit gibt, weiter zu suchen, vorsichtig zu sein, mehr zuzuhören, mir und anderen, und zu schreiben, weg von mir, auf andere zu und wieder zurück. Dass er zugehört hat, dass er das gut findet, dass er mir vertraut. Dass er, wenn er über das Buch spricht, nicht von einer »Fortschreibung der Naturlyrik« spricht oder von einer »Huldigung an die literarischen Ahnen«, die die weiße Seite schon vor knapp zweihundert Jahren zum Sakralen erhoben haben. Sondern dass er den Text ohne externes Verweisraster bei sich selbst nimmt, beim Text und bei sich als Lesendem, und dann von einem Sensorium spricht. Von einer Bewegung gegen Zuschreibungen, gegen einordnendes Denken und zu feste Identitäten. Dass er auf die Struktur des Textes gesehen hat und auf seine Haltung. Danke für diesen Respekt.

Und ich danke meinem Verlag, dass er meine erste Rede, meine eigene Grammatik genau so hat gelten und abdrucken lassen, wie ich sie entwickelt habe, mit allen Extras und Sperenzchen. Dass es zum Beispiel nie der Rede wert war, wie dieses Ding, das da jetzt vorliegt und mäandert, genrehalber zu bezeichnen und auszuschildern wäre. Weil sie das Flexible und Andere in der Form, das vermeintlich Unentschiedene, Hybride, nicht als Attitüde verstanden haben, als Kunstkniff oder als pompös gemeinte Geste gegen marktgängige Klassifikationen, sondern es als spielerischen Versuch ernst genommen haben, ohne diese Klassifikationen auszukommen, ihnen zu entwischen, sie zu dehnen und zu unterlaufen. Danke Christian Ruzicska, Joachim von Zepelin und Alexander Weidel für eure im doppelten Sinn programmatische Offenheit, für eure Zuordnungs- und Vorurteilsfreiheit und euren verlegerischen Spieltrieb. Und danke an dich, Alex, stellvertretend für alles andere dafür, dass du auch heute Abend hier bist.

Meinen Eltern danke ich, auch wenn sie nicht so sehr weit weg von hier, zu Hause in Hessen gerade verdientermaßen und krankheitsbedingt auf dem Sofa liegen, dafür, dass sie dieses widersprüchliche Zweiergespann sind und sich trotzdem zusammenhalten und lebendig bleiben und mir damit, halb absichtlich, halb aus Versehen, beigebracht haben, diese Widersprüche auszuhalten und zu vereinbaren.

Und ich danke Anna Seghers. Und möchte mich entschuldigen, so persönlich das geht, dass ich sie sonst nicht zur Sprache gebracht und stattdessen diesen vermeintlich so anderen, bandera- und barttragenden Amerikaner habe zu Wort kommen lassen. Es liegt nicht an meiner persönlichen, sondern an der Grammatik dieser Rede. Was nicht bedeutet, dass nicht auch Anna Seghers, mit den Werken *Transit* und *Das wirkliche Blau*, vor allem aber mit der Unbestechlichkeit ihrer Haltung, ihren »Schläge[n] gegen die Mauer[n]« bei mir im selben Koordinatensystem literarischer Bezugspersonen sitzt wie dieser David Foster Wallace. Danke, dass Sie ihr Erbe einwandfrei und vertrauensvoll in die Hände ihrer Nachkommen und für die Literatur gegeben haben. Ich werde mir die größte Mühe geben, versprochen.

Und jetzt breche ich ab.

Ich breche ab hier wo anders hin.

Ich werde diese Rede jetzt schmelzen lassen.

Ich gehe jetzt in den Text.

Alles, was passiert, passiert von hier an.

EVERYTHING THAT HAPPENS IS FROM NOW ON.

Zum Beispiel:

Findest dich, Sonntagmorgen halb acht, bei den Haubentauchern an den
Gestaden stierst in die Schlieren säufst die Aussicht bis blindlings stehst
knietief im Siel rings schluckst Wasser vom Rand ab haust schlaff auf die
Planken liegst aus da wie Pfandgut – gestrandet auf deiner halbtauben Haut
gelandet im halbgaren Licht hier
genadelt gerendert dirty
verplempert im Tau und
halb Taube halb Pfau
halt das mal aus so
ste(h)ts

90 0′ 0′′ S das Land ist weiß zu allen Seiten. Kaum irgendwas ist sichtbar, fast alles wird verschluckt von diesen schieren Massen Schnee. Oder verschwindet in Schichten gleißenden Lichts. Von dem wenigen, das mir begegnet, kann das meiste nichts ausrichten. Über weite Strecken bleibt es einfach gleich. Eine Ausbreitung ungeheurer Leerstellen. Karge Brachen, Flächenwuchs, Stille.

C:
Ich habe einen See in den Hof geworfen.
Jetzt stehe ich hier und sammle den restlichen Regen.
Stehe hier, halte meine offene Hand in den Himmel,
warte auf Schwäne.

Offenbar geht es darum, das Land zu durchqueren, es womöglich zu besiedeln. Das bin also ich, wie ich das Land durchquere, es mir erschließe. Und ich trage eine große Lampe an der Stirn, einen Detektor für außergewöhnliche Vorkommnisse vor der Brust, einen Expeditionshut, beige, auf dem Kopf, ich trage meinen Kopf, und gegen das stechende Weiß, die Schneewehen, gegen die vaskuläre Erschlaffung, den anästhesierten Blick formuliere ich widerspenstige Sätze. Ich sage:

Zu gleichen Teilen bin ich der Landschaft ausgesetzt die Landschaft mir. Ich bin dem Weiß überlassen, wie das Weiß mir überlassen ist. Hier bin ich der Angst ausgesetzt, hier ist die Angst ausgesetzt. Das Land macht mir zu schaffen, ich mache mich am Land zu schaffen. Ich baue Dinge im Land, mit denen ich das Weiß vermesse oder eindämme, umstelle oder zeitweise überschreite. Ich trage auf und grabe aus, ich sammle und schiebe zusammen. Das sind die Schollen, die ich bilde im Land.

Wenn ich mich herausnehme aus der Landschaft, wenn ich mich fremd mache und den Blick weit stelle, kann ich versuchen, mir die Landschaft verständlich zu machen. Ich betrachte die Schollen, die in der Landschaft liegen, in seltsamen Distanzen voneinander entfernt. Es sind Schollen von unterschiedlicher Länge, Dichte und Beschaffenheit. Sie schlagen Schneisen ins Land. Allesamt sind sie angesiedelt auf einer schmalen, scharfen Grenze zu einem ausufernden Weiß. Zugleich sind sie so sehr ins Weiß eingelassen, dass sie kaum zu vermessen sind. Es scheint, sie fransen aus, manche strecken sich unbestimmt weiter ins Land, manche treten an anderer Stelle wieder auf. Oft bricht etwas einfach ab. Oder scheint wie abgebrochen liegen gelassen. Und trotzdem ist es so, als würden auch die Brüche, als würden auch die Unebenen zur Landschaft gehören.

C: Und dann merke ich wie jemand geht.
A: Er ist gleißend hell wie Flutlicht dieser Moment.
B: Du siehst nichts du weißt nur es ist entscheidend gerade und du kannst nichts sehen.
C: Ich sehe einfach nichts ich weiß nur es passiert etwas Endgültiges aber ich sehe nichts ich muss mir die Hände vors Gesicht halten es sticht.
A: Dann fällt der Strom aus.
C: Dann wird die Stille groß wie ein Fußballstadion.
B: Ein Fußballstadion ohne Strom und alle sind längst nach Hause gegangen.
A: Alle sind nach Hause gegangen und haben alle mitgenommen die La Ola die Sponsoren die Trainer den Ball alle Tribünen leer du bist der letzte Mann auf dem Feld.
B: Jemand hat den letzten Ball verwandelt leichtfüßig mit einem Sidekick das Spiel ist aus du kannst nach Hause gehen.
C: Ich stehe auf 7140 m² und halte mir die Hände vors Gesicht.

Stehe hier an meinem See, halte meine offene Hand in den Regen und warte auf die Schwäne.

Von Zeit zu Zeit weiß ich dem Gebiet nicht beizukommen. Man droht sich alle paar Meter zu verlaufen. Die Suche nach einem Zusammenhang im Land gestaltet sich schwierig, die Infrastrukturen scheinen nahezu aufgelöst. Es gibt hier keine Wegweiser. Es gibt so viele freie Flächen, offenbar handelt es sich zu großen Teilen um nicht erforschtes, nicht besiedelbares Gebiet. Vage Vektoren zeichnen sich als momentane Marschroute über das Revier, aber es gibt so viele unterschiedliche Richtungsmöglichkeiten. Und vielleicht ist es so: An diesen Schollen ist das Land zusammengenäht. Hier wird es reißen.

Ich stehe auf im Land. Mit weit offenen Armen und weit offenen Augen laufe ich übers Land, auf dass mir was begegne, auf dass sich was bewege gegen diese Schichten imprägnierter Stoffe, Käppchen, Schutzmäntelchen, komme unter meine Haut, hier meine Haut, die Angriffsfläche, denk ich, ist doch groß genug. Oder an Küsten stehe ich und starre in geduldiger und ungeduldiger Erwartung einer Strandung oder dass sich bestenfalls in einem submarinen Aufruhr ein Vulkan erbreche, der eine Insel nach sich zieht. Und:

Finde mich auf der Oberfläche des Planeten liegen, die Knie angewinkelt, und der Wind fährt mir unter den Rücken, in den Mund und zwischen die Beine und der Wind sagt mir, wo mein Körper aufhört und die Luft anfängt, die ganze Luft, und unter mir das submarine Schimmern, der Himmel ist eine relativ weitläufige Angelegenheit, er muss hier gleich in der Nähe sein, aber eine Verbindung kommt momentan nicht zustande. Ich bin ein System aus Rohren, vielleicht, die aneinander beginnen und ineinander enden, durch die der Wind geht, sonst nichts.

C: Aber ich kann mich erinnern. Ich kann mich erinnern ich habe einen See in den Hof geworfen es haben nur noch die Schwäne gefehlt.
A: Bist eine ganz niedliche Boje du.
C: Es hat geglitzert.
B: Ja gut nur früher oder später werden wir dich finden auf der Oberfläche des Planeten die Knie angewinkelt du stinkst und der Wind fährt dir unter den Rücken in den Mund und zwischen die Beine eine Verbindung kommt zwischen uns nicht zustande denn tatsächlich bist du ein System aus Rohren die aneinander beginnen und ineinander enden durch die der Wind geht, sonst nichts.
C: Aber die Schwäne –
A: JA JA, die Schwäne!

Am Ende ist es hologramm, das Land.

Und am Ende ist es so ich
halte hier Reden, vom Firn über den Dingen
über den Tau im Revier und das Tier
den räudigen Zustand
und das hier ist Regen
das die Lähmung
und das der Regen
und wo der Kopf das Lot die Route
dass alles steht
während der Regen in Bewegung
über dem Firn über den Dingen
bei den Seen wo die Schwäne
(ja ja die Schwäne) und
du weißt nicht wohin rasen
du errätst nicht wohin atmen
und die Dinge drehen
und die Rede dreht an den Dingen
und die Dinge schmelzen
und die Rede schmilzt an den Dingen
und das geht in Schleifen
das geht nicht
das bricht
ab
hier
woanders hin

GRUSSWORTE ZUR JAHRESTAGUNG

Hans-Willi Ohl
ANNA SEGHERS: *DAS SIEBTE KREUZ*
EIN ROMAN ALS DEUTSCHER »ERINNERUNGSORT«

Liebe Mitglieder der Anna-Seghers-Gesellschaft,
meine Damen und Herren,

von 1984 bis 1992 hat der französische Historiker Pierre Nora ein siebenbändiges Werk mit dem Titel *Les Lieux de mémoire*[1], auf Deutsch *Erinnerungsorte*, herausgegeben. Sein auch in Deutschland breit rezipierter Ansatz geht davon aus, durch eine tiefergehende Analyse von »Orten« das Gedächtnis, die Erinnerung von Menschen, Gruppen von Menschen oder ganzer Nationen in die Betrachtung und das Verständnis von Geschichte mit einzubeziehen.

Der Begriff »Ort« ist doppeldeutig. Er ist einerseits konkret bezogen auf Statuen, Gebäude, Gedenkstätten oder ganze Städte, wie z. B. in Frankreich Verdun oder in Deutschland Weimar. Er ist aber gleichzeitig metaphorisch zu verstehen und meint damit auch literarische Orte und literarische Texte.

So wie Pierre Nora Marcel Prousts Roman *À la recherche du temps perdu (Auf der Suche nach der verlorenen Zeit)* in seinen Sammelband aufgenommen hat, können wir auch den Roman *Das siebte Kreuz* von Anna Seghers als einen solchen Erinnerungsort sehen. Das gilt einmal für den Roman als Ganzes. Aber auch im ganz konkreten Sinne enthält er Erinnerungsorte. Darum geht es in unserer Tagung, wenn wir den Mainzer Dom, das Gasthaus Zum Engel in Mainz-Kostheim und die Gedenkstätte in Osthofen aufsuchen.

Doch was wollen wir dort eigentlich finden? Welche Erkenntnisse soll uns das Aufsuchen dieser »Orte« bringen? Wir haben es bei diesem Prozess mit mehrfachen Brechungen zu tun. Schon die im Roman von Seghers für das Jahr 1937 beschriebenen Orte sind literarische Anverwandlungen realer Orte. Anna Seghers war zu dieser Zeit weit von den im Roman beschriebenen Stellen entfernt. Sie saß in Paris, als sie 1938 das Kapitel über den Flüchtling im Mainzer Dom verfasste. Ja, Georg Heisler findet Schutz für eine Nacht, er wird nicht verraten, aber die Kälte bringt ihn schier um, er könnte hier auch sterben. In dieser großartigen Beschreibung dient der konkrete Ort als Kulisse einer literarischen Metapher für den schmalen Grat zwischen Rettung und Tod eines fliehenden Menschen.

Eine zweite Brechung soll erwähnt werden. Wenn wir uns an historische Orte begeben, sehen wir immer – heutige Orte. Wir stehen im Mainzer Dom von 2017, nicht in dem von 1937. Kann man Geschichte erspüren? Ahnen wir das Grauen, das zwischen 1933 und 1934 im Konzentrationslager Osthofen herrschte, wenn wir heute die Gedenkstätte besuchen?

Mit welchen Gedanken und Empfindungen mögen Rainer Dyk und Margrid Bircken kürzlich durch Rheinhessen und Frankfurt auf den Spuren der Orte des Romans gefahren sein? Welche Motive wählt man zum Beispiel als Fotograf aus, um eine Verbindung zwischen damals und heute herzustellen?

Pierre Nora weist in diesem Zusammenhang auf einen wichtigen Aspekt hin. Das von ihm entwickelte Konzept der Geschichtsbetrachtung ist selbstreflexiv. Das bedeutet, dass die äußeren Merkmale des lieu mémoire, des Erinnerungsorts, in der Regel zwar gleichbleiben, deren »symbolische Aufladung«, man könnte auch sagen Interpretation, allerdings einem permanenten Wandel unterliegt. Durch die Betrachtung zu anderen Zeiten, unter anderen Umständen und durch andere Personen ergibt sich, und ich zitiere jetzt aus der Einleitung zu dem Buch *Deutsche Erinnerungsorte* von Etienne François und Hagen Schulze, »ein Netz von materiellen und immateriellen Erinnerungsfäden, das das (nationale) Bewußtsein in einem ungenau bestimmbaren, aber sehr profunden Sinne zusammenhält«[2].

In diesem Sinne bin ich gespannt auf die in diesen Tagen neu entstehenden »Erinnerungsfäden« und schließe mit einem Zitat von Peter Weiss, der anlässlich eines Besuchs in Auschwitz in dem Text *Meine Ortschaft* folgende Überlegung festgehalten hat: »Jetzt steht er [der Betrachter] nur in einer untergegangenen Welt. Hier kann er nichts mehr tun. Eine Weile herrscht die äußerste Stille. Dann weiß er, es ist noch nicht zu Ende.«[3]

Anmerkungen

1 Pierre Nora (Hg.): Erinnerungsorte Frankreichs, München 2005.
2 Etienne François/Hagen Schulze: Deutsche Erinnerungsorte, drei Bände, München 2003.
3 Peter Weiss: Meine Ortschaft, in: Atlas, zusammengestellt von deutschen Autoren, Berlin 1979, S. 26–36, hier S. 36.

Ernst Schäfer
BEGRÜSSUNG

Sehr geehrte Damen und Herren der Anna-Seghers-Gesellschaft,
sehr geehrter Herr Radvanyi,
sehr geehrte Frau Plättner,
liebe Anwesende und Gäste,

als Schulleiter der Integrierten Gesamtschule Anna Seghers Mainz begrüße ich Sie aufs Herzlichste hier in den Räumen der Akademie der Wissenschaften und Literatur, eine wunderbare Stätte, wie ich finde, und eine Nachbarschaft, die einer Schule Gelegenheit zu den vielfältigsten Veranstaltungen bietet, die den Unterrichtsalltag enorm bereichern. Vielen Dank dafür, Frau Plättner.

Anna Seghers, das Vermächtnis ihrer Literatur, ist aktueller denn je. Das Mainzer Theater mit Aufführungen zu *Der Kopflohn*, die Inszenierung von *Das siebte Kreuz* im Schauspiel Frankfurt, die Initiative Frankfurt liest ein Buch mit vielfältigen Veranstaltungen im Jahr 2018 zum Roman *Das siebte Kreuz*, der ja auch das Hauptthema Ihrer diesjährigen Tagung darstellt, nicht zuletzt die dramatischen Ereignisse der Migrationswelle von Flüchtenden seit 2015, die immer wieder die Aktualität der Biografie von Anna Seghers und ihrer literarischen Verarbeitung, beispielsweise in *Transit*, unterstrichen hat, diese Veranstaltungen und Ereignisse zeigen: Die Literatur von Anna Seghers ist Thema, zu Recht.

Vielen Dank an die Gruppe der Schülerinnen und Schüler aus der 9. Jahrgangsstufe und an Paju Bertram, die Passagen aus *Das siebte Kreuz* szenisch aufbereitet und zur Eröffnung dieser Tagung gezeigt haben. Im Rahmen der *Mainzer Beiträge* zur Initiative Frankfurt liest ein Buch wird es malerische Gestaltungen zu Anna Seghers' Werk, ausgestellt in der Buchhandlung Erlesenes und Büchergilde, geben. Schülerinnen und Schüler der Mainzer Schulen werden im April 2018 zu einer Lesung aus *Das siebte Kreuz* in den Mainzer Dom eingeladen.

Der SWR wird 2018 eine Reportage zu Anna Seghers unter dem Titel *Bedeutende Frauen im Südwesten* ausstrahlen. Die Interviews und Aufnahmen dazu haben schon in der Schule stattgefunden.

Wenn es die vorgegebenen Termine der Ministerpräsidentin von Rheinland-Pfalz, Malu Dreyer, zulassen, werden Schülerinnen und Schüler der IGS Anna Seghers an einer Diskussionsrunde mit ihr und der Vorsitzenden des Förderkreises Denkmal für die ermordeten Juden Europas in Berlin, der Publizistin Lea Rosh, teilnehmen. Auf Einladung des Bundesrates darf eine Delegation unserer Schule nach Berlin reisen. Wir hoffen, dass diese Veranstaltung stattfinden kann. Dann werden unsere jungen Schülerinnen und Schüler eine Stimme zu einem nach wie vor brisanten Thema haben: dem Gedenken an die Ermordung Tausender Juden, deren Namen immer noch nicht alle bekannt sind. Aber auch die tagespolitischen dramatischen Ereignisse zu Krieg und Flucht, von denen wir mittlerweile auch im überwiegend friedlichen Nachkriegseuropa eingeholt werden, sind Thema der Diskussion.

Den Tausenden von ermordeten Juden einen Namen und ein Gesicht zu geben – was das bedeutet, konnte ich bei der Gedenkfeier zum 9. November, der Reichspogromnacht, in der Synagogen brannten, Juden angegriffen, verhaftet und getötet wurden, in der Neuen Synagoge Mainz erleben. Unter den Hunderten von Namen der deportierten und ermordeten Juden wurde auch der Name Hedwig Reiling verlesen. Sie war die Mutter von Netty Reiling. Wenn Sie die Synagoge noch nicht kennen sollten, werden Sie, das entnehme ich dem Programm, am Sonntag Gelegenheit haben, die sehr besondere Architektur zu erfahren, aber auch die zum Nachdenken anregende Atmosphäre erleben.

Der Roman *Das siebte Kreuz* fasst die ungeheuerlichen Ereignisse der damaligen Zeit in eine fiktive Geschichte. Das Lesen, Verstehen und Analysieren dieser Geschichte ermöglicht, mit Schülern über etwas ins Reden und Nachdenken zu kommen, das eigentlich fassungslos und sprachlos macht. Sprachlosigkeit aber ist genau die falsche Reaktion, das hat Anna Seghers schon als Zeugin dieser furchtbaren Ereignisse begriffen.

Ich wünsche Ihrer Veranstaltung einen guten Verlauf, interessante Auseinandersetzungen, eventuell neue Erkenntnisse in der akademischen Diskussion und auch Momente für Nachdenklichkeit.

Zwei Szenen in einer Aufführung von *Das siebte Kreuz* der IGS Anna Seghers, Mainz, Gespräch Georg Heisler und Füllgrabe (o.), Frauen hängen die Wäsche auf (u.), Fotos: Rainer Dyk

BEITRÄGE ZU DEN THEATERFASSUNGEN DES ROMANS *DAS SIEBTE KREUZ* IN FRANKFURT AM MAIN (2017) UND OBERHAUSEN (2018)

Hans-Willi Ohl
GESPRÄCH MIT DEM REGISSEUR ANSELM WEBER
ZU *DAS SIEBTE KREUZ* AM SCHAUSPIELHAUS FRANKFURT

H.-W. Ohl: Wie entstand die Idee, den Roman *Das siebte Kreuz* in einer eigenen Inszenierung auf die Bühne zu bringen?
A. Weber: Das erste Mal wirklich intensiv habe ich mich damit auseinandergesetzt im Herbst 2015. Vor dem Sommer war klar, dass ich 2017 nach Frankfurt gehen würde, und dann habe ich angefangen nach Stoffen zu suchen, die frankfurtspezifisch sind; ich habe mir sehr viele unterschiedliche Sachen angeschaut, bis ich auf den Roman *Das siebte Kreuz* gestoßen bin. Dass er tatsächlich hauptsächlich in Frankfurt spielt und damit ein Frankfurt-Roman ist, diese Geschichte wird hier jetzt ganz neu erzählt. Viele Leute haben sich das immer unter dem politischen, dem literarischen oder dem Flüchtlingsaspekt im Kontext der Motive von Anna Seghers (z. B. im Roman *Transit*) angesehen, aber das als Stadt-Roman zu denken, war neu.

H.-W. Ohl: Wie entstand dann die Textfassung?
A. Weber: Als die Rechtefrage geklärt war, habe ich Sabine Reich angesprochen, mit der ich schon zusammengearbeitet hatte und wir haben dann quasi mit einem weißen Blatt Papier angefangen. Je mehr wir uns mit der Materie beschäftigt haben, umso mehr hat es uns verwundert, dass dieses Projekt in der ganzen Frankfurter Theatergeschichte noch nie angegangen worden ist.

Wir hatten eine Bühnenvorgabe, die sehr hilfreich war, nämlich dass das Bühnenbild sich auf einen bestimmten Raum im Zuschauerraum begrenzen muss. Dadurch war auch klar, dass man das nicht mit 20, sondern höchstens mit fünf bis acht SchauspielerInnen machen konnte. Eine der frühesten Entscheidungen zusammen mit Sabine Reich war, dass wir gesagt haben, wir folgen der Geschichte Georgs. Dann hat man eine durchgehende Figur und baut darum ein System auf, z. B. zwei Männer, drei Frauen. Dann hat sich Stück für Stück eine Besetzung mit bestimmten SchauspielerInnen herausgeschält.

H.-W. Ohl: War von Anfang an klar, dass Max Simonischek die Hauptrolle des Georg Heisler spielen würde?
A. Weber: Ja, das war von Anfang an klar. Für mich ist generell wichtig, schon die SchauspielerInnen vor Augen zu haben, die die Rollen dann ausfüllen werden: Michael Schütz (Ernst Wallau u. a.) kannte ich aus Bochum, Christoph Pütthoff (Paul Röder u. a.) auch, Wolfgang Vogler (Füllgrabe u. a.) hatte ich in Potsdam gesehen, Paula Hans (Leni, Liesel Röder u. a.) kannte ich aus Frankfurt und Olivia Grigolli (Madame Marelli u. a.) sprang dann ein für eine Kollegin, die schwanger geworden war.

Wir haben uns sehr stark nach der Struktur des Romans gerichtet, die sieben Teile, Tag und Nacht. Wir haben zuerst die »Gefäße« aufgestellt: Es gibt eine durchlaufende Figur, dann gibt es die Tage, damit gibt es einen Ablauf, und jetzt füllen wir quasi die Gefäße. Dann haben wir in einer sehr mühsamen Arbeit diese Fassung erarbeitet, Satz für Satz, in einem sehr produktiven Einvernehmen mit Sabine Reich, die Sätze hin- und hergeschoben, viel diskutiert, was ist wichtig, was brauchen wir. Ich habe allein einen Ordner, in dem wir alle Dialoge, Georg betreffend, herausgeschrieben haben.

H.-W. Ohl: Eignet sich die Sprache in Anna Seghers' Roman gut für eine Theaterfassung?
A. Weber: Wir sind da teilweise unterschiedliche Wege gegangen. Am Anfang waren wir sehr nahe beim Text, sind dann ein Stückchen weggegangen und am Ende bei fast 85% Original-Text Anna Seghers angekommen. Es ist nicht wie z. B. bei Fallada, bei dem man die Dialoge nur herausschreiben muss und dann hat man fast ein Theaterstück. Man muss es bei Seghers schon setzen und bauen. Sie hat ja bei den Dialogen eine sehr eigene Färbung, ich will nicht von einer Künstlichkeit sprechen, aber diese Färbung haben wir schon versucht aufzunehmen. Dann gibt es diese tollen Prosabeschreibungen und Verdichtungen, die wir eins zu eins übernommen haben. Was wir natürlich nicht übernehmen konnten, sind diese unglaublichen Landschaftsbeschreibungen. Insgesamt, denke ich, sind wir stilistisch dem Ganzen gerecht geworden.

H.-W. Ohl: Ist aufgrund dieser Grundsatzentscheidungen dann z. B. auch der ganze Handlungsstrang mit Franz Marnet, dem Schäfer Ernst etc. weggefallen? Was war das Kriterium für die Auswahl der Figuren?
A. Weber: Die zentrale Frage war: Was haben die Figuren mit der Geschichte von Georg zu tun? Je wichtiger sie für Georg und die Geschichte waren, umso länger durften sie »leben«.
Man muss immer gewisse Vorgaben machen. Ich wollte, dass das Stück ungefähr zwei Stunden ohne Pause dauern würde. Das ist wie ein Drehbuch für einen Film. Man muss sich klarmachen, dass es immer »Verluste« gibt, aber dafür schafft man ja auch etwas Neues. Diese Transformation muss man für sich selbst akzeptieren. Mein erklärtes Ziel war es, eine Wegstrecke von zwei Stunden zu schaffen, wo man das Publikum auf eine Reise von Anfang bis zum Ende mitnimmt und dass diese Verdichtung dann eine emotionale Bindung an den Stoff darstellt. Aus meiner langen Berufserfahrung weiß ich, dass Theater-Abende von drei bis vier Stunden dem einen oder anderen Wahrheitsaspekt vielleicht etwas gerechter werden, aber die Emotionalität dann doch eher verloren geht.

H.-W. Ohl: Wie waren Ihre Erwartungen zu Beginn?
A. Weber: Sehen Sie, Sie machen einen Stoff, der in der Literaturhistorie einen ersten Platz einnimmt. Aber nur, weil Marcel Reich-Ranicki gesagt hat, es sei eines der besten Bücher der deutschen Literatur, füllt es noch

nicht den Zuschauerraum. Dann sagt jeder, dem du sagst, du machst das: »Oh Gott, *Das siebte Kreuz*.« Entweder du bekommst gesagt: »Ja, das habe ich in der Schule gelesen« oder: »Nicht schon wieder eine Nazi-Geschichte.« Im Vorfeld war es nicht sehr ermutigend. Der Aufbau Verlag hat sich gefreut und war dann auch erst mal erstaunt, als er gehört hat, dass es auf der großen Bühne gespielt werden soll und nicht in irgendeiner Box. Das sind alles Vorzeichen, die nicht per se für einen Erfolg sprechen.

H.-W. Ohl: Der sich dann aber doch eingestellt hat. Hat Sie das überrascht?
A. Weber: Ja, absolut. Ich bin viel unterwegs in der Stadt, und ich werde so häufig darauf angesprochen, auch von Leuten, die nicht wissen, dass ich das gemacht habe. Bei den Zuschauern gibt es keinen einzigen Abonnenten, es sind alles frei verkaufte Karten, da gab es viel Mundpropaganda. Ich glaube, das hat damit zu tun, dass es der Abend schafft, eine bestimmte Berührungsangst, die man vielleicht mit dem Stoff und dem Text hat, zu unterlaufen. Aus Gesprächen entnehme ich, dass die Inszenierung keinen Zeigefinger hat, was dem Abend sehr guttut, und dass es eine bestimmte Form der Neutralität in der Erzählform gibt.
Es kommen dabei ein paar Sachen zusammen. Zunächst einmal ist die Besetzung sehr glücklich. Handwerklich findet man eine so außergewöhnliche Perfektion vor allem in der Form des chorischen Sprechens, dass man nicht nur über den Stoff, sondern auch die Form der Darstellung reflektiert und dann kommt noch diese Musik dazu. So entsteht im besten Fall ein Sog, dem man sich nicht entziehen kann, und wir erleben einen Theater-Abend, der dann auch ein neues Publikum findet.

H.-W. Ohl: Bleiben wir doch bei der Musik. Worin liegt die Bedeutung der Schubert-Lieder aus der *Winterreise* für diesen Abend?
A. Weber: Es hat etwas mit der Strukturdiskussion und der Tag-Nacht-Geschichte zu tun. Ich habe überlegt, dass es irgendeine Art von Reibefläche braucht, einen Stopper nach einigen Szenen. Das ist zunächst ein primär dramaturgischer Gedanke. Der Roman agiert ja auch so, es wird immer etwas zwischen die eigentliche Handlung geschoben. Mein erster Gedanke war, Bilder zu verwenden, z. B. aus einem KZ oder von marschierenden Nationalsozialisten. Doch das fände ich als Zuschauer nicht interessant und als Regisseur auch nicht. Dann habe ich mir überlegt, was ist denn der maximale Gegensatz zu dem Verlust von Heimat, dem Verlustgefühl, das dieser Roman auslöst und habe plötzlich über Schönheit nachgedacht. Und da wir uns auch mit Romantik (Eichendorff) beschäftigt hatten, kam ich auf die *Winterreise*. Das Geheimnis dieser Musik ist, dass sie auf der einen Seite furchtbar traurig, aber auch furchtbar tröstlich ist. Das war dann der Kontrapunkt, den ich gesucht habe, dass das Traurige, der Tod und der Verlust mit der Schönheit dieser Musik und der menschlichen Stimme in Verbindung gebracht werden.
Ich hatte vor dem *Siebten Kreuz* schon 2010 in Essen *Transit* auf die Bühne gebracht, und ich finde, dass die Suche nach dem Humanismus das Beson-

dere an den Büchern von Anna Seghers ist. Bei aller Ausweglosigkeit und aller Trauer gibt es diesen Grundton des Humanistischen und des Menschlichen. Es gibt diesen Moment der Empathie, dass im Augenblick des größten Verlustes trotzdem so etwas wie Schönheit existiert.
Das war die Idee, beides miteinander zu verbinden. Dann habe ich mich sehr intensiv mit der *Winterreise* beschäftigt und festgestellt, wie gut sich das inhaltlich miteinander verbindet. Ich habe bei der Oper Frankfurt wegen eines Sängers nachgefragt und als es die Möglichkeit gab, die Rolle mit dem Kollegen Thesele Kemane zu besetzen, passte alles perfekt zusammen.

H.-W. Ohl: Und dann haben Sie die Liedpassagen entsprechend zum jeweiligen Text ausgesucht?
A. Weber: Dabei ging es darum, den emotionalen Bogen zu spannen. Die Geschichte, die wir erzählen, ist die Geschichte der Entwicklung von der Kreatur zum Menschen. Es beginnt mit der Beschreibung dieses Nicht-mehr-Menschen, der sagt, »ich bin ja nur geflohen, damit ich da nicht sterbe, aber jetzt hier sterben und versinken im Morast [...]?« Dann beginnt eine Interaktion zwischen Georg und der Musik, dem Sänger, das ist quasi wie eine innere Stimme, ein innerer Dialog. Daraus entsteht dann am Ende eine Figur, die aufrecht und als Mensch gehen kann.

H.-W. Ohl: War von Anfang an klar, dass es einen Chor geben wird?
A. Weber: Bei dem Chorgedanken waren Sabine Reich und ich uns von Anfang an einig. Die Grundkonstruktion war, das Individuum im Gegensatz zum Chor, also zur Gruppe zu zeigen. Man hat den Chor und den Solisten, der aus dem Chor heraus entsteht. Das hatte etwas damit zu tun, dass man bei einem solchen Stoff zu den Ursprüngen des attischen Theaters zurückkehrt. Es geht ja auch um grundsätzliche Themen, die hier verhandelt werden.

H.-W. Ohl: Welchen Effekt hat dieser Chor im Stück?
A. Weber: Einmal geht es um das wirklich perfekte chorische Sprechen. Diese Form scheint bei uns kulturanthropologisch gewisse Töne anzuschlagen, die uns anders zuhören lassen. Der chorisch gesprochene Text beschreibt das Verhältnis zwischen Individuum und Gruppe auf eine ganz besondere Weise. Wir können uns als Zuschauer damit auf der einen Seite identifizieren, auf der anderen Seite können wir Abstand halten. Das ist ein Moment von Gleichzeitigkeit. Und das leistet der Chor. Das ist ein Grundempfinden, das wir kennen: Wir stehen in der Gruppe und nehmen uns gleichzeitig aber als Individuum wahr. So hat das Theater angefangen.

H.-W. Ohl: Bei der Gelegenheit eine Frage zu ihren Vorbildern im Regie-Fach. Gab es da besondere Einflüsse?
A. Weber: Geprägt wurde ich vor allem von Hans Lietzau, mit dem ich in den Achtzigerjahren in München gearbeitet habe. In den Fünfziger- und Sechzigerjahren gab es zwei wichtige Regisseure: Fritz Kortner und Hans Lietzau. Er

war ein Sprachvirtuose, der wirklich wie ein Forscher in die Sprache hinabgestiegen ist und dadurch die Wahrheit ans Tageslicht hat kommen lassen. Da habe ich mein Grundtextverständnis für Erzählungen auf der Bühne her. Text ist Struktur. Die Strukturen hinter den (Text-)Strukturen, die interessieren mich, das eben, was es da so herauszuschälen gibt.

H.-W. Ohl: Ich meine, das merkt man der Aufführung an. Sie ist streng (im guten Sinn), durchdacht und konzentriert auf den Text.
A. Weber: Was Sie beschreiben, ist eine bestimmte Art der Fokussierung, und darum geht es. Das ist meine Form der Theaterästhetik, die versucht, darüber Geschichten zu erzählen. Ich bin niemand, der über die reine Dekonstruktion kommt und versucht, assoziativ zu agieren, wenngleich man den Einsatz der *Winterreise* durchaus auch als assoziativ verstehen kann. Wenn ich Theater mache, geht es darum, dass man sich auf den Fokus auch emotional einlässt und dann kann man auch etwas erleben.

H.-W. Ohl: Sie haben in der Inszenierung das KZ-Personal weggelassen, warum?
A. Weber: Ich habe im Jahr 2015 in Frankfurt die Auschwitz-Oper *Die Passagierin* von Mieczysław Weinberg inszeniert und habe mich in diesem Zusammenhang unglaublich intensiv mit der Frage beschäftigt: Wie stellt man ein nationalsozialistisches Vernichtungslager auf der Bühne dar? Mir war ja auch klar, es gibt ein Bilderverbot über dieses Thema. Dies hat mich zu der Einsicht kommen lassen, du erzählst diese Geschichte jetzt nur aus der Innensicht, du lässt die Außensicht weg, denn die haben wir alle, wenn auch sehr unterschiedlich im Kopf. Jeder von uns kann z. B. bei den Begriffen Auschwitz oder Dachau eine ganze Fülle von Bildern abrufen. Wenn aber diese Bilder in der Wahrnehmung als Matrix existieren, dann ist jedes Bild, das man auf der Bühne draufsetzt, immer kleiner. An der Stelle ist Realismus ein ganz gefährlicher Vorgang. Deswegen habe ich mich entschieden, nur aus der Sicht der Opfer zu erzählen und die Schlächter auszulassen.

H.-W. Ohl: An einer Stelle spricht Georg Heisler als Overkamp, der Wallau verhört. Das hat einige ZuschauerInnen irritiert.
A. Weber: Diese Szene ist die Initialzündung, warum Georg versteht, weiterzumachen. Er kapiert, dass Wallau für ihn gestorben ist. Das Besondere an dieser Georg-Figur ist, dass er eher zu einem sehr asozialen als zu einem sozial kompatiblen Verhalten neigt. Erst in dieser Begegnung, als er das Verhör sozusagen am eigenen Leib erlebt, sieht er, was es heißen kann, wenn jemand sich so solidarisch bewegt, wie dieser Mann, den er sehr bewundert. Das ist wie ein psychologisches Soziogramm. Ich glaube, dass wir das ästhetisch so klar gezeichnet haben, dass es eine Traumszene ist. Die meisten verstehen das.

H.-W. Ohl: Die Frankfurter und die Oberhausener Inszenierung des Romans *Das siebte Kreuz*, die Aktion Frankfurt liest ein Buch, die Verfilmung

des Romans *Transit* durch Christian Petzold – woher kommt diese plötzliche Präsenz des Werkes von Anna Seghers?
A. Weber: Grundsätzlich hat die Frage, nach dem, was Heimat und was Flucht bedeutet, in den letzten sechs, sieben Jahren eine ganz andere Form der Brisanz und der Wahrnehmung erfahren. Gerade an uns als Deutsche stellt sich diese Frage, weil wir ein spezielles Verhältnis dazu haben. Insoweit ist diese verstärkte Beschäftigung mit Seghers sicher eine Reaktion auf das, was politisch gerade um uns herum passiert.

Für mich ist der entscheidende Begriff der von der »Heimatlosigkeit«. Das ist ja auch die Verbindung zur *Winterreise* von Franz Schubert. Was bedeutet dieser Begriff in der heutigen Zeit? Die Flüchtlingsdiskussion, übertragen auf den Gedanken der »Heimatlosigkeit in der eigenen Heimat« bei Anna Seghers, das ist eine besondere Zuspitzung des Themas. Es geht nicht darum, wie ich mit jemandem umgehe, der seine Heimat verlassen muss, weil er vor Krieg etc. flieht, um seine nackte Haut zu retten. Was heißt es aber in der Umkehrung für uns, wenn wir historische Menschen, die hier ihre Heimat hatten, heimatlos gemacht haben? Es gibt wenige, die diese Problematik so treffend wie Anna Seghers beschrieben haben.

H.-W. Ohl: Kann es sein, dass diese Beschäftigung mit Seghers auch etwas mit einer neuen Suche nach Moral oder Werten in der Gesellschaft zu tun hat?
A. Weber: Wir leben in einer sehr heterogenen Gesellschaft. Auf der einen Seite gibt es einen starken Hedonismus, der alles auflöst, was sich einer Wertigkeit unterzieht und nur den eigenen Freiheits- und Libidogedanken in den Mittelpunkt stellt. Auf der anderen Seite gibt es eine zunehmende Verunsicherung, die etwas damit zu tun hat, dass Werte, die gestern noch als stabil wahrgenommen worden sind, jetzt plötzlich als unsicher wahrgenommen werden. Gesellschaften, die instabil sind, sind gefährlich, das wissen wir auch aus der Geschichte.

Wenn ich von einem liberalen Grundton ausgehe, finde ich es sehr gefährlich, dass wir diese Wertediskussion der sogenannten Neuen Rechten überlassen. Man hätte z. B. den Heimatbegriff positiv anders besetzen müssen, das versuchen wir hier im Theater ständig. Da ist in den letzten Jahren viel versäumt worden.

H.-W. Ohl: Welche Rolle kann Anna Seghers hier spielen?
A. Weber: Bei Anna Seghers gibt es – trotz aller Verzweiflung – immer noch ein Hoffen auf das Momentum der Empathie und der Solidarität. Auch wenn das lange als altmodisch galt, stellen wir doch fest, dass wir diese Werte gerade in der heutigen Zeit brauchen und so sucht man jetzt nach Menschen, die sich genau darüber Gedanken gemacht haben.

Szenenfotos aus *Das siebte Kreuz* am Schauspiel Frankfurt, unten im Bild v. l. n. r.:
Wolfgang Vogler, Michael Schütz, Paula Hans, Max Simonischek, Christoph Pütthoff,
Olivia Grigolli, Thesele Kemane, Fotos: Thomas Aurin

Hans-Willi Ohl
GESPRÄCH MIT DER DRAMATURGIN SABINE REICH ZU *DAS SIEBTE KREUZ* AM SCHAUSPIEL FRANKFURT

H.-W. Ohl: Wie kam es zu der neuen Textfassung des Romans *Das siebte Kreuz*?
S. Reich: Mit Anselm Weber verbindet mich eine sehr lange Zusammenarbeit, zuletzt als leitende Dramaturgin am Schauspielhaus Bochum, und dort hatte ich schon einmal einen Roman für die Bühne bearbeitet, Hans Falladas *Ein Mann will nach oben*. Als wir uns bei der letzten Vorstellung dieses Stückes trafen, führten wir ein sehr gutes Gespräch über die gemeinsame Arbeit und über die Herausforderungen von Romanadaptionen. Kurz darauf fragte er mich, ob ich *Das siebte Kreuz* für ihn bearbeiten wolle.

H.-W. Ohl: Wie sind Sie an die Aufgabe herangegangen?
S. Reich: Es stellt sich immer die Frage, wie man einen so vielschichtigen Roman auf der Bühne erzählen kann. Ursprünglich plante Anselm Weber, den Stoff als Monolog anzulegen, es sollte nur eine Person sein, die erzählt, Georg. Das haben wir zwar verworfen, aber es war uns klar, dass die Figur des Flüchtenden im Zentrum steht. Die Handlung des Stückes, das ist sein Weg, das sind seine Stationen. Auch der Roman folgt diesem Weg und dem zeitlichen Ablauf. Dem auf der Bühne zu folgen, war die erste wichtige Entscheidung. Sich darauf zu konzentrieren, bedeutet automatisch, dass viele der anderen Parallelhandlungen und Figuren wegfallen. Das ist schade, denn es gibt ja so viele Figuren und Handlungsstränge, die großartig sind, aber für die Bühne muss man sehr klare Entscheidungen treffen.

H.-W. Ohl: Nach welchen Kriterien wurden die Figuren des Romans dann ausgewählt bzw. weggelassen?
S. Reich: Das Stück beginnt mit Georg: Er kommt aus dem Dreck, aus dem Schlamm, aus der Hölle, der Scheiße, der Kanalisation. Er entkommt dem, wo es am finstersten ist, wo eigentlich kein Mensch mehr sein kann. Und dann, Schritt für Schritt auf seinem Weg, wird er zu einem Menschen. Dass ihm dies gelingt, verdankt er anderen Menschen. Das sind die Menschen, denen er begegnet, die ihn tragen auf diesem Weg. Die ihm weiterhelfen, ihn nicht verraten. So kann er, mit jedem Menschen, mit jeder Station, mehr und mehr Mensch werden. Wir erleben das bildlich durch die Kleider, die er wechselt: Er erhält neue Kleider, er wandelt sich. Also habe ich nach diesen Momenten gesucht. Die Frage war, wie jemand, der sich fast verloren hat, zu sich und den Menschen zurückfindet.

H.-W. Ohl: Damit war auch klar, dass es kein Monolog werden wird.
S. Reich: Richtig, denn das ist nicht nur eine dramaturgische, sondern auch eine inhaltlich wichtige Entscheidung. Georgs Flucht und Menschwerdung kann nur gelingen, weil andere Menschen ihm das ermöglichen. Nur wenn wir als Mensch angesehen werden, können wir ein Mensch sein. Und Mensch sein können wir nur als Angesprochene. Nur wenn wir angesprochen werden, können wir zur Sprache finden. Georg hat seine Sprache fast verloren, lange Zeit spricht allein sein Inneres, sein abwesender Freund (Wallau). Nur ganz langsam und schrittweise kann er reale Gespräche mit anderen Figuren führen, eigentlich beginnen das Leben und die Gespräche erst, als er Paul Röder begegnet. Diese Momente der Begegnung, der Ansprache und Menschwerdung durch andere, finde ich sehr wichtig.

H.-W. Ohl: Kann man sagen, dass es sich bei der Theaterfassung überwiegend um den Seghers-Originaltext handelt?
S. Reich: Ja und Nein. Ich versuche immer, die Sprache und ihre Eigenheiten zu bewahren. Es gibt Sätze, die ich niemals verändern würde, die ganz wichtig sind für den Klang eines Stoffes. Ich arbeite mit dem, was ich vorfinde. Aber die Szenen müssen freigelegt werden, müssen gesprochen werden, auch wenn sie keine Dialoge sind und dadurch verändern sich die Texte. Am deutlichsten wird das vielleicht in der Anfangsszene, in dem Monolog von Georg, den es so im Roman nicht gibt. Dieser Teil ist etwas freier gestaltet. Kurz darauf folgt ein Chortext über den Nebel, der ein epischer, beschreibender Text über die Landschaft ist, und dieser Text hat sich, auch wenn er chorisch bearbeitet wurde, wenig verändert.

H.-W. Ohl: War von Anfang an klar, dass es einen Chor geben würde?
S. Reich: Ja. Ich finde der Chor ist eine spannende »Figur« für das Theater. Gerade wenn man von der Idee ausgeht, dass einer, Georg, durch die Welt geht, der einsam und isoliert ist, sich verstecken muss, gejagt wird, dann brauche ich ihm gegenüber den Chor. Einer gegen die Welt oder einer in der Welt. Der Chor, das ist die Welt, durch die er geht, die ihn letztlich trägt. Und diese Welt besteht aus Menschen, das ist die Stadt, sind die Leute. Ich glaube, dass die Idee des Chores auch Anna Seghers entspricht. Auch für sie ist es wichtig, dass wir nicht vereinzelt sind, dass wir uns in Zusammenhängen bewegen, Kollektive sind, auch um Widerstand zu leisten oder einfach, um uns zu helfen und zu überleben. Menschen sind wir nur mit und durch den Chor. In diesem Sinne erinnern uns Geflüchtete daran, dass ihre, aber auch unsere menschliche Existenz sehr fragil ist und sehr bedürftig. Das gilt immer und für jeden, aber ganz besonders in Ausnahmesituationen wie Krieg und Flucht.

H.-W. Ohl: Der Chor ist ja auch ein Rückgriff auf das antike Drama.
S. Reich: Das antike Drama hat noch gewusst, dass der Protagonist immer des Chores oder des Kollektivs bedarf. Das weiß zum Teil das klassische Drama nicht mehr, denn hier kämpfen die Protagonisten für sich alleine.

Sie leiden als isolierte Individuen, die sich selbst entwerfen, selbst empfinden. Der Blick auf das eigene Ich steht im Zentrum. Doch der alte Chor erinnert daran, dass keiner alleine existieren kann.

H.-W. Ohl: Wie war Ihre Zusammenarbeit mit Anselm Weber?
S. Reich: Wir kennen uns sehr lange und gut und die Zusammenarbeit mit dem Regisseur ist immer sehr eng. Wir haben sehr intensiv über die Fassungen diskutiert und gearbeitet. Seine Vorstellungen von der Bühne, der Besetzung und seine Ideen fließen selbstverständlich ein.

H.-W. Ohl: Welche Rolle spielt die Musik?
S. Reich: Die Musik und der lyrische Text der Lieder sind sehr wichtig für die Inszenierung und die Stückentwicklung. Bei Seghers gibt es diese »andere« Welt, die Idylle, die Schäfer, die Natur, wunderbare Beschreibungen. Daher suchte ich nach Formen, um die Natur erfahrbar zu machen. Zu Beginn habe ich über Eichendorff nachgedacht, weil ich mir einen anderen Ton wünschte als den der Stadt, einen Gegensatz zur Welt des Faschismus, der Bedrohung und der Angst. Aus diesem Gedanken der Gegenwelt ist dann die *Winterreise* erwachsen. Die hat einen dunklen Ton, den Georg auch manchmal hat. Georg ist jemand voller Kraft, der zwar für seine Ideale kämpft, aber immer wieder aufgeben möchte, der einfach liegenbleiben möchte, versinken, untergehen. Er ist jemand, der die Verzweiflung so tief empfindet, dass er manchmal nicht mehr weiterkann. Es sind die anderen, die ihm sagen, »steh auf, geh weiter«.

H.-W. Ohl: Sind die Lieder also auch ein Ersatz für weggefallene Handlungsstränge?
S. Reich: Die Naturbilder werden in der Musik, in dieser lyrischen Sprache, in einer anderen Temperatur und Farbe aufgerufen. In der *Winterreise* findet man viele Stellen, die ganz nah bei Georgs Emotionalität liegen. Eigentlich erzählt die *Winterreise* das Innere von Georg, die Empfindsamkeit. Er ist der Wanderer, der Fremde und das nicht nur als Geflüchteter. Wenn er, z. B. bei Paul und Liesel Röder, in die Fenster der Menschen schaut, in dieses kleine Leben, das er zwar respektiert, aber doch als klein und spießig empfindet. Er ist hin- und hergerissen zwischen einer Sehnsucht nach Geborgenheit und der Weite. Es scheint, dass er, schon bevor er der Flüchtende aus dem Lager wurde, getrieben und unruhig war.

H.-W. Ohl: Das ist dann aber nicht nur die Dimension des Faschismus der 1930er-Jahre, sondern etwas darüber Hinausreichendes.
S. Reich: Auch wenn uns die Verfolgung im Faschismus sehr bewusst ist, haben wir sowohl die Textfassung als auch die Inszenierung so angelegt, dass wir ein allgemeines Bild finden: Jemanden, der fremd ist, der flüchtend ist, der bedürftig ist – der Mensch ist.

H.-W. Ohl: Haben Sie den Text der Schweriner Aufführung von 1981 gekannt?

S. Reich: Ja, ein guter Text, aus der Zeit und der Situation heraus sehr viel klassenkämpferischer. Ich bin Bärbel Jaksch, die ihn verfasst hat, vor vielen Jahren einmal am Berliner Ensemble begegnet. Es gibt eine Szene im Dorf, in der die Frauen die Wäsche aufhängen. Sie ist in beiden Fassungen ähnlich, aber in der damaligen Inszenierung wurde sehr viel stärker die Welt der Gefangenen und des Lagers herausgearbeitet.

H.-W. Ohl: Sie haben in Ihrem Text diese Welt ganz herausgelassen.
S. Reich: Nein, sie wird durch die anderen Geflüchteten erzählt. Sie begleiten Georg, sind an seiner Seite, erscheinen ihm im Dom. Von Bellonis Sturz vom Dach hören wir, und wir erfahren, wie sie alle gefangen werden. Schließlich gibt es noch die Szene, als Wallau im Lager verhört wird, eine große Szene, die durch und mit Georg gemeinsam erzählt und imaginiert wird. Wallaus Leiden und sein Schweigen machen uns die Brutalität des Lagers deutlich.

H.-W. Ohl: Können Sie etwas zu den Frauenrollen in dem Text sagen?
S. Reich: Georg hat die Fähigkeit, die Menschen, denen er begegnet, zu aktivieren, und das sind meistens die Frauen, die den Mut finden und sich erheben. Die Menschen auf seinem Weg werden wach. So wie sie ihn ins Leben rufen, so erweckt er sie. In einer gestrichenen Szene sagt das Ehepaar Kreß z. B.: Eigentlich müssen wir uns bei ihm bedanken. Liesel Röder sagt das am Ende auch. Frau Kreß, Frau Fiedler, Liesel Röder – es sind die Frauen, die aktiv werden, und ihre Männer dann in Gang setzen. Es gab auch eine Fassung mit einem Chor der Frauen, die dann aber nicht berücksichtigt wurde.

H.-W. Ohl: Gerade Liesel Röder wurde von der Schauspielerin Paula Hans als durchaus selbstbewusste Frau gespielt.
S. Reich: Liesel tut, was sie tun muss, sie ist mutig und hat eine große Kraft. Die Ehe mit Paul ist konventionell, aber die beiden sind ein starkes Team. Als sie auf Paul, der bei der Gestapo verhört wird, wartet, weiß sie: Wenn er zurückkommt und seinen besten Freund verraten hat, dann ist ihr gemeinsames Leben beendet – denn dann ist es, als ob der Mann, der Paul war und den sie liebt, gestorben wäre. Das ist ein durchaus radikaler Gedanke.

H.-W. Ohl: Und wie ist es mit Frau Marelli?
S. Reich: Frau Marelli ist eine ganz eigene und in der Inszenierung stark herausgearbeitete Figur. Sie ist, anders als die vorher genannten, eher eine Art Märchenfigur. Diese Figuren tauchen in dem Roman häufiger auf: Es gibt einige alte, schrullige, starke Frauen, die ihm den Weg weisen.

Dann gibt es noch Georgs Mutter. Sie wird in dem Buch zwar beschrieben, aber ich habe für sie aus dem Erzähltext einen Monolog gemacht. Mich hat die Situation sehr beeindruckt, dass seine Mutter in der Nacht wartet und sagt: Wenn es darauf ankommt, werde ich alle meine Söhne verraten, aber den einen, den werde ich retten.

H.-W. Ohl: Hat Sie der große Erfolg des Stückes in Frankfurt überrascht?
S. Reich: Man kann nie vorhersagen, ob ein Stück sein Publikum findet oder den Nerv der Leute trifft, aber es war sicher eine kluge und gute Entscheidung, mit diesem Stoff zu starten. Es ist ja nicht nur ein Roman aus Frankfurt, sondern der Text steht uns in vielerlei Hinsicht nahe.
Das Thema Flucht ist wichtig, und Anna Seghers bringt uns in die Nähe eines Flüchtenden, sodass wir – gerade in der Beschreibung von Kleinigkeiten – begreifen, wie belastend es ist, auf der Flucht zu sein. Man kann z. B. nie schlafen, ist völlig übermüdet, nervös, reizbar.
Darüber hinaus beschreibt Anna Seghers politische Umbruchszeiten – auch das ist etwas, das wir gerade sehr deutlich erleben. Auch wir erleben Zeiten, in denen Menschen sich entscheiden müssen, in denen viele unterwegs sind, in denen Europa plötzlich aufbricht. Das hat viel mit uns zu tun. Das gilt z. B. für die Sprache. Wie sie Menschen oder das »kleine Leben« beschreibt, hat eine ganz große Strenge und Haltung. Dabei hat sie eine intensive Nähe zu den Menschen, sie zeichnet Figuren sehr fein. Ein Begriff wie »Held« wird neu beschrieben. Viele der Figuren sind »Helden«. Sie zeigt, was Mut und Zivilcourage ist, ohne dass es propagandistisch-moralisch wirkt. Sie bleibt dabei immer im ganz »normalen« Leben. Auch an Figuren wie Mettenheimer, Elli und Franz Marnet sieht man, dass das »gewöhnliche« Leben, das die Leute – jeder für sich – verteidigen, gar nicht so klein und gewöhnlich ist.

H.-W. Ohl: Bei dem Begriff »Held« muss ich auch an die Figur des Paul Röder denken.
S. Reich: Auf jeden Fall. Er trifft seine Entscheidungen mit der größten Selbstverständlichkeit, denn »man« tut das so, »man« denkt nicht darüber nach, »man« verrät einen Freund nicht.

H.-W. Ohl: Ist das der »kategorische Imperativ« von Kant?
S. Reich: Das ist das »gewöhnliche Leben«. Es gibt eben Dinge, die tut man nicht, dafür braucht man keinen Kant. Soweit ich Anna Seghers verstehe, hat sie das Vertrauen, dass Menschen auch ohne Kant'sche Imperative Dinge richtig entscheiden, wenn sie Menschen sind.

Theaterplakat für die Aufführung von *Das siebte Kreuz* nach Anna Seghers am Schauspiel Frankfurt mit Max Simonischek in der Rolle des Georg Heisler, Regie: Anselm Weber, Premiere: 27. Oktober 2017

Judith von Sternburg
SCHAUSPIEL FRANKFURT
WAS JETZT GESCHIEHT, GESCHIEHT UNS

(...) Der neue Intendant Anselm Weber stellt sich als Regisseur (...) mit einer Bühnenadaption von Anna Seghers' Exilroman vor. Das ist in vielfacher Weise sinnvoll: Die Geschichte, in der die Emigrantin so glasklar die Situation innerhalb Nazi-Deutschlands erfasst, ist 2018 der Gegenstand von Frankfurt liest ein Buch. Die Handlung spielt über etliche Strecken in Frankfurt und zwar so konkret, dass das Publikum mit Georg Heisler durch Straßen und Stadtteile laufen kann und vor sich sehen muss, der geflohene KZ-Insasse würde an der eigenen Haustür schellen. Die Fragen, wie ich mich erstens zur Vergangenheit des Nationalsozialismus, zweitens überhaupt zu Ausgrenzung und Totalitarismus stelle und was ich drittens daraus für mein Verhalten als Wählerin und Bürgerin ableite, sind ebenfalls garstig aktuell.

So will Weber es offenbar auch verstanden wissen, bemüht sich um Konzentration und eine dezente Überzeitlichkeit. Über die helle Rückwand könnten Videos aller Art gezeigt werden, sie ist da, als sollte sie eigens hervorheben, dass genau das hier einmal nicht geschieht. Allein die Wochentage werden an die Wand geworfen. In einer auch sonst dekorfreien Umgebung wirft Weber seinen Georg, Max Simonischek, auf die Bühne, nein, lässt ihn heran-, hervorkriechen, erschöpft, blutend, gezeichnet, eingestaubt, in einer abstrakten (Sträflings-)Kluft (Kostüme: Irina Bartels). Die schwarze, unmöblierte Spielfläche von Raimund Bauer ist ein kleines Stück in den Zuschauerraum des Schauspielhauses geschoben. Flucht (und um Fluchtwege geht es ja) scheint sozusagen nur nach hinten machbar, bevor sich für Georg doch noch eine andere Möglichkeit auftut. Bis dahin muss er hier ausharren, während die anderen Spieler hinter dem Podium ungemütliche Sitzgelegenheit vor einer Kachelwand haben.

Sie sind zu sechst, bilden stille Tableaus, und blickt man in ihre nicht bösen, aber abweisenden Gesichter, will man auf die Hilfe dieser Leute auf keinen Fall angewiesen sein. So verhält es sich aber. Mit unaufwendigen Kostümwechseln – hinten an der Wand liegt offenbar alles bereit – werden Begegnungen Georgs mit Menschen in Mainz und Frankfurt durchgespielt, dazu gibt es oratorische Szenen mit einem chorischen Sprechen, das den bei Anna Seghers angelegten übergeordneten Ton eines mitredenden »Wir« klug und gut erfasst. Wir sind viele einzelne, aber wir sind auch die Menschheit, die zu einem bestimmten Zeitpunkt zur Verfügung steht. Als Täter und als Opfer, als Mitläufer, als Zuschauer, als Gegner. »Jetzt sind wir hier. Was jetzt geschieht, geschieht uns«: Die in Mark und Bein gehenden Sätze, mit denen Anna Seghers ein Kapitel über historische Vorgänge am ihr so vertrauten Rhein bei Mainz beendet, platziert Weber mehrmals und eindringlich in der von seiner langjährigen Dramaturgin Sabine Reich und ihm erstellten Textfassung.

Kleine Spielszenen: Paula Hans ist zum Beispiel Leni, die inzwischen einen Nazi geheiratet hat und nicht weiß, wie sie Georg schnell genug wieder loswerden kann. Christoph Pütthoff ist zum Beispiel Röder, ein kreuzbraver, quirliger Familienvater, der nicht anders kann, als seinem alten Freund Georg zu helfen. Michael Schütz ist zum Beispiel Wallau, einer der Mitflüchtlinge aus dem Lager Westhofen (das Lager Osthofen bei Worms, alles wirklich nicht weit weg von uns) und Vorbild und Folie für Georgs jeweils nächsten Schritt. Was würde Wallau tun? Olivia Grigolli ist zum Beispiel die Kellnerin, die in einer winzigen, starken Szene hilft, ohne sieben Jahre darüber nachzudenken.

Die Panik aller Menschen

Die Bühnenadaption hält sich eng an Georg, das ist dramaturgisch vernünftig und der hauchkurze Auftritt des ebenfalls geflohenen Füllgrabe (Wolfgang Vogler) macht beiläufig klar, dass der Besuch die Romanlektüre nicht ersetzt. Sie nicht ersetzen will. Da zugleich Georg selbst von Simonischek nicht ganz glücklich, aber Roman-kompatibel eine Spur pathetisch, artifiziell gezeichnet wird, bleibt er eine Projektionsfläche für das Verhalten der anderen.

Mit Abstand am spannendsten, anspannendsten wird Webers pausenloses und zweistündiges *Siebtes Kreuz*, als das Geflecht der Helfer und Nicht-Helfer enger wird: ein Spielfeld der Entscheidungen, des Zögerns, der Angst, die von Feigheit schwer zu unterscheiden ist. Liesel Röder (wieder die eindrucksvolle Paula Hans) spiegelt die Panik aller Menschen, die ihre Familie schützen wollen. Schon wird ihr Mann auf die Gestapo bestellt. Die Gefahr ist ja keine eingebildete. Zwischen den Szenen, in denen er sich auch als Chorist tummelt, singt Thesele Kemane aus dem Studio der Oper Frankfurt umstandslos einige Lieder aus Schuberts *Winterreise*. Das ist in der Tat naheliegend und trägt zu dem Eindruck bei, einen sehr geradlinigen Abend vor sich zu haben. Er kommt einem geradezu bekannt vor, was aber ein großer Irrtum ist. Vor Weber hat seinen Recherchen zufolge nur ein einziges Theater (1981 in der DDR) eine Bühnenversion des Romans aufgeführt.

Erstmals veröffentlicht in der *Frankfurter Rundschau* am 30. Oktober 2017.

Norbert Abels
GESPRÄCH ÜBER BÄUME
WINTERREISEN UND TODESREISEN BEI ANNA SEGHERS UND FRANZ SCHUBERT

Jeder, der Kain erschlägt – siebenfach soll er gerächt werden!
Und der Herr machte an Kain ein Zeichen,
damit ihn nicht jeder erschlüge, der ihn fände.
1. Mose 4:1–16

Still falls the Rain –
Dark as the world of man, black as our loss –
Blind as the nineteen hundred and forty nails
Upon the Cross.
Edith Sitwell

1
Vor einigen Jahren erzählte Zofia Posmysz, eine Überlebende, dem Regisseur Anselm Weber und dem Verfasser dieser Zeilen die Geschichte des Medaillons an ihrem Hals. Ein Mithäftling hatte es heimlich angefertigt und ihr zum Geschenk gemacht. Es war darauf das Gesicht des leidenden Christus zu sehen, dessen Dornenkrone nicht das Haupt, sondern den Ortsnamen auf der Rückseite zierte: Oświęcim.

In den Kassibern des in sie verliebten jungen Mannes war von Musik die Rede, Musik aus der Welt jenseits des Drahtverhaus, Musik der Romantik, Musik von Franz Schubert und Johann Sebastian Bach. Die spätere Schriftstellerin, die man bei klirrender Winterkälte in offenen Waggons Anfang 1945 noch von Auschwitz/Birkenau nach dem Norden Deutschlands ins Frauenkonzentrationslager Ravensbrück deportierte, hat dieses Geschehnis niemals vergessen. Und ebenso unvergesslich war für einen anderen Häftling des im besetzten Polen errichteten deutschen Vernichtungslagers, für Jean Améry, die Erinnerung daran, als ihm an einem Winterabend Hölderlins Verse von den Mauern einfielen, die sprachlos und kalt stehen; und er plötzlich erkannte, dass das Gedicht die Wirklichkeit nicht mehr transzendierte, sondern diese in ihrer ganzen ausweglosen und sachlichen Erbärmlichkeit wiedergab: »der Kapo brüllt ›links‹, und die Suppe war dünn, und im Winde klirren die Fahnen.«[1]

Eine schöne alte Eiche hatte die SS direkt bei Weimar, in dem nordwestlich des Ettersbergs gelegenen Konzentrationslager Buchenwald, stehen lassen. Zuvor hatten Kommunisten, katholische Priester, Juden und Zeugen Jehovas unter entsetzlichsten Bedingungen den nicht minder alten und bezaubernden Buchenwald zu roden.

»Auf dem wüsten, nackten, mit Blut getränkten Boden stellte man Baracken, Krematorien und Latrinen auf. Der rechteckige Platz wurde mit Stacheldraht umzäunt, den man mit Strom auflud. Alle hundert Meter standen mit Maschinengewehren bewehrte Türme. Es begannen Patrouillen umzugehen, mit Hunden, die ebenso grimmig waren wie ihre Herren.«[2]

Im Sommer des vorletzten Kriegsjahres zerschlug eine Bombe den Baum, der hernach gefällt wurde. Nur den Stumpf ließ man stehen. Welche Bilder! Welche Zusammentreffen!

Einst war der Ettersberg das Ziel romantischer Exkursionen. Unter der Eiche soll Johann Wolfgang von Goethe an der *Walpurgisnacht* gearbeitet haben. Dort pflegte er sich auch mit Frau von Stein zu treffen. Dergleichen Symbolik sei, so schrieb Joseph Roth in seinem letzten Zeitungsartikel vor seinem Tod im Pariser Exil, niemals so billig gewesen wie heute:

»An dieser Eiche gehen jeden Tag die Insassen des Kz.tr.lagers vorbei; das heißt: sie werden dort vorbeigegangen. Fürwahr! man verbreitet falsche Nachrichten über das K-lager Buchenwald; man möchte sagen: Gräuelmärchen. Es ist, scheint mir, an der Zeit, diese auf das rechte Maß zu reduzieren: an der Eiche, unter der Goethe mit Fr. v. Stein gesessen ist und die dank dem Naturschutzgesetz noch wächst, ist bis jetzt, meines Wissens, noch kein einziger der Insassen des K-lagers ›angebunden‹ worden; vielmehr an den anderen Eichen, an denen es in diesem Wald nicht mangelt.«[3]

Die Schriftstellerin Anna Seghers, deren Mutter in einem »qualvollen, grausamen Ende«[4] in dem Lager Piaski im besetzten Polen umgekommen ist, wusste, dass in den Lagern unter entsetzlichsten Bedingungen das Erbe verteidigt wurde und man es sich dort zuflüsterte. »Was für einen Sinn hat Goethe in Dachau«, fragte die Schriftstellerin drei Jahre nach dem Krieg. Ihre Antwort: »den höchsten Sinn. Den Sinn des Lebens überhaupt.«[5] Noch auf ihren Nachtfahrten nach Auschwitz und in das ehemalige Ghetto von Warschau im August 1948 glaubte sie an diesen Sinn. Einen Sinn, den bereits der inhaftierte Erzähler des Romans vom siebten Kreuz in dessen letztem Satz reklamierte: »Wir fühlten alle, wie tief und furchtbar die äußeren Mächte in den Menschen hineingreifen können, bis in sein Innerstes, aber wir fühlten auch, daß es im Innersten etwas gab, was unangreifbar war und unverletzbar.«[6]

In Georg Heislers kathartischer Betrachtung der Passionsbilder im Mainzer Dom, jenem Denkmal, das »ich niemals vergessen konnte, in Freude und Angst auf Schiffen, in fernen Städten«[7], wird der Kreuzweg des Helden mit dem des Nazareners enggeführt. Anna Seghers rehabilitierte das Kreuz ähnlich wie Franz Werfel in seiner Geschichte vom wiederhergestellten Kreuz, worin ein Rabbiner vor den Augen der SS ein zum Hakenkreuz umgebautes Kreuz mit einem raschen Handgriff wieder in den ursprünglichen Zustand versetzt. Das Kreuz, Glaubenssymbol der Erlösung und der Verbindung von Oben und Unten nicht minder als Symbol der Qualen des Menschensohns und Opfermenschen wie auch der Menschheit selbst, zudem Zeichen des Fluches (vgl. Galater 3:13) und zugleich Zeichen der Auferstehung und des ewigen Lebens – dieses Kreuz wurde pervertiert zum Symbol der Unterwerfung alles Nichtidentischen unter der Sonne. Das Hakenkreuz sei selbst die Sonne, dekretierte Robert Ley, Führer der Deutschen Arbeitsfront. Alles andere, das seien »Mächte der Finsternis und der Dunkelheit«[8]. Solche hybride Megalomanie demaskiert Anna Seghers durch ein signifikantes Diminutiv bereits im ersten Romankapitel. Dort wird das Jetzt durch das in der Metaphorik des Flusses gefasste Ewige in seiner historischen Begrenztheit sogleich offenkundig:

»War das abends ein Feuerwerk! Ernst konnte es hier oben sehen. Brennende, johlende Stadt hinter dem Fluss! Tausende Hakenkreuzelchen, die sich im Wasser kringelten! Wie die Flämmchen darüberhexten! Als der Strom morgens hinter der Eisenbahnbrücke die Stadt zurückließ, war sein stilles bläuliches Grau doch unvermischt. Wie viele Feldzeichen hat er schon durchgespült, wie viele Fahnen.«[9]

Kreuzigungen sind bekannt aus Auschwitz, aus Majdanek, aus Dachau, aus dem Ghetto von Wilna, wo man dem Häftling eine Stacheldrahtkrone um das wunde Haupt presste. Ein grausames Geschehnis ereignete sich im November 1936 im KZ Sachsenhausen. Dort wurden sieben Ausbrecher gefangen. Rohgezimmerte Kreuze, aufgestellt zwischen dem SS-Quartier und dem Todesstreifen mit den Wachtürmen, warteten auf sie. »Golgatha. Auf diese Idee konnte nur das kranke und pervertierte Hirn eines SS-Offiziers kommen.«[10]

Eine merkwürdige Dialektik von Fiktionalität und Authentizität erscheint deshalb im Roman von den sieben Kreuzen. Anna Seghers erinnert sich: »Was sich im *Siebten Kreuz* ereignet, bekam ich zum größten Teil von Häftlingen erzählt. Gerade die scharf und grausam wirkende Begebenheit mit den sieben Kreuzen, an die man die Flüchtlinge band, hat ein ehemaliger Häftling mit angesehen und mir erzählt.«[11] Das berühmteste Wort des Exils, Brechts »Was sind das für Zeiten wo / Ein Gespräch über Bäume fast ein Verbrechen ist / Weil es ein Schweigen über so viele Untaten einschließt!«, gilt es mithin zu relativieren. Die Platanen in Osthofen, die Eiche in Buchenwald, die Holzkreuze in Sachsenhausen: Sie zu verschweigen wäre ein Verbrechen.

2

»Mir schien es, auch er, der Tod, sei seinerseits auf der Flucht. Wer aber war ihm auf den Fersen?« So lässt in ihrem Exilroman *Transit* Anna Seghers ihren aus einem deutschen Konzentrationslager 1937 über den Rhein den Nazischergen entflohenen Held, einen parteilosen Mechaniker, fragen. Sein durch Dokumente angenommener Name, Seidler, erinnert nicht nur in der signifikanten Buchstabenanzahl an den arbeitslosen Autoschlosser Heisler, die aus dem Konzentrationslager Westhofen im Spätherbst 1937 entflohene und gleichfalls über den Rhein entkommene Hauptfigur des Romans *Das siebte Kreuz*. Die Handlung von *Transit* spielt im Winter 1940. Auch hier also eine *Winterreise*. Die Deutschen haben Frankreich besetzt. Am Ende des Romans verzichtet der Protagonist auf die Flucht über das Meer und schließt sich der Résistance an. »Selbst wenn man mich dann zusammenknallt, kommt es mir vor, man könnte mich nicht restlos zum Sterben bringen. [...] Wenn man auf einem vertrauten Boden verblutet, wächst etwas dort von einem weiter, wie von den Sträuchern und Bäumen, die man zu roden versucht.«[12]

Man wundert sich für einen Moment. »Blut und Boden«? Wie kann das sein bei einer kommunistischen Autorin? Dann erkennt man schnell die Intention, die auch den »Heimatroman« (Marcel Reich-Ranicki) von den sieben Kreuzen motivierte. Das Zitat intendiert ohne Zweifel die Rehabilitation des vom Nationalsozialismus okkupierten und als »Blut-und-Boden«-Literatur pervertierten Heimatromans. In der im mexikanischen Exil geschriebenen Erzählung *Der Ausflug der toten Mädchen* finden sich – ein beliebiges Beispiel nur aus einer kaum überschaubaren Anzahl vergleichbarer Passagen – der die Heimat erinnernde Satz: »Bei dem bloßen Anblick des weichen, hügeligen Landes gedieh die Lebensfreude und Heiterkeit statt der Schwermut aus dem Blut selbst, wie ein bestimmtes Korn aus einer bestimmten Luft und Erde.«[13]

Das siebte Kreuz erfüllt wie kein anderer Roman des deutschen Exils die Aufgabe, die Heimat als Raum der Erinnerung nicht preiszugeben. Das im ewigen Jahreszyklus eingespannte gewöhnliche Leben mit seinen kleinen und großen Sorgen und Nöten, Apfelernten und Weinlesen, das desavouiert wurde, sollte hier zurückerobert werden. Die Fluchtstationen des einst »baumstarken« Helden Georg Heisler aus einem rheinhessischen Konzentrationslager offenbaren parallel zu den extensiven Landschafts- und Milieustudien den Blick auf die Charaktere, Gesinnungen und Verblendungen der in diesem Lebensraum verwurzelten Menschen. »Es wird nämlich in diesem Roman an einem Ereignis die ganze Struktur eines Volkes aufgerollt, und da hab ich mir gedacht, diese Flucht ist das Ereignis, an dem ich die Struktur des Volkes aufrollen kann.«[14]

Die erwähnte »allerunwahrscheinlichste« Begebenheit, »sonderbar und schrecklich zugleich«, die von einem Flüchtling berichtete »Sache mit dem Kreuz, an das ein Häftling gebunden wird«,[15] war Initial des siebenteiligen Romans von den sieben abgeschlagenen Platanenbäumen und den sieben daraus mit Querbalken gefertigten Kreuzen für die sieben entflohenen Häftlinge. Nur einem von ihnen, Georg Heisler, gelingt es nach sieben Tagen, der Gestapo, die ihre Diensträume in der Frankfurter Bürgerstraße 22 hatte, zu entkommen. Seine Kameraden im Lager dürfen sich für einen Moment, während heftige kalte Windstöße gegen ihre Baracke schlagen, an den Scheiten der zu Kleinholz gemachten Platanen wärmen. Das siebte Scheit knackt. Der jüngste Häftling fragt darauf die anderen: »Wo mag er jetzt sein?«[16] Die Authentizität der von der Autorin erzählten Begebenheit, die der Fiktionalisierung vorausgehende Realität also, ist dokumentiert.

3

Winterreisen haben es mit dem Tod zu tun. Dessen Gewissheit wölbt sich allemal über das Leben, worin man in hellen Momenten seinen Nachtwind schon zu spüren vermag. Ihn allein, so schrieb Maeterlinck einmal, habe man zu befragen »und nicht irgendwelche Zukunft und irgendein Nachleben, an dem unser Ich keinen Anteil hat«[17]. Kaum verwunderlich, dass der mit den mannigfaltigsten Schauer- und Kosenamen bedachte Tod, der einen mit biochemischer Sturheit am letzten Gestade erwartet, als ästhetisches Sujet an Prominenz – mit Ausnahme der Liebe – kaum zu überbieten scheint. Manchmal in unwiderstehlicher Daseinsmetaphorik. Und darunter oft in Bildern kalter Erstarrung. Andersens Eisklumpen im Herzen etwa sprechen davon. So Caspar David Friedrichs endlose Schneeflächen, an die Keats in den Worten erinnert: »O thou whose face hath felt the Winter's wind, / Whose eye has seen the snow-clouds hung in mist, / And the black elm tops 'mong the freezing stars!«[18] Nicht zu vergessen die gefrorenen Tränen Wilhelm Müllers, die sprachlos und kalt im Winde klirrenden Fahnen Hölderlins oder Nietzsches »Bald wird es schneien, – Weh dem, der keine Heimat hat!«.

Beschriebene, nicht selten letal endende Fluchten aus den Repressionssystemen der Neuzeit, all der Zitadellen, der Verbannungsorte, der Hochsicherheitstrakte, der panoptischen Überwachungsgefängnisse, des Netzes der Gulag-, Konzentrations- und Vernichtungslager und auch der psychiatrischen Kuckucksnester und Delta Camps verzichten aus gutem Grunde auf dergleichen poetische Ikonografie. Jean Améry formulierte, Novalis' und Schopenhauers ästhetische Todesvorstellungen aus der Zeit der deutschen Romantik anführend, lakonisch: »Für den Tod in seiner literarischen, philosophischen, musikalischen Gestalt war kein Platz in Auschwitz.«[19]

Kaum je aber wurde in den Berichten die Eiseskälte, die auch diesen höchst empirischen und konkreten Höllen eigen ist, unerwähnt gelassen. Fluchten aus solchen Labyrinthen misslingen wohl häufiger, als dass ihnen ein geglücktes Ende bereitet wird. Auf den Fluchten geschieht manches, aber niemals unbeschwert vom Gravitationsbereich des Todes. Am Ende sind die Flüchtenden restlos auf sich allein gestellt. Abgründe erscheinen, auf deren Grund die Bilder der Vergangenheit mit dem aussichtslosen Jetzt verschmelzen. Hier gibt es nichts zu romantisieren, hier schweigt alle ornamentale Metaphorik. »Am Brunnen vor dem Tore, blick nicht zu tief hinein.« So warnte Ingeborg Bachmann.

4

Gleichwohl lassen sich Brücken schlagen von der – um mit Thomas Mann zu sprechen – romantischen »Sympathie mit dem Tode« zu den Kunstmythen des modernen Totalitarismus. Dabei richtete sich das Augenmerk meist allein auf die deutsche Romantik mit ihrer »machtgeschützten Innerlichkeit«. Keineswegs aber auf die grenzüberschreitende romantische Bewegung von Blake über Hugo, Coleridge, Leopardi und Poe oder zu Schubert, Glinka, Berlioz oder Bellini. Es liegt die Vermutung nahe, dass der Geschichte des deutschen romantischen Irrationalismus in der retrospektiven Betrachtung jene spezifische Qualität zugemessen wurde, die in der Mitte des 19. Jahrhunderts bereits Heine antizipiert hatte:

»Es werden bewaffnete Fichteaner auf den Schauplatz treten, die in ihrem Willensfanatismus, weder durch Furcht noch durch Eigennutz zu bändigen sind; [...]. [...] Der Gedanke geht der Tat voraus, wie der Blitz dem Donner. Der deutsche Donner ist freilich auch ein Deutscher und ist nicht sehr gelenkig, und kommt etwas langsam herangerollt; aber kommen wird er, und wenn ihr es einst krachen hört, wie es noch niemals in der Weltgeschichte gekracht hat, so wißt: der deutsche Donner hat endlich sein Ziel erreicht. Bei diesem Geräusche werden die Adler aus der Luft tot niederfallen, und die Löwen in der fernsten Wüste Afrikas werden die Schwänze einkneifen, und sich in ihren königlichen Höhlen verkriechen. Es wird ein Stück aufgeführt werden in Deutschland, wogegen die französische Revolution nur wie eine harmlose Idylle erscheinen möchte.«[20]

Dergleichen Götterdämmerungsszenarien teutonischer Prägung gerieten bald nicht nur beim musikalischen Gesamtkunstwerk im Frankenland zu geschichtsphilosophischen Topoi. Carl Schmitt, später dem Faschismus zuzurechnen, hat 1919 die französische Auffassung der Romantik als revolutionäres Prinzip von der deutschen politischen Romantik als Ideologie der Reaktion und Restauration abgehoben, einer Bewegung, deren »Rausch, Weltschöpfer zu sein«,[21] freilich zunächst in der Bourgeoisie-Idyllik des Biedermeier neutralisiert worden sei. Am Ende aber geschah dann die fatale Wendung, die durchschlagende Instrumentalisierung der Bewegung für außerästhetische Zwecke: »Alles Romantische steht im Dienste anderer, unromantischer Energien und die Erhabenheit über Definition und Entscheidung verwandelt sich in ein dienstbares Begleiten fremder Kraft und fremder Entscheidung.«[22] An geschichtsteleologischen Konstruktionen der Transformation des romantischen Irrationalismus zu den antiliberalen, präfaschistischen und schließlich faschistischen Ideologien mit ihrem alle ethische oder gesetzliche Beschränkungen aushebelnden Kultus der Einheit, Stärke und Reinheit besteht kein Mangel. Georg Lukács' in *Die Zerstörung der Vernunft* (1954) vertretene These eines linearen, von Schellings Naturphilosophie über Spenglers Kulturkreistheorie und die Theorien der Konservativen Revolution bis zu Rosenbergs atavistischer Kollektivseele in die Barbarei führenden Weges, von der spekulativen idealistischen Systemphilosophie zum NS-Regime also, kann hierfür als Blaupause angeführt werden. Gordon A. Craig sah in der Todesfaszination und den Götterdämmerungs- und Weltkatastrophenvisionen der Romantik eine der entscheidenden Affinitäten zum Totalitarismus. Der Tod, der in Schuberts *Winterreise* durch das Laub des Lindenbaums dem Wanderer zuflüstere »Komm her zu mir, Geselle, / Hier findst du deine Ruh!«, sei als allgegenwärtige Größe schlechthin, als »elementarste aller Mächte und letztliche Lösung aller Probleme«[23] das lebensphilosophische Tableau der chauvinistischen Zerstörungsphantasien des 20. Jahrhunderts. Slavoj Žižeks Vergleich des Schubert'schen Liederzyklus mit den Weltkriegserfahrungen der deutschen Wehrmacht schließlich ist das wohl extremste Beispiel jener analogistischen Konstruktion:

»Gibt es nicht eine verblüffende Übereinstimmung zwischen dem Thema der Winterreise und diesem spezifischen historischen Moment? War nicht der ganze Stalingradfeldzug eine gewaltige Winterreise, bei der jeder deutsche Soldat die ersten Zeilen des Zyklus auf sich beziehen konnte ›Fremd bin ich eingezogen, / Fremd zieh ich wieder aus‹? Geben die folgenden Zeilen nicht ihre Grunderfahrung wieder: ›Nun ist die Welt so trübe, / Der Weg gehüllt in Schnee. / Ich kann zu meiner Reisen / Nicht wählen mit der Zeit, / Muss selbst den Weg mir weisen / In dieser Dunkelheit.‹«[24]

5

Das siebte Siegel der Apokalypse von Patmos steht für das Ende der bisherigen Welt. Der Tanach aber sah zugleich in dieser Zahlensemantik deren Erschaffung. Das Element des Zyklischen – Anfang und Ende im Wechsel – erscheint demnach gleichermaßen in dieser zur Grundeinheit emporgerückten Größe. Der Sieben und der ihr zugeschriebenen semantischen Vielfältigkeit gebührte zuvor schon der prominenteste Rang in der archaisch-mythologischen Zahlensymbolik. Anna Seghers, streng im Geiste der jüdischen Religion erzogen, wusste nicht nur um die siebentägige Schöpfungsgeschichte, die Bedeutung der sieben Arme der Menora und um die Bedeutung des Sabbats als siebten Tag in der Woche. Sie kannte die besondere Symbolik dieser Primzahl im gesamten Kontext des Tanach. Und mehr noch. In ihrer fesselnden kunstgeschichtlichen Arbeit über *Jude und Judentum im Werke Rembrandts* legte sie dar, wie der durchaus unheroische menschliche Christus »in die Sphäre des Zeitlich-Nahen« gerückt wird: »nicht als vergöttlichter, auferstandener, nicht als überwirklicher [...], sondern in seinem menschlichen Dasein«.[25] Die sieben letzten Worte am Kreuz, darunter »Mich dürstet« und »Es ist vollbracht«, lassen sich auf den Roman der Autorin ebenso beziehen wie ihre spätere Deutung einer mutmaßlichen Reliquie aus Golgatha: »ein Stück: vom Kreuz Christi. Das Geheimnis von Tod und Leben.«[26] Hinzu kommt ihre intensive Beschäftigung sowohl mit den Werken Søren Kierkegaards als auch Dostojewskis und Tolstois, dessen Wohnort Jasnaja Poljana 1941 wochenlang von der Wehrmacht besetzt, verwüstet und schließlich mit großen Verlusten wieder verlassen wurde. Anna Seghers kommentierte dies mit den Worten: »Vielleicht hat man seit den Tagen des Pontius Pilatus, da man die Räuber neben dem Nazarener annagelte, kein so sonderbares Begräbnis gesehen wie die Nazisoldaten, die um das Grab Tolstois herum beerdigt liegen.«[27] Die Kreuzmetaphorik, die das Symbol sowohl des Leidens als auch der Hoffnung immer als Kreuz der Wirklichkeit meint – »Mein Stoff ist die Wirklichkeit.«[28] –, tritt ebenso häufig im Werk zutage wie die mit ihr zusammenhängende Vorstellung der Anástasis. Die Auferstehung war ihr aus dem Buch Hiob seit der Kindheit bekannt. »Von der Hand des Scheols [aus dem Totenreich, N.A.] werde ich sie erlösen; vom Tod werde ich sie zurückholen« (Hiob 14:13–15), steht dort geschrieben. Bei Anna Seghers heißt es über die Ermordeten: »Solche Toten hat jedes Volk, zumal das deutsche, in Hüll und Füll. In unseren Zeiten stehn sie auf, sehen den Lebenden über die Schulter.«[29] Marcel Reich-Ranicki erblickte in der von der Autorin bereits im Frühwerk beschworenen Rebellion der Verzweifelten zugleich die gleichsam heilsgewisse Idee von der Unsterblichkeit des Kampfes um die Freiheit des Menschen.

»Immer schon hat das religiöse Element in den Büchern der Anna Seghers eine wesentliche Rolle gespielt [...]. Fideistisch wie das ideelle Fundament ihres Werks schienen vor allem die Schlussfolgerungen zu sein, die in der Regel ihren Lesern geboten wurden: Als Antwort auf die Leiden, die realen Niederlagen, die Märtyrertode ihrer Helden hatte sie stets eine metaphysische Pointe in Reserve.«[30]

Wie ein Präludium zu *Das siebte Kreuz* wirkt die bereits unter einem Pseudonym 1933 erschienene Erzählung *Das Vaterunser*. Es geht darin um das Schicksal von Widerständlern, die zur »Beute« der SA geworden sind. Die auf der Zahl Sieben beruhende, gleichsam biblische Struktur des Gebets, in der siebten Bitte das Flehen zu Gott, dass er Satan endgültig in den Höllenabgrund stoßen solle und uns dadurch von ihm befreien möge, ist dort ebenso präsent wie die Erinnerung an die sieben Kreuzesworte.

Die mythopoetische Intention des Romans, sein Zeitbegriff, der in seinen geschichtsanalogistischen Bildern bereits zu Beginn Gegenwart als Wiederholung archaischer Geschehnisse versteht, greift wie ein in manchen Teilen wesensverwandter, vorausgegangener Roman zur esoterischen Zahlenmystik, um diesen Hermetismus der Zeit zu grundieren. Thomas Manns wiederholtes Spiel mit der magischen Zahl 34, deren Quersumme die Zahl Sieben ergibt und die – vor dem Hintergrund von Dürers magischem Quadrat in dem Stich *Melencolia* – auch in dem Exilroman *Doktor Faustus* eine bedeutsame Funktion besitzt, erinnert an die ganz auf dieselbe Zahl ausgerichtete Struktur von *Das siebte Kreuz*. Dass auf Dürers Werk die Allegorie der Melancholie in jener Haltung zu sehen ist, die Dürer auch für sein Bild von *Christus als Schmerzensmann* gewählt hat, mutet wie eine weitere, ikonographisch orientierte Affinität der beiden Autoren an. Thomas Manns Held Castorp in dem siebenteiligen Roman *Der Zauberberg* – wie Heisler besteht auch sein Name aus sieben Buchstaben – wird in den sieben Jahren der Handlungszeit konfrontiert mit der verführerischen Macht romantischer Musik. Im siebten Kapitel steht diese im Zentrum. Die »fliegende Idealität« der Musik, ihre »hohe und unwiderlegliche Beschönigung, die sie der gemeinen Grässlichkeit der wirklichen Dinge angedeihen ließ«,[31] gerät in die Nachbarschaft jener irrationaler Weltfluchten, die als »Sympathie mit dem Tode« die Amalgamierung von machtgeschützter Innerlichkeit und jähen Destruktionsausbruchs bekunden. Dargetan wird dies vorrangig an Schuberts Lied *Der Lindenbaum*. Castorps Überwindung der als Todesfaszination wahrgenommenen Romantik terminiert in der Erkenntnis, dass der Mensch »um der Güte und Liebe willen« dem Tode keine Herrschaft über seine Gedanken einräumen darf. Am entsetzlichen Ende der sieben Jahre aber steht der als »Donnerschlag« charakterisierte Ausbruch des Ersten Weltkriegs. Aber weder Heimatodem noch »Duft und Fülle des Flachlandes, lang entbehrt«, erwarten den Helden. Jetzt ist dieses Flachland der Krieg und der Held auf den letzten Seiten direkt inmitten der Sperrfeuer der Front. »Komm her zu mir, Geselle, / Hier findst Du Deine Ruh'!« Diese Ruh' aber ist nunmehr, gänzlich unästhetisiert, das Massengrab. Fragmente aus der *Winterreise*, eine Landstraße oder ein Wegweiser auf zerwühltem, schlammigem, blutgetränktem Boden etwa, tauchen grotesk auf. Der Held, das Gewehr im Anschlag, singt inmitten dieses »Weltfests des Todes« mit abgerissenem Atem und ohne Bewusstsein davon das Lied vom *Lindenbaum*. Aus dem Brunnen vor dem Tore wird hier ein haushoher »Springbrunnen von Erdreich, Feuer, Eisen, Blei«.[32] Keine »mondscheintrunkne[n] Lindenblüten« (Heine) fallen darauf. Kein wohltuender »Geruch nasser warmer Lindenbäume und nasser warmer Erde« (Anna Seghers) überdeckt den Gasgestank.

6

Meist suggeriert Heimat die Sicherheit vergangenen oder auch gegenwärtigen Zuhauseseins. Bisweilen wirkt sie auch als Synonym der Erwartung. So in der berühmten Bloch'schen Wendung von dem, »das allen in die Kindheit scheint und worin noch niemand war«. In dunklen Zeiten aber kann die Fixierung auf dergleichen Wunschbilder zum Verhängnis werden. Da, wo im Einst Sicherheit unbezwingbar erschien, schlägt ihr Gegensatz, die Vertreibung aus dem Paradies, gewaltsam ein wie ein Blitz. Dann depraviert Heimat zum Trugbild, vor welchem gewarnt werden muss. »Gewöhn dich nicht, du darfst dich nicht gewöhnen. / Eine Rose ist eine Rose, aber ein Heim ist kein Heim.«[33] Dieses Erlebensfazit erfahren wir von der deutschen Emigrantin Hilde Domin.

Vielleicht existiert sogar ein Heimweh ohne Gewesenes; das Phantasma einer Wunderheimat, das sich auf kein Objekt des Gedächtnisses berufen kann; eine Tiefe ohne Boden, eine Wirkung ohne Ursache, eine von allem Erlebnis unbefleckte Nostalgia; ein Sehnen nach Aufgehobenheit auch jenseits allen Gedenkens an das verlorene Paradies der Kindheit. Etwas, was nicht in die Frühzeit des Ich verweist, nicht durch eine memoire involontaire zurückgerufen werden kann. Eine imaginierte Heimat, bar aller erfahrenen Wirklichkeiten wie der Geschmack eines Gebäcks, das Geräusch einer klirrenden Gabel, der Fliederduft aus dem Nachbargarten, ein totes Tier in einem schmutzigen Rinnstein oder das Stolpern auf unebenen Straßenpflastern.

Die Romantik fahndete nach dergleichen Illusionasylen, erblickte die Rückkehr zur Heimat entweder als Rückkehr ins verlorengegangene eigene Gemüt oder – wie in Schuberts *Winterreise* – als Überschreitung der Schwelle zum Tod.

Für Börne und Heine existierte noch keine Trennung von Heimat und Vaterland. Heine mochte gar glauben, dass nur, wer die grellen Schmerzen des Exils durchlebt, um die Vaterlandliebe »mit all ihren süßen Schrecken und sehnsüchtigen Kümmernissen«[34] erst weiß.

7

Franz Schuberts fast sieben Jahre vor seinem frühen Tod vollendete Sinfonie Nr. 7 in h-Moll, gerne – aber ein wenig irreführend – die *Unvollendete* genannt und erst 43 Jahre nach ihrer Entstehung uraufgeführt, schwankt zwischen der abgrundtiefen Verlorenheit des ersten und der sich zu neuem Lebensmut aufschwingenden Stimmung des zweiten Satzes. In der *Win-*

terreise, einem traurigen Zyklus von 24 Liedern von Wilhelm Müller, im Herbst 1827 zu einem Zeitpunkt beendet, als das niederträchtige und brutale Metternich'sche Unterdrückungs- und Überwachungssystem zu erodieren begann, rettete sich kaum noch etwas von der Stimmung jenes zweiten, Andante con moto notierten Satzes. Das von d-Moll nach h-Moll transferierte letzte, *Einsamkeit* getaufte Lied der ersten Abteilung der *Winterreise*, worin in müden Achtelschlägen der Schritt träge und der Himmel trüb wird, mutet an wie eine triste Reminiszenz des einstigen Kopfsatzes der Sinfonie.

Es handelt sich bei dem Zyklus (op. 89, D 911) um eine traurige, doch sich wie ein Perpetuum mobile immerfort fortsetzende und wiederholende Geschichte, die Wilhelm Müller, der Poet, als Teil des zweiten Bändchens seines 1824 erschienenen Buches *Sieben und siebzig Gedichte aus den hinterlassenen Papieren eines reisenden Waldhornisten* hatte erscheinen lassen. Eine winternächtliche Wanderung, die in der Abenddämmerung anhebt und am nächsten Morgen, nach dem nächtlichen Licht der Plejaden und des Mondenschattens, mit den Nebensonnen am Himmel und dem Leiermann draußen hinterm Dorfe auf dem Eise endigt.

Ein noch junger Mann aus niederen sozialen Verhältnissen durchwandert, von seiner aus wohlhabendem Haus stammenden Geliebten verlassen und davon in der Seele tief getroffen, eine unwirtlich-unwirkliche Winterlandschaft. Keiner kümmert sich um ihn. Es vollzieht sich, zunächst in mutmaßlich zielgerichtetem Wanderrhythmus anhebend, bald aber ziellos anmutend, mit zunehmender Gravitationskraft eine Todesreise. Sieben absteigende Noten des Klaviers ganz am Anfang, gefolgt von den sieben Gesangssilben »Fremd bin ich eingezogen« verraten vorab den magischen, sich immer stärker verdichtenden und schließlich nur noch einen einzigen Ausgang offerierenden Raum, den der Jüngling durchmisst. Am Schluss, im letzten, die Vergeblichkeit des Daseins in der Leierdrehung artikulierenden Liedes der in d-Moll begonnenen und im a-Moll ausklingenden Reise, erklingt dumpf und bohrend ganze 61 Mal ein Anfang und Ende zusammenführender Quintenbass, der den Grundton gleichsam festbannt. Eine Klangmetapher der Unabänderlichkeit. »Down through all eternity / the crying of humanity«[35], so beschrieb 120 Jahre später der schottische Sänger und Liedkomponist Donovan Philips Leitch den Leiermann. An ihn, schon bei Wilhelm Müller eine allegorische Gestalt der ewigen Wiederkehr sowohl des immergleichen Ganzen als auch des unwiderruflich von der Wiege bis zur Bahre führenden Einzellebens, wird endlich, als sei die Bejahung der Unabänderlichkeit das letzte Wort, die gleichfalls letzte Frage gestellt: »Soll ich mit dir geh'n?«

Angetreten wird hier eine Wanderschaft zunächst aus höchstpersönlicher Desillusion. Gleichwohl geschieht sie vor dem Hintergrund einer abweisenden, eisigen und unbarmherzig gewordenen Welt. Die *Winterreise* wurde nur ein knappes Jahr vor dem frühen Tod des Komponisten abgeschlossen. Innenwelt und Außenwelt – die der Menschen und die der Natur – korrelieren darin so wie die Singstimme und das sie kommentierende und zugleich immer unaufhaltsamer zur endlichen Erstarrung geleitende Pianoforte, das sich bisweilen in einen Zwist von linker und rechter Hand bipolarisiert.

Der monotone Zweivierteltakt des noch euphemistisch *Gute Nacht* betitelten Anfangsliedes gestaltet tonmalerisch den Marsch des jungen Mannes. Dem darin sich vollziehenden, verräterisch jedoch in die Todestonart d-Moll gesetzten Achtelgang des Wanderns – kurz mit dem trügerischen Aufstieg von der kleinen zur großen Terz unterbrochen –, folgen während des fortschreitenden Zyklus Phasen ebenso gleisnerischen Aufkeimens von Hoffnung, zumeist aber der Stagnation, des mühevollen, bis zum Hinken herabgekommenen Schrittes, am Ende hin zu einem wohl immer bewusst werdenden Ziel: dem als Heimgang begriffenen Lebensende. Voll von Resignation zeigen im dritten Lied die onomatopoetischen Staccati der fallenden chromatischen Bewegungen der *Gefrorenen Tränen* die Zerrissenheit des Wanderers, radikalisiert durch ein Oxymoron, das die eisig erstarrte Außenwelt und die glühende Innenwelt grotesk ineinander schließt. Genau dies wiederholt sich im achten, g-Moll notierten Lied *Rückblick*. Diesmal freilich in nervöser und verhetzter Atemlosigkeit und auf Achtel- und Sechzehntelnoten zu wilder Synkopik zu singen: »Es brennt mir unter beiden Sohlen, / Tret ich auch schon auf Eis und Schnee.« In der »ziemlich geschwind« zu nehmenden »Wetterfahne« wird der Wanderer explizit zum »Flüchtling«. Der Wind, die Wetterfahne auf dem Haus der Geliebten durchfahrend, gibt mit seinen aufeinanderfolgenden leeren Oktaven hier die Metapher sowohl der inneren Haltlosigkeit als auch die einer bös- und böenhaften, unberechenbaren Natur. Die linke und die rechte Hand des Pianos, simultan und im oktavierten Verhältnis zueinander zu spielen, müssen den launischen Befehlen des Elements gehorchen. Keine Freiheit vermag sich dagegen zu behaupten. Ebenso wenig im zwanzigsten Lied, dem elegischen *Wegweiser*, mit dem in g-Moll die Schlussgruppe des Zyklus einsetzt. Die grammatische Funktion des darin verwandten Prädikats in den berühmten Zeilen »Eine Straße muss ich gehen, / Die noch keiner ging zurück« duldet keine Ausnahme. Es gibt unter den unzählbaren, auf die Wohnstätten der Menschen gerichteten Wegweiser nur einen einzigen, der dem durch die Welt flüchtenden Mann bestimmt ist. An seinem Ende leuchtet unter der Introduktion eines gleichmäßig wie eine Uhr schlagenden Taktes nicht die Blaue Blume auf, ein hier ganz fehlschlagender Topos der zum Mystizismus geneigten Frühromantik. Am unverrückbaren Fluchtpunkt steht die Unumkehrbarkeit des Geschehenen; ein leerer Ort, der nichts mehr von der Erlebnisdichtung der romantischen Wanderung erkennen lässt. Nicht Caspar David Friedrichs ein gutes Jahrzehnt vor der *Winterreise* vollendeter *Wanderer über dem Nebelmeer* kann hier als ikonographisches Pendant angeführt werden. Dieser mit einem Gehstock ausgerüstete Wanderer, der – »trivial und stereotyp genug« – beharrlich mit Schuberts *Wanderer-Fantasie* assoziiert wird, schaut von erhöhter Position über die Dunstschleier hinweg auf noch erhabenere Gipfel. Er hat ein Ziel vor Augen. Keine Brücke aber führt von Schuberts mit trügerischer Freundlichkeit dem Wanderer voraustanzendem Licht zu solcher Naturtranszendenz. Das neunzehnte Lied der *Winterreise* heißt *Täuschung* und nicht etwa Hoffnung. »Alles eines Irrlicht's Spiel« heißt es schon zuvor im neunten, abermals in h-Moll stehenden Lied, worin in sprunghaften rhythmischen Intervallen sowie ihren Umkehrungen das »Irregehen« des Wanderers erklingt, dessen einziger Fluchtpunkt in die maritime Todesmetaphorik gerückt wird: »Jeder Strom wird's Meer gewinnen.«

Eher gerät desselben Malers drei Jahre vor Schuberts Liederzyklus geschaffenes schroffes, zerklüftetes und graues *Eismeer*, entstanden vor dem düsteren Hintergrund der repressiven Restaurationsepoche in den Blick, das keineswegs als Tropus der Erlösung durch den Tod zu begreifen ist. Ein Bild des endgültigen Scheiterns und des Endes überhaupt. Ein Bild, das zu Schuberts Wanderer führt und einige Jahre wiederkehrt bei Büchner. In Lenzens wenig idyllischer Wanderung durchs Gebirge mit seinen trägen und plumpen Nebelschwaden:

»Er ging gleichgültig weiter, es lag ihm nicht's am Weg, bald auf- bald abwärts. [...] und alles so still, grau, dämmernd; es wurde ihm entsetzlich einsam, er war allein, ganz allein, er wollte mit sich sprechen, aber er konnte, er wagte kaum zu athmen, das Biegen seines Fußes tönte wie Donner unter ihm [...].«[36]

Schubert wich ein einziges Mal von der Müller'schen Gedichtabfolge ab. Grotesk wirkt das zwischen dem Todesackerbild und dem naturdämonischen Schauspiel der drei stieren Sonnen gelegte, mit dem verführerischen Namen *Mut* versehene Gedicht, das bei Müller an vorletzter Stelle hinter den *Nebensonnen* steht. Schubert hat dieses letzte Aufzucken eines autosuggestiven Weltvertrauens, das mit »lustig in die Welt hinein« oder »hell und munter« den Transzendenzverlust durch einen aufgesetzten prometheischen Gestus zu kompensieren sucht, in eine entlarvende Umrahmung gestellt. Der aufgesetzte Schein des Frohgemuten, nach Ian Bostridge eine »brutale Heterodoxie«[37], wird aber auch im Lied selbst als Willkürakt deutlich. Das permanente Schwanken zwischen Dur und Moll – es lässt die in Verzweiflung und Resignation dahinterstehende Wahrheit wiederholt durchscheinen.

Dem Wanderer der *Winterreise* bleibt an deren Ende nichts mehr als der Tod, dessen Allegorie nun nicht mehr im raunenden Lindenbaum noch tröstlich erscheint. In der Metaphorik der Erstarrung im Eise wird ihm solches nicht mehr zuteil. Winterreisen sind Todesreisen, Todesmärsche, Todeskämpfe. Dass einer mit dem Namen Georg Heisler dem Tod auf seiner Flucht durch die Dörfer und Städte, Wälder und Felder, Höhen und Tiefen ein Schnippchen schlägt und in einem Schleppkahn entkommt, bleibt eine Ausnahme. Eine unabdingbare Ausnahme, denn es muss – so will es das mythische Gesetz – einer überleben, um alles zu erzählen.

Anmerkungen

1 Jean Amery: An den Grenzen des Geistes, in: Ders.: Jenseits von Schuld und Sühne. Bewältigungsversuche eines Überwältigten, Stuttgart 1977, S. 18–45, hier S. 26.

2 *Neue Zürcher Zeitung*, 4.11.2006: Über die Goethe-Eiche im Lager Buchenwald, Häftling Nr. 4935, erschienen im November 1945 in Lublin; aus dem Polnischen von Wojciech Simson, Zürich.

3 Joseph Roth: Die Eiche Goethes in Buchenwald. Werke 4. Bd., hg. von Hermann Kesten, Köln/Amsterdam 1976, S. 704 f., hier S. 705.
4 Anna Seghers: Der Ausflug der toten Mädchen, in: Annas Seghers. Gesammelte Werke in Einzelausgaben, Bd. IX, Erzählungen 1926–1944, Berlin/Weimar 1981, S. 360.
5 Anna Seghers: Aufsätze, Ansprachen, Essays 1954–1979. Gesammelte Werke in Einzelausgaben, Bd. XIII, Berlin/Weimar 1984, S. 282.
6 Anna Seghers: Das siebte Kreuz. Gesammelte Werke in Einzelausgaben, Bd. IV, Berlin/Weimar 1952, S. 394.
7 Anna Seghers: Zwei Denkmäler, in: Deutsche Literatur der sechziger Jahre. Ein Lesebuch, hg. von Klaus Wagenbach, Berlin 1996.
8 Zit. nach Zukunft braucht Erinnerung, darin: Bernd Kleinhans: Das Hakenkreuz – Geschichte eines NS-Symbols, Berlin 2005, o. S. Vgl. http://www.zukunftbraucht-erinnerung.de/das-hakenkreuz-geschichte-eines-ns-symbols/
9 Anna Seghers: Das siebte Kreuz, 1952 (s. Anm. 6), S. 13.
10 Erwin Rotermund: Sieben Flüchtlinge und sieben Kreuze. Ein unbekannter Bericht aus dem KZ Sachsenhausen, in: *Argonautenschiff* 10/2001, S. 253–260, S. 253 ff.
11 Zit. nach Gisela Berglund: Deutsche Opposition gegen Hitler in Presse und Roman des Exils: Eine Darstellung und ein Vergleich mit der historischen Wirklichkeit, Stockholm 1972, S. 200.
12 Anna Seghers: Transit. Gesammelte Werke in Einzelausgaben, Bd. V, Berlin/Weimar 1976, S. 70 und S. 284.
13 Anna Seghers: Der Ausflug der toten Mädchen, 1981 (s. Anm. 4), S. 338.
14 Anna Seghers: Aufsätze, Ansprachen, 1984 (s. Anm. 5), S. 440.
15 Ebd., S. 439.
16 Anna Seghers: Das siebte Kreuz, 1952 (s. Anm. 6), S. 8.
17 Maurice Maeterlinck: Vom Tode, Jena 1913, S. 1.
18 John Keats: Gedichte, München 1995, S. 110.
19 Jean Amery: An den Grenzen des Geistes, 1977 (s. Anm. 1), S. 39.
20 Heinrich Heine: Werke und Briefe. Bd. 10. Zur Geschichte der Religion und Philosophie in Deutschland, 3. Buch, Berlin/Weimar 1980, S. 307 f.
21 Carl Schmitt: Politische Romantik, Berlin 1982, S. 133.
22 Ebd., S. 228.
23 Gordon Alexander Craig: Über die Deutschen. Ein historisches Portrait, München 1982, S. 221.
24 Slavoj Žižek: Lenin als Schubertianer, in: Ders.: Die Revolution steht bevor. Dreizehn Versuche über Lenin, Frankfurt a. M. 2002, S. 50–60.
25 Anna Seghers: Jude und Judentum im Werke Rembrandts, Leipzig 1983, S. 52.
26 Anna Seghers: Aufsätze, Ansprachen, 1984 (s. Anm. 5), S. 273.
27 Ebd., S. 101.
28 Ebd., S. 44.
29 Ebd., S. 6.
30 Marcel Reich-Ranicki: Die Anna Seghers von heute, in: *Die Zeit* vom 28.1.1966.
31 Thomas Mann: Der Zauberberg. Gesammelte Werke in Einzelbänden, Frankfurt a. M. 1981, S. 907.
32 Ebd., S. 1005.
33 Hilde Domin: Mit leichtem Gepäck, in: Dies.: Rückkehr der Schiffe, Frankfurt a. M. 1978, S. 49.
34 Heinrich Heine: Ludwig Börne. Eine Denkschrift. Werke und Briefe, Bd. 6, Berlin/Weimar 1980, S. 197.
35 Donovan Leitch: The Hurdy Gurdy Man, London 2005, S. 254.
36 Georg Büchner: Lenz, in: Ders.: Werke und Briefe, München/Wien 1984, S. 69 f.
37 Ian Bostridge: Schuberts Winterreise: Lieder von Liebe und Schmerz, München 2015, S. 357.

Ursula Elsner
GESPRÄCH MIT DER CHEFDRAMATURGIN PATRICIA NICKEL-DÖNICKE ZU *DAS SIEBTE KREUZ* AM THEATER OBERHAUSEN

U. Elsner: Das Jahr 2018 ist eine große Bereicherung für die Seghers-Rezeption, namhafte Regisseure haben sich ihrer Werke angenommen: Am Schauspiel Frankfurt (Main) und am Theater Oberhausen wurde *Das siebte Kreuz* inszeniert, eine Neuverfilmung des Romans *Transit* wurde im Februar auf den Internationalen Filmfestspielen in Berlin gezeigt, im April stellte der Verein Frankfurt liest ein Buch den Roman *Das siebte Kreuz* ins Zentrum eines 14-tägigen Veranstaltungsmarathons, und ein Weg in der Nähe der Frankfurter Nationalbibliothek wurde nach Anna Seghers benannt. Wie erklären Sie sich diese aktuelle Präsenz von Seghers-Texten? Wann und wie sind Sie mit der Autorin Anna Seghers und ihrem Werk in Berührung gekommen?

P. Nickel-Dönicke: Seghers' Texte sind darin einzigartig, als dass sie Menschen in Extremsituationen beschreiben, die sich entscheiden müssen. Im *Siebten Kreuz* geht es explizit um Fragen nach Mitgefühl und Zivilcourage, wobei ganz existentiell das eigene Leben und das der Angehörigen in Lebensgefahr gebracht wird. Seghers' Fragen sind rein ethischer Natur, wer ist mir der Nächste, mach' ich die Tür auf für den Anderen, vielleicht sogar für eine mir völlig fremde Person? Diese Fragestellung ist seit 2015 genauso wie das Aufkommen rechten und populistischen Gedankenguts in Europa ein Thema, das sich aufgrund der Lebenserfahrungen von Anna Seghers auf unsere Zeit übertragen lässt. Ich selbst bin professionell auf Anna Seghers gestoßen, als ich noch am Staatstheater Mainz als Dramaturgin gearbeitet habe. Damals habe ich mich mit der Stadtgeschichte und den wichtigen Persönlichkeiten der Stadt beschäftigt und bin dabei unweigerlich auf die Mainzerin Anna Seghers gestoßen. Wir haben uns 2014 dafür entschieden, den Vorgängerroman des *Siebten Kreuzes* – *Der Kopflohn* – auf die Bühne zu bringen. Die Unzufriedenheit und die Ängste der Menschen, beispielsweise im Umfeld von Pegida, ließen damals gewisse Parallelen zu den Vorkommnissen im *Kopflohn* erkennen. Seghers' genaue Schilderung der ländlichen Region Rheinhessen, wie die BewohnerInnen eines Dorfes abwägen, ob sie den vor der Polizei Flüchtenden verraten oder nicht, worin liegt der Vorteil, welche Ängste, welcher Hass treibt sie um? Seghers zeichnet sowohl im *Kopflohn* als auch im *Siebten Kreuz* umfassende Gesellschaftsbilder mit einem großen Personal, das ganz individuelle Motivationen aufweist und figurenimmanente Sozialisationen in sich trägt.

U. Elsner: Welche Erinnerungen haben Sie an Ihre erste Lektüre des Romans *Das siebte Kreuz*?

P. Nickel-Dönicke: Ich habe mir mit ca. zwölf Jahren in den Sommerferien bei meiner Großmutter in Brandenburg erst *Nackt unter Wölfen* und anschließend *Das siebte Kreuz* aus dem Bücherregal gezogen. Trotz der Härte der Geschichten haben sie mich damals auch aufgrund des Suspense gefesselt.

U. Elsner: Wie entstand die Idee, diesen Roman in eigener Textfassung und Inszenierung auf die Bühne zu bringen?
P. Nickel-Dönicke: Als wir in Oberhausen als neues Leitungsteam anfingen, war ziemlich schnell klar, dass wir mit Lars-Ole Walburg zusammen arbeiten wollten, aufgrund seiner besonderen Erzählweise, der großen Erfahrung gerade was die Bearbeitung von Romanen für die Bühne anbelangt als auch seiner klugen SchauspielerInnenführung, die uns für das neu zusammengestellte Ensemble und dessen Entwicklungspotential immens wichtig war. Als ich mich dann das erste Mal mit Ole traf, diskutierten wir Erich Maria Remarques *Der schwarze Obelisk* und *Das siebte Kreuz*, letzteres war mir natürlich aufgrund meiner Arbeit in Mainz und der Beschäftigung mit Anna Seghers noch sehr präsent. Ole hatte gerade sehr erfolgreich *Im Westen nichts Neues* und *Die Nacht von Lissabon* in Hannover auf die Bühne gebracht, d. h. mit Remarque brachte er einen großen Erfahrungswert mit. Inhaltlich ging es mir allerdings so, dass ich *Das siebte Kreuz* politisch brisanter und aufgrund der gesellschaftlichen Entwicklungen in Europa aktueller fand. Oles Bild von Anna Seghers als Vorsitzende des Schriftstellerverbandes der DDR – erst recht als Kunstschaffender in der DDR (er ist 1965 in Rostock geboren) – war anfänglich eher kritisch geprägt. Allerdings war er nach der erneuten Lektüre des *Siebten Kreuzes* sehr schnell von Seghers' Vermögen von Welterschaffung und psychologischer Figurenzeichnung überzeugt, und so machte er sich an die Bearbeitung des Stoffs für die Bühne.

U. Elsner: Wie kam es zu der neuen Textfassung und worin bestand die Hauptschwierigkeit, aus dem umfangreichen Roman eine Bühnenfassung zu erstellen?
P. Nickel-Dönicke: Zunächst sprachen Ole und ich über den Umgang mit der großen Personage und der Idee, Georg mit fünf SpielerInnen zu besetzen. Anschließend schrieb er eine erste Fassung, den Schluss hat er dabei bewusst offengelassen, und in den ersten Wochen nach Probenbeginn saßen wir mit den SpielerInnen zusammen und erarbeiteten gemeinsam die Figurenaufteilung. Faszinierend war, mit welcher Genauigkeit und Romankenntnis die SpielerInnen mitarbeiteten und wie wir alle gemeinsam den Schluss des Theaterabends entwickelten, den Ole dann auf Basis des Romans schrieb. Das Tolle an seiner Bearbeitung ist ja, dass er an keiner Stelle verleugnet, dass es sich beim *Siebten Kreuz* um große Prosa handelt, die auf die Bühne gebracht wird, d. h. die Spiel- und Dialogszenen werden immer wieder unterbrochen von Erzählertexten, die die Atmosphäre, lokale Umgebung und Zuständigkeit der Figuren thematisieren, ohne diese eins zu eins abbilden zu müssen. So entsteht ein emotionaler Zwischenraum, der den ZuschauerInnen die Möglichkeit gibt, selbst die Situation emotional zu erfassen.

U. Elsner: Im Roman gibt es eine große Episodenfülle und ca. 130 Figuren. Nach welchen Kriterien haben Sie die Handlungsstränge und Figuren des Romans reduziert?
P. Nickel-Dönicke: Die erste Einteilung folgt den von Seghers vorgegebenen sieben Tagen, außerdem war es aber auch wichtig, den sieben Flüchtlingen Raum zu geben und Georgs Geschichte darum herum zu bauen. Zwei weitere wichtige Figuren sind Elli, Georgs Ex-Frau und Mutter des gemeinsamen Kindes, zu der er seit Jahren keinen Kontakt mehr hatte, die selbst ins Fadenkreuz der Fahndung nach Georg gerät, und sein alter Freund Franz. Beide treffen im ganzen Roman nicht einmal mit Georg zusammen, sind dennoch maßgeblich an seiner Rettung beteiligt, wobei beide sowohl ihre eigenen Verletzungen, die ihnen Georg zugefügt hat, als auch die eigene Lebensgefahr verdrängen. Bei der weiteren Figurenauswahl sind wir situativ vorgegangen, d. h. gab es eine Szene, die Georgs Flucht maßgeblich vorantreibt, wie etwa die mit dem Matrosen und dem Kleidertausch, haben wir diese Figur mit eingebaut, auch wenn sie später kaum noch eine Rolle spielt. Wichtig waren uns auf jeden Fall immer die Momente, in denen es darum ging, dass die jeweilige Figur, die auf Georg trifft, zu einer Entscheidung kommen muss.

U. Elsner: Worin bestand der Grundgedanke Ihrer Inszenierung?
P. Nickel-Dönicke: Darin: Helfe ich oder helfe ich nicht? Das ist der ganz einfache Grundgedanke, der aber eine tonnenschwere Last nach sich ziehen kann, und in genau diesem Dilemma sind wir gerade, wenn Frontex-Soldaten sogar in Slowenien eingesetzt werden sollen.

U. Elsner: Haben Sie sich mit der Schweriner Inszenierung von 1981 bekannt gemacht oder bewusst darauf verzichtet, um unbefangen an die eigene Adaption zu gehen?
P. Nickel-Dönicke: Wir haben uns die Fassung angeschaut, ansonsten spielte sie keine Rolle für unsere Arbeit.

U. Elsner: Wie ist das Verhältnis von Romanvorlage und eigenem, hinzugefügtem Text?
P. Nickel-Dönicke: Wir haben nur wenige Fremdtexte hinzugefügt, kleinere Wort- und Ausdrucksänderungen vorgenommen, ansonsten sind wir dem Text sehr treu geblieben. Der Großteil an Fremdtexten besteht aus Kommentaren von Marcel Reich-Ranicki, der Seghers' Roman 2002 in der Sendung *Lauter schwierige Patienten* analysiert hat. Außerdem beschrieb er, welchen großen Einfluss dieser Roman auf seine Lebensentscheidung genommen hat, sich in Zukunft mit Literatur auseinanderzusetzen.

U. Elsner: Was hat Sie bewogen, Marcel Reich-Ranicki eine Bühne zu geben?
P. Nickel-Dönicke: Uns ging es darum, auch das Wissen um Seghers und darum, wie die Geschichte weitergegangen ist, als Perspektive in den Abend mit einzubauen. Seghers' Roman endet mit der Hoffnung auf Mitgefühl und Mitmenschlichkeit, dass sich genau diese Werte durchsetzen werden. Wir

wissen aber, dass sich diese Hoffnung leider nicht erfüllt hat, sondern in der größten Katastrophe der Menschheit endete. Reich-Ranicki war eben nicht nur ein kluger Analytiker, sondern trug auch seine ganz eigene Geschichte, die eng verwoben war mit Nazideutschland, mit sich herum. Genau diese Abstraktionsebene verlangen wir auch dem Publikum ab.

U. Elsner: In der Schweriner Inszenierung tritt die Hauptfigur gar nicht als Bühnenfigur auf, in der Frankfurter ist sie prominent besetzt und ständig präsent, in Ihrer Inszenierung übernehmen alle Darsteller nacheinander die Rolle des Georg Heisler. Was verbinden Sie mit dieser Idee?
P. Nickel-Dönicke: Die Situation, in der Georg ist, kann jeden treffen, egal wie alt und welchen Geschlechts er ist. Es geht uns vor allem darum, wie sich die Gesellschaft einem Flüchtenden gegenüber verhält, wann, wem und warum öffnet jemand sein Herz und seine Tür.

U. Elsner: In der Schweriner und Frankfurter Inszenierung wird sehr stark mit chorischen Elementen gearbeitet. Was halten Sie von diesem dramaturgischen Mittel?
P. Nickel-Dönicke: Auch wir haben chorische Elemente in die Inszenierung mit eingebaut, um auf der einen Seite Massenszenen zu schaffen und auf der anderen Seite den Druck auf den jeweiligen Georg durch die Gruppe zu erhöhen.

U. Elsner: Ihre Inszenierung beginnt in der mir vorliegenden Textfassung mit dem Lied *Die Moorsoldaten*. Als Zuschauerin fragte ich mich: Geschieht das in emotional-zustimmender oder ironisch-distanzierender oder – in Bezug auf das Konzentrationslager – rein illustrativer Weise? Worin bestand Ihre Intention bezogen auf den Einsatz von Musik in dieser Inszenierung generell?
P. Nickel-Dönicke: *Die Moorsoldaten* sind wieder rausgeflogen. Die Musik unseres Hausmusikers Martin Engelbach – bestehend aus harten Schlagzeugeinsätzen – hat vor allem eine vorantreibende Intention, sie macht Druck und schafft Suspense.

U. Elsner: Anfang und Schluss eines epischen oder dramatischen Werkes und auch einer Inszenierung sind erfahrungsgemäß oft bedeutungsaufgeladen. Der Textentwurf endet mit einem Auszug aus Bertolt Brechts *An die Nachgeborenen*, die Aufführung am 18. April schloss mit einem Seghers-Text aus dem Off, allerdings nicht im Originalton. Hatten Sie – vielleicht im Hinblick auf ein junges Publikum – auch didaktische Intentionen?
P. Nickel-Dönicke: Sie müssen noch eine alte Textfassung vorliegen haben. Die Inszenierung in Oberhausen endet mit einem Brief von Anna Seghers, in dem sie ihren Roman und die deutsche Katastrophe reflektiert. Es geht uns darum, was hat sie beschrieben und was ist dann wirklich passiert, das konnte sie ja zu dem Zeitpunkt, als sie *Das siebte Kreuz* schrieb, auch noch nicht wissen. Ihre letzten Worte in dem Brief sind: »Ich weiß nicht, ob es

mir gelungen ist.« Und auch wenn man didaktische Intentionen hat, sei es darin, einen Roman zu schreiben oder eben eine Inszenierung auf die Bühne zu bringen, ist es doch so, dass das Gelingen nur vom Publikum beschrieben werden kann und dabei ist es egal, welches Alter es hat.

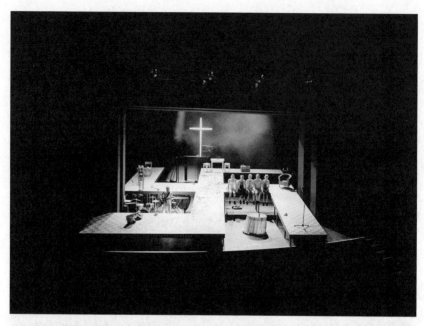

Szenenfotos aus *Das siebte Kreuz* am Theater Oberhausen, v. l. n. r.: Daniel Rothaug, Lise Wolle, Burak Hoffmann, Clemens Dönicke, Emilia Reichenbach, Fotos: Ant Palmer

Theaterplakat für die Aufführung von *Das siebte Kreuz* nach Anna Seghers am Theater Oberhausen, Regie: Lars-Ole Walburg, Premiere: 9. März 2018

Achim Lettmann
AUF DER FLUCHT
DAS SIEBTE KREUZ AM THEATER OBERHAUSEN

OBERHAUSEN. Grelle Scheinwerfer strahlen in den Zuschauerraum des Theaters Oberhausen. Der Roman *Das siebte Kreuz* (1942) von Anna Seghers kommt selten auf die Bühne. Die Schriftstellerin, Kommunistin und Jüdin hat eine Fluchtgeschichte ins Jahr 1937 verlegt. Sieben Häftlinge brechen aus dem KZ Westhofen aus. Der Kommandant will in sieben Tagen alle zurückholen und an die geköpften Platanen hängen, denen er jeweils einen Balken zum Kreuz aufsetzen ließ. Nach und nach werden die Geflohenen eingefangen und zur Abschreckung aufgeknüpft. Nur das letzte Kreuz bleibt frei. Es steht für einen Ausweg – einer kam durch. Vor allem aber dominiert die brutale Macht der Nazis. Und Menschen kommen zu Wort, die im NS-Staat leben.

Am Theater Oberhausen macht Regisseur Lars-Ole Walburg daraus kein Terrordrama (trotz Scheinwerfer-Signal), sondern stellt mit einem sechsköpfigen Ensemble und wechselndem Figurenspiel das literarisierte Material der Flucht vor. Anna Seghers emigrierte mit ihrer Familie 1933 nach Frankreich und Mexiko. Sie war nicht ohne Zuversicht, da sie die ganze Dimension der nationalsozialistischen Bestialität noch nicht kannte. Ihr Roman wurde zum Welterfolg und 1944 in Hollywood mit Spencer Tracy verfilmt.

Regisseur Walburg stimmt die Angst der Flüchtenden an, wenn er Bilder, Gedanken, Dialoge und Beschreibungen aus dem Roman kontrastierend sprechen lässt. Es ist die Grunddramaturgie seines erweiterten Spielkonzepts. Ein Eimer Matsch wird dem Fliehenden gleich auf den Kopf geschüttet. Also rennt und rennt er um sein Leben, fällt und fällt immer auf die gleiche Stelle, während ihn das Ensemble beobachtet, ungerührt. Walburg arbeitet mit dem Stilmittel der Distanzierung. Er zeigt, wie er den Stoff in Szene setzt. Das ist keine Illusionsarbeit, die mit dem Angstgefühl Spannungen aufbaut. Vielmehr wird der Zuschauer ins Benehmen gesetzt, dass er Fluchterfahrungen bewerten kann. Wer hilft einem Geflohenen? Wer geht das Risiko ein, ein Versteck anzubieten, obwohl die Gestapo bereits ermittelt?

Der Mechaniker Georg schlägt sich durch, verletzt, hungrig, will er über Frankfurt zu seiner Freundin und dann auf ein Schiff. Seine Leidensgeschichte wird von mehreren Darstellern verkörpert. Das ist schlaglichtartig, intensiv und für den Augenblick gemacht, ohne erzählerisch zu werden. Musikintros erhöhen die Pulsfrequenz. Der Tod lauert überall. Und die Bühne von Maria-Alice Bahras – ein riesengroßes schräggestelltes Hakenkreuz – macht jede Szene programmatisch: Nöte im NS-Staat. Auch Zwischenmenschliches fällt darunter, wenn Georg auf Franz trifft, dem er damals die Freundin ausgespannt hat. Oder wenn Paul für Georg ein Versteck sucht und seine Frau Liesel Angst um ihren Mann hat. Doch nichts geht einen hier wirklich an.

Walburgs appellative Bühnenfassung birgt auch krude Erinnerungskultur. Marcel Reich-Ranicki tritt als Literaturkauz auf und lobt Seghers' Roman mit seinem lispelnden Akzent. Später lässt er Bert Brecht in ein Mikrofon rezitieren. Neben links-intellektueller Folklore (»der Heiner kommt auch gleich«) wird der KZ-Kommandant im Ledermantel zur SS-Type ausgestellt. »Komm' zurück, ich warte auf dich«, singt er und verballhornt seine Mordlust. Trotz verschiedener Inszenierungstechniken bleibt *Das siebte Kreuz* eine Materialsammlung.

Erstmals veröffentlicht im *Westfälischen Anzeiger* am 12. März 2018.

Ursula Elsner
BEKENNTNIS ZUR MENSCHWÜRDE[1] ODER: ZWISCHEN AVANTGARDISMUS, TRADITION UND NUMMERNREVUE ZUR SCHWERINER URAUFFÜHRUNG VON *DAS SIEBTE KREUZ* – MIT EINEM BLICK AUF AKTUELLE INSZENIERUNGEN IN FRANKFURT AM MAIN UND OBERHAUSEN

In der Spielzeit 2017/18 wurde an zwei deutschen Theatern *Das siebte Kreuz* nach dem Roman von Anna Seghers inszeniert[2], Grund genug, an die Schweriner Uraufführung zu erinnern, die noch zu Lebzeiten der Autorin im April 1981 am Mecklenburgischen Staatstheater[3] Premiere hatte und noch im gleichen Jahr zu den Berliner Festtagen an der Volksbühne gezeigt wurde. Impressionen zu den Neuinszenierungen am Schauspiel Frankfurt am Main[4] und am Theater Oberhausen[5], die auch in der Spielzeit 2018/19 noch zu sehen sein werden, mögen dazu anregen, sich selbst ein Bild zu machen.

Christoph Schroths Inszenierung von 1981, *Das siebte Kreuz. Ein deutsches Volksstück,* ist eine Szenenfolge in 31 Bildern[6], in der die Fluchtgeschichte stark zurückgedrängt ist und der Flüchtling Georg Heisler selbst nicht als Figur auftritt. Die Autoren der Bühnenfassung Bärbel Jaksch und Heiner Maaß orientieren sich an Modellen von Volker Braun und Heiner Müller und verweisen auf eigene Erfahrungen und Vorhaben in der Inszenierung epischer Stoffe (z. B. Brigitte Reimanns *Franziska Linkerhand* und Alfred Döblins *Berlin Alexanderplatz*). Ihre Vorgehensweise heben sie bewusst ab von der des Films *The Seventh Cross*:

»Der uns vorliegende Versuch geht den anderen Weg: Er lässt die Action-Fabel außer Acht und entwickelt den anderen Fabelstrang. Nämlich, wie die Leute, die nur mittelbar mit dem Fluchtweg Georg Heislers in Verbindung kommen, gezwungen sind, sich zu verhalten. Das führt zum Bloßlegen großer innerer Auseinandersetzungen, Selbstverständigungsprozesse, unterbewusster Vorgänge, die sich in Monologen, Selbstgesprächen, Träumen, Alpträumen widerspiegeln.«[7]

Mit ihrer Absicht, den deutschen Alltag auf die Bühne zu bringen und die von der Flucht aus ihrer Alltäglichkeit herausgerissenen und mit Entscheidungssituationen konfrontierten Menschen zu zeigen, kommen sie der Intention von Anna Seghers sehr nahe, die in ihrem Roman die Fluchtgeschichte als Anlass und den Protagonisten als Medium verstanden wissen wollte, die »Struktur des Volkes aufzurollen«. Jaksch und Maaß versuchten – vierzig Jahre nach der Romanveröffentlichung – den Assoziationsraum inhaltlich zu erweitern, indem sie an formale Muster des Romans anknüpften und sie durch traditionelle und moderne theatralische Mittel ergänzten.

Interessante Verfremdungseffekte entstanden durch simultane Kurzszenen, groteske, slapstickhafte Elemente und gelegentlichen Szenenstillstand, durch Masken- und Puppenspiel, durch die Montage literarischer Texte und musikalischer Zitate sowie durch chorisches Sprechen und Kommentieren. Dem in Mythos und Alltagswelt zugleich angesiedelten »Chor der uralten Mütter«, der sich mit dem Wissen um Vergangenes ins Gegenwärtige einschaltet und auch die Hoffnung auf Zukünftiges verkörpert, steht der »Chor der Häftlinge« im KZ gegenüber, der dem Geschehen ausgesetzt ist und es zugleich gedanklich verallgemeinert und überhöht. Ähnlich wie im Roman und dennoch absichtsvoll ins Extrem getrieben, wirken in Szene gesetzte Träume und Albträume: »Die Widerspiegelung des Gesellschaftszustands mit dem Mittel des Traums verletzt nicht den Realismus-Gehalt, die tatsächlichen Proportionen, [sondern] treibt ihn durch den Verfremdungsgrad auf die Spitze menschlicher Fassungskraft«[8], rechtfertigten die Autoren ihre Absicht. Die beabsichtigte Simultaneität und der offene »Spielraum« für die Schauspieler zeigt sich z. B. in der Regieanweisung für die Szene *Deutschland – Ein Alptraum*:

»Auf der Bühne sind die Frauen aus dem Chor als Hölderlin, Forster und Heine; SS- und SA-Leute mit über den Kopf gestülpten ›Goebbelsschnautzen‹; Dr. Herbert Löwenstein am Pranger, von Vorbeikommenden bespuckt und bepisst; Füllgrabe, der mit einer Vogelscheuche spricht und der tote Bauer Aldinger im offenen Sarg, seine Frau und vier Söhne trauern um ihn. Zwei Gestapoleute mit ins Gesicht gezogenen Hüten. Dorfleute. SA- und SS-Leute grölen unverständliche Phrasen, Wortfetzen usw.«[9]

Wie im Roman sollten durch die dem Leben nachempfundene Gleichzeitigkeit der Ereignisse Kontrastwirkungen erzielt werden: neben dem »von den Nazis traktierten jüdischen Arzt, bücherverbrennenden SS-Leuten, einem *Rosamunde* grölenden Braunhemdenchor, einem an einer Hakenkreuzfahne nähende[n] Hexenwesen«[10] auch Menschen, die ihrer täglichen Arbeit nachgehen, Kuchenberge verspeisen, flirten, schwatzen und trauern.[11] Dem entsprach die Bühneneinrichtung, die ständig beide Ebenen zugleich präsentierte: eine rampenartig ansteigende Spielfläche, in deren ausgesparter Mitte eine schwere, sich geräuschvoll öffnende Eisentür den Blick in die Hölle des KZ öffnete. Auch die über dieser Unterwelt angesiedelte Ebene des alltäglichen Lebens konfrontiert – ganz wie im Seghers-Roman – Gewöhnliches mit Gefährlichem: Bauer, Schäfer und Arbeiter, Kommunistenwitwe und Ursulinerin, SS-Mann, Soldat und Hitlerjunge. Sie alle gehören zu Marnets »Apfelweinfest«, das auf der Bühne in eine »Kleinbürgerorgie«, eine »Deutsche Walpurgisnacht« ausartet. Abgesehen von den ausladenden Apfelbäumen, die den Obstgarten der Marnets darstellen und den Kontrast zwischen unten und oben, KZ und Bauernhof, Hölle und Paradies verstärken, wurde auf naturalistische Details weitestgehend verzichtet, Requisiten wurden sparsam eingesetzt: Nähmaschine, Bett, Spiegel, Handwagen, Leiter, Schwesternhaube, Verhörstuhl. Umso mehr wurde auf die atmosphärische Wirkung von Musik und Bewegung vertraut: Volks- und Kirchenlieder, Gassenhauer und nationalsozialistische

Marschmusik wurden kontrapunktisch eingesetzt. Mettenheimer und der »Chor der Mütter« tanzen nach dem rhythmisch veränderten, aber in allen Strophen gesungenen Volkslied *Die Gedanken sind frei* aus der Verhörszene heraus, Wallaus Sterben und das aussichtslose Warten von Georgs Mutter auf ihren Sohn werden von elegischen Gesängen begleitet, und wenn sich in der Szene der Bücherverbrennung Beethoven-Klänge mit dem *Lili Marleen*-Lied vermengen, wird das Gemisch aus emotionaler Betörung, Verwirrung und geistiger Perversion sinnlich nachvollziehbar: »Mancher Augenblick des Abends wie ein Herzstich«,[12] beschrieb der Rezensent der *Norddeutschen Zeitung* seine Betroffenheit.

Christa Wolf, die zusammen mit Steffie Spira eine Durchlaufprobe der Schweriner Aufführung besuchte, schildert der damals schon betagten und gesundheitlich angeschlagenen Anna Seghers ihre »im ganzen positiv[en]« Eindrücke:

»Diese Dramatisierung ist gut, finde ich, sie stellt nicht den Roman auf die Bühne, was ja nicht möglich wäre, sondern hat aus seinem Geist heraus und mit den wichtigsten Motiven ein Stück hergestellt, eine Art Chronik [...] Ich weiß nicht, was ich unbewusst aus der Kenntnis des Buches in die Aufführung hineinsehe – aber meiner Meinung nach ist der Georg Heisler da, auch wenn er nie auftritt, da sich ja alle Personen und Vorgänge auf ihn beziehen. Ich war oft gepackt, niemals gelangweilt [...]. Du kannst dem Ensemble die Aufführung beruhigt überlassen [...]. Sie hat etwas Zeitgenössisches [...]. Sie könnte gerade für junge Leute wichtig sein.«[13]

Auch die *Wochenpost*-Kritikerin Anne Braun sah in der Inszenierung eine »kühne theatralische Aneignung eines Romans der Weltliteratur«, die darauf zielt, »aus heutiger Sicht ein Geschichtsbild zu vermitteln, Geschichte begreifbar zu machen als Tatsache, der sich keiner – ganz gleich, wo und zu welcher Zeit – entziehen kann«.[14]

Die Inszenierung fand im kulturpolitischen Kontext der DDR jedoch keine einhellige Zustimmung. Man nahm Anstoß an den vermeintlich »ästhetisch formalisierenden Lösungen«[15] und befürchtete, die im Stück angewandte »Simultan- und Episodentechnik«[16] könne den Zuschauer überfordern und seine emotionale Einfühlung behindern. Ein Rezensent akzeptiert zwar den »Chor der Häftlinge«, der für ihn »zur packenden szenischen Metapher auf die Kraft der Schwachen wird«, der »Chor der uralten Mütter« jedoch war ihm »in seiner kommentierenden Funktion zu prätentiös« und wirkte auf ihn »überflüssig« und »störend« wie auch der Einsatz von Musik, der ihm zu »übergewichtig« geraten schien.[17] Auch die Rezensentin der *Lokalzeitung* fühlte sich verunsichert, war »fasziniert« und »unberührt«, »überzeugt« und »enttäuscht« zugleich, manche Details hielt sie für nicht deutbar und »sogar überflüssig« und sie nahm schließlich Anstoß am letzten, durch chorisches Sprechen hervorgehobenen Satz des Stückes, einem Satz, der wohl vielen ZuschauerInnen lange in den Ohren klang, da sie ihn auf die Wirklichkeit des ›real existierenden Sozialismus‹ bezogen: »Das muss schon eine Ewigkeit her sein, seit hier etwas geschehen ist, oder es hat noch gar nichts richtig begonnen.«[18]

Der Umgang mit der Inszenierung ist in vielerlei Hinsicht exemplarisch für das kulturpolitische Klima in der DDR Anfang der Achtzigerjahre. Der Respekt dem Werk von Anna Seghers gegenüber gebot zunächst einmal Zustimmung, eine freie Lesart des Romans schien einigen (offiziellen) Zuschauern jedoch nach jahrzehntelanger, meist eng geführter Schulinterpretation kaum noch möglich. Sie taten sich schwer – sowohl mit dieser Art »experimentellen Theaters« als auch mit der aktualisierenden und psychologisierenden Art der »Vergangenheitsbewältigung« – mit Phänomenen, die in ähnlicher Weise auch an Christa Wolfs Buch *Kindheitsmuster* kritisiert wurden.

Eine Art positiver Kontinuität erkannte der aus räumlicher und zeitlicher Distanz urteilende Alexander Stephan. Als westdeutscher Literaturwissenschaftler, der in den USA Exilforschung betrieb, lange bevor dies an bundesdeutschen Universitäten opportun war, und als Seghers-Forscher, der frei von ideologischen Vorbehalten urteilen konnte, sah er das Avantgardistische der DDR-Uraufführung:

»Experimente wie die Schweriner Bearbeitung des *Siebten Kreuzes* zeigen, dass jene modernen Formen, die Anna Seghers Ende der dreißiger Jahre in Umgehung des sozialistisch-realistischen Regelwerks in ihrem Roman eingesetzt hatte, vier Jahrzehnte später, wiederentdeckt und fortgeschrieben durch selbständig denkende Künstler, ihre Bedeutung für die DDR-Literatur behalten hatten.«[19] Alexander Stephan verweist auch auf zwei in Amerika entstandene Bühnenfassungen des Seghers'schen Romans, die nie zur Aufführung gelangten.[20]

36 Jahre nach der deutschen Uraufführung des Romans in Schwerin gibt es nun erstmals Neuinszenierungen in der Regie von Anselm Weber in Frankfurt am Main und Lars-Ole Walburg in Oberhausen. Wie spiegeln sie den Zeitgeist wider, wie kommen sie beim Publikum an?

Die drei Bühnenfassungen unterscheiden sich schon in der Art, den Protagonisten Heisler darzustellen, grundlegend, haben aber auch – insbesondere in der Episoden- und Figurenauswahl – viel Gemeinsames. Während Heisler in der Schweriner Aufführung als Bühnenfigur nicht anwesend, dafür aber in den Gedanken und Entscheidungen der handelnden Personen allgegenwärtig war, ist er auf der Bühne des Frankfurter Schauspiels – in prominenter Besetzung (Max Simonischek) – durchgehend präsent. In einer surrealen Szene agiert er gar in der Rolle des Polizeikommissars Overkamp, um sich in Wallau hineinzuversetzen und zugleich Abschied von ihm zu nehmen. In der Oberhausener Fassung wird Heisler von allen fünf agierenden SchauspielerInnen abwechselnd dargestellt, die sich jeweils Georgs gestohlene Jacke überwerfen. Die damit verbundene Suggestion – es könnte jeden treffen, jeder könnte Georg Heisler sein –, leuchtet ein, die schnellen Wechsel erschweren jedoch, bei dem ohnehin großen Tempo der Szenenwechsel, die Einfühlung in die Figur, auch wenn die Rollenzuordnung am Anfang eindeutig ist: »Ein Eimer mit Matsch wird dem Fliehenden gleich auf den Kopf geschüttet. Also rennt und rennt er um sein Leben, fällt und fällt immer auf die gleiche Stelle, während ihn das Ensemble beobachtet, ungerührt.«[21]

Jedes Ensemblemitglied schlüpft im Verlauf der zweistündigen Aufführung in verschiedenste Roman-Rollen, aber auch Zeitgenossen und der Autorin selbst wird das Wort erteilt. Mehrfache Unterbrechungen der Handlung durch das Auftreten des kauzig-lispelnden Literaturkritikers Marcel Reich-Ranicki, der den Roman und seine Autorin lobt, aber »als Kasperl vom Dienst«[22] daherkommt, machen deutlich, dass der Regisseur der Oberhausener Inszenierung auf Distanz setzt: »Das ist keine Illusionsarbeit, die mit dem Angstgefühl Spannung aufbaut. Vielmehr wird der Zuschauer ins Benehmen gesetzt, dass er die Fluchterfahrungen bewerten kann. Wer hilft dem Geflohenen? Wer geht das Risiko ein, ein Versteck anzubieten, obwohl die Gestapo bereits ermittelt?«[23]

Alle drei Inszenierungen verleihen den Entscheidungen derer viel Gewicht, die sich zu den Flüchtenden verhalten. Während aber im Fokus der Schweriner Fassung bewusst nicht die Fluchtgeschichte stand, haben wir es bei den Neuinszenierungen mit Bühnenfassungen im Stile des Stationendramas zu tun, dem Ablauf der sieben Tage folgend, den Protagonisten vom Ausbruch bis zur gelingenden Flucht in jeweils neuen Kontexten begleitend.

Gattungsbedingt wird in allen drei Inszenierungen – wie auch in Fred Zinnemanns Verfilmung (1944) sowie in den Hörspieladaptionen von Hedda Zinner (1955) und Kristina Handke (1985)[24] – die Romanhandlung reduziert. Dass es allen Adaptionen, die sich quasi in den Dienst des Textes stellen, gelingt, eine schlüssige Geschichte zu erzählen, spricht für die Qualität des Romans, wobei weder auszuschließen ist, dass ZuschauerInnen in Kenntnis des Romans Leerstellen füllen noch, dass weniger Segherskundigen Details und Zusammenhänge verborgen bleiben.

Während in der Schweriner Inszenierung 50 SchauspielerInnen mehr als 70 Rollen verkörperten – ein »Luxus«, den sich heutige Theater offenbar nicht mehr leisten können und wollen –, agieren in Frankfurt sechs SchauspielerInnen und ein Sänger und in Oberhausen fünf SchauspielerInnen und ein Live-Musiker. Die Schweriner Inszenierung rückt gleich zu Beginn Franz Marnet ins Zentrum: »Bühne und Zuschauerraum sind in Dunkel gehüllt, Scheinwerfer blitzen auf, deren Lichtkegel ein breit gespanntes Netz erfassen. Ein Mensch hat sich in ihm verstrickt. Es ist das Sinnbild der Gedanken des Franz Marnet.«[25]

Die Frankfurter Aufführung konfrontiert die ZuschauerInnen, den Chor und die später daraus hervortretenden Figuren (unter denen man Franz vermisst) schon im ersten Bild sehr direkt mit dem Flüchtling: »Es wirkt, als wolle er in sich hineinkriechen, als versuche er zu verschwinden. Der Fuß zuckt. Die gekrümmten langen Finger der wuchtigen Hand betasten nervös das Gesicht. Er zittert. Sein Gesicht ist dreckverschmiert, die Haare sind struppig, Blut klebt an seiner Kleidung.«[26]

Die Oberhausener Aufführung steigt erzählend ein: Satz für Satz dem Romantext folgend kommentieren die Schauspieler die erste Szene, die mit der Regieanweisung: »Erster Tag. Sirenen, Hundegekläff. Schlamm« beginnt:

»B: Wie lange er auch über die Flucht nachgedacht hat, / L: wie viele Einzelheiten er auch erwogen hat, / B: in den ersten Minuten nach der Flucht ist er ein Tier. / C: Das Geheul der Sirenen dringt kilometerweit über das Land. / L: Zum Glück dämpft der Herbstnebel das Licht der Scheinwerfer. / E: Er duckt sich tiefer ins Gestrüpp. Der Morast unter ihm gibt nach.« usw.[27]

Alle drei Inszenierungen geben musikalischen Elementen viel Raum und eröffnen damit große Assoziationsräume: Im Schweriner *Volksstück* werden Handlungssequenzen durch Volksweisen, Schlager und Marschlieder teils illustriert, teils verfremdet. Die Frankfurter Inszenierung leitet die sieben Fluchttage mit Kunstliedern aus Franz Schuberts *Winterreise* ein,[28] die leitmotivisch aufgenommen werden, hier ein Beispiel: Müller/Schubert: *Der Lindenbaum*: »[…] Komm her zu mir, Geselle, / Hier findst du deine Ruh!« – Weber/Reich: »Georg: Jetzt versinken. In den weichen Boden für immer […] Ich gebe nach, gebe auf – erlöst wäre ich. Ich fände Ruhe dort.«[29] Dass die Lieder durch den südafrikanischen Bassbariton Thesele Kemane vorgetragen werden, lässt Verbindungen zur aktuellen Flüchtlingssituation ebenso zu wie auch Assoziationen zum Zeitlosen eines verzweifelt umhergetriebenen Menschen. Schuberts *Winterreise* ermöglicht aber auch Bezüge zu einer anderen Epoche von Unterdrückungsgesellschaft – der Metternich'schen Restauration, die allen revolutionären Elan in Europa zu ersticken drohte.

Zum Einsatz der Live-Musik in der Oberhausener Inszenierung, die einen »fast schon revuehaften Zugang«[30] versucht, erklärt die Dramaturgin: »Die Musik unseres Hausmusikers Martin Engelbach, bestehend aus harten Schlagzeugeinsätzen, hat vor allem eine vorantreibende Intention, sie macht Druck und schafft Suspense.«[31] Das Lied von den *Moorsoldaten*, das in einer frühen Textfassung am Beginn der Aufführung stand, ist später wieder gestrichen worden.

Alle drei Inszenierungen arbeiten mit chorischen Elementen, in Schwerin und Frankfurt bewusst am antiken Chor orientiert, in allen Fassungen aber auch, um die Fülle der Personen anzudeuten, die Verschiedenheit der Verhaltensweisen, die auf der Bühne nicht wie im Roman in epischer Breite dargestellt werden können, und darum, »das Verhältnis zwischen Individuum und Gruppe«[32] anschaulich zu machen.

Während die Bühneneinrichtung der Schweriner Inszenierung das »Apfelgartenparadies« und die »KZ-Hölle« auf zwei Ebenen miteinander konfrontierte, bilden im Theater Oberhausen Stege, die in »der Form eines Hakenkreuzes montiert [sind,] die Spielfläche. Dahinter ragt ein christliches Kreuz auf. Das ist das Spannungsfeld, in dem sich die Inszenierung […] bewegt.«[33] Die Bühnensituation der Frankfurter Inszenierung rückt die SchauspielerInnen in den Vordergrund, sie »lässt den eisernen Vorhang […] unten und baut ein Plateau in die ersten Reihen des Zuschauerraums. In diesem Setting, bekannt als ›Brettl-Bühne‹, können einige Schauspieler sichtbar im Vordergrund agieren, während die anderen im Hintergrund einen Chor attischer Prägung bilden, der dem Protagonisten mal gegenübersteht, mal ihm rät oder seinen Fortschritt kommentiert oder durch Teichoskopie die Handlung weitererzählt.«[34]

Starke mediale Beachtung fanden alle drei Aufführungen, wobei sowohl die Art der Inszenierungen als auch der Tenor der Rezensionen den Zeitgeist widerspiegeln. Die Schweriner Bühnenfassung, die mit ZuschauerInnen rechnen konnte, die mit dem *Siebten Kreuz* als Schullektüre vertraut waren, wurde durchweg positiv rezensiert, wenn sie auch – formale Neuerungen betreffend – als »heiß umstritten« und »viel diskutiert«[35] galt. Der Stücktext erschien in *Theater der Zeit*[36] zusammen mit Gesprächen, in denen das Schweriner Inszenierungsteam seine Intention ausführlich darstellen konnte. Die Aufführung wurde von renommierten Theaterwissenschaftlern in überregionalen Tageszeitungen und einer weiteren Ausgabe des Theaterfachblatts[37] kommentiert. Gegenüber Äußerungen von Befremden über den als modern empfundenen Inszenierungsstil –»Nicht allen Regie-Einfällen ist zuzustimmen, nicht alle Details sind deutbar, manches ist sogar überflüssig«[38]– dominiert ein Tenor der Wertschätzung – gleichsam, als wolle man einem imaginären Zensor den Wind aus den Segeln nehmen. Diese Wertschätzung galt der Autorin Anna Seghers und ihrem Roman *Das siebte Kreuz* ebenso wie der dreistündigen Inszenierung, der bescheinigt wurde, »der Bühne einen großen nationalen Stoff [zugeführt und] sie zum Ausgangspunkt eines tiefen, ehrlichen Nachdenkens«[39] gemacht zu haben.

Die Neuinszenierungen in Frankfurt und Oberhausen lösten unterschiedliche Reaktionen aus. Eine Rezensentin lobt die vom Publikum überaus gut aufgenommene Frankfurter Inszenierung und ihren Regisseur – »ein grundsolider Arbeiter mit Feingefühl« –, moniert aber auch »Steifheit und Befremdlichkeit« sowie ein Sich-Ergehen in Stilistik, und verweist auf eine Kluft zwischen Kunst und Wirklichkeit:

»Am Schluss rauscht der Beifall der Mitmenschlichkeit durch den Saal. Draußen, hinter den städtischen Bühnen, am Main, steigt herbstliche Feuchtigkeit auf. Am Tiefkai kauern Gestalten, die Kapuzen über die Köpfe gezogen. Auch das ein Schauspiel, wiewohl ein unwillkürliches. Manchmal wünschte man sich etwas weniger von solchem Theater im Leben – und dafür mehr Leben im Theater.«[40]

Es gibt aber auch Plädoyers für das Traditionelle:

»Webers Seghers-Adaption ist klassisches Schauspielertheater, seinen Darstellern rollt der neue Frankfurter Intendant buchstäblich den roten Teppich aus. Es gibt viel Raum für Gesten, Ausbrüche und Körpereinsatz in seiner Inszenierung. Das kann man konventionell nennen, dem aufwühlenden Text von Anna Seghers wird diese Form aber gerecht.«[41]

Auch die Kritiker der Oberhausener Inszenierung sind geteilter Meinung. Die einen begrüßen den »fast schon revuehafte(n) Zugang, [er helle] das düstere Stück auf, [mache] es kurzweiliger und leichter konsumierbar. Ist die Buchvorlage durchgängig eindringlich und berührend, trifft das hier nur auf einzelne Szenen zu. […] Auf jeden Fall jedoch ist in Oberhausen eine Produktion zu erleben, die nicht kalt lässt und vor allem Jugendlichen eine gute Grundlage bietet, sich mit humanitärem Handeln auseinanderzusetzen – nicht nur zur Nazizeit.«[42]

Andere sprechen bei Walburgs Inszenierung von »kruder Erinnerungskultur«, bei der *Das siebte Kreuz* »eine Materialsammlung« bleibt. Hinzu kommen Regieeinfälle, über deren Angemessenheit man streiten kann: Auftritte des lispelnden »Literaturkauzes« Reich-Ranicki, des Exilschriftstellers Brecht, der sich per Mikrofon *An die Nachgeborenen* wendet (»links-intellektuelle Folklore«[43]) und des KZ-Kommandanten Fahrenberg, der (an die Adresse Heislers gerichtet?) den Schlager singt: »Komm zurück, ich warte auf dich.« Am Ende erklingt aus dem Off ein von einer Frauenstimme gesprochener Text, der vorgibt, von Anna Seghers selbst vorgetragen zu werden – auch das irritierend für ZuschauerInnen, denen die eigentümliche Stimmführung der Autorin vertraut ist.

Dennoch – die Inszenierungen von Anselm Weber und Lars-Ole Walburg sind verdienstvolle Projekte, die einen Theaterbesuch unbedingt lohnen. Neben der Neuverfilmung des Romans *Transit*[44], der in den letzten Jahren auch mehrfach Gegenstand von Bühneninszenierungen war, sind sie Ausdruck lebendiger zeitgenössischer Seghers-Rezeption.

Anmerkungen

1 Christoph Funke: Bekenntnis zur Menschenwürde, in: *Der Morgen*, 22.4.1981.
2 Interviews mit dem Regisseur und der Textbearbeiterin aus Frankfurt am Main, Anselm Weber und Sabine Reich, und der Dramaturgin aus Oberhausen, Patricia Nickel-Dönicke, finden Sie in diesem Jahrbuch.
3 »Das siebte Kreuz. Ein deutsches Volksstück« von Bärbel Jaksch und Heiner Maaß, Regie Christoph Schroth, Premiere am 11. April 1981, Gastspiel an der Volksbühne Berlin am 15. und 16. Oktober 1981.
4 »Das siebte Kreuz von Anna Seghers«, für die Bühne adaptiert von Sabine Reich und Anselm Weber, Dramaturgie Konstantin Küspert, Premiere am 27. Oktober 2017.
5 »Das siebte Kreuz von Anna Seghers«, in einer Bearbeitung von Lars-Ole Walburg, Dramaturgie Patricia Nickel-Dönicke, Premiere am 9. März 2018.
6 Die Anzahl der Bilder bzw. Szenen bezieht sich auf die in *Theater der Zeit* abgedruckte Stückfassung, im Programmheft ist der Text in 27, in der Fassung des Henschelverlags in 28 Bilder eingeteilt.
7 Bärbel Jaksch/Christoph Schroth: Über Schweriner Erfahrungen mit Epik auf der Bühne. Auszüge aus einem Gespräch, in: Programmheft zur Inszenierung »Das siebte Kreuz. Ein deutsches Volksstück«, Mecklenburgisches Staatstheater Schwerin 1981, S. 15.
8 Ebd., S. 12.
9 Bärbel Jaksch/Heiner Maaß: »Das siebte Kreuz. Ein deutsches Volksstück«, Berlin 1981, S. 57.
10 Liane Pfelling: Symbol menschlicher Unbeugsamkeit und Solidarität, in: *Schweriner Volkszeitung*, 21.4.1981
11 Vgl. Anne Braun: Kleine Geschichten, große Vorgänge, in: *Wochenpost*, Nr. 39/1981.
12 Manfred Zelt: Bewegendes Zeugnis menschlicher Prüfung, in: *Norddeutsche Zeitung*, 23.4.1981.
13 Christa Wolf: Brief an Anna Seghers vom 2.4.1981, in: Christa Wolf/Anna-Seghers: Das dicht besetzte Leben. Briefe, Gespräche, Essays, Berlin 2003, S. 54 f.
14 Anne Braun: Kleine Geschichten, große Vorgänge, 1981 (s. Anm. 11).
15 Martin Linzer: Entdeckungen an/mit Anna Seghers, in: *Theater der Zeit* 6/1981, S. 15.
16 Ingrid Seyfarth: Geschichts-Bilder. Zu zwei Schweriner Inszenierungen, in: *Sonntag*, 18/1981, 3.5.1981, S. 5.
17 Rainer Kerndl: Erregende Botschaft eines großen Romans ins Dramatische übersetzt, in: *Neues Deutschland*, 20.04.1981.
18 Bärbel Jaksch/Heiner Maaß: »Das siebte Kreuz. Ein deutsches Volksstück«, in: *Theater der Zeit*, 4/1981, S. 82.

19 Alexander Stephan: Anna Seghers: »Das siebte Kreuz«. Welt und Wirkung eines Romans, Berlin 1996, S. 279.
20 Dazu mehr in: Alexander Stephan: Nachrichten aus Larmie, Wyoming. Zu zwei verschollenen Theaterfassungen von Anna Seghers' Roman »Das siebte Kreuz«, in: *Argonautenschiff* 5/1996, S. 61–73 und in: Ursula Elsner: Anna Seghers: »Das siebte Kreuz«, München 1999.
21 Achim Lettmann: Auf der Flucht. »Das siebte Kreuz« am Theater Oberhausen, in: *Westfälischer Anzeiger*, 12.3.2018.
22 Sven Westernströer: Anna Seghers »Das siebte Kreuz« am Theater Oberhausen, in: *WAZplus*, 11.3.2018.
23 Achim Lettmann: Auf der Flucht (s. Anm. 21).
24 Vgl. dazu Ursula Elsner: Anna Seghers, 1999 (s. Anm. 20).
25 Hellmut Tempelhof: »Das siebte Kreuz« in Schwerin. Miterlebbare Vorgänge in einer Inszenierung von Christoph Schroth/ Vielfältige Theatermittel, in: *Norddeutsche Neueste Nachrichten*, 2.3.1981.
26 Alexander Jürgs: Verschmähter Stoff. In Frankfurt findet Anna Seghers' Jahrhundertroman »Das siebte Kreuz« erst zum zweiten Mal auf die Bühne – klassisch inszeniert von Anselm Weber, in: *Der Freitag* 44/2017, 2.11.2017.
27 Entwurf der Oberhausener Stückfassung. Die Buchstaben stehen für die Vornamen der Schauspieler: B= Burak Hoffmann, L= Lise Wolle, C= Clemens Dönicke, E= Emilia Reichenbach.
28 Folgende Gedichte von Wilhelm Müller in der Vertonung durch Franz Schubert wurden aus dem aus 24-teiligen Liederzyklus »Die Winterreise« ausgewählt: »Der Lindenbaum« (WR, 5), »Gefrorene Tränen« (WR, 3), »Die Wetterfahne« (WR, 2) / alternativ: »Irrlicht« (WR, 9), »Der Wegweiser« (WR, 20), »Mut« (WR, 22), »Letzte Hoffnung« (WR, 16).
29 Schauspiel Frankfurt. Szenario: »Das siebte Kreuz«. Probenfassung 4. September 2017, S. 7.
30 Klaus Stübler: Häftling Georg Heisler entkommt. Theater Oberhausen bietet mehr als »Das siebte Kreuz« von Anna Seghers, in: *Ruhr Nachrichten*, 11.3.2018.
31 Vgl. Interview mit Patricia Nickel-Dönicke in diesem Jahrbuch.
32 Mehr dazu im Interview mit Anselm Weber in diesem Jahrbuch.
33 Klaus Stübler: Häftling Georg Heisler entkommt (s. Anm. 30).
34 Konstantin Küspert: Eine Einführung in die Inszenierung, in: Programmheft. Schauspiel Frankfurt 2017, S. 8.
35 Anne Braun: Kleine Geschichten, große Vorgänge, 1981 (s. Anm. 11).
36 Bärbel Jaksch/Heiner Maaß: »Das siebte Kreuz. Ein deutsches Volksstück«, Stückabdruck, in: *Theater der Zeit* 4/1981, S. 61–82.
37 *Theater der Zeit* 6/1981.
38 Liane Pfelling: Symbol menschlicher Unbeugsamkeit und Solidarität, in: *Schweriner Volkszeitung*, 21.4.1981.
39 Christoph Funke: Bekenntnis zur Menschenwürde (s. Anm. 1).
40 Sabine Kinner: »Das siebte Kreuz« hatte Premiere am Frankfurter Schauspiel, in: *Frankfurter Neue Presse*, 30.10.2017.
41 Alexander Jürgs: Verschmähter Stoff (s. Anm. 26).
42 Klaus Stübler: Häftling Georg Heisler entkommt (s. Anm. 21).
43 Achim Lettmann: Auf der Flucht (s. Anm. 21).
44 Christian Petzolds Film nach Motiven aus Anna Seghers' Roman »Transit« wurde 2018 auf der Berliner Berlinale im Wettbewerb gezeigt; Bühnenfassungen von »Transit« gab es 2010 am Theater Essen (Regie: Anselm Weber), 2014 am Deutschen Theater Berlin (Regie: Alexander Riemenschneider) und 2015 am Theater Willy Praml in der Naxoshalle Frankfurt am Main (Regie: Paul Binnerts).

BEITRÄGE ZUM LESEFEST
FRANKFURT LIEST EIN BUCH

Sabine Baumann
FRANKFURT LIEST EIN BUCH 2018
ANNA SEGHERS: *DAS SIEBTE KREUZ*

Sabine Baumann, Foto: Ute Meißner-Ohl

Die Idee des Lesefestes

Der Verein Frankfurt liest ein Buch e.V. wurde 2010 von Klaus Schöffling gegründet und drehte sich im ersten Jahr um das Buch *Kaiserhofstraße 12* von Valentin Senger. Darin erzählt der Autor davon, wie seine Familie den Nationalsozialismus mitten in Frankfurt am Main überlebte, indem sie ihr Judentum geheim hielt. Mit dem Lesefestival sollte nicht nur das lange Zeit vergriffene Buch, das mit einem neuen Nachwort von Peter Härtling erschien, sondern auch der in Frankfurt verwurzelte, weit darüber hinaus bekannte Autor wieder ins Bewusstsein gerückt werden. Die zweiwöchige Beschäftigung mit Literatur sollte gleichzeitig den unabhängigen Buchhandel einbeziehen, einen Beitrag zur Leseförderung leisten und durch das partizipative Konzept die Zivilgesellschaft stärken.

Vorbild des seither jährlich stattfindenden Lesefests war das amerikanische One City, One Book, aber, anders als ähnlich geartete Lesereihen, mit dem Fokus auf Romanen, die einen expliziten Frankfurt-Bezug haben. 2016 wurde das Festival, das in der *ZEIT* als »Deutschlands wunderbarstes und sinnvollstes Lesefest« bezeichnet wurde, mit dem BKM (Beauftragte der Bundesregierung für Kultur und Medien)-Preis für kulturelle Bildung ausgezeichnet.

Frankfurt liest ein Buch e. V. wird von der Stadt Frankfurt und weiteren wechselnden Sponsoren unterstützt und arbeitet mit dem *Hessischen Rundfunk* (*HR*), der *Frankfurter Rundschau* und dem Stadtmagazin *FRIZZ* als Medienpartnern zusammen. Der *HR* sendet neben Interviews und Berichten nach Möglichkeit das Hörbuch. Der jeweilige Verlag beteiligt sich finanziell und hält nach Möglichkeit eine gebundene Ausgabe des Werks vorrätig.

Ansonsten lebt das Festival davon, dass sich zahlreiche kulturelle und soziale Einrichtungen sowie Privatpersonen eigenständig und mit einer großen Bandbreite von Veranstaltungsformaten beteiligen: mit Lesungen, Ausstellungen, Film- und Theatervorführungen, Gesprächskreisen und Diskussionsrunden, Stadtspaziergängen, szenischen Darstellungen und musikalischen Umrahmungen, Veranstaltungen in Schulen, Seniorentreffs, Nachbarschaftszentren, Museen, Literaturhäusern, Stadtbüchereien, Buchhandlungen, Universitäten und privaten Räumlichkeiten. Der Verein organisiert im Vorfeld ein Informationstreffen für die Veranstalter, um Buch, Autor und Hintergründe vorzustellen. Dazu wird eine Liste mit den im Buch auftauchenden lokalen Bezügen und relevanten Themen verteilt. Auf einer Pressekonferenz stellt der Verein später das von dem Organisator Lothar Ruske zusammengetragene Veranstaltungsprogramm vor.

Eröffnet wird das Lesefest traditionell in der Deutschen Nationalbibliothek in Frankfurt mit einer Begrüßung der Generaldirektorin sowie Grußworten der Kulturdezernentin, der Vereinsvorsitzenden, einem Vertreter des Verlags und einer Lesung von Prominenten der Stadt, die einen Querschnitt aus dem Buch wiedergeben soll. Zum Abschluss der zwei Wochen im Frühjahr liest ein prominenter Schauspieler auf Einladung des Vereins in wechselnden großen Sälen.

2018: *Das siebte Kreuz* im Fokus

Angeregt vom Gründer und Ehrenvorsitzenden des Vereins, Klaus Schöffling, wurde Anna Seghers' im Exil verfasster und erstmals 1942 erschienener Roman *Das siebte Kreuz* in Kooperation mit dem Aufbau Verlag, Berlin, vom 16. bis 29. April 2018 zum Mittelpunkt von Frankfurt liest ein Buch. Die Auswahl dieses modernen Klassikers der Weltliteratur stieß auf große Zustimmung. Viele Veranstalter und Besucher des Festivals bekannten, dass ihnen der Roman als spannende Geschichte der Flucht von sieben entflohenen Häftlingen und als Zeugnis des Widerstandes gegen die Diktatur bekannt, der starke Ortsbezug aber nicht mehr in Erinnerung geblieben und somit neu zu entdecken sei.

Beide Facetten führten zu einer außergewöhnlich hohen Anzahl von Veranstaltungen (über 120), einem sehr breiten Spektrum von Orten, Beteiligten und Formaten sowie zu einem großen, überregionalen Presseecho.

Dass Anna Seghers' Sohn Pierre Radványi trotz seines hohen Alters und gesundheitlicher Einschränkungen zusammen mit seiner Frau für ein paar Tage aus Frankreich anreisen konnte, war ein besonderer Glücksfall. Er nahm an der Eröffnung der Ausstellung der Literaturwissenschaftlerin Margrid Bircken und des Fotografen Rainer Dyk in der Stadtbücherei Frankfurt teil, enthüllte das Straßenschild des pünktlich zum Auftakt des Festivals eingeweihten Anna-Seghers-Pfades und teilte am gleichen Abend in der gegenüberliegenden Nationalbibliothek mit dem Publikum sehr ergreifende Erinnerungen an seine Mutter, wie sie mit ihm als Vierzehnjährigem und seiner jüngeren Schwester Ruth vor den anrückenden deutschen Soldaten von Paris aus im Bombenhagel nach Südfrankreich weiter fliehen musste und wie sie hüpfend und tanzend oder an einem Klapptisch unter dem Obstbaum sitzend an ihren Sätzen feilte, die den Text des *Siebten Kreuzes* so eindringlich und prägnant machen.

Pierre Radványi gab ausführliche Interviews für die *Frankfurter Allgemeine Zeitung (FAZ)* und den *Hessischen Rundfunk* und beteiligte sich an einer Diskussion von *FAZ*-Literaturchef Andreas Platthaus und dem Schriftsteller Thomas von Steinaecker, Verfasser des Nachworts zur Jubiläumsausgabe des Romans von 2015, über die illustrierte Ausgabe des Romans mit den Grafiken von William Sharp in der Buchhandlung Hugendubel.

Neben diesen beiden Buchausgaben lag der Romanstoff ja auch verfilmt und in Form der kurz zuvor in Frankfurt gezeigten Theaterinszenierung des Schauspiels Frankfurt vor. Das Filmmuseum, das Volksbildungswerk Eschborn und das Erich-Mühsam-Haus im Riederwald zeigten die amerikanische Verfilmung von Fred Zinnemann mit Spencer Tracy, der Filmklubb Offenbach die DDR-Verfilmung des Seghers-Romans *Das wirkliche Blau* mit Henry Hübchen zu einem Vortrag von Hans-Willi Ohl, Vorsitzender der Anna-Seghers-Gesellschaft, und das Filmmuseum *Katharina oder: Die Kunst Arbeit zu finden* im Beisein der Regisseurin Barbara von Trottnow. Obwohl das Schauspiel die Theaterinszenierung leider wegen des verhinderten Hauptdarstellers Max Simonischek im Veranstaltungszeitraum nicht aufführen konnte, traten immerhin Schauspieler des Ensembles sowie der Sänger und der Dramaturg bei Theaternachlesen als Vorleser oder zur musikalischen Umrahmung mehrfach in Erscheinung. Der Schauspiel-Intendant und Regisseur des Stücks, Anselm Weber, war einer der Lesenden bei der Eröffnung in der Nationalbibliothek. Im Theater Oberhausen hatte die Inszenierung des *Siebten Kreuzes* von Lars-Ole Walburg am 9. März Premiere mit weiteren Aufführungen im Mai und Juni, also jeweils außerhalb unseres Veranstaltungszeitraums. Innerhalb des Veranstaltungszeitraums kam Christian Petzolds Verfilmung des Seghers-Romans *Transit* in die deutschen Kinos.

Weitere Bühnen wie das Stalburg Theater, Die Schmiere, DAS THEATERgerlichraabe, THEATEReMOTION, das Museum für Kommunikation, das Historische Museum, das Holzhausenschlösschen, die Oper Frankfurt und das Hessische Literaturforum im Mousonturm beteiligten sich mit Themenabenden, Grammofonlesungen, szenischen und musikalischen Aufführungen. Theaterpädagogen wie Georg Slimistinos, Kalliope Noll und SchauspielerInnen wie Barbara Englert, Jochen Nix, Christoph Pütthoff, Michael Schütz, Martin Wuttke, Marc Oliver Schulze und Andrea Wolf sowie zum krönenden Abschluss die mit Mainz und Frankfurt verbundene Gudrun Landgrebe liehen dem Text ihre Stimme.

Musiker wie das Opernstudio der Oper Frankfurt, der Stuttgarter Dirigent und Pianist Jürgen Kruse, Jazzpianist Bob Degen, Studierende der Hochschule für Musik und Darstellende Kunst, die Chansonsängerin Gesche Müller oder das aramäisch-syrisch-deutsche Bridges-Ensemble ARAMESK brachten Werke zeitgenössischer und heutiger Komponisten zu Gehör, die mit Anna Seghers die Erfahrung von Unterdrückung und Verfolgung teilen.

Der Sprecher des beim Audio Verlag erschienenen Hörbuchs, der Schauspieler Martin Wuttke, beteiligte sich an einer Veranstaltung des Deutschen Exilarchivs und schilderte in einer Gesprächssendung des *HR* seine Arbeit am Text, der außerdem mit seiner Stimme in der täglichen Lesung gesendet wurde.

Anna Seghers' bewegtes Leben war Thema und bisweilen Schwerpunkt mehrerer Veranstaltungen, nicht zuletzt wegen des persönlichen Engagements ihrer Biografin Christiane Zehl Romero, die eigens aus den USA anreiste, und des Journalisten Wilhelm von Sternburg, der einen *WDR*-Film zu ihrem 100. Geburtstag und ein Porträt über sie verfasst hat. Zehl Romero sprach im Lesecafé auf Einladung der Bücherfrauen, im Union International Club sowie in der Romanfabrik, wo das mexikanische Exil im Fokus stand. Wilhelm von Sternburg erörterte, einmal auch zusammen mit seiner Tochter, der *FR*-Redakteurin Judith von Sternburg, in Wiesbaden, in der Stadtbücherei Neu-Isenburg, der Buchhandlung Ypsilon, dem Club Voltaire sowie in Schulen Leben und Werk der großen Schriftstellerin.

Ihr Werdegang als Schriftstellerin wurde vielfach beleuchtet, unter anderem in einer Lesung aus Werken, Briefen und anderen Originaldokumenten von Lehrenden der Philologien der Frankfurter Goethe-Universität oder in Filmporträts von Studierenden der Frankfurt University of Applied Sciences sowie in der von Universitätsarchivar Wolfgang Schopf kuratierten Ausstellung in dem Ausstellungsraum »Margarete – Fenster zur Stadt«.

Zahlreiche SchriftstellerInnen, die selber Erfahrungen von politischem Widerstand und Flucht durchgemacht haben oder sich auf andere Weise mit Anna Seghers identifizieren oder von ihr beeinflusst fühlen, nahmen als Gesprächspartner oder Lesende teil: Volker Weidermann, Jan Seghers, Maike Wetzel, Uwe Wittstock, Doris Lerche, Thomas von Steinaecker.

Die Frankfurter Wurzeln ihrer Familie wurden unter anderem im Jüdischen Museum am Standort Judengasse thematisiert, wo Gegenstände aus dem Besitz der Goldschmidts und Fulds zu sehen sind, wie ihre Vorfahren mütterlicherseits hießen. Diese Gegenstände erzählen zugleich von Raub,

Enteignung und Vertreibung. Wie viel jüdisches Leben es einst in der Stadt gegeben hat und wie es gewaltsam daraus vertrieben wurde, kam bei Exkursionen in Griesheim, dem Riederwald, durch die Altstadt und in Orten wie Rüsselsheim mit seiner ehemaligen Synagoge zur Sprache.

Seghers' politischer Werdegang, ihre Erfahrung der Verfolgung und des Exils sowie ihre späteren Zwangslagen als Autorin und Präsidentin des Schriftstellerverbandes der DDR führten sicherlich diesmal zur besonders engagierten Teilnahme zahlreicher politischer Gruppierungen an dem Lesefestival, die beispielsweise im Theater Titania, dem Club Voltaire oder im »Roten Riederwald« an das Vermächtnis von Anna Seghers und ihren Weggefährten erinnerten. In diesem Zusammenhang wurde häufiger auf Stolpersteine zum Gedenken an die Opfer des Holocaust hingewiesen und die gleichnamige Initiative brachte sich mit Vorträgen zu Freunden von Anna Seghers ein. Dass ihr Porträt von NS-Deutschland als Appell an Zivilcourage und Mitgefühl mit Flüchtenden und Verfolgten gelesen werden kann, machte den Roman in mehr als einer Hinsicht zum Buch der Stunde. Vielleicht haben auch aus diesem Grund neun Schulen, die Jüdische Gemeinde und sechs Kirchengemeinden, so viele wie nie zuvor in der Geschichte des Lesefestes, mitgemacht.

Durch den regen Austausch gab es Hinweise auf mögliche reale Bezüge etwa von einer Bewohnerin des Henry und Emma Budge-Altenheims, die ein Ehepaar Kreß im Riederwald kannte, oder wie die von Uwe Wittstock aufgestellte Vermutung, dass der Ausländer, der Georg Heisler per Anhalter mitnimmt, der junge John F. Kennedy gewesen sein könnte, der als Diplomatensohn Europa kurz vor Ausbruch des Krieges zusammen mit einem Freund im Cabrio bereiste. Vielleicht lässt sich das ja in der Anna-Seghers-Forschung verifizieren.

Dass das Buch in so vielen Sprachen erschienen ist und die internationale Bevölkerung von Frankfurt anspricht, erlaubte Filmvorführungen und Stadtspaziergänge auch in englischer Sprache sowie eine Veranstaltung der erstmals beteiligten Europäischen Schule, bei der Auszüge des Romans von Schülerinnen und Schülern in elf Sprachen vorgelesen wurden. In der Deutsch-Italienischen Vereinigung wurde in Kooperation mit der Weltlesebühne über die alte und die neue italienische Übersetzung gesprochen und diese mit dem Original verglichen.

Die Schauplätze des Romans hat der Peter Meyer Verlag für den Verein auf einer Karte zusammengefasst, die die Fluchtroute Georg Heislers nachzeichnet. Viele davon wurden zu Spielstätten, etwa bei dem von der Kultur-Region FrankfurtRheinMain organisierten Pre-Opening auf einem Schiff der Primuslinie. Während der Fahrt auf dem Main wurden Flüsse und Ufer als Orte der Zuflucht oder Hindernisse und Fallen für den Fliehenden betrachtet. Im Behrensbau auf dem Gelände der ehemaligen Farbwerke Höchst brachte das Ensemble von Michael Quast mit einer szenischen Lesung vor allem die Verhörszenen eindringlich nahe und einen zentralen Schauplatz des Romans zu Bewusstsein. An Georg Heislers Unterschlupf in

Bockenheim erinnerte der Lese-Zeichen Bockenheim e.V.; in Niederrad, wo er bei Leni gerade kein Obdach findet, sondern von ihrem Überlaufen auf die feindliche Seite enttäuscht wird, veranstaltete die Buchhandlung Erhardt & Kotitschke eine Lesung. Der Historiker Björn Wissenbach referierte in der Buchhandlung Buch & Wein über die im Roman wichtigen Arbeiterviertel Frankfurts. Die Kulturothek organisierte mehrere Führungen auf den Spuren von Anna Seghers, Guides wie Sascha Mahl und Christian Setzepfand nahmen die Leser mit durch die Stadt. Das Polizeipräsidium empfing zu einer besonders eindrücklich gestalteten Inszenierung des Romans.

Lesekreise wie das Bürgerinstitut Lesefreuden, die Gruppe der Stephanuskirche in Unterliederbach unter Anleitung von Hildegard Upgang oder der Lesekreis Kantstraße unter Anleitung von Helga Irsch-Breuer vertieften sich in die Lektüre, und private Räume wie der Salon Westend, Salon Esperanto, Salon Schaub, der Verlag Vittorio Klostermann und verschiedene Arztpraxen öffneten ihre Türen fürs Publikum.

Im Hintergrund wurde all das vor- und nachbereitend koordiniert: Das Team aus Sonja Gülk, angestellt beim Verein, und Lothar Ruske, freiberuflicher Literaturorganisator, wurde vom neu gewählten Vorstand, bestehend aus Sabine Baumann, Silke Haug und Silke Tabbert begleitet.

Mainz liest mit

Neben zahlreichen Orten in der Region wie Neu-Isenburg, Gießen, Bad Homburg, Wiesbaden und Worms, die sich außerhalb Frankfurts an der Lektüre vom *Siebten Kreuz* beteiligten, kam erstmals Mainz als Geburtsort der Autorin zum Lesefest hinzu.

Hier stellte ein eigenes Organisationskomitee, bestehend aus Hans Berkessel von der Anna-Seghers-Gesellschaft, Dietmar Gaumann vom Literaturbüro Mainz und Stefanie Brich vom Landesverband Hessen, Rheinland-Pfalz und Saarland des Börsenvereins des Deutschen Buchhandels und unterstützt vom Kultursommer Rheinland-Pfalz sowie von der Landeshauptstadt Mainz, das Programm mit über 20 Veranstaltungen zusammen.

Erkundungen auf den Spuren der großen Tochter der Stadt, eine Lesung der Schauspielerin Gaby Reichardt aus dem entsprechenden Kapitel im Mainzer Dom vor 500 Schülerinnen und Schülern, Filmaufführungen sowie vom *Südwestrundfunk* (*SWR*) mitgeschnittene Gespräche und Lesungen mit dem Schriftsteller Ilija Trojanow und dem bekannten Filmschauspieler Robert Stadlober gehörten hier zu den Highlights. Exkursionen per Fahrrad durch die geschilderte Region Rheinhessen und zur Gedenkstätte des KZ Osthofen durften selbstverständlich nicht fehlen. Die Leiterin des Pädagogischen Dienstes der Gedenkstätte, Martina Ruppert-Kelly, beteiligte sich auch an Veranstaltungen in Frankfurt und Umgebung.

Ergänzung und weitere Veranstaltungen

Am 3. Mai stellte die Bibliothek Johann Christian Senckenberg der Frankfurter Goethe-Universität die Werke von Anna Seghers aus dem eigenen Bestand sowie ergänzende Materialien aus.

Als sommerliche Nachlese fand im Taunus an dem bei Reilings, Goldschmidts und Fulds beliebten Ausflugsort Königstein am 4. August noch eine weitere Veranstaltung an einem Handlungsort des *Siebten Kreuzes* statt: Der Schriftsteller und Schäfer Olaf Velte las vor der Kulisse des Cityblick Mammolshain (im Buch Mamolsberg) aus dem Roman, die *HR*-Moderatorin Hadwiga Fertsch-Röver moderierte, und die Leiterin des Königsteiner Stadtarchivs Beate Großmann-Hofmann sprach über die Spuren von Anna Seghers' Familie.

Fazit

Frankfurt liest ein Buch und Anna Seghers' Geburtsort Mainz liest mit – das waren anregende zwei Wochen zum Kennenlernen einer großen Schriftstellerin, zur Auseinandersetzung mit politischen und historischen Fragen, die sie umgetrieben und ihr Leben und Werk bestimmt haben. Zwei Wochen auch der kreativen Interpretation und eigenen Darbietung ihres Romans, der sich als ausgesprochen heutiges Buch erwiesen und eine neue Lesergeneration für sich gewonnen hat.

Einweihung des Anna-Seghers-Pfads mit Pierre Radványi (sitzend),
Foto: Birgit Burmeister

Margrid Bircken / Rainer Dyk
DAS SIEBTE KREUZ
AUF DEN SPUREN DES ROMANS IM RHEINHESSISCHEN
Fotoausstellung in der Stadtbücherei Frankfurt am Main

Sehr geehrte Damen und Herren,
lieber Pierre Radványi,

mit besonderer Freude stehen wir heute hier in der Frankfurter Stadt-Bibliothek aus Anlass eines kulturellen Großereignisses: Frankfurt liest ein Buch – den Roman *Das siebte Kreuz* von Anna Seghers – und die ganze Rhein-Main-Gegend liest mit. Und wir dürfen mit der Fotoausstellung dabei sein, die ursprünglich nur für die Jahrestagung der Anna-Seghers-Gesellschaft Berlin und Mainz e. V. als Powerpoint-Vortrag gedacht war und die jetzt mit der professionellen Hilfe der Stadtbibliothek als großformatige Bildreise anzuschauen ist.

Rainer Dyk und ich haben uns Anfang Oktober 2017 auf den Weg gemacht, in Rheinhessen heute Orte innerhalb des Dreiecks zwischen Worms, Mainz und Frankfurt zu erkunden. Um ausführliche Gespräche zu führen, war die Zeit zu kurz. Aber dass man dieses Land zwischen Main und Rhein, mit Obstwiesen, Reb-Hügeln und bewaldeten Bergen des Taunus lieben kann, hat uns sehr eingeleuchtet. Wir haben uns von Anna Seghers' Figuren wie Franz Marnet leiten lassen und haben stillgestanden, um mit Ernst, dem Schäfer, die Eingebundenheit in die Natur und Geschichte wahrzunehmen. Ernst verwies uns auf Wiligis, den wir nicht kannten, aber im Mainzer Dom im Kirchenfenster der Bischöfe wiedertrafen. Vor allem aber sind wir der Erzählspur gefolgt, die Anna Seghers für Georg Heisler vorgesehen hatte. Und die beginnt im Oktober. Wir erlebten, wie in der Erzählhandlung auch, Nebel und eine Sonne, die schon einen »Stich« hatte. Die Reben waren größtenteils abgeerntet, wie uns der Weinbauer in Dolgesheim, wo wir uns eingemietet hatten, erzählte. Auch die Suche nach voll-reifen Äpfeln fiel mager aus. Im Frühjahr 2017 war auch in Rheinhessen der Frost in mehreren kalten Nächten in die Blüte gefallen.

Wir haben uns von außen an das Dreieck der großen Städte Worms – Mainz – Frankfurt und darin mit den kleineren Orten Wiesbaden, Eltville, Oppenheim herangearbeitet. Wir begannen in Butzbach, von dort stammt Anton Greiner, eine Figur des Romans, der wartet auf Franz Marnet immer am Selterwasserhäuschen, um mit ihm nach Höchst zur Schicht zu fahren. Butzbach – auch das ein Ort mit Geschichte, Georg Büchner, Pfarrer Weidig, der *Hessische Landbote*, und wir fanden, dass das als Einstieg in die Fluchtgeschichte ganz sicher kein Zufall war. Allesamt reale Orte, Namen von wirklichen Städten!

Anton Greiner aus Butzbach: »›Sag, Franz, etwas liegt in der Luft‹ [...]. ›Drüben bei Oppenheim‹«.[1] (S. 17 f.) »Oppenheim hat der Anton gesagt, das ist doch das Städtchen zwischen Mainz und Worms. Was soll denn ausgerechnet dort Besonderes passieren? [...] ein älteres, haariges Männchen, mit dem Spitznamen Holzklötzchen [...] sagte es [...] ›Weißt du schon, im KZ? In Westhofen.‹« (S. 20)

Mit der Nennung des Lagers Westhofen beginnt die Abweichung von der genauen geografischen Verortung. In Osthofen, 4 km von Westhofen, war ein frühes Lager, schon 1933 eingerichtet, das auch allgemein bekannt war, nach außen sichtbar, weil dort eine Bahnlinie vorbeiführt. Mitte 1934 wurde das Lager geschlossen. Seghers projiziert in dieses Lager eines der Barackenlager, die bis 1937 in Deutschland an vielen Orten entstanden waren.

Im ersten Kapitel des Romans heißt es:

»Zwischen der Kommandantenbaracke, einem festen Gebäude aus Ziegelsteinen, und der Baracke III, auf deren Längsseite ein paar Platanen gepflanzt waren, lag eine Art Platz, den sie unter sich den Tanzplatz nannten. [...]

Bunsen schlug die Zirkelspitze in den roten Punkt ›Lager Westhofen‹. Er beschrieb drei konzentrische Kreise. [...] ›Also – Braunewell! Abriegeln die Straße zwischen den Dörfern Botzenbach und Oberreichenbach. Meiling! Abriegeln zwischen Unterreichenbach und Kalheim. Nichts durchlassen! [...] Unser äußerster Kreis berührt an dieser Stelle das rechte Rheinufer. Also: abriegeln das Stück zwischen Fähre und Liebacher Au. Diesen Schnittpunkt besetzen! Fähre besetzen! Posten auf die Liebacher Au!‹« (S. 28 f.)

Alle diese hier genannten Orte gibt es n i c h t in der Realität um Osthofen/Westhofen herum. Aber wir haben uns nicht auf geografische Spurensuche begeben, sondern auf eine literarische. Und so ist Botzenbach zwar nicht im Atlas zu finden, aber in Anna Seghers' Roman *Der Kopflohn*, erschienen 1933 als erster Roman im Exil; aus Botzenbach kam der Sturmführer Zillich, ein brutaler Schläger, dem wir auch im *Siebten Kreuz* als brutalen Aufseher begegnen. Anna Seghers hat zu dieser Sache gesagt, es interessiere sie, wie sich Figuren aus ihren Büchern in veränderten Situationen entwickeln, deshalb komme sie darauf öfter zurück. Und so jemand wie Zillich, wie so einer ein Schläger, Sadist und Nazi wird, aller menschlichen Anteilnahme unfähig, das hat Seghers umgetrieben, denn es steht scheinbar im Widerspruch zu ihrer Überzeugung, dass es im Menschen einen unzerstörbaren Kern der Menschlichkeit gibt. Sie denkt dann auch in der Erzählung *Das Ende* (1946 erschienen) – nach dem Ende des Krieges und nach dem Ende seiner Weltordnung – diese Figur weiter, zu Ende.

Es ist uns bei unserer Reise wiederholt ergangen, wie einem naiven Leser, einer naiven Leserin. Wir standen an einem Ort, erinnerten eine Situation im Roman und es erschien uns, dass es hier genauso gewesen sein müsse. Die Platanenstraße z. B. zwischen Westhofen und Osthofen – auf der einen Seite stand noch eine Baracke, auf der anderen Straßenseite war nur noch zu sehen, dass dort ebenfalls einmal ein langgestreckter Bau gewesen sein musste und die Platanen, die hier standen, schienen uns wie Zeugen zu sein. Mehr als das konkrete Lagerdenkmal Osthofen war uns dieser Ort als ein authentischer Ort der Romanwirklichkeit erschienen. Hier wäre darüber nachzudenken, wie es zu der besonderen Wirkung fiktionaler Wirklichkeit kommen kann. Seit Jahrtausenden wird der Streit darüber geführt, wie es sich verhält mit der Wahrheit in der Kunst und wodurch große Kunst sich auszeichnet vor aller historischen Darstellung.

Anna Seghers hat in ihren Studien über Tolstoi geschrieben, dass für den Schaffensprozess Tolstois Erfahrungen unbedingt auch für sie selbst zentrale Bedeutung haben: die Vorstellung des künstlerischen Prozesses als der eines dreistufigen Prozesses der Wirklichkeitswahrnehmung und dessen Gestaltung:

»Zuerst erlebt er die Wirklichkeit frisch und unmittelbar, wie die Natur auf ein Kind wirkt. Auf der zweiten Stufe versucht er, sich die Zusammenhänge bewußt zu machen. Dabei droht seiner Kunst die Gefahr, an Frische und Unmittelbarkeit zu verlieren. Er muß die dritte Stufe erreichen, auf der ihm die Ergebnisse seines Denkens wie eine zweite Natur geworden ist.«[2]

An Georg Lukács hatte Anna Seghers 1938 – also zur Arbeitszeit am *Siebten Kreuz* – geschrieben:

»Nur der ganz große Künstler kann ein neues Stück Wirklichkeit ganz bewußt machen; andere sehen nur dieses Stück Wirklichkeit, und es gelingt ihnen nicht völlig oder erst nach vielen Schwierigkeiten, es bewußt zu machen. Aber auch den ganz Großen gelingt diese Bewußtmachung nicht immer für den jeweiligen Zeitpunkt und für die jeweilige Gesellschaft.«[3]

Mit dem *Siebten Kreuz* ist Anna Seghers diese Bewusstmachung der Wirklichkeit gelungen. Das Tragische bleibt aber, dass der Roman nicht von denjenigen gelesen werden konnte, die ihn in seiner Zeit und der damaligen Gesellschaft nötig gehabt hätten.

Anna Seghers zoomt fast am Schluss des Romans noch einmal den Lagerkommandanten Fahrenberg heran:

»Er versuchte, sich dieses Land vorzustellen [...] all diese Dörfer, die Straßen und Wege, die sie untereinander verbanden und mit den drei großen Städten, ein dreieckiges Netz, in dem sich der Mann hätte fangen müssen, wenn er nicht der Teufel selbst war. [...] Irgendwelche Spuren mußte er doch hinterlassen haben mit seinen Schuhen auf der feuchten Herbst e r d e , irgend jemand mußte ihm diese S c h u h e besorgt haben. Irgend eine H a n d mußte ihm B r o t abgeschnitten, mußte sein G l a s vollgeschenkt haben. Irgend ein H a u s mußte ihn beherbergt haben.« (S. 418, Hervorhebungen MB)

Georg Heisler hat Spuren hinterlassen, aber sie waren nicht auffindbar für seine Jäger.

Ihm gelingt die Flucht, das siebte Kreuz blieb leer. Der Realismus von Seghers' Fluchtgeschichte liegt gerade darin, dass die Verhältnisse in Deutschland so waren, dass von sieben Flüchtlingen sechs die Freiheit nicht erlangen. Nur einer kommt bei Seghers durch! Und über den wird am Schluss gesagt:

»Georg kam auf den Kasteler Brückenkopf. Der Posten rief ihn an. Georg zeigte seinen Pass. [...] Er fühlte sein Herz jetzt gefeit gegen Furcht und Gefahren, aber vielleicht auch gegen das Glück.« (S. 420) Wem die Flucht gelungen ist, der könnte durchaus etwas ganz Wichtiges verloren haben: die Fähigkeit zum Glück. Und das ist wohl einer der wichtigsten Kommentare zur aktuellen Debatte über Flüchtlinge, die sich anders anhört als die *Erklärungen 2018* von besorgten Intellektuellen.

Damit möchte ich aber nicht enden, sondern mit einem Grußtelegramm von Anna Seghers selbst, geschrieben an die Mainzer, die ihr zum 75. Geburtstag gratuliert hatten. So einen ähnlichen Gruß würde sie sicher heute an die Frankfurter senden, glücklich über die Heimkehr ihres Romans.

»Anna Seghers, Berlin, den 10.11.1975

GRUSSTELEGRAMM

Ich begrüße meine bekannten und unbekannten Freunde in Mainz. In dieser Stadt, in der ich meine Kindheit verbrachte, empfing ich, was G o e - t h e   d e n   O r i g i n a l e i n d r u c k nennt, den ersten Eindruck, den ein Mensch von einem Teil der Wirklichkeit in sich aufnimmt, ob es der Fluss ist, oder der Wald, die Sterne, die Menschen. Ich habe versucht, in vielen meiner Bücher festzuhalten, was ich hier erfuhr und erlebte. Es ist kein Zufall, dass mein Roman *Das siebte Kreuz* in der Gegend von Mainz spielt, kein Zufall, dass der Flüchtling Georg Heisler sich eine Nacht im Mainzer Dom versteckt. Kein Zufall, dass ihm auf einem Rheinschiff die Flucht gelingt. Herzlich grüßt Euch Eure Anna Seghers«[4] (Hervorhebung MB)

Nach dem Ausstellungsende hat uns die Bibliothek die Ausstellungsposter zur Verfügung gestellt. Sie können für weitere Ausstellungen ausgeliehen werden.

Anmerkungen

1 Die Seitenangaben beziehen sich auf folgende Ausgabe: Anna Seghers: Das siebte Kreuz, Werkausgabe I/4, hg. von Bernhard Spies, Berlin 2000.

2 Anna Seghers: Über Tolstoi und Dostojewski, in: Anna Seghers. Über Kunstwerk und Wirklichkeit, Bd. II, hg. von Sigrid Bock, Berlin 1971, S. 158.

3 Anna Seghers: Briefwechsel mit Georg Lukács, 28.6.1938, in: Anna Seghers. Über Kunstwerk und Wirklichkeit, Bd. I, hg. von Sigrid Bock, Berlin 1970, S. 179.

4 Anna Seghers. Eine Biographie in Bildern, hg. von Frank Wagner/Ursula Emmerich/Ruth Radványi, Berlin 1994, S. 15.

Anna Seghers
Das siebte Kreuz im Kontext von Leben und Werk

Anna Seghers in Mexiko 1942
Foto: Bestand Radvanyi

„Eine große Schriftstellerin ist selbst stark.
Auch sie ist Macht. Anna Seghers.
Hat sie diese Kraft eingebüßt,
als sie für die Macht schrieb,
die nunmehr nur noch im eigenen Namen agierte,
nicht mehr im Namen der Schwachen?
Das wurde oft behauptet...
Wer über Anna Seghers urteilen möchte,
muß sie als Ganzheit nehmen
oder als Ganzheit verwerfen.
Sie hat sich niemals geändert."

Hans Mayer, Der Turm von Babel. Erinnerung an eine
Deutsche Demokratische Republik. Frankfurt am Main 1991

Hans Mayer (1907-2001) in Köln geboren, in Tübingen gestorben. Ab 1933 im Exil (Frankreich, Schweiz), nach der Rückkehr 1945 Kulturredakteur, Chefredakteur Radio Frankfurt, 1948 in SBZ, Professur in Leipzig, großer Einfluss auf die junge Dichtergeneration; 1963 in die Bundesrepublik, Professor an der TH Hannover. Umfangreiches Werk (Literaturgeschichte, Musikgeschichte, Kulturgeschichte, Soziologie, Psychologie).

Mainz 1900-1920

Netty Reiling wird am 19. November in Mainz geboren.
Die Mutter Hedwig stammt aus einer angesehenen Frankfurter Kaufmannsfamilie. Der Vater Isidor Reiling betreibt eine Kunst- und Antiquitätenhandlung am Flachsmarkt in Mainz. Die Familie bekennt sich zur orthodoxen Israelitischen Religionsgemeinschaft.
Netty Reiling besucht zuerst eine Privatschule, dann die Höhere Mädchenschule und die Großherzogliche Studienanstalt.
1920: Ausstellung des Reifezeugnisses am 5. Februar.

Von Heidelberg über Köln nach Berlin 1920-1925

1920: Netty Reiling beginnt ein Studium in Heidelberg: Allgemeine Geschichte im 19. Jahrhundert; Chinesische Umgangssprache; Sozialtheorie des Marxismus; Moderne Entwicklung in China und Japan; Einführung in die ägyptische Kunst.
In Heidelberg lernt sie den ungarischen Emigranten Laszlo Radvanyi kennen.
1921: Kunstgeschichtliche Studien in Köln
1922: Zum Wintersemester Rückkehr nach Heidelberg
1924: Promotion zum Doktor der Philosophie mit der Dissertation *Jude und Judentum im Werk Rembrandts*
In der Weihnachtsausgabe der Frankfurter Zeitung und Handelsblatt erscheint ihre erste literarische Veröffentlichung: *Die Toten auf der Insel Djal. Eine Sage aus dem Holländischen, nacherzählt von Antje Seghers*.

1925 Am 10. August heiraten Netty Reiling und Laszlo Radvanyi.

Berlin 1925 bis 1933

1926: Geburt des Sohnes Peter
1927: *Grubetsch*. Erzählung. Fortsetzungsdruck in Frankfurter Zeitung und Handelsblatt
1928: Geburt der Tochter Ruth
1928: *Aufstand der Fischer von St. Barbara*. Erzählung im Kiepenheuer Verlag in Potsdam

Netty mit der Mutter Hedwig
Foto: Bestand Radvanyi

Netty im ostasiatischen Kostüm
Foto: Bestand Radvanyi

Netty und Laszlo Radvanyi
Foto: Bestand Radvanyi

Kleistpreis auf Vorschlag von Hans Henny Jahnn
Anna Seghers – so fortan der Schriftstellername – wird Mitglied im Bund proletarisch-revolutionärer Schriftsteller, sie tritt der KPD bei.
1929/30: Reisen nach London und in die Sowjetunion
1930: *Auf dem Wege zur amerikanischen Botschaft und andere Erzählungen*
1932: *Die Gefährten*. Roman, erscheint im Kiepenheuer Verlag. Teilnahme am Antikriegskongress in Amsterdam
1933: Am 30. Januar wird Hitler zum Reichskanzler ernannt.
Anna Seghers flieht in die Schweiz.

Paris 1933 bis 1940

1933: Anna Seghers und ihre Familie finden eine Wohnung in Bellevue bei Paris. Redaktionsmitglied der *Neuen Deutschen Blätter. Monatsschrift für Literatur und Kritik*. Prag-Wien-Zürich-Paris-Amsterdam, bis August 1935
Beteiligung an der Neugründung des Schutzverbandes Deutscher Schriftsteller in Paris
1933: *Der Kopflohn*. Roman aus einem deutschen Dorf im Spätsommer 1932 (Querido Verlag, Amsterdam)
1934: *Der letzte Weg des Koloman Wallisch*. Reportage
1935: *Der Weg durch den Februar*. Roman (Éditions du Carrefour, Paris)
1937: *Die Rettung*. Roman (Querido Verlag, Amsterdam)
1939: Vorabdruck aus dem Roman *Das siebte Kreuz* in der Zeitschrift *Internationale Literatur. Deutsche Blätter*. Moskau
1940: *Die schönsten Sagen vom Räuber Woynok. Sagen von Artemis*. (Meshdunarodnaja Kniga, Moskau)
1935, 1937 und 1938: Teilnahme an den internationalen Schriftstellerkongressen in Paris und Madrid
1939: Mit Beginn des Zweiten Weltkrieges beginnt erneut die Flucht.
1940: Anna Seghers' Mann wird interniert, er kommt ins südfranzösische Lager Le Vernet.

Nach gescheiterter Flucht vor der deutschen Wehrmacht muss sich Anna Seghers mit ihren Kindern im besetzten Paris verbergen. Ein zweiter Fluchtversuch ins unbesetzte Gebiet gelingt mit Hilfe von Jeanne Stern.
Aufenthalt in Pamiers und Marseille
Bemühungen um die Entlassung ihres Mannes aus dem Gefangenenlager und Suche nach Ausreisemöglichkeiten.

Der fertige Roman *Das siebte Kreuz* schien verloren, denn Anna Seghers hatte zu dieser Zeit kein Exemplar mehr. Sie hatte zuvor zwar Manuskripte an die Freunde und Schriftsteller F.C. Weiskopf, Wieland Herzfelde und Berthold Viertel geschickt, die schon in den USA im Exil waren, aber sie wusste nicht, ob sie die Adressaten erreicht hatten.

Anna Seghers in einem Pariser Café
Foto: Bestand Radvanyi

Über Martinique, Santo Domingo, Ellis Island/New York nach Mexiko

24. März 1941: Familie Radvanyi verläßt Marseille. Auf der Route Martinique, Santo Domingo, Ellis Island/New York gelangen die Flüchtlinge am 30. Juni nach Veracruz und schließlich nach Mexiko City.
Am 16. Juni 1941 war vom Verlag Little, Brown and Company der Vertrag unterschrieben worden für die Veröffentlichung der amerikanischen Übersetzung von *The Seventh Cross*. Der Literaturagent Maxim Lieber brachte den Vertrag zu Anna Seghers nach Ellis Island, denn Seghers und ihre Familie durften nicht in die USA einreisen. Aber der Roman war gerettet.

1942 *Das siebte Kreuz. Roman aus Hitlerdeutschland* in Englisch (Little, Brown and Company, USA) und in Deutsch (El Libro Libre, Mexiko)

Anna Seghers arbeitet in Mexiko für eine breite antifaschistische Sammlungsbewegung. Sie wird Präsidentin des Heinrich-Heine-Clubs. In der Zeitschrift *Freies Deutschland*, die ab Oktober 1941 erscheint, veröffentlicht sie die Aufsätze *Volk und Schriftsteller* (1942) und *Köln* (1942).

Die Bemühungen um Ausreisepapiere für die Mutter Hedwig Reiling – der Vater war 1940 zwei Tage nach dem erzwungenen Verkauf von Geschäft und Haus in Mainz gestorben – haben keinen Erfolg. Der Name der Mutter steht neben anderen Bekannten und Verwandten in der Liste der tausend hessischen Jüdinnen und Juden, die für den Transport in das sog. „Generalgouvernement" (Piaski, bei Lublin) bestimmt waren.

Auszug aus der Deportationsliste vom 20. März 1942

1943: Schwerer Verkehrsunfall am 25. Juni, langer Krankenhausaufenthalt.
1944: *Transit*. Roman, erscheint zuerst in Spanisch, Englisch und Französisch.
Fred Zinnemann verfilmt *Das siebte Kreuz* in Hollywood.
1946: *Der Ausflug der toten Mädchen und andere Erzählungen*, (Aurora Verlag, New York)
1945: Nach dem Kriegsende kann Sohn Peter als erster nach Europa zurückkehren; er beginnt ein Studium in Paris. 1946 folgt die Tochter Ruth, die gleichfalls nach Paris zum Studium geht. Am 1. Februar gibt es den Abschiedsabend des Heinrich-Heine-Clubs, aber erst im Januar 1947 verlässt Anna Seghers Mexiko. Sie kehrt über New York, Stockholm und Paris zurück, am 22. April 1947 kommt sie in Berlin an.
Der Aufbau Verlag beginnt mit der Edition der Exilwerke.
Das siebte Kreuz. 1946 Aufbau Verlag, Berlin, 1946 bei Querido, 1947 in Paris, 1947 auch bei Desch, 1948 bei rororo, 1949 in Moskau, 1952 in Tokio

Berlin seit 1947

1947: Anna Seghers nimmt zuerst Quartier in Berlin-Wannsee.
Am 20. Juli wird ihr der Georg-Büchner-Preis der Stadt Darmstadt verliehen.
Auf dem 1. Deutschen Schriftstellerkongress vom 4. bis 8. Oktober in Berlin spricht sie über den Schriftsteller und die geistige Freiheit.
1948: *Transit*. Roman, erstmals in deutscher Sprache bei Weller, Konstanz
1949: Im April nimmt Anna Seghers am Weltfriedenskongress in Paris teil. Für die Friedensbewegung ist sie auch in den folgenden Jahren in vielen Ländern unterwegs.

Die Toten bleiben jung. Roman (Aufbau-Verlag Berlin)
Die Hochzeit von Haiti. Erzählungen (Aufbau-Verlag Berlin)
1950: Mitglied des Weltfriedensrates. Mitarbeit am *Stockholmer Appell* zum Verbot und zur Ächtung aller Atomwaffen.
Gründungsmitglied der Deutschen Akademie der Künste
1951: Aufbau-Edition *Gesammelte Werke in Einzelausgaben*
Sie erhält erstmals den Nationalpreis der DDR, weitere folgen 1959 und 1971.
Crisanta. Mexikanische Novelle. (Aufbau-Verlag Berlin)
1953: Neue Erzählungen im *Der Bienenstock*, u.a. *Das Argonautenschiff* und *Friedensgeschichten*.
1955: Krankenhausaufenthalt. Anna Seghers bezieht die Wohnung in der Volkswohlstraße 81, heute Anna Seghers-Straße.

Anna Seghers nach der Rückkehr aus dem Exil, 1947
BARCH, Bild 183-S75570
Fotograf: Heinscher

Die Wohnung ist Anna-Seghers-Gedenkstätte (siehe www.adk.de und das monatliche Programm auf www.anna-seghers.de)
1956: Im Januar: IV. Deutscher Schriftstellerkongress
Im Frühjahr Reise in die Sowjetunion. Auf dem XX. Parteitag der KP der Sowjetunion hat Chruschtschow begonnen, mit den Verbrechen und Folgen der Stalinschen Politik abzurechnen.
Im Herbst Aufstand in Ungarn und sowjetische Intervention.
Anna Seghers ist an einem Versuch beteiligt, Georg Lukács in Ungarn zu helfen.
1957: Prozeß gegen Walter Janka, Leiter des Aufbau-Verlages
1957/58: *Der gerechte Richter*. Erzählung, erst 1990 veröffentlicht
1958: *Brot und Salz*. Erzählungen
1959: *Die Entscheidung*. Roman
Ehrenpromotion durch die Friedrich-Schiller-Universität Jena zum Dr. h.c.
1962: *Das siebte Kreuz* erscheint nach der Ausgabe in Rowohlts Rotations-Romanen von 1948 erstmals auf dem Gebiet der Bundesrepublik im Luchterhand Verlag
1963: Luchterhand Verlag, siebenbändige Ausgabe *Ausgewählte Werke* für die Bundesrepublik Deutschland.
1965 – 1968: *Die Kraft der Schwachen*. Neun Erzählungen; *Das wirkliche Blau. Eine Geschichte aus Mexiko* und der Roman *Das Vertrauen*, alle im Aufbau-Verlag
Häufige Krankenhausaufenthalte
1969: *Glauben an Irdisches*. Essays aus vier Jahrzehnten. Hrg. und mit einem Vorwort von Christa Wolf
1971: *Überfahrt. Eine Liebesgeschichte*
1973: *Sonderbare Begegnungen*: Erzählungen
1975: Kulturpreis des Weltfriedensrates
Ehrenbürgerschaft von Berlin (Ost)
1977: *Steinzeit. Wiederbegegnung*. Zwei Erzählungen. Luchterhand-Edition *Werke in zehn Bänden*
Verleihung der Ehrenbürgerwürde der Johannes-Gutenberg-Universität Mainz
Mehrmonatige Krankheit
1978: Anna Seghers tritt als Präsidentin des Schriftstellerverbandes zurück und wird Ehrenpräsidentin.

1980: *Drei Frauen aus Haiti*. Erzählungen (letzte Veröffentlichung zu Lebzeiten)
1981: Anna Seghers wird Ehrenbürgerin der Stadt Mainz.

1983: Anna Seghers stirbt am 1. Juni.
Staatsakt in der Akademie der Künste
Sie wird auf dem Dorotheenstädtischen Friedhof in Berlin-Mitte beigesetzt.

Foto: Monika Melchert

Biographische Daten und Werkauswahl zusammengestellt von Margrid Bircken nach der Bildbiographie. *Anna Seghers*, hrsg. von Frank Wagner, Ursula Emmerich, Ruth Radvanyi, Aufbau-Verlag Berlin und Weimar 1994.
Weitere Informationen auf www.anna-seghers.de
Wir bedanken uns für die Abdruckgenehmigung der Fotos und die freundliche Unterstützung bei Anne und Pierre Radvanyi.

Georg Heislers Fluchtweg

Nach der Flucht aus dem Konzentrationslager Westhofen durch die freie Landschaft des Rheintals und der glücklichen Überwindung von Straßensperren und Razzien gelangt Georg schließlich an die Oppenheimer Chaussee, wird von einem Brauereiwagen mitgenommen, aber nach einer Kontrolle setzt ihn der Fahrer kurz vor Mainz aus Angst wieder ab. Von der Endhaltestelle der Straßenbahn in der Augustinerstraße in Mainz fährt er ins Zentrum, übernachtet im Dom und fährt mit einem Marktwagen in Richtung Mombach wieder aus Mainz heraus. Er will unbemerkt den Rhein überqueren, um nach Frankfurt zu seiner Freundin Leni zu gelangen.
Mit einer Schulklasse setzt er über den Rhein und ein ausländischer Tourist nimmt ihn in seinem Auto mit. Kurz vor Höchst steigt er aus, besteigt die Straßenbahn nach Höchst und fährt weiter nach Niederrad. Aber Leni will Georg nicht mehr kennen, und das zerstört alle seine Pläne. Die Stadt Frankfurt erlebt er als Falle, denn er weiß, dass seine Familie überwacht wird. Schließlich sucht er Verbindung zu einem alten Freund, der trotz der Gefahr für sein eigenes Leben und das seiner Familie die Beziehungen knüpft, durch die Georg einen neuen Pass sowie eine Ausreisemöglichkeit als Schiffer auf einem holländischen Schleppkahn erhält. Die letzte Nacht verbringt Georg bei einer Kellnerin des „Engels" in Kostheim, bevor er unbehelligt den Brückenposten Kastel passiert und in Mainz an Bord geht.

Fahrenbergs rätselhaftes Dreieck

„Er (Lagerkommandant Fahrenberg, M.B.) versuchte, sich dieses Land vorzustellen, (...) all diese Dörfer, die Straßen und Wege, die sie untereinander verbanden und mit den großen Städten, ein dreieckiges Netz, in dem sich der Mann hätte fangen müssen, wenn er nicht der Teufel selbst war. Er konnte sich schließlich nicht in Luft aufgelöst haben. Irgendwelche Spuren musste er doch hinterlassen haben mit seinen Schuhen auf der feuchten Herbsterde, irgend jemand musste ihm diese Schuhe besorgt haben. Irgend eine Hand musste ihm Brot abgeschnitten, musste sein Glas vollgeschenkt haben. Irgendein Haus musste ihn beherbergt haben. Fahrenberg dachte zum ersten Mal klar an die Möglichkeit, Heisler könnte entkommen sein. Diese Möglichkeit war doch unmöglich. Hatte man nicht erzählt, dass ihn seine Freunde verleugneten, dass seine eigene Frau längst einen Liebsten hatte, dass sich sein eigener Bruder an der Fahndung beteiligte?" (Seite 418)

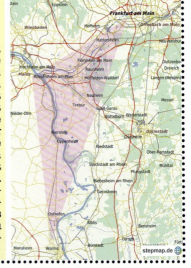

Die vorliegende Ausstellung geht auf einen Vortrag bei der Jahrestagung der Anna-Seghers-Gesellschaft Berlin und Mainz e.V. zum Erscheinungsjubiläum des *Siebten Kreuzes* 2017 zurück. Die Textpassagen wurden der Ausgabe entnommen: Anna Seghers Das siebte Kreuz. Werkausgabe. Das erzählerische Werk 1/4. Aufbau-Verlag Berlin 2000. Herausgegeben von Helen Fehervary, The Ohio State University, und Bernhard Spies, Johannes Gutenberg Universität Mainz (Bandbearbeitung).
Wir danken dem Aufbau-Verlag Berlin für die Abdruckgenehmigung und für die freundliche Unterstützung, der Stadtbibliothek Frankfurt am Main für die Realisierung der Ausstellung und der Anna-Seghers-Gesellschaft für die Unterstützung der fotografischen Rundreise.
Auswahl der Zitate: Margrid Bircken; Fotos und Bildbearbeitung: Rainer Dyk

„Vielleicht sind in unserem Land noch nie so merkwürdige Bäume gefällt worden, als die sieben Platanen auf der Schmalseite der Baracke III. Ihre Kronen waren schon früher gekuppt worden aus einem Anlass, den man später erfahren wird. In Schulterhöhe waren gegen die Stämme Querbretter genagelt, sodass die Platanen von weitem sieben Kreuzen glichen." (1. Kapitel, Seite 9)

Platanenweg zwischen Westhofen und Osthofen 2017

„Wenn man den Rhein auch jetzt von hier aus nicht sieht, da er noch fast eine Eisenbahnstunde weg ist, so ist doch klar, dass diese weiten, ausgeschwungenen Abhänge mit ihren Feldern und Obstbäumen und tiefer unten mit Reben, dass der Fabrikrauch, den man bis hierherauf riecht, dass die südwestliche Krümmung der Eisenbahnlinien und Strassen, dass die glitzernden schimmrigen Stellen im Nebel, dass auch der Schäfer mit seinem knallroten Halstuch, einen Arm in die Hüfte gestemmt, ein Bein vorgestellt, als beobachte er nicht Schafe, sondern eine Armee, – dass das alles schon Rhein bedeutet." (Seite 12 f.)

„Das ist das Land, von dem es heisst, dass die Geschosse des letzten Krieges jeweils die Geschosse des vorletzten aus der Erde wühlen. (…) Diese Hügel entlang zogen die Römer den Limes. (…) Aber nicht den Adler und nicht das Kreuz hat die Stadt dort unten im Wappen behalten, sondern das keltische Sonnenrad, die Sonne die Marnets Äpfel reift. (Seite 13)

Ein Konzentrationslager in Westhofen, in dem Anna Seghers die fiktive Fluchtgeschichte von Georg Heisler beginnen lässt, existierte so nicht. Allerdings war schon ab März 1933 im realen Nachbarort Osthofen eines der ersten Konzentrationslager Deutschlands eingerichtet worden.
Das KZ in einer einstigen Papierfabrik wurde keineswegs verheimlicht, sondern offen als „Erziehungs- und Besserungsanstalt" für „verwilderte Marxisten" präsentiert. Anders als im Roman gab es hier zwar keine Ermordeten, Osthofen wurde für viele Antifaschisten allerdings zur ersten Station systematischer Verfolgung, die in den späteren Vernichtungslagern endete.

„Erziehungs- und Besserungs-Anstalt in Osthofen"
Im Konzentrationslager Osthofen werden verwilderte Marxisten zu anständigen Menschen erzogen – Ein Augenzeugenbericht aus dem Lager

In den Höchster Farbwerken: „Wiegand war ein älteres haariges Männchen, mit dem Spitznamen Holzklötzchen. (…) Wie es den Abfallstaub aufsaugte, sagte es, (zu Franz Marnet, Georgs früherem Freund) ohne den Mund zu bewegen: ‚Weisst du schon, im KZ? In Westhofen.'" (…) „Also ein Lageraufstand, sagte er sich, vielleicht ein ganz großer Ausbruch. Da fiel ihm ein, was ihn daran besonders betraf: Georg…" (Seite 19 f.)

In der Gedenkstätte KZ Osthofen wurde zu Ehren der Mainzer Schriftstellerin Anna Seghers ein Raum eingerichtet. Sie hat mit der ergreifenden Fluchtgeschichte aus dem Konzentrationslager in ihrer Heimatregion dem vielfältigen Widerstand gegen die unmenschliche Naziherrschaft ein Denkmal gesetzt.

„Als man das Lager Westhofen vor mehr als drei Jahren eröffnete, als man Baracken und Mauern baute, Stacheldrähte zog und Posten aufstellte, als dann die erste Kolonne von Häftlingen unter Gelächter und Fusstritten durchgezogen kam, … als man nachts Schreie hörte und ein Gejohle und zwei-, dreimal Schüsse, da war es allen beklommen zu Mute. Man hatte sich bekreuzigt vor solcher Nachbarschaft." (Seite 87)

„Georg lag draußen unter dem graublauen Himmel in einer Ackerfurche. Ungefähr hundert Meter von ihm entfernt lief die Chaussee nach Oppenheim. Jetzt nur nicht steckenbleiben. Zu Abend in der Stadt sein. Stadt, das war die Höhle mit ihren Schlupfwinkeln, ihren gewundenen Gängen." (Seite 54 f.)

Auf dem Weg zu Leni nach Frankfurt hatte Georg Glück und wurde von einem Brauereiwagen bis Oppenheim mitgenommen. Nachdem der Fahrer ihn durch eine Polizeikontrolle gebracht hatte, verwies er ihn jedoch aus Angst hinter Oppenheim aus dem Wagen.
In Oppenheim lohnt sich für den Entdecker dennoch ein fotografischer Rundgang. Hier gibt es u.a. eine Gedenkstätte und eine Anna-Seghers-Straße.

„Es fing unterdes zu läuten an, so nah und stark, dass die Mauer dröhnte, an die er sich vor Erschöpfung gelehnt hatte. (…) Er … sah nach den Türmen hinauf. (…) Dann aber dachte er plötzlich, dass es in einem so grossen Haus nicht an Stühlen fehlen könnte. Er suchte sich einen Eingang. Eine Tür, kein Tor. Er wunderte sich, dass er wirklich hineingelangte." (Seite 60 f.)

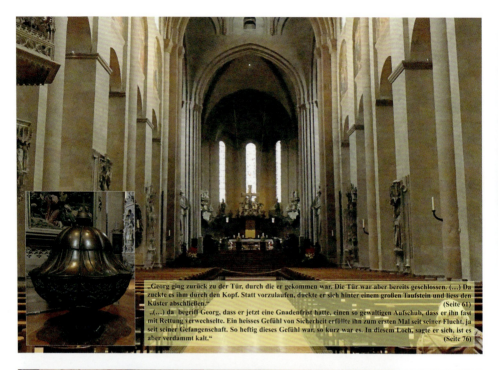

„Georg ging zurück zu der Tür, durch die er gekommen war. Die Tür war aber bereits geschlossen. (...) Da zuckte es ihm durch den Kopf. Statt vorzulaufen, duckte er sich hinter einem großen Taufstein und liess den Küster abschließen." (Seite 61)

„(...) da begriff Georg, dass er jetzt eine Gnadenfrist hatte, einen so gewaltigen Aufschub, dass er ihn fast mit Rettung verwechselte. Ein heisses Gefühl von Sicherheit erfüllte ihn zum ersten Mal seit seiner Flucht, ja seit seiner Gefangenschaft. So heftig dieses Gefühl war, so kurz war es. In diesem Loch, sagte er sich, ist es aber verdammt kalt." (Seite 76)

„Wie er sich aufrappelte, und, an die Mauer gelehnt, verhungernd und elend gegen den Markt sah, den man gerade unter den Laternen im Nebel aufbaute, da schoss es ihm heiss durchs Herz, als werde er doch auch zurückgeliebt, trotz allem, von allen und von allem, wenn auch vielleicht zum letzten Mal, mit einer schmerzlichen, hilflosen Liebe. Er machte die paar Schritte zur Konditorei." (Seite 99)

„… hatte Georg zum Rhein hinuntergefunden, und er trottete jetzt auf dem sandigen Promenadenweg rheinabwärts. Früher, als halber Junge, war er auf Fahrten manchmal in die Gegend gekommen. Von den Dörfern und Städtchen aus westlich von Mainz gab es unzählige Möglichkeiten, auf Booten und Fähren herüberzukommen." (Seite 112)

Am Rhein bei Nierstein 2017

„Wie man nun die paar steinernen Stufen zur Anlegestelle hinunterging, aber noch zu früh, denn so nah war das Boot noch gar nicht, da teilte sich etwas im Menschen, das immer nur weiter und weiter möchte, und immer nur fließen und nie stillbleiben, von dem, was immerfort bleiben möchte und nie vergehen, und trieb teils ab mit dem großen Fluß, teils schmiegte es sich an den Ufern fest und klammerte sich mit allen Fasern an diese Dörfer und Ufermauern und Weinberge." (Seite 165 f.)

Am Rhein bei Nierstein 2017

"Inzwischen war der Nachmittag vorgeschritten. Georg, in Höchst angelangt, hatte verzweifelt den Schichtwechsel abgewartet, der die Gassen und Kneipen füllte. Jetzt stand er eingeklemmt in einer der ersten vollgestopften Elektrischen, die aus Höchst herausfuhren. (...) Je mehr er sich seinem Ziel näherte, desto stärker wurde das Gefühl, dass er erwartet sei, dass man eben jetzt sein Lager bereitet, sein Essen richtet; eben jetzt horchte sein Mädchen nach der Treppe. Als er dann ausstieg, erfüllte ihn eine Spannung der Verzweiflung ähnlich; als ob sein Herz sich sträubte, wirklich den Weg einzuschlagen, den er im Traum unzählige Male begangen hatte. (...)

,Hör auf Leni, erkenn mich. Ich bin der Georg.' (...) Sie sagte flehend: ,Ich kenn Dich doch nicht.' Er liess sie los. (...) Da wurde ihm erst klar, dass er nie mehr zu Leni gehen konnte, ja, was noch schlimmer war, nie mehr träumen konnte, er ging zu Leni. Dieser Traum war ausgerottet mit Stumpf und Stiel." (Seite 180 ff.)

Auf dem Weg von Höchst nach Niederrad 2017

„Hatte sich denn das Zimmer verengt, seine vier Wände,. Decke und Fussboden ineinandergeschoben? Er dachte: ‚Weg von hier.' (…) Er sprang auf das Bett und aus dem Fenster in den Hof. Er fiel auf einen Haufen von Kohlköpfen. Er stampfte weiter, schlug eine Scheibe ein, obwohl es zwecklos war, der Riegel hätte weit rascher nachgegeben. Er schlug etwas nieder, was ihm in den Weg kam, sekundenlang später spürte er erst: eine Frau. (…) Er lief im Zickzack über den Platz in eine der Gassen, (…) Er lief durch die Höfe und schnaufte in einer Haustür und horchte, hier war noch alles still. Er schob den Riegel zurück. (…) Er hörte die Pfiffe, (…) Er lief über den fremden Platz in ein Gewimmel von Gassen, er kam in einen anderen Stadtteil. (…) Er setzte sich hin und atmete, dann kroch er noch ein Stück weiter, dann blieb er liegen, weil seine Kraft plötzlich ausging. (…) Er war bis jetzt seine Kante abgelaufen unter einem Zwang, den er nicht mehr verstand, wie ein Nachtwandler. (Seite 205 f.)

„Wenn man zum Warten verurteilt ist, zu einem echten Warten auf Leben und Tod, von dem man im voraus nicht wissen kann, wie es ausgeht und wie lange es dauert, Stunden oder Tage, dann ergreift man gegen die Zeit die seltsamsten Massnahmen. Man versucht die Minuten abzufangen und zunichte zu machen. Man errichtet gegen die Zeit eine Art von Deich, man versucht noch immer den Deich zu stopfen, auch wenn die Zeit schon darüber fällt. (...) Georg überwältigte ein Gefühl vollkommener Heimatlosigkeit, und sofort, fast in einem, ein Gefühl von Stolz. Wer ausser ihm könnte je mit denselben Augen den weiten stahlblauen Herbsthimmel ansehen, diese Straße, die nur für ihn in die vollkommene Wildnis führte? (...) Georg betrachtete mit zusammengezogenen Brauen die junge Frau, die plötzlich in Kress' Haus drei Stufen unter ihm stand. ‚Ich soll Dir da was bringen', sagte sie, ‚ausserdem soll ich Dir sagen: Du musst morgen um halb sechs an der Anlegestelle in Mainz sein an der Kasteller Brücke, das Schiff heißt Wilhelmine, Du wirst erwartet.'"

Seite 394 ff.

Frankfurt 2017

„... er war an der Mainmündung angekommen, viel eher als er gedacht hatte. Der Rhein lag vor ihm und dahinter die Stadt, durch die er vor ein paar Tagen gelaufen war. (...) Als Georg ein paar Schritte weiterging, erblickte er zwischen zwei Türme auf dem Domdach den Heiligen Martin, der sich vom Pferd bückte, um seinen Mantel mit dem Bettler zu teilen, der ihm im Traum erscheinen wird: Ich bin der, den Du verfolgst." (Seite 413 f.)

„Ein kleiner Ort, Kostheim, sah auf den Fluss mit seinen Nuss- und Kastanienbäumen. Das nächste Wirtshaus hatte ein Schild „Zum Engel", über dem ein Kranz brauner Blätter hing, zum Zeichen, dass es hier Most gab. Er ging hinauf und setzte sich in den winzigen Garten — der beste Ort, um einfach zu sitzen und aufs Wasser zu sehen und alles sich selbst zu überlassen."
(Seite 414)

Das Gasthaus Zum Engel gibt es tatsächlich auch heute noch in Kostheim am Mainufer.

„Georg kam auf den Kasteller Brückenkopf. Der Posten rief ihn an. Georg zeigte seinen Pass. Als er schon auf der Brücke war, wurde ihm klar, dass sein Herz nicht schneller geklopft hatte. (...) Er fühlte sein Herz jetzt gefeit gegen Furcht und Gefahren, aber vielleicht auch gegen das Glück. (...) Wie er auf's Wasser herunter sah, erblickte er den Schleppkahn, die Wilhelmine, mit ihrem grünen Ladestreifen. Er war noch nicht zwanzig Schritte entfernt von der Anlegestelle, da tauchte am Bord der Wilhelmine der Kugelkopf eines kleinen, fast halslosen Mannes auf, ein rundes Gesicht, das ihn offensichtlich erwartete, ein etwas fettes Gesicht mit runden Nasenlöchern, mit vergrabenen Äuglein, ein Gesicht, hinter dem man gar nichts Gutes vermutete, eben darum für diese Zeit das rechte Gesicht für einen aufrechten Mann, der allerlei riskierte." (Seite 420)

Der Kasteller Brückenkopf der heutigen Theodor-Heuss-Brücke

Helen Fehervary
DER BIBLISCHE THEMENBEREICH IN
ANNA SEGHERS' ROMAN *DAS SIEBTE KREUZ*

Anna Seghers, 1900 als Netty Reiling in Mainz geboren, kam aus einem jüdischen Elternhaus und war von klein auf mit den Glaubenssätzen und Lehren des Judentums vertraut. Nachdem sie 1928 in die Kommunistische Partei Deutschlands eintrat, trennte sie sich von der jüdischen Gemeinde, blieb aber ihr ganzes Leben hindurch den ethischen Werten ihres jüdischen Erbes treu. Überdies sind ihre literarischen Werke voll von jüdischen Motiven und Anspielungen auf jüdische Tradition und Geschichte. Ihr Selbstverständnis als Jüdin lässt sich mit dem von Jakob Levi in ihrer Erzählung *Post ins gelobte Land* vergleichen, der als Dreizehnjähriger zur Zeit seiner Bar Mitzwa folgendermaßen beschrieben wird:

»Man weiß von altersher, daß die Köpfe der Knaben in diesem Jahr am wachsten und offensten sind. Darum kamen mit den überlieferten uralten Glaubenssätzen auch Gedanken hinein, von denen sich sein Vater nie hatte träumen lassen. Sie quälten ihn nicht; sie legten sich über die alten Gedanken, wie sich zwei Rinden übereinander um einen jungen Baum legen.«[1]

Die neuen Gedanken, die in den Kopf der jungen Anna Seghers »hineinkamen«, waren die des Sozialismus und proletarischen Internationalismus. Während ihres Studiums in Heidelberg besuchte sie die Geschichts-, Philosophie-, und Kunst-Vorlesungen ihrer progressiven Lehrer Karl Rickert, Emil Lederer, Karl Jaspers und Carl Neumann. Hier lernte sie auch junge Ungarn kennen, die zum Budapester Sonntags-Kreis um Georg Lukács gehörten; sie waren in der ungarischen Räterepublik politisch tätig und flüchteten nach ihrem Scheitern in den Westen. Einer von ihnen war Seghers' späterer Mann László Radványi, der bei Karl Jaspers über den Chiliasmus promovierte, den Glauben, das Reich Gottes sei auf Erden zu verwirklichen, der auf das Buch Daniel, die Makkabäer und die jüdischen Christen des Neuen Testaments zurückgeht.[2] Durch Radványi wurde sie auch mit den Schriften des jungen Georg Lukács und seine Hingabe an den Messianismus und den revolutionären Sozialismus im Sinne von Rosa Luxemburg bekannt. Es war in der Tat die »rote« Rosa gewesen, die die ersten Christen als leidenschaftliche Anhänger des Kommunismus beschrieben hatte.[3] Der Einfluss des Chiliasmus und Messianismus wurde entscheidend für die Erzählerin Anna Seghers, die diese Vorstellungen allegorisch in ihre Werke einfügte. Dabei stützte sich ihre Art des Erzählens, die von den uralten mündlichen Erzählweisen der Sage, der Legende und des Epos gespeist wurde, auf jüdische Erzähltradition anhand der hebräischen Bibel und des Neuen Testaments.

Wie verhalten sich nun Gegenwart und biblische Welt in *Das siebte Kreuz*? Bekanntlich ist der Roman eine landschaftlich getreue Beschreibung der Mainz-Frankfurt-Gegend im Herbst 1937, als sieben Häftlinge aus dem Konzentrationslager Westhofen (eigentlich Osthofen) ausbrechen. Sechs von ihnen fallen dem Terror der NS-Herrschaft zum Opfer. Die Flucht gelingt dem siebten dank des antifaschistischen Untergrunds und der Hilfe einer Vielzahl von Menschen. Das ist die Ebene der Handlung, die von der Autorin gestaltete politische und soziale Realität. Wie sie eine damit verbundene zweite biblische Dimension in diesem Roman und auch anderen Werken geschaffen hat, dazu hat sich Seghers nie geäußert. Allerdings gibt ihre Doktorarbeit *Jude und Judentum im Werke Rembrandts* aus dem Jahr 1924 einen Einblick in jene außergewöhnliche Gestaltungsweise, die höchstwahrscheinlich ihre eigene beeinflusst hat.

Die Dissertantin, damals noch Netty Reiling, beschrieb die Gleichzeitigkeit von Gegenwart und biblischer Welt in Rembrandts Bibel-Zeichnungen als »eigenwillig gestaltete Überwirklichkeit«[4]: »Eine zahlreiche Gruppe von Zeichnungen führt uns in eine bürgerliche, geräumige Wohnstätte, […] in der der Hausherr in den verschiedensten Situationen geschildert wird, Almosen vor seiner Haustür austeilend, vor seinem Bett sitzend, im Sessel eingeschlafen usw. Aber hier kann jede Szene eine doppelte Natur haben. […] Hier vollzieht sich der Übergang, durch den eine Szene des täglichen Lebens zu einer biblischen wird, bereits im Niederzeichnen, ja im Sehen. In dem gleichen Zimmer, dessen Tisch, dessen Fenster uns aus anderen Zeichnungen fast vertraut erscheinen, empfängt der Hausherr einen Gast, und die Umdeutung dieser Genresituation in die ›eines Mannes Gottes bei Heli‹ wird ausschließlich im Kopf des Beschauers vollzogen.«[5]

Ferner heißt es: »Als flüchtiger Eindruck von der Straße festgehalten, kehrt in Rembrandts Zeichnungen häufig ein Greis mit einem Knaben wieder, nebeneinander herschreitend, ein anderes Mal in inniger Umarmung, die das an solche Lesart gewöhnte Auge als ›Heimkehr des verlorenen Sohnes‹ abliest. Hier wird kein Mittel angewandt, den biblischen Vorgang von dem realen zu sondern, die biblische Welt deckt sich mit der realen.«[6]

Bevor wir uns Seghers' Roman zuwenden, berücksichtigen wir den Titel *Das siebte Kreuz*, der zunächst an die Kreuzigung Christi denken lässt: das Kreuz als Symbol der Erlösung im Christentum und in der abendländischen Kunst und Literatur. Das kann aber täuschen, denn im Roman bleibt dieses, das siebte Kreuz durchweg leer. Allein aus diesem Grund bedeutet es eine Hoffnung für die Überlebenden im Konzentrationslager Westhofen und auch für diejenigen außerhalb des Lagers, die Zeugen der Flucht des siebten Mannes waren, für den dieses »Kreuz« bestimmt war. Zudem werden die sieben Platanen, die der Lagerkommandant als Folterinstrumente für die wiedergefangenen Flüchtlinge kuppen und mit Querbrettern versehen lässt, aus der Perspektive der Täter, nicht der Opfer, geschildert.

Folglich beschwören sie die schnell errichteten Baum-Kreuze, welche die römischen Armeen, und nicht nur sie, über die Jahrhunderte als günstige Hinrichtungsmittel und -stätten gebrauchten.

Wie verhält sich denn Seghers' Variante von Rembrandts »eigenwillig gestalteter Überwirklichkeit« in ihrem Roman? Mein erstes Beispiel betrifft die analogen Erfahrungen des Lagerkommandanten Fahrenberg und des Königs Nebukadnezar im Buche Daniel. Dem babylonischen König ähnlich ist Fahrenberg ein willkürlicher Tyrann, der von den Häftlingen in Westhofen als ein »Narr [...] mit furchtbaren, unvoraussehbaren Fällen von Grausamkeit«[7] bezeichnet wird. Fahrenbergs rasender Einfall, sieben Platanen im Lager zu kuppen und mit festgenagelten Querbrettern zu versehen, um die daran gefesselten wiedergefangenen Häftlinge zu quälen, findet seine Entsprechung im Traum des vom Wahnsinn geplagten Nebukadnezar. Der König hörte »ein[en] heilige[n] Wächter« vom Himmel sagen:

»Hauet den Baum um und behauet ihm die Äste und streift ihm das Laub ab und zerstreuet seine Früchte, daß die Tiere, so unter ihm liegen, weglaufen und die Vögel von seinen Zweigen fliehen! Doch laßt den Stock mit seinen Wurzeln in der Erde bleiben; er aber [...] soll sich weiden mit den Tieren von den Kräutern der Erde. Und das menschliche Herz soll von ihm genommen und ein viehisch Herz ihm gegeben werden, bis daß sieben Zeiten über ihm um sind.« (Daniel 4:10–13)[8]

Daniel deutete den Traum:

»Man wird dich von den Leuten stoßen, [...] und man wird dich Gras essen lassen wie die Ochsen, und wirst unter dem Tau des Himmels liegen und naß werden, bis über dir sieben Zeiten um sind, auf daß du erkennest, daß der Höchste Gewalt hat über der Menschen Königreiche und gibt sie, wem er will.« (Daniel 4:22)

Gleich Nebukadnezar nach seinem Traum verbringt der Lagerkommandant Fahrenberg die sieben Tage nach dem Ausbruch aus dem KZ (ein Echo der »sieben Zeiten« in des Königs Traum) fast ohne Schlaf und in verzweifelter Angst um seinen Posten und seinen Fortbestand. Als am Ende der Woche der siebte Häftling noch auf freiem Fuß ist, wird Fahrenberg kurzerhand seines Amtes enthoben.

Bekanntlich ist Nebukadnezar sein Königreich abhandengekommen. Er wurde »von den Leuten verstoßen« und verbrachte »sieben Zeiten« unter »dem Tau des Himmels und ward naß, bis sein Haar wuchs so groß als Adlersfedern und seine Nägel wie Vogelsklauen wurden«. Aber nach dieser Zeit, als er seine »Augen auf gen Himmel« hob und »den Höchsten« lobte, kam er »wieder zur Vernunft« und an die Macht: »Und meine Räte und Gewaltigen suchten mich, und ward wieder in mein Königreich gesetzt; und ich überkam noch größre Herrlichkeit« (Daniel 4:29–33). In Seghers' geschickter Variante werden nach Fahrenbergs demütigender Entlassung am Ende der Woche keine »Augen auf gen Himmel« gehoben:

»Fahrenberg soll schon am Montag nach Mainz gefahren sein. Er soll sich im Fürstenberger Hof einquartiert haben. Er soll sich dann eine Kugel in den Kopf geschossen haben. Das ist nur ein Gerücht. Es passt auch nicht recht zu Fahrenberg. [...] Vielleicht ist Fahrenberg die Treppe heraufgefallen und hat noch mehr Macht bekommen.« (S. 421)

Eine zweite Anspielung auf die hebräische Bibel ist die Flucht des alten Aldinger aus dem Lager in Richtung seines Dorfes, jenes »Früher«, in dem er einst mit seinen Gleichgesinnten in Frieden lebte. Aldinger ist nicht nur alt, ihm haftet etwas Uraltes, Zeitloses an. Seine feste Absicht, trotz seines Alters mit sechs jüngeren Männern ins Freie auszubrechen, erinnert an den Beschluss von Moses, trotz aller Hindernisse und Gefahren den langen Weg anzutreten, auf dem er sein Volk in das gelobte Land zurückführen soll. Gleich Moses ist Aldinger ein inbrünstiger Kämpfer, der seinen Gegnern standhaft und störrisch gegenübersteht. Als Bürgermeister seines Dorfes hatte er vor seiner Verhaftung ein Komplott des Bürgermeisters vom Nachbardorf überlistet. Auch nach seiner Verhaftung im Jahr 1933 hielt er durch:

»In den ersten Tagen in Westhofen, als die ersten Beschimpfungen und Faustschläge auf seinen Kopf geprasselt waren, hatte er Hass und Wut gekannt und auch die Lust auf Rache. Aber die Schläge waren dichter gefallen und härter, und sein Kopf war alt. Nach und nach waren ihm alle Wünsche zerschlagen worden, sich an den Schandtaten zu rächen [...] Aber das, was die Schläge übrig gelassen hatten, war immer noch mächtig und stark.« (S. 291)

Erinnernd an den Zweifel und Hohn seines Volkes in der Wüste, dem Moses ausgesetzt war, wurde Aldinger sogar von seinen Gleichgesinnten im Lager verspottet, ein »alte[r] Bauer, den Georg und seine Genossen in Westhofen für nicht mehr recht im Kopf gehalten hatten«. (S. 209) Jedoch gleich Moses treibt Aldinger sein Vorhaben durch Beharrlichkeit und Ausdauer voran. Trotz seines Alters und seiner zerrütteten Gesundheit war er »[a]llen Streifen [...] entgangen, [...]. Aldinger kannte keine Überlegung, keine Berechnung. Er kannte nur die Richtung. So stand die Sonne auf seinem Dorf am Morgen, so am Mittag.« (S. 290) Allmählich nähert er sich seinem Ziel, dem heißgeliebten, heißersehnten »Früher«: »Früher, das war das Leben, in das er zurück wollte, darum war er geflohen. Früher, so hiess das Land, das hinter der Stadt begann. Früher, so hiess sein Dorf. [...] Aldinger spürte schon jetzt das Früher in allen Gliedern.« (S. 291 f.)

Aldingers Tod auf dem »letzten Hügelchen«, von dem man »das Dorf unter sich liegen« sah (S. 294), deutet ganz offenbar auf die Stelle im 5. Buch Mose, als Moses »auf den Berg Nebo, auf die Spitze des Gebirgs Pisga« geht und ihm der Herr das gelobte Land zeigt: »Und der Herr sprach zu ihm: Dies ist das Land, das ich Abraham, Isaak und Jakob geschworen habe und gesagt: Ich will es seinem Samen geben. Du hast es mit deinen Augen gesehen; aber du sollst nicht hinübergehen.« (5. Mose 34:1–4) Im Vergleich ist Aldingers Tod auf dem Hügelchen vor seinem Dorf ohne Herrlichkeit, dafür aber ihm entsprechend naturverbunden:

»Aldinger setzte sich zwischen die [Haselnuss]sträucher. [...] Stücke von Dächern und Feldern blinkten zwischen den Zweigen. Er war fast am Einschlafen, da fuhr er leicht zusammen. Er stand auf oder versuchte aufzustehen. Er warf einen Blick auf das Tal. Aber das Tal zeigte sich nicht in dem gewöhnlichen Mittagsglanz, in dem süssen alltäglichen Licht. Eine kühle gestrenge Helligkeit lag auf dem Dorf, Glanz und Wind in einem, dass es auf einmal so deutlich wie nie war und eben dadurch wieder entfremdet. Dann fiel ein tiefer Schatten über das Land.« (S. 294 f.)

Im Buch Mose heißt es: »Und die Kinder Israel beweinten Mose im Gefilde der Moabiter dreißig Tage; und wurden vollendet die Tage des Weinens und Klagens über Mose.« (5. Mose 34:8) Auch die Totenwache im Dorf Buchenbach ist der Heimkehr eines Patriarchen würdig:

»Beide Schwiegertöchter halfen der Frau Aldinger ihren Mann zu waschen, ihm sein Haar zu stutzen, gute Sachen anzuziehen. Die Sträflingslumpen stopfte man ins Feuer. [...] Jenes Früher, in das der Aldinger hatte zurückkehren wollen, öffnete breit seine Tore. Man legte ihn jetzt auf sein eigenes Bett. Trauergäste fanden sich ein und man reichte jedem ein wenig Gebäck. [...] Alles war jetzt in Ordnung, da es dem Toten gelungen war, die Umzingelung des Dorfes zu überlisten.« (S. 296 f.)

Andere Passagen im Roman beziehen sich auf das Neue Testament. In der Geschichte Ernst Wallaus hallt die Passion von Jesus nach. Wallau, der vor seiner Verhaftung Betriebsrat in seiner Fabrik war, wird zum Lehrer und Mentor seiner Mitgefangenen und auch Organisator des Ausbruchs aus dem KZ. Es ist Wallaus Leitbild, das Georg Heisler während seiner Flucht berät und diese bei allen Gefahren beschleunigt. Es ist Wallaus Leitbild, das Heislers Glauben an die Sache, für die sie gekämpft haben, immer wieder neu belebt und ihm versichert, dass sie trotz allem bestehen wird. Und als sich Heisler zum Verzweifeln allein fühlt, ist es die Stimme Wallaus in seinem Inneren, die eine Welt jenseits des Sichtbaren ihres Kampfes beschwört: »Ruhig, Georg. Du hast eine Menge guter Gesellschaft. Etwas verstreut im Augenblick, das macht nichts. Haufenweis Gesellschaft – Tote und Lebende.« (S. 231)

Wie einst Jesus wird Wallau nach seiner Flucht nachts in einem Garten verhaftet, von einem schwachen Genossen angezeigt, der wie der Jünger Judas bald seine Tat bereut und Selbstmord begeht. Wie Jesus, der sich weigert, sich gegen seine Ankläger zu verteidigen, bleibt Wallau bei seiner Vernehmung durchweg stumm. Auf mehreren Seiten des Romans spricht lediglich seine innere Stimme. Als Wallau zum ersten Mal vor dem Vernehmungsbeamten stand, hatte dieser sofort gewusst: »Diese Festung war uneinnehmbar.« (S. 188) Das Sinnbild scheint im Einklang mit Wallaus Haltung auf Jesus' Worte bei seiner Vernehmung anzuspielen, als er Pilatus sagte: »Mein Reich ist nicht von dieser Welt. [...] Du sagst's, ich bin ein König. Ich bin dazu geboren und in die Welt kommen, daß ich für die Wahrheit zeugen soll. Wer aus der Wahrheit ist, der höret meine Stimme.« (Johannes 18:36–37)

Jesus wurde auf der sogenannten Schädelstätte Golgotha mit zwei Verbrechern gekreuzigt. Als der eine ihn bat: »Herr, gedenke an mich, wenn du in dein Reich kommest!«, antwortete Jesus: »Wahrlich, ich sage dir: Heute wirst du mit mir im Paradies sein.« (Lukas 23:42–43) Das Bild der drei Gekreuzigten hallt in dem der »vier an die Bäume gebundenen Männer« im

Lager Westhofen nach: Füllgrabe ganz außen, Beutler »rechts von Wallau«, links von ihm Pelzer, der spürte, »dass Wallau neben ihm stand«. Ihre Augen sind je nachdem erstarrt, geschlossen oder feucht befleckt. »Wallau allein hatte Blick in den Augen.« (S. 298)

Wie die Trauernden am Kreuz auf Golgotha verlieren die Lagerinsassen, die die Tortur ihrer Genossen beschauen müssen, jede Hoffnung:

»Das war die Stunde, in der sich alle verloren gaben. Diejenigen unter den Häftlingen, die an Gott glaubten, dachten, er hätte sie vergessen. Diejenigen unter den Häftlingen, die an nichts glaubten, liessen ihr Inneres veröden [...]. Diejenigen unter den Häftlingen, die an nichts anderes glaubten als an die Kraft, die dem Menschen innewohnt, dachten, dass diese Kraft nur noch in ihnen selbst lebte und ihr Opfer nutzlos geworden sei und ihr Volk sie vergessen hätte.« (S. 299)

Die Physiognomie Wallaus kurz vor seinem Tod, als er »blutüberströmt« (S. 353) sein Schicksal erwartet, zitiert die mittelalterliche Ikonographie des leidenden Christus. Erinnerungen der Tage nach Jesus' Tod wachrufend, deutet die Nachricht von Wallaus Tod sein Fortleben innerhalb seiner Gemeinschaft an:

»Es war sechs Uhr nachmittags. Sonst war niemand dabei. Aber schon Montag früh lief ein Zettel um in den Opelner Werken bei Mannheim, wo Wallau in alten Zeiten Betriebsrat gewesen war: Unser ehemaliger Betriebsrat, der Abgeordnete Ernst Wallau, ist am Samstag sechs Uhr in Westhofen erschlagen worden. Dieser Mord wird am Tag des Gerichts schwer zu Buche stehen.« (S. 353)

Georg Heisler, der einzige der sieben Häftlinge, dem die Flucht gelingt, ist klug, mutig und zäh. Diese Eigenschaften halfen ihm, den Schlägen und Demütigungen in Westhofen standzuhalten, was ihm die Achtung seiner Mitgefangenen einbrachte. Als Mensch ist er kaum mit Ernst Wallau zu vergleichen, aber seine wochenlange Flucht ist immerhin eine Art von Passion. Sie ist die eines Mannes, dessen Leichtsinn und Ichbezogenheit allmählich abgeschält werden. Dabei entwickelt er ein Bewusstsein, das die Zeichen einer erleuchteten Menschheit und Weltordnung erkennt, die er früher nicht erwartet oder sich gar hätte vorstellen können. Unter den Figuren im Neuen Testament ähnelt er dem kühnen Pharisäer Saul aus Taursus bzw. dem nach seiner Konversion unermüdlichen apostolischen Aktivisten Paul.

Die berühmte Bibelstelle, die Saulus auf dem Weg nach Damaskus beschreibt, lautet: »Und da er auf dem Wege war und nahe bei Damaskus kam, umleuchtete ihn plötzlich ein Licht vom Himmel; und er fiel auf die Erde und hörte eine Stimme, die sprach zu ihm: Saul, Saul, warum verfolgest du mich?« Nachdem er Jesus erkannte und seine Worte vernahm, »richtete sich [Saul] auf von der Erde, und als er seine Augen auftat, sah er niemand [...] und war drei Tage nicht sehend und aß nicht und trank nicht.« (Apostelgeschichte 9:3–9)

Georg Heisler erlebt im Laufe des Romans eine innere Verwandlung. Sie beginnt, als ihn am ersten Abend seiner Flucht sein Weg in die Stadt Mainz führt. Dort steht er plötzlich vor dem gewaltigen romanischen Dom, der über der weiten Rheinebene hochragt. Diese Begegnung, die beinahe wie eine Offenbarung auf ihn wirkt, stellt ihn einer Macht gegenüber, die er bisher in seinem Leben nicht gekannt hat. Gleich Saulus nimmt er diese Macht durch seine Sinnesorgane wahr:

»Es fing unterdes zu läuten an, so nah und stark, dass die Mauer dröhnte, an die er sich vor Erschöpfung gelehnt hatte. [...] Er trat sogar weg und sah nach den Türmen hinauf. Es wurde ihm schwindlig, bevor er die oberste aller Spitzen gefunden hatte, denn über den beiden nahen gedrungenen Türmen erhob sich noch ein einzelner Turm in den Herbstabendhimmel mit einer solchen mühelosen Kühnheit und Leichtigkeit, dass es ihn schmerzte.« (S. 60 f.)

Durch eine Seitentür geht Georg in den Dom hinein: »So winzig war er sich nicht einmal unter dem weiten Himmel vorgekommen.« (S. 61) Hier, wo er »jetzt eine Gnadenfrist« hat (S. 76), verbringt er die Nacht. Hin und wieder streift ein Licht die Dunkelheit der Gewölbe – ein plötzlich »heller Lichtschein«, »der Schimmer der einzelnen Lampe, die irgendwo in der Dunkelheit schwebte« (S. 79), der »Kalk auf der Mauer«, schwach schimmernd »wie frischgefallener Schnee« (S. 80). Auf einmal stockt Georg der Atem:

»Quer durch das Seitenschiff fiel der Widerschein eines Glasfensters, das vielleicht von einer Lampe erhellt wurde aus einem der Häuser jenseits des Domplatzes oder von einer Wagenlaterne, ein ungeheurer, in allen Farben glühender Teppich, jäh in der Finsternis aufgerollt, Nacht für Nacht umsonst und für niemand über die Fliesen des leeren Doms geworfen, denn solche Gäste wie Georg gab es auch hier nur alle tausend Jahre. Jenes äussere Licht, mit dem man vielleicht ein krankes Kind beruhigt, einen Mann verabschiedet hatte, schüttete auch, solang es brannte, alle Bilder des Lebens aus. Ja, das müssen die beiden sein, dachte Georg, die aus dem Paradies verjagt wurden. Ja, das müssen die Köpfe der Kühe sein, die in die Krippe sehen, in der das Kind liegt, für das es sonst keinen Raum gab. Ja, das muss das Abendmahl sein, als er schon wusste, dass er verraten wurde, ja, das muss der Soldat sein, der mit dem Speer stieß, als er schon am Kreuz hing ... Er, Georg, kannte längst nicht alle Bilder. Viele hatte er nie gekannt, denn bei ihm daheim hat es das alles nicht mehr gegeben. Alles, was das Alleinsein aufhebt, kann einen trösten. Nicht nur was von andern gleichzeitig durchlitten wird, kann einen trösten, sondern auch was von andern früher durchlitten wurde.« (S. 82 f.)

Die Worte, die Saul auf dem Weg nach Damaskus hörte, klingen am Ende des Romans nach, als Georg kurz vor seiner Rettung den Mainzer Dom von der rechten Rheinseite aus wiedersieht – »zwischen zwei dieser Türme auf dem Domdach« der Heilige Martin, »der sich vom Pferd bückte, um seinen Mantel mit dem Bettler zu teilen, der ihm im Traum erscheinen wird: Ich bin der, den Du verfolgst.« (S. 413 f.)

Wie schon im Neuen Testament gibt es im Roman viele Nebenfiguren, darunter Frauen, die mit Haushalt und Kindern hantieren. Die Szene im Hof (S. 48–52), als eine Bäuerin und ihre Schwiegermutter Wäsche von der Leine holen und sich streiten, ob es besser ist, »nass« oder »trocken«

zu bügeln (während Georg hinter einem Holzstapel kauert), lässt an die Schwestern Maria und Martha denken, die verschiedener Meinung sind, ob man dem Gast Jesus dienen oder zu seinen Füßen ihm zuhören soll (Lukas 10:38–42). Im Vergleich mit anderen Frauenfiguren des Romans ist Elli Mettenheimer, die korallene Ohrringe trägt und in einem Büro arbeitet, eine »moderne« Frau. »Weil sie schön aussah, und weil sie ihm immer Kummer zugefügt hatte« (S. 122), war sie die »Lieblingstochter« ihres Vaters: »Aus ihren Augen, goldbraun wie ihr Haar, kam ein warmer Glanz über ihr ganzes Gesicht.« (S. 123) Der Elli haftet eine Selbständigkeit und Sinnlichkeit an, welche die Maria Magdalena der Legenden und alten Gemälden andeutet. Diese ging an Jesus' Seite während seiner Lehren, war gegenwärtig bei der Kreuzigung, hat als erste den auferstandenen Christus gesehen und war trotz aller Gefahren weiterhin aktiv in der christlichen Gemeinde in Jerusalem (Markus 16:9–11). Auch Elli, die den Glauben längst aufgegeben hatte, dass Georg zu ihr zurückkehrt, ist standhaft gegenüber der Überwachung und Bedrohung durch die Gestapo, und sie beschließt, Georg – der ihr jetzt viel mehr als nur ein Ehemann bedeutet – wegen seiner Leiden und seiner Beharrlichkeit treu zu sein.

Eine direkte Parallele zum Neuen Testament bietet die Szene mit Georg und der Kellnerin Marie gegen Ende des Romans. Ihr munterer Flirt im Wirtshausgarten spielt auf Jesus' Gespräch mit der samaritischen Frau am Brunnen an. Auf ihrem Weg von Judäa nach Galiläa mussten Jesus und seine Jünger durch Samaria, und sie hielten in der Stadt Sichar: »Es war aber daselbst Jakobs Brunnen. Da nun Jesus müde war von der Reise, setzte er sich also auf den Brunnen; und es war um die sechste Stunde.« (Johannes 4:6) Am Abend bevor er an Bord des Rheindampfers geht, der ihn nach Holland bringen soll, setzt sich Georg Heisler, erschöpft von seiner langen Flucht, in den Garten des nächsten Wirtshauses Zum Engel. Da er auch hier gefährdet sein könnte, setzt er sich »dicht an die Mauer mit dem Rücken zum Garten«. (S. 414)

Die Bibelstelle, die von Heiterkeit, Witz und einer sinnlichen Metaphorik gekennzeichnet ist, lautet:

»Da kommt ein Weib aus Samaria, Wasser zu schöpfen. Jesus spricht zu ihr: Gib mir zu trinken! Denn seine Jünger waren in die Stadt gegangen, daß sie Speise kauften. Spricht nun das samaritische Weib zu ihm: Wie bittest Du von mir zu trinken, so du ein Jude bist, und ich ein samaritisch Weib? Denn die Juden haben keine Gemeinschaft mit den Samaritern. Jesus antwortete und sprach zu ihr: Wenn du erkennetest die Gabe Gottes, und wer der ist, der zu dir saget: ›Gib mir zu trinken!‹, du bätest ihn, und er gäbe dir lebendiges Wasser.«

Die Frau stutzt: »Herr, hast du doch nichts, damit du schöpfest, und der Brunnen ist tief; woher hast du denn lebendig Wasser?« Jesus antwortet: »Wer [...] des Wassers trinken wird, das Ich ihm gebe, den wird ewiglich nicht dürsten.« (Johannes 4:7–14) – Der Roman führt diese Dialogstruktur mit dem Motiv Dursten/Trinken weiter, indem die Kellnerin an Georgs Tisch kommt und Most vor ihn hinstellt:

»Er sagte: ›Ich hab ja noch nichts bestellt.‹ Sie hob sein Glas wieder auf und sagte: ›Mein Gott, was haben Sie denn für Bestellungen‹. Er dachte nach: ›Most!‹, sagte er. Sie lachten beide. Sie gab ihm das Glas gleich in die Hand, ohne es vorher abzustellen. Er nahm einen Schluck, der ihm solche Gier machte, dass er das ganz Glas leer trank. ›Noch ein Glas.‹ – ›Nun warten Sie erst mal einen Augenblick.‹ Sie ging zu den Gästen am nächsten Tisch.« (S. 414)

Neben der Andeutung, auch Most sei »lebendiges Wasser«, enthält Seghers' Text Topoi – Alleinsein und Entfremdung, Fremdes und Begehrtes, Durst und Gier –, die in der Bibel-Passage verborgen sind. Sobald die samaritische Frau um das von Jesus angebotene »lebendige« Wasser bittet, wird ihr Gespräch persönlich, sogar intim:

»Herr, gib mir dasselbige Wasser, auf daß mich nicht dürste und ich nicht herkommen müsse, zu schöpfen! Jesus spricht zu ihr: Gehe hin, rufe deinem Manne und komm her! Das Weib antwortete und sprach zu ihm: Ich habe keinen Mann. Jesus spricht zu ihr: Du hast recht gesagt: Ich habe keinen Mann. Fünf Männer hast du gehabt, und den du nun hast, der ist nicht dein Mann; da hast du recht gesagt. Das Weib spricht zu ihm: Herr, ich sehe, daß Du ein Prophet bist.« (Johannes 4:15–19)

Im Wirtshausgarten erwägen Georg und die Kellnerin Marie, was für ein Mensch sich hinter der Fassade des anderen verstecken mag. Nachdem schon ein drittes Glas Most auf seinem Tisch steht, nimmt Georg Maries Hand:

»Sie trug bloss einen dünnen Ring mit einem Glückskäfer, wie man ihn in Jahrmarktsbuden gewinnt. Er sagte: ›Kein Mann? – Kein Bräutigam? – Kein Liebster?‹ – Sie schüttelte drei Mal den Kopf. ›Kein Glück gehabt? Schlecht ausgegangen?‹ – Sie sah ihn verwundert an. ›Warum denn?‹ – ›Nun, weil Sie allein sind.‹ Sie schlug mit der Hand leicht auf ihr Herz. ›Ach, der Ausgang ist hier.‹« (S. 416)

Georg ist keineswegs ein »Prophet«, aber er spürt die Einsamkeit und Sehnsucht dieser Frau. Als sie ihn auf ihr Zimmer bringt, wird er zum Geliebten, der ihr gibt, was sie begehrt hat, wenn auch nur für eine Nacht, wenn auch nur als eine Erinnerung, die sie in ihrem Herzen, da, wo »der Ausgang ist«, festhalten wird.

Während Georg Heisler im Zentrum des Romangeschehens steht, bleibt sein ehemaliger Freund Franz Marnet die ganze Zeit im Hintergrund. Doch ist es Franz, der zuerst spürt, dass Georg in Gefahr ist. Er ist es, der sofort seinen Genossen Hermann auf Georgs Notlage aufmerksam macht. Und es ist Franz, der Georg unbedingt helfen will und alles Erdenkliche unternimmt, um auf seine Spur zu kommen. Obwohl Franz und Georg im Laufe des Romangeschehens auch nicht einmal aufeinander treffen, werden mehrere Seiten des Romans ihrer früheren Beziehung vor dem Romangeschehen gewidmet. Wie sollen wir das verstehen?

Georg Heisler und Franz Marnet lernten sich in den Zwanzigerjahren kennen. Georg war waghalsig und interessierte sich fast ausschließlich für den Sport; Franz war ernsthaft und bescheiden und am Lernen interessiert.

Als beide arbeitslos wurden, teilten sie Franz' Zimmer: »Sie legten ihre Stempelgelder zusammen und ihre Gelegenheitsverdienste. [...] Sie arbeiteten und lernten und gingen gemeinsam demonstrieren und auf Versammlungen.« Die »gemeinsame Welt«, bei der »Georg fragte und Franz antwortete«, wurde Georg bald lästig. Er »wurde mit der Zeit stiller und fragte weniger« (S. 69) und »wechselte ziemlich häufig seine Mädchen«. (S. 70) Als sich Franz in Elli Mettenheimer verliebte, nahm ihm Georg auch sie weg. Die Vorliebe der Autorin Seghers gehört offenbar Franz Marnet. Das spürt der Leser gleich am Anfang des Romans, als Franz von dem »Gehöft seiner Verwandten« auf dem vorderen Taunus zu seiner Fabrik in Höchst hinunterradelt. Es »lag auf seinem Gesicht eine starke einfache Lebensfreude«; »er stiess sogar einen leisen glücklichen Schrei aus, als sein Fahrrad über zwei Erdwellen huppelte«. (S. 11)

Ist Georg Heisler der biblischen Figur Saulus/Paulus nachgezeichnet, so ähnelt Franz Marnet Jesus' Jünger Simon/Petrus. Seine plötzliche Transformation von einem einfachen Fischer am Galiläer See zu einem »Menschenfischer« an Jesus' Seite (Markus 1:16–17) klingt in Franz' Glaubensbekenntnis an: »Ich hab mir immer im Leben die einfachsten Sachen gewünscht – eine Wiese oder ein Boot, ein Buch, Freunde, ein Mädchen, Ruhe um mich herum. – Dann aber ist dieses andere über mein Leben gekommen [...] – dieser Wunsch nach Gerechtigkeit. Und mein Leben ist langsam ganz anders geworden und jetzt nur zum Schein noch ruhig.« (S. 312 f.)

Der Unterschied zwischen Franz und Georg und gleichzeitig ihr Bündnis im gemeinsamen Kampf lässt an das komplizierte Verhältnis der Apostel Petrus und Paulus im Neuen Testament denken. Es war Petrus gewesen, der unter Jesus' Jüngern auserwählt wurde und Zeuge aller Etappen seiner Lehre und seines Leidensweges war. Petrus war es auch, der nach Jesus' Tod die Gemeinde in Jerusalem am Leben hielt, der ihr Anwachsen ermöglichte und als erster die christliche Lehre an die Heiden brachte. Dagegen war Saulus/Paulus eigensinnig und unberechenbar. Nach seiner Konversion, nach der Verzückung seiner ersten Lehren in Damaskus und nach seiner Begegnung mit Petrus in Jerusalem hatte dieser feurige Apostel den »Felsen« Petrus (Matthäus 16:18) bald in den Schatten gestellt. Es sind die Missionarstätigkeiten des charismatischen Paulus im Namen des auferstandenen Christus, den er als Mensch nie gekannt hat, die in der Apostelgeschichte vorherrschen. Von Petrus, der zuletzt im 15. Kapitel spricht, ist in der Apostelgeschichte keine Spur mehr.

Auch Franz Marnet scheidet aus Seghers' Roman aus, sobald Georg Heislers Schicksal in den Händen des antifaschistischen Widerstands liegt. Sein Genosse Hermann, der die Rettungsaktion organisiert, beschließt, alle Einzelheiten dieser Aktion Franz vorzuenthalten – vermutlich wegen seiner Beziehung zu Georg, der die Gestapo wohl kundig ist. Damit findet sich Franz praktisch abgeschieden in seinem Verhältnis zu seiner Partei. In Seghers' Erzählung *Die Saboteure* aus dem Jahr 1948 taucht dieser Franz Marnet noch einmal auf. Die Handlung spielt wieder im Rheinland. Infolge des Hitler-Stalin-Pakts, des Ausbruchs des Krieges und des verstärkten Drucks durch den NS-Terror kommen die KPD-Genossen aufgrund von Isoliertheit und Misstrauen auseinander, und der antifaschistische Untergrund wird fahl. Allerdings bringt die Nachricht von der Invasion der Sowjetunion im Juni 1941 Franz Marnet, seinen Genossen Hermann und auch andere Figuren aus *Das siebte Kreuz* erneut in konspirativen Kontakt, indem sie Fehler in die Waffen einsetzen, die in ihrer Fabrik hergestellt werden. Die Sabotage wird entdeckt, Hermann wird hingerichtet. Franz ist schon vorher mobilisiert und an die Ostfront geschickt worden. Bald gilt er als verschollen. Von seinem konkreten Schicksal gibt es nur Gerüchte. Einmal ist er »gar nicht tot, [...] nur gefangen, [...] nur weit weg am anderen Ende der Sowjetunion«, einmal »seit Stalingrad als gefallen gemeldet«.[9]

Die Weiterführung der Geschichte Franz Marnets ist nur ein Beispiel von Seghers' oft durchgeführtem »homologen« Erzählen, wobei ihre Figuren in der gleichen oder leicht geänderten Form in neuen Gruppierungen und Milieus wiederkehren. Diese Erzählweise lässt zunächst an die Prosa von Honoré de Balzac und Joseph Conrad aber auch an die häufig wiederkehrenden Gestalten und Motive in der Bibel sowie in den Apokryphen und Legenden denken. Es ist durchaus denkbar, dass die Weiterentwicklung der Franz Marnet Figur, deren endgültiges Schicksal unbestimmt bleibt, auf die legendäre Figur des Apostels Petrus zurückgeht, der in mittelalterlichen Legenden und in den Gemälden des Mittelalters und der Renaissance häufig als Märtyrer dargestellt wird. Das mag einleuchten, denn schon dieses Märtyrertum blieb seit je ungeklärt und umstritten.

Anna Seghers hat die kreativen Quellen und Geheimnisse ihres außerordentlichen Talents als Erzählerin nie preisgegeben. Also wissen wir nicht, wie sie mit dem biblischen Themenbereich in *Das siebte Kreuz* und auch anderen Werken umging. Wir können nur vermuten, dass ihre Gestaltungsweise von den Bibelzeichnungen Rembrandts beeinflusst wurde, die sie in ihrer Doktorarbeit von 1924 mit der sonderbar anmutenden Bezeichnung »eigenwillig gestalteter Überwirklichkeit« beschrieb. Die Auslegung dieser »Überwirklichkeit« durch die 24-jährige Dissertantin Netty Reiling soll auch für die »Überwirklichkeit« im Roman der Autorin Anna Seghers gelten: »Hier wird kein Mittel angewandt, den biblischen Vorgang von dem realen zu sondern, die biblische Welt deckt sich mit der realen.«[10]

Anmerkungen

1 Anna Seghers: Post ins gelobte Land, in: Dies.: Erzählungen 1933–1947. Anna Seghers. Werkausgabe II/2, hg. von Helen Fehervary/Bernhard Spies, Berlin 2011, S. 222.

2 Ladislaus Radványi: Der Chiliasmus. Ein Versuch zur Erkenntnis der chiliastischen Idee und des chiliastischen Handelns, hg. von Éva Gábor, Budapest 1985.

3 Rosa Luxemburg: Socialism and the Churches, in: Rosa Luxemburg Speaks, hg. von Mary-Alice Waters, New York 1970, S. 137. Erschienen 1905 in Krakau als Kóscióí a socjalizm unter dem Pseudonym Jósef Chmura.

4 Netty Reiling (Anna Seghers): Jude und Judentum im Werke Rembrandts, Leipzig 1981, S. 38.

5 Ebd., S. 38 f.
6 Ebd., S. 39.
7 Anna Seghers: Das siebte Kreuz, in: Anna Seghers. Werkausgabe I/4, hg. von Helen Fehervary/Bernhard Spies, Berlin 2000, S. 9. Seitenzahlen fortan im Text.
8 Alle Bibel-Zitate aus: Die Bibel oder die ganze Heilige Schrift des Alten und Neuen Testaments nach der deutschen Übersetzung von D. Martin Luther, Stuttgart 1911. – Die Bibliothek von Seghers und ihrem Mann László Radványi enthält einige Ausgaben der hebräischen und der christlichen Bibel. Seghers arbeitete vermutlich vor allem mit der Luther-Bibel; die Berliner Ausgabe der Britischen und Ausländischen Bibelgesellschaft von 1916, die sich in ihrem Arbeitszimmer befand, enthält ihre Marginalien (Vgl. Anna-Seghers-Archiv, NB 1647).
9 Anna Seghers: Die Saboteure, in: Dies.: Erzählungen 1933–1947, 2011 (s. Anm. 1), S. 304, S. 308.
10 Anna Seghers: Jude und Judentum, (s. Anm. 4), S. 39.

Christiane Zehl Romero
DER »SCHATTEN HINTER DEN GRENZPFÄHLEN DER WIRKLICHKEIT«
FRAUEN IM ROMAN *DAS SIEBTE KREUZ*

Unter den figurenreichen Romanen von Anna Seghers ist *Das siebte Kreuz* der figurenreichste. Männer überwiegen zwar zahlenmäßig und stellen nicht nur den Protagonisten, Georg Heisler, sondern auch die sechs anderen Flüchtlinge aus dem KZ Westhofen, die verbliebenen wie neuen Insassen und die Verfolger, SA, SS, Gestapo. Auch die Fluchthelfer sind zu einem guten Teil Männer, aber keineswegs so ausschließlich wie die von Männern dominierte Welt der Nationalsozialisten, die zwar alle Gegner ausmerzen, sie aber, zumindest anfänglich und im Roman, unter den Männern suchen. Gerade deshalb und als Gegensatz spielen Frauen im *Siebten Kreuz* eine bedeutendere Rolle, als es zunächst scheint, auch und beispielhaft bei der Rettung Georgs.

Seghers wollte ihren eigenen Angaben nach »die ganze Struktur der Gesellschaft eines Landes durch das Verhalten aller Menschen zu dieser Angelegenheit [der ›wahren Geschichte von den sieben Kreuzen und der Flucht‹] [...] erzählen.«[1] Sie brauchte diese »besondere Begebenheit«, also einen novellistischen Ansatz – sie sprach in ihren Notizen zunächst von einer »Novelle« – um das, was sie darstellen wollte, aus »dem Beschreibenden, das in hundert Gräuelberichten untergegangen wäre«[2], herausheben zu können. Das Land ist natürlich nicht irgendeines, sondern »Deutschland im Herbst«[3] 1937, in dem sich das Hitlerregime bereits etabliert hat und seine Macht voll ausspielt. Als repräsentativen Schauplatz wählte Seghers ihre Heimatregion um Mainz und Frankfurt, die sie gut kannte und für die sie von ihrer Freundin Lore Wolf, die beim Erstellen des Manuskripts half, zusätzliche Informationen bekam, vor allem über das Arbeitermilieu in den großen Fabriken der Gegend.

Die Betonung liegt auf den Arbeitern, Bauern und »kleinen Leuten« der Region, Bürgertum und Intellektuelle spielen eine geringere Rolle, z. B. in den Figuren der beiden Fluchthelfer, des Architekten Sauer und des Chemikers Dr. Kreß, und bezeichnenderweise eine etwas größere auf Seiten der Verfolger, in Leuten wie dem Lagerkommandanten Fahrenberg, dem SS-Mann Bunsen und der Familie seiner Braut. Seghers wusste selbstverständlich aus dem Material, das vor und während des Schreibens durch ihre Hände ging, dass auch diese Kreise, sobald sie gegen die Nationalsozialisten opponierten, zu deren Opfern wurden und deutet das bei Flüchtlingen wie Pelzer und Füllgrabe an, aber sah diese Gesellschaftsschicht eher als Gefolgsleute und Unterstützer des Regimes. Auf jeden Fall ging es ihr in erster Linie um die breite Masse, das Volk, an das die Nationalsozialisten appellierten und das sie für sich gewannen oder zu gewinnen schienen. Sie stellt diese Menschen in ihrer Vielfältigkeit, ihren Unterschieden und ihren Gemeinsamkeiten dar, indem sie einige

125

genauer ausführt, andere nur mit oder auch ohne Namen in verschiedenen Situationen erwähnt. Dabei konnte sie nicht nur auf ihre Kenntnis von Land und Leuten seit der Kindheit zurückgreifen, sondern auf die vielen Berichte aus Deutschland, die sie schriftlich und mündlich im Exil erreichten.[4]

Zur Gesellschaft gehörten selbstverständlich Frauen. Unter den Berichten von frühen Opfern und spektakulären Fluchten, die Seghers zur Zeit sah,[5] waren wenige über Frauen. Seghers wusste aber mehr, als in ihren Roman einging: So beteiligte sie sich an den letztlich erfolglosen internationalen Protesten gegen das Todesurteil für die deutschen Kommunistin Liselotte Herrmann und schrieb einen »Aufruf für Liselotte Herrmann, der am 4. September 1937 in der *Pariser Tageszeitung* erschien.«[6] Sie kannte – wie gesagt – Lore Wolf, die bis 1934 Flugblätter für die Rote Hilfe in Frankfurt hergestellt und verbreitet hatte.[7] Und sie wusste von der jüdischen Journalistin Maria Leitner, die mit falschen Papieren aus dem Exil mehrmals zurück nach Deutschland reiste, um über die dortigen Verhältnisse zu berichten. Seghers setzte sich wiederholt für sie ein.[8] Auch mit anderen mutigen Kommunistinnen, so mit Maria Osten, hatte sie Verbindung.[9] Alle waren jedoch in vieler Hinsicht »Ausnahmefrauen« und Seghers machte sich jetzt vermehrt Gedanken über die Bedeutung und Rolle »gewöhnlicher« Frauen im Exil – und in der Heimat. Ehe sie *Das siebte Kreuz* begann, schrieb sie den Aufsatz *Frauen und Kinder in der Emigration*, in dem sie den Beitrag von Frauen für das Leben und Überleben hervorhob. Sie schickte ihn im Januar 1938 an den Literaturagenten Barthold Fles[10] für ein geplantes Emigrantenbuch, das aber nicht zustande kam. Warum der Aufsatz zu jener Zeit dann gar nicht veröffentlicht wurde,[11] ist eine interessante Frage, vielleicht weil auch die Welt des Exils und des Widerstandes auf Männer und außergewöhnliche Taten fixiert war, woran sich Seghers bis dahin zu einem gewissen Grad beteiligt hatte. Nun sah sie jedoch die Wichtigkeit gewöhnlicher, scheinbar unbedeutender Frauen.

Hatte sich Seghers im Essay auf das Exil konzentriert, so zeigt sie im Roman, was Frauen in der Heimat leisteten, allein oder als Partnerinnen von Männern, die ihr Leben und damit das von Frau und Familie aufs Spiel setzten. Die Autorin wusste sehr gut, was es hieß, als Mutter in Zeiten der Gefahr, ob im Exil oder in Deutschland, Kinder ohne oder mit sehr wenig Unterstützung durchzubringen und »richtig« aufzuziehen. Im Roman erinnert sie außerdem daran, dass Frauen schon immer Schmerz und Tod riskierten, um Kinder zu kriegen, sich aber dadurch nicht abschrecken ließen, also ein grundlegendes Potential an Mut und Durchhaltekraft besäßen. Hier ein Gespräch zwischen den Frauen Wallau und Bachmann:

»Sie, die Bachmann hatte gesagt: ›wenn man einmal richtig tief in den Tod reingeguckt hat.‹ Die Wallau hatte gesagt: ›Unsinn. Und wir? Und ich? Bei der Geburt meines ältesten Sohnes bin ich fast draufgegangen. Das Jahr drauf wieder einen.‹«[12]

Frau Bachmann macht sich zu Recht Sorgen um die Widerstandskraft ihres Mannes unter den Händen der Gestapo, er verrät Wallau. Hilde Wallau dagegen weiß, dass ihr Mann wie sie den Tod akzeptieren kann, sobald es um Wichtiges geht.

Wenn man sich fragt, ob die vielen, sehr unterschiedlichen Frauenfiguren im *Siebten Kreuz* etwas gemeinsam haben, so ist es ihr Verhaftetsein im »gewöhnlichen Leben« im Guten wie im Bösen, aber letztendlich weniger leicht und weniger fest im Bösen. »Das gewöhnliche Leben« wird im Roman immer wieder zitiert, im Gegensatz zu dem »gefährlichen«, das Georg Heisler im Widerstand und als Flüchtling führen musste und muss. Einst hatte er das »gewöhnliche Leben« in seiner Sucht nach Abenteuer und Abwechslung gering geschätzt, wie auch seinen Freund Franz Marnet, der im Gegensatz zu ihm nie etwas Anderes wollte. Seghers, die zu dem Thema »Gewöhnliches und Gefährliches Leben« gleich nach Vollendung des *Siebten Kreuzes* ein Buch machen wollte,[13] differenziert mit dem Aufkommen des Faschismus nicht nur zwischen »gewöhnlichem« und »gefährlichem« Leben, sie zeigt auch die Unterschiede innerhalb dieser Kategorien. Einerseits legt sie die fatale Anziehungskraft bloß, die das »Gefährliche« auf viele Männer ausübt und zeigt, wie diese Anziehungskraft von den Faschisten manipuliert wird. Männer wie Zillich suchen und finden »das gefährliche Leben« in ihrer Zugehörigkeit zu den Nationalsozialisten, die sie aus ihrem schäbigen Alltag herausholen und ihnen das Abenteuer der Macht bieten und das eines neuen, diesmal erfolgreichen Krieges versprechen.

Unter den Frauen des Romans gibt es nur eine, die vom »gefährlichen Leben« angezogen wird, Gerda Kreß. Doch an ihr und durch sie macht Seghers auch den Unterschied deutlich, den sie, die als junge Frau selbst vom »gefährlichen Leben« fasziniert war und an der Seite ihres zukünftigen Mannes »das schreckliche, geliebte, andre Leben«[14] wählte, nun zwischen der »richtigen« und der »falschen« Art von »gefährlich« sieht. Gerda Kreß gibt vor ihrem Mann zu, dass sie früher jede Art von Gefahr suchte, aber dann zu verstehen lernte, dass nur der Einsatz für die Sache sich lohnte: »Die Sache«, das wird im Roman vielfach artikuliert, ohne dass jemals die Wörter Kommunismus oder Sozialismus fallen, ist – wie bei Seghers immer – der Kampf um soziale Gerechtigkeit und damit nun der Kampf gegen den Faschismus. Dafür sind kein Einsatz und keine Gefahr zu hoch, das ist das Andererseits des »gefährlichen Lebens«. Sein Endziel ist nicht Abenteuer, Macht und Krieg, sondern ein »gewöhnliches Leben« für alle. Georg Heisler meint es überall auf seiner Flucht zu sehen und wundert sich, dass es trotz der nationalsozialistischen Herrschaft und des Terrors, den er und seine Mithäftlinge erfahren, einfach weiterzugehen scheint. Es ist aber ein »gewöhnliches Leben«, das unter dieser Herrschaft in Nischen existiert und weder echt noch sicher ist, da es von der Willkür des Regimes bedroht wird – wie z. B. das des Tapezierers Alfons Mettenheimer und seiner Tochter Elli. Und für alle droht ein weiterer Krieg, wie im Roman vielfach gesagt wird.

Gleichzeitig gibt es im *Siebten Kreuz* Episoden, in denen das »gewöhnliche Leben« einen besonderen, echten Glanz ausstrahlt und jene Zeittiefe suggeriert, die zu Beginn des Romans evoziert wird. Der »Apfelkuchensonntag am Hof der Marnets« ist eine solche Episode, noch dazu eine, in der auf Juden angespielt wird. Darüber heißt es:

»Überhaupt ist es schwer, in Marnets Küche Schauder zu verbreiten. Selbst wenn die vier Reiter der Apokalypse an diesem Apfelkuchen-Sonntag vorbeigestoben kämen, sie würden ihre vier Pferde an den Gartenzaun binden und sich drinnen wie vernünftige Gäste benehmen.«[15]

Das Zentrum dieser Küche ist die Bäuerin, Frau Marnet, nicht »das kleine Bäuerlein«, wie ihr Mann im Roman genannt wird. Sie ist eine praktische, im Grunde gutmütige Frau, die den Bauern nicht besonders mag, aber das ganz in Ordnung findet für ihr normales, geordnetes Dasein. An diesem Sonntag versammeln sich die unterschiedlichsten Menschen aus Familie und Nachbarschaft um ihren Küchentisch, von einer Nonne über Fluchthelfer bis zu SS- und SA-Männern. Seghers drückt mit dem mythischen Verweis einerseits Warnung aus, gleichzeitig aber vermittelt die Szene Hoffnung auf eine Bodenständigkeit, die alles überdauern kann, die aber, so könnte man die Erwähnung der jüdischen Krämerin Dora Katzenstein in diesem Kontext verstehen, Juden und auch sie selbst nie wirklich hatten.

In einer äquivalenten Episode geht es um einen anderen Aspekt des »gewöhnlichen Lebens«, den »gewöhnlichen Tod«, in scharfem Kontrast zu den Toden im KZ, vor allem dem von Wallau: Dem alten Bauer Aldinger, einer der sieben Ausbrecher, der durch die Quälereien im KZ schon nicht mehr richtig im Kopf ist, gelingt die Flucht bis in die Nähe seines Hofes, des einzigen Ortes, wo er hin will. Da bricht er zusammen und stirbt, worauf ihm seine Familie, wieder mit der Bäuerin im Mittelpunkt und mit Frauen als Hilfe, eine ganz traditionelle, würdevolle Aufbahrung und Bestattung bereitet. Die Macht der Nationalsozialisten, die Dorf und Hof umstellt haben, um ihn einzufangen, kommt dagegen nicht an.

Eine zentrale Frauenfigur des Romans ist Elli, die Tochter des Tapezierers Mettenheimer und für kurze Zeit die Frau Heislers. Sie ist eine jener berührenden jungen Frauen, die Seghers in verschiedenen Inkarnationen immer wieder zeichnet, aber komplexer und facettenreicher. Obwohl ihr genug Schlimmes geschieht, stellt sie der Roman nicht als Opfer dar, sondern als zäh und lebensbejahend. Auch sie verkörpert das »gewöhnliche Leben« mit zeitloser, mythischer Tiefe.[16] Elli wird als durchaus moderne, hübsche, aber nicht irgendwie besondere junge Frau gezeigt. Sie erhält sich und ihr Kind von Georg selbst, geht ganz gern tanzen und ins Kino und macht sich überhaupt keine Gedanken zur Politik. Georg Heisler war ihre große Liebe, hat sie aber schnell wieder sitzen lassen, trotzdem geht das Leben weiter. Sie ist auch schon dabei, einen anderen zu sehen, lässt jedoch Georg nicht im Stich und ist bereit ihm zu helfen, wobei sie sich durchaus klug verhält. Nicht die schon vergangene Liebe motiviert sie, sondern jener feste Kern, auf den sich der Beginn und das Ende des Romans berufen: »Wir fühlten auch, daß es im Innersten etwas gab, was unangreifbar war und unverletzbar.« So zart und verletzlich Elli scheint, auch sie besitzt jenen inneren Kern, den die Nationalsozialisten nicht aufbrechen können. Es ist eine Kraft, die Seghers von nun an vermehrt ihren »gewöhnlichen« Frauenfiguren verleiht, die »Kraft der Schwachen«, auf die sie im Verlauf ihres Schreibens bis zu ihren letzten erschütternden Erzählungen in *Drei Frauen aus Haiti* (1980) immer mehr Gewicht und ihre Hoffnungen legen wird.

Elli steht in Kontrast zu der einzigen im Roman etwas näher ausgeführten »Nazisse« Leni, der letzten Freundin Georg Heislers, auf die er zu Beginn seiner Flucht all seine Erwartungen auf Rettung setzt. Sie hat aber längst einen »Nazi« geheiratet und will nichts mehr von ihm wissen. Georg, der ehemalige Frauenheld, hat jedoch trotz seines im KZ zerschlagenen Gesichts und seiner eingeschrumpften Statur weiterhin Glück bei Frauen, was nun aber mehr an ihnen liegt, als an seinem Charme. Nicht nur die grobe Garagenbesitzerin Katharina Grabber fühlt sich von ihm angezogen, auch die Kellnerin Marie gewährt ihm, dem Fremden, Fragwürdigen am Ende des Romans eine Nacht und Unterschlupf. Sie ist stolz darauf: »Ihr Augenblick war gekommen«,[17] weiß sie, gerade weil sie nichts weiter erwartet. Ihr »gewöhnliches«, bescheidenes Leben gibt ihr die Fähigkeit, im entscheidenden Augenblick etwas Selbstloses, Riskantes zu tun und Georg in Liebe aufzunehmen.

Die Vielfalt der Frauen im Roman, die dazu beitragen, dass die Flucht Georgs gelingt, ist groß und enthält Figuren, die wir aus anderen Seghers-Romanen kennen, Arbeiterfrauen, die die politischen Überzeugungen ihrer Männer grundsätzlich akzeptieren oder auch teilen. Sie taten das schon, ehe Hitler an die Macht kam und stehen wieder bereit, sobald die Männer aus ihrer Untätigkeit heraustreten. Es sind traditionelle Rollen, die keine Eigeninitiative enthalten, aber Mut, Tatkraft und praktische Intelligenz erfordern. Gerade jetzt, unter einem Frauen-verachtenden Regime, können solche Frauen nicht nur ein anständiges »gewöhnliches Leben« erhalten, sie können auch, wie z. B. die Frau Fiedlers, bei der Flucht Georgs wichtige Dienste leisten, u. a. weil ihnen weniger Beachtung geschenkt wird. Sicher sind sie allerdings keineswegs, die Frau und Schwester Wallaus werden sofort wegen Fluchthilfe verhaftet, nachdem man ihn festgenommen hat.

Wenn Fiedler zur Flucht Georgs beiträgt, kann er sich voll auf seine Frau verlassen. Ihre Zusammenarbeit bindet das Ehepaar auch wieder näher aneinander, eine Dynamik, die das Ehepaar Kreß ebenfalls erfährt und die für die Haltung der Autorin zu Geschlechterbeziehungen charakteristisch ist. Wo der Mann zum Verräter wird wie Bachmann, will die Frau nichts mehr von ihm wissen. Trotz ihres Verständnisses für seine Gefährdung kann sie ihrem Mann nicht vergeben. Sie wünscht sich sogar, dass er schon vor dem Verrat den Selbstmord begangen hätte, zu dem ihn sein schlechtes Gewissen danach treibt. Seghers besteht im Roman konsequent darauf, dass, wenn der Angst und dem Terror nachgegeben wird, es ein Paar und eine Familie endgültiger zerstört als die Gewalttaten der Peiniger. Was Frauen und Männer wirklich verbinden kann, ist eine gemeinsame Sache, Treue dazu und Verlass aufeinander. Romantische Liebe wird als eher ephemer dargestellt, etwas für junge Leute, und Sex ist ein kurzfristiges Vergnügen für Männer – aber auch für Frauen (so für den Schäfer Ernst und Sophie Mangold). Zuneigung und Partnerschaft fürs Leben sind jedoch wichtig. Daher schenkt die Autorin den Figuren, denen sie besonders zugeneigt scheint und die »das gewöhnliche

Leben« in seiner heilenden Beständigkeit verkörpern, Franz Marnet und Elli Mettenheimer/Heisler, Aussicht auf ein Happy End. Es ist allerdings nicht dasjenige, das wir ihnen wünschen, nämlich, dass sie doch noch zusammenkommen. Franz Marnet, der davon träumt, versteht, dass das unter den Umständen unmöglich ist, und auch die Leserin sieht ein, dass es zu sentimental für Roman und Autorin wäre. Franz wird aber mit einer guten, wenn auch nicht mehr schönen Frau zusammengeführt, die schon ein Kind hat. Dessen Vater wurde von den Nationalsozialisten ermordet. Mit der Frau und dem Kind akzeptiert Franz die Pflicht der solidarischen Erinnerung an diejenigen, die Widerstand geleistet haben und dafür gestorben sind. Darauf besteht Lotte, die Frau. Und auch Elli hat Aussicht auf einen Partner, einen Tapezierer wie ihr Vater. Ihr »gewöhnliches Leben« in Anstand geht weiter, ohne dass es die Nationalsozialisten korrumpieren konnten, wie lange, ist allerdings eine Frage, die hinter allen positiven Entwicklungen im Roman lauert, als Warnung, die immer wieder anklingt.

Das Paar, das im *Siebten Kreuz* ganz im »gewöhnlichen Leben« der Arbeiter verhaftet ist, sich aber nie politisch engagiert hat, verkörpern Paul und Liesel Röder. Auf diese beiden ganz mit den Freuden und Nöten eines bescheidenen Alltags Zufriedenen lässt es die Autorin bei der Flucht Georg Heislers ankommen, um ihren existentiellen Glauben – oder besser die absolute Notwendigkeit eines Glaubens – an Sinn im Fortbestand des Humanen auszudrücken. Gerade bei Liesel, einer Frau, die voll in ihrem kinderreichen, arbeitsamen Alltag aufgeht und von der ein seltenerer Erzählerkommentar sagt, dass sie »gar nichts verstand von dem Schatten hinter den Grenzpfählen der Wirklichkeit«,[18] kommt es zu der für Seghers in dieser Zeit besonders wichtigen Feststellung und Frage: »Wer glaubt, hat Geduld. Aber an was glaubt die Liesel? Nun, an das, worauf's ankommt. Daß, was sie tut, seinen Sinn hat.«[19] Es ist nicht klar, ob es sich auch diesmal um einen Erzählerkommentar handelt oder um Georgs Gedanken. Auf jeden Fall sind es Gedanken, die Seghers zu dieser Zeit besonders stark beschäftigten, man denke z. B. an ihre kurz vor Beginn des Romans abgeschlossene Erzählung *Sagen von Artemis*.[20] Der Sinn hat weder mit religiöser Überzeugung, die im Roman ebenfalls positiv wirkt, z. B. bei dem Pfarrer Seitz oder bei Mettenheimer, noch mit politischer zu tun, sondern mit dem Weiterleben der Menschheit als Menschen. In der Fabel des Romans wäre Georg ohne die simplen, lebensfreudigen und gerade deshalb mutigen Röders verloren. Denn auch die zerstreuten ehemaligen Genossen – das Wort »Genosse« wird allerdings nie verwendet – und Hermann, der noch tiefer versteckte, geheime, daher vage Verbindungen hat und falsche Papiere besorgt, könnten ihn nicht retten. Natürlich kommt es letztendlich auf das Zusammenspiel aller an, doch setzt die Autorin den Schwerpunkt und damit die Hoffnung auf Leute wie die Röders und zwar in zweierlei Hinsicht: So wie die Röders, die bis dahin ohne Weiteres die Arbeit und die Vergünstigungen des Hitlerregimes angenommen haben, im Moment der Bewährung Georg gegenüber handeln, ist zu hoffen, dass sie nie hörig werden und damit ein Widerstandspotential bilden. Auf jeden Fall geht mit Menschen wie ihnen humanes Leben weiter, in Deutschland und sonst überall, wo sich die Faschisten mit all ihrer destruktiven Macht etabliert haben. Und sie zeigen, dass es auch unter Hitler anständige Deutsche gibt.

Seghers situiert ihr völlig unpolitisches Arbeiterpaar noch mehr in patriarchalen Strukturen als andere im Roman. Als Liesel erfährt, was mit Georg, den sie ahnungslos in ihr kleines Zuhause aufgenommen hat, los ist und was ihr Mann für ihn tut, erschrickt sie und macht Paul Vorwürfe, dass er nur an den alten Freund und nicht an seine Familie gedacht hat. Er hätte doch sagen müssen: »Lieber Georg, du bist einer, und wir sind Sechs.« Er überzeugt sie aber:

»Ich hab's bestimmen müssen, nicht du. Denn ich bin ja der Mann hier und von unserer Familie der Vater. Denn ich kann gleich ›ja‹ sagen zu etwas, wo du zuerst ›nein‹ gesagt hättest und dann ›vielleicht‹ und dann doch ›ja‹. Aber es wär schon zu spät gewesen.«[21]

Die patriarchale Note, die bei den Röders am deutlichsten angeschlagen wird, unterliegt vielen der Geschlechterbeziehungen im Roman und reflektiert Seghers' Verständnis der allgemeinen sozialen Verhältnisse dieser Zeit. Sie will zeigen, was ist. Und doch stellt sie die meisten dieser Frauenfiguren, auch Liesel Röder, als ebenbürtige Partnerinnen ihrer Männer dar, d. h. sie werden von ihnen so behandelt. Ihre Sphäre ist aber in erster Linie die der Familie. Bei den Nationalsozialisten ist es, wie bereits erwähnt, anders, da zählen die Frauen nicht und werden roh behandelt. Die Männer bestimmen absolut, d. h. sie meinen absolut zu bestimmen, wie die Brüder Georg Heislers, deren schwächliche Mutter jedoch nicht auf ihre Söhne hört und plant, Georg zu warnen, sollte er kommen.[22]

Unter den vielen im *Siebten Kreuz* erwähnten, namentlich genannten oder näher ausgeführten Frauenfiguren gibt es auch andere, die nicht nur eigenständig handeln wollen, sondern es auch tun. Da ist Hilde Wallau, die die politischen Überzeugungen ihres Mannes teilt, seine Flucht plant und die Folgen seiner Gefangennahme und seines Todes auf sich nimmt. Da ist auch die alleinstehende Kostümverleiherin Marelli, die Georg auf die Bitte eines ihr bekannten Artisten, Belloni, der zu den sieben Ausbrechern gehört, mit neuen Kleidern und etwas Geld versorgt.

Allgemein lässt sich über die Frauenfiguren im Roman sagen, dass sie weniger klar differenziert werden, was ihre Anhängerschaft zum System betrifft. Seghers wusste selbstverständlich, dass Hitler viele Frauen begeisterte, aber im *Siebten Kreuz* gibt es im Gegensatz zu den Männern nur einen kleinen Prozentsatz, von denen deutlich gesagt/gezeigt wird, dass sie das Regime voll unterstützen. Wie Ellis Wirtin handeln sie eher opportunistisch oder werden eingeschüchtert wie die Frau, die beim Anblick eines Trupps schlimm zugerichteter Häftlinge offen weint.[23] Sie sollen an die Familie denken und tun es auch, aber nicht ganz so, wie die Nationalsozialisten um sie herum es fordern. Die bäuerlichen Frauen erfahren außerdem die Nachteile der Aufmärsche, Treffen und Gewaltspiele ihrer Männer und Söhne in den diversen Uniformen, die dadurch von der harten Landarbeit abgehalten werden: »»Na, und die Rüben? Na, und der Wein?««, klagt eine für viele.[24] Sie haben nur noch mehr Arbeit und müssen mitansehen, wie ihre Söhne verrohen. Die Frauen-

und Mädchenfiguren im Roman sind – wie auch die Männer und Jungen – sehr vielfältig, aber im Großen und Ganzen sind sie fester im »gewöhnlichen Leben« verankert und behalten leichter eine grundsätzliche Menschlichkeit. Aktiver Widerstand lässt sich allerdings von ihnen nicht erwarten.

Seghers zeigt im *Siebten Kreuz* einen Moment der »Stasis«, einer »Ruhe vor dem Sturm«, in dem die Nationalsozialisten ihre Macht konsolidieren und den nächsten Krieg vorbereiten. Der Widerstand ist zum Großteil ausgemerzt, die Reste tief verborgen. Auch für die Männer gibt es im Augenblick kaum eine Chance für eine Eigeninitiative und Wirkungsmöglichkeit. Keiner weiß, wo der Andere steht, erst die Fluchthilfe lässt alte Verbindungen aufleben. Wie es weitergeht, sagt *Das siebte Kreuz* nicht und kann es auch nicht. Schneller und effektiver Widerstand ist jedoch nicht zu erwarten. Trotzdem gibt der Roman Hoffnung, indem er diese eine Flucht gelingen lässt und vor allem, indem er auf vielfältige Weise zeigt, dass die scheinbare Allmacht und Kontrolle des Regimes nicht so vollkommen ist, wie sie scheint, weil es bei aller Verführbarkeit und allem aus dem »gewöhnlichen Leben« gespeisten Opportunismus auch jene innere Festigkeit gibt, die ebenfalls und tiefer im »gewöhnlichen Leben« wurzelt. Und das ist vor allem die Domäne der Frauen, die diese auch in schlimmen Zeiten erhalten. Hier manifestiert sich *Die Kraft der Schwachen* (1965), wie Seghers viel später einen Erzählband nennen wird, auf den ich noch zurückkommen möchte.

Das siebte Kreuz gibt ein Bild der deutschen Gesellschaft, wie Seghers es aus der Ferne, d. h. aus der Erinnerung und aus zeitgenössischem Material erstaunlich realitätsnah zeichnete.[25] 1939, als sie den Roman fertigschrieb und nach Veröffentlichungsmöglichkeiten suchte, verschlimmerte sich die allgemeine Situation und ihre eigene rapide. Der Faschismus festigte seine Macht in der ganzen Welt, von der Invasion der Japaner in China, über die Annexion von Österreich 1938 und von Böhmen und Mähren 1939, dem Sieg Francos im Spanischen Bürgerkrieg,[26] dem Nichtangriffspakt zwischen Stalin und Hitler vom 23. August 1939 bis zum Einmarsch der deutschen Truppen in Polen am 1. September, mit dem der Zweite Weltkrieg begann. Dazu kamen die Novemberpogrome 1938.[27] Seghers sandte ihr Romanmanuskript, d. h. mehrere davon, Ende 1939 und Anfang 1940 in die USA und musste selbst an Flucht nach Übersee denken.[28] Sie wollte jedoch gerade deshalb Hoffnung vermitteln und Geduld einfordern. Außerdem sollten deutsche und vor allem nichtdeutsche Leserinnen und Leser daran erinnert werden, dass Nazismus/ Faschismus in Deutschland wie überall sonst schrecklich war, aber dass nicht alle Deutschen »Nazis« waren, und dass Hoffnung nicht nur auf Männern ruhte, sondern vornehmlich auch auf Frauen, die aus- und durchhalten. Auch die Autorin selbst, eine »Ausnahmefrau«, teilte immer mehr die Nöte und den Rückhalt gewöhnlicher Frauen. »Dadurch, dass ich – zum Glück auch – Kinder habe, ist alles doppelt schwer«, schreibt sie zu Kriegsbeginn an Wieland Herzfelde und weist in den folgenden Briefen in die USA wiederholt darauf hin, dass sie, die allein die Flucht ihrer Familie – ihr Mann war und blieb eingesperrt – bewerkstelligen musste, in den Kindern und dem schwierigen Alltag, nicht nur mehr Sorgen, sondern auch Halt und Stütze hatte.

Wie wir wissen, gelang Seghers und ihrer Familie die Flucht nach Mexiko. *Das siebte Kreuz* wurde ein Riesenerfolg, zunächst in den USA, wo es zuerst und gerade zum richtigen Zeitpunkt erschien: Das Land war nach Pearl Harbor endlich in den Krieg eingetreten, der aber anfänglich gar nicht gut ging. Die Art von Hoffnung, die der Roman vermittelte, nämlich dass einzelne gewöhnliche Menschen zählten und sich individuell gegen eine Übermacht behaupten konnten, entsprach dem US-amerikanischen Ethos, und auch die Aufwertung der Rolle der Frauen im Roman spiegelte – vorübergehend – die Haltung im Land.

In Mexiko und nach dem Krieg setzte Seghers *Das siebte Kreuz* dann weiter fort, in *Transit* insofern, als sie einen deutschen Flüchtling im französischen Exil zeigt. Sie lässt ihn da den Gedanken an eine weitere Flucht aufgeben und Widerstand in Frankreich erwarten. Dem großen Deutschlandroman folgte eine Art Frankreichroman, in dem deutsche Flüchtlinge, besonders Intellektuelle, eher kritisch gezeichnet werden. Auch hier steht zwar ein Mann im Mittelpunkt, doch spielen Frauenfiguren interessante und wichtige Rollen, u. a. Claudine, die aus Afrika vertriebene Mutter, die ihrem Kind ein bisschen Stabilität und Alltag, eben das »gewöhnliche Leben« sichern will, das auch der namenlose Protagonist bei ihr sucht. In und nach dem Krieg nimmt Seghers außerdem einige Figuren des Romans wieder auf, u. a. Franz Marnet, Paul Boland und Hermann in *Die Saboteure* (1948) und die Schwester des ermordeten Wallau in *Vierzig Jahre der Margarete Wolf* (1958).[29] Der Roman lässt sie nicht los, wobei sie sich weiterhin für die Rolle der Frauen interessiert. Obwohl in *Die Saboteure* Männer im Zentrum stehen, gibt Seghers in der Erzählung interessanterweise eine rückblickende Interpretation von Else, der sehr jungen, kindlichen Frau Hermanns, die eine wesentliche Vertiefung der früheren Figur darstellt. Wie die Erzählerin nun Else selbst erklären lässt, verbarg sie hinter ihrer scheinbar unbesorgten Fröhlichkeit und ihrem Singen das Wissen um die Verantwortung und die Sorgen ihres Mannes, dem sie auf diese Weise helfen wollte. Seghers wertet diese junge Frau rückblickend auf. Mehr als zehn Jahre später stellt sie dann in *Vierzig Jahre der Margarete Wolf* eine weibliche Randfigur aus dem *Siebten Kreuz* in den Mittelpunkt. Der Faschismus ist besiegt und Seghers kann die Oktoberrevolution – zumindest in einem Teil Deutschlands – feiern, hebt aber nun in ihrer Erzählung den hohen Preis hervor, den dieser »Sieg« gekostet hat. Der Beitrag, den Frauen im Kampf gegen den Faschismus und für eine bessere Welt leisteten und leisten, die Opfer, die sie bringen, wird der Autorin mit den Jahren nur noch wichtiger.

Im mexikanischen Exil fixierte Seghers ihren Blick ganz auf Deutschland und fragte dabei auch immer wieder nach der Rolle der Frauen. So hielt sie im März 1944 einen Vortrag zu *Frauen, die gegen den Faschismus kämpfen*.[30] Und sie schrieb ihre berühmteste Erzählung *Ausflug der toten Mädchen* ganz über Frauen. Dabei stellt sie ihr fiktionalisiertes Selbst in den Kontext ihrer Generationsgenossinnen und lässt unterschiedliche Frauenschicksale ihrer Vaterstadt seit dem Ersten Weltkrieg Revue passieren. Ob sie zu NS-Anhängerinnen wurden oder zu Gegnerinnen des Regimes, alle werden zu Opfern des

Faschismus und des Krieges. In dieser semi-autobiographischen Erzählung hat das »gewöhnliche Leben« der Frauen scheinbar gar keine erhaltende oder heilende Kraft. Und doch: Das Kind von Leni bleibt vermutlich am Leben und die Ich-Erzählerin übersteht die Schrecken der nationalsozialistischen Herrschaft und des Krieges in der Ferne. Sie hat schon seit der Jugend die Aufgabe, sich schreibend zu erinnern und dadurch nun – so die Suggestion – mitzuhelfen, ein neues, besseres Deutschland zu schaffen. Darin sah Seghers nach dem Krieg ihre Rolle als Frau und Schriftstellerin.

Obwohl sie sich nie Illusionen machte, dass es leicht sein würde, und sie die von ihr so oft beschworene Geduld gegenüber den Entwicklungen in Deutschland und der DDR aufs Äußerste in Anspruch nahm, konnte sie einer zunehmenden Enttäuschung nicht entgehen. Zwischen 1956 und 1964, in einer Zeit erneuter »Stasis« und Unterdrückung, nun in der DDR, auf die sie ihre Hoffnungen in Bezug auf Deutschland notgedrungen beschränkte, schrieb sie eine Reihe von Erzählungen, die sie in dem bereits erwähnten Band *Die Kraft der Schwachen* (1965) sammelte.[31] Frauen spielen darin, wie im gesamten Spätwerk, eine bedeutende, eigenständige Rolle. Frauen und alles, was den Mächtigen dieser Welt schwach und unbedeutend erscheint, vor allem auch Kunst und Künstler, gehören zu dem, was das menschliche Leben und den endlichen Tod lebenswert macht, weil es Sinn stiftet. Seghers sah den »Schatten zwischen den Grenzpfählen der Wirklichkeit« seit ihrer Jugend nur zu deutlich und drohend, meinte aber, dass manche Frauen ihn über ihren alltäglichen Pflichten gar nicht wahrnehmen und/oder – wie sie selbst – im »gewöhnlichen Leben« und dem Kampf um sein Weiterbestehen so viel Rückhalt finden, dass sie sich nicht überwältigen lassen, so dunkel der Schatten und so schwer der Kampf dagegen auch sein mag. In Seghers' Werk wird die Welt nach dem *Siebten Kreuz* nicht wirklich heller, die Bedeutung der Frauen darin, der scheinbar Schwachen, die Kraft haben, umso größer. Ohne sie ginge humanes Leben nicht weiter.

Anmerkungen

1 Für mehr Details siehe Christiane Zehl Romero: Anna Seghers. Eine Biographie 1900–1947, Berlin 2000, S. 338 f.
2 Vgl. ebd.
3 »Deutschland im Herbst« spielt auf den Film von 1978 an, ein Gemeinschaftsprojekt einer Gruppe von »neuen deutschen Filmemachern«, das den Zustand Deutschlands im Herbst 1977 zur Zeit des RAF-Terrorismus und seiner Verfolgung zeigen wollte. Es gibt allerdings keinen Hinweis, dass dieser Filmtitel an Seghers' Roman erinnern sollte. Zumindest einer der Regisseure, Volker Schlöndorff, kannte Seghers jedoch und schickte ihr das Drehbuch zum Filmtext von »Der plötzliche Reichtum der armen Leute von Kombach« mit der Widmung »Für Anna Seghers, die Zuschauerin, auf die wir am stolzesten sind«. Vgl. Christiane Zehl Romero: Anna Seghers, 2000 (s. Anm. 1), S. 296.
4 Seghers stand u. a. in engem Kontakt zur Deutschen Freiheitsbibliothek und ihrem Dokumentationszentrum über NS-Verbrechen und war Mitherausgeberin des *Heldenbuches*. Dazu Genaueres in Christiane Zehl Romero: Heldenbuch – Spuren eines verschollenen Manuskripts und Briefe zu Anna Seghers' Projekt eines Gedenkbuches für antifaschistische Schriftsteller und Widerstandskämpfer,

in: *Argonautenschiff* 19/2010, S. 255–303.
5 Im Roman selbst werden zwei davon erwähnt: »Im Mörderlager Dachau« (1933) von Hans Beimler und »Oranienburg. Erster authentischer Bericht eines aus dem Konzentrationslager Geflüchteten« (1934) von Gerhart Seger. Vgl. auch Alexander Stephan: Anna Seghers. Das siebte Kreuz. Welt und Wirkung eines Romans, Berlin 1997, bes. S. 23; Anna Seghers: Das siebte Kreuz, hg. von Bernhard Spies, Werkausgabe I/4, Berlin 2000, Nachwort, bes. S. 453.
6 Das Todesurteil wurde am 20. Juni 1938 in Berlin Plötzensee vollstreckt.
7 Vgl. Lore Wolf: Ein Leben ist viel zu wenig, Frankfurt 1979; Hans Berkessel: Nachruf auf Lore Wolf, in: *Argonautenschiff* 6/1997.
8 Vgl. Anna Seghers' Briefe von 1937 und 1938, in denen sie sich für Leitner einsetzt und ihren Mut lobt: Anna Seghers Briefe 1924–1952, hg. von Christiane Zehl Romero/Almut Giesecke, Berlin 2008, bes. Briefe 31 und 38.
9 Von Maria Osten erhielt sie die erste Rate für »Das siebte Kreuz«. Vgl. Christiane Zehl Romero: Anna Seghers, 2000 (s. Anm. 1), S. 340. Zu Osten vgl. Simone Barck: Ein »schwarzes Schaf« mit »roten Stiefeln« – eine unbekannte antifaschistische Schriftstellerin Maria Osten, in: Brüche-Umbrüche: Frauen, Literatur und soziale Bewegung, hg. von Margrid Bircken/Marianne Lüdecke/Helmut Peitsch, Potsdam 2010, S. 335–352.
10 Vgl. Anna Seghers an Barthold Fles, 18. März 1938, in: Anna Seghers Briefe, 2008 (s. Anm. 8), Brief 34. Darin verweist sie auf ihre Sendung vom Januar und fordert das vereinbarte Honorar, das sie dringend brauche, nennt allerdings keinen Titel. Im Januar macht sie aber auch eine Notiz in ihrem Kalender: »Artikel [durchgestrichen: Männer u] Frauen f. Fles«, vgl. ebd. Anhang zum Brief 34.
11 Er erschien posthum in: Anna Seghers – Wieland Herzfelde: Ein Briefwechsel 1939–1946, hg. von Ursula Emmerich/Erika Pick, Berlin/Weimar 1985, S. 112–126.
12 Anna Seghers: Das siebte Kreuz, hg. von Bernhard Spies, Werkausgabe I/4, Berlin 2000, S. 142. Alle weiteren Verweise beziehen sich auf diese Ausgabe des Romans.
13 »Wenn ich mit dem Roman fertig bin, will ich ein kleines Buch schreiben ›Gewöhnliches und Gefährliches Leben‹«, heißt es am 1. September 1939 an Wieland Herzfelde in die USA, in: Anna Seghers Briefe, 2008 (s. Anm. 8), S. 59, Brief 45.
14 Anna Seghers: Und ich brauch doch so schrecklich Freude, hg. v. Christiane Zehl Romero, Berlin 2003, S. 16.
15 Anna Seghers: Das siebte Kreuz, 2000 (s. Anm. 12), S. 402.
16 Vgl. Helen Fehervarys noch unveröffentlichten Aufsatz »The Seventh Cross: Allusions to the Hebrew Bible and the Jewish-Christian Gospel and Apostolic Narratives«.
17 Anna Seghers: Das siebte Kreuz, 2000 (s. Anm. 12), S. 419.
18 Ebd., S. 391.
19 Ebd., S. 284.
20 Vgl. Anna Seghers: Sagen von Artemis. Erzählungen 1933–1947, hg. von Silvia Schlenstedt, Werkausgabe II/2, Berlin 2011, S. 76.
21 Anna Seghers: Das siebte Kreuz, 2000 (s. Anm. 12), S. 314 f.
22 Ebd., S. 262 ff.
23 Ebd., S. 87.
24 Ebd., S. 49.
25 Vgl. u. a. Alexander Stephan: Anna Seghers: Das siebte Kreuz, 1997 (s. Anm. 5).
26 Am 1. April 1939 erklärte Franco seinen Sieg.
27 Zu diesem Zeitpunkt war der Roman praktisch abgeschlossen. Juden spielen darin keine so große Rolle, wie die Leserin rückblickend erwartet hätte, die Ächtung der Juden im zeitgenössischen Deutschland wird aber wiederholt (mindestens zehnmal) in verschiedensten Situationen angesprochen.
28 Seghers erwähnt ihren Wunsch, in die USA zu gehen, zum ersten Mal am 25. Januar 1940 in einem Brief an Wieland Herzfelde: Anna Seghers Briefe, 2008 (s. Anm. 8), S. 63, Nr. 49. Wahrscheinlich spielte sie aber schon länger mit dem Gedanken. Mit dem Einmarsch der deutschen Truppen in Paris am 14. Juni 1940 wurde eine Flucht dringend.
29 In der negativen Fluchtgeschichte »Das Ende« (1946) nimmt sie auch die Figur eines »Täters«, Zillich, wieder auf.
30 Vgl. Fritz Pohle: Das mexikanische Exil, Stuttgart 1986, S. 309.
31 Nicht alle Erzählungen, an denen sie in diesen Jahren arbeitete, fanden Eingang in den Band, auch nicht »Der gerechte Richter«, der zu Lebzeiten überhaupt nicht veröffentlicht wurde; nach Seghers' Notizen (1957) dachte sie zunächst sogar an eine »gerechte Richterin«. Vgl. Christiane Zehl Romero: Anna Seghers. Eine Biographie 1947–1983, Berlin 2003, S. 183.

Ursula Elsner
DEM HÄFTLING WIRD GEHOLFEN, DER KZ-AUFSEHER FLIEHT IN DEN TOD EINE VERGLEICHENDE BETRACHTUNG DER FLUCHTGESCHICHTEN VON HEISLER UND ZILLICH[1]

Die Flucht Georg Heislers im Roman *Das siebte Kreuz*

Es sind sieben Flüchtlinge, die im Herbst 1937 aus dem KZ Westhofen ausbrechen. In Wirklichkeit gab es in Osthofen, auf das sich das fiktive Westhofen bezieht, zu dieser Zeit kein Konzentrations-, sondern 1933/34 ein sogenanntes wildes Lager[2] in der Nähe von Worms. Keineswegs erfunden ist hingegen die blasphemische Idee des KZ-Kommandeurs, Kreuze für entflohene und wieder eingebrachte Häftlinge zu errichten, um sie den Lagerinsassen zur Abschreckung vor Augen zu führen.

»Man hat mir oft erzählt von Vorkommnissen in Konzentrationslagern [...] und ich habe viele Flüchtlinge gesprochen, und irgendjemand hat mir diese sonderbare Begebenheit – ich sage sonderbar und schrecklich zugleich –, die am allerunwahrscheinlichsten klingt, berichtet, nämlich diese Sache mit dem Kreuz, an das ein Häftling gebunden wird, den man wieder gefunden hat.«[3] Offenbar gab es Fälle dieser grausamen Folter auch an anderen Orten. Eine dieser Geschichten erzählt Willi Knoob, geboren 1914 in Frankfurt am Main, der mit 22 Jahren als Mitglied des Vereins Neurother Wandervogel verhaftet worden ist. Dieser Verein wurde im Zuge der Gleichschaltung von den Nationalsozialisten wie andere Organisationen der Bündischen Jugend als »staats- und jugendgefährdend« verfolgt und 1934 verboten. Erwin Rotermund hat den Werdegang des jungen Frankfurters rekonstruiert: »[Willi Knoob] wurde eines frühen Morgens im Februar 1936 festgenommen und ins Frankfurter ›Polizeigefängnis Klapperfeld‹(straße) eingeliefert. Anschließend ist Knoob ins Polizeigefängnis Düsseldorf überstellt worden. Bei den Verhören hat er Namen anderer Neurother nicht preisgegeben. Eine förmliche Anklage und Verurteilung erfolgte nicht. Knoob wurde in das KZ Esterwegen (Friesland) gebracht, nach dessen Auflösung kam er im September in das neu eingerichtete KZ Sachsenhausen. Dieses war vom Reichsführer der SS, Heinrich Himmler, als ›vollkommen neues, jederzeit erweiterungsfähiges, modernes und neuzeitliches Konzentrationslager‹ geplant.«[4]

Die Häftlinge selbst mussten »das neue Lager Sachsenhausen im Brandenburgischen Sand« aufbauen, und aus seiner Häftlingsgruppe, so berichtet Knoob, »kamen die sieben Ausbrecher, von denen Anna Seghers dichterisch berichtete«[5], die dann in Wirklichkeit alle wieder eingefangen und an sieben Kreuze gefesselt wurden.

Willi Knoob, der ohne juristische Legitimation ins KZ gesteckt worden war, hat der Zufall vor diesem Schicksal bewahrt. Er hatte das Glück, *vor* dem Ausbruch der sieben Häftlinge aus dieser Arbeitskolonne bei einem Zählappell in eine andere Abteilung abkommandiert und später wieder aus dem Lager entlassen zu werden. Dennoch hat er nie begriffen, warum die Gestapo mit so »grausamer Härte« gegen ihn und andere junge Menschen vorgegangen ist, und er hatte sich »in der Nachkriegszeit vorgenommen, seine KZ-Erlebnisse zu vergessen«[6]. Dass er Mitte der 1980er-Jahre dann doch davon erzählte, hat mit Seghers' Roman *Das siebte Kreuz* zu tun, dessen Verfilmung am 1. Juni 1983 im Spätprogramm des Fernsehens ausgestrahlt wurde, an dem Tag, als Anna Seghers in Berlin mit 83 Jahren gestorben war, vielleicht anstelle eines Nachrufs, der (noch?) nicht vorlag. Willi Knoob hatte den Film nach eigenen Aussagen »jahrzehntelang gemieden […] wollte ihn nicht sehen, […] hatte Angst, ihn zu sehen«, und er stellte fest: »Die Wirklichkeit war grausamer und hoffnungslos.«[7] Was er beschreibt, zeigt jedoch, wie genau und wie anschaulich Anna Seghers die Atmosphäre im Roman imaginiert hat: »Wir standen mehrere Stunden, kaum bekleidet, in der Novemberkälte, im grellen Licht der Scheinwerfer, angetreten nach den Nummern, auf dem Appellplatz, in Habachtstellung.«[8] Von immer wütender werdenden KZ-Offizieren und Wachsoldaten ist die Rede, von vor Kälte und Angst zitternden Häftlingen, von der grausamen Züchtigung derer, die der Kolonne der sieben Ausbrecher angehörten.

Nach seiner Entlassung aus Sachsenhausen folgte Willi Knoob einer versprengten Gruppe der Wandervögel auf eine Exkursion nach Afrika, das er später als »sein Exil« bezeichnete, dort kam er in ein britisches Internierungslager und konnte erst 1954 in seine Heimatstadt Frankfurt am Main zurückkehren. Er studierte dann in Köln Ethnologie, promovierte 1961 und war später im Auswärtigen Amt der Bundesrepublik Deutschland in Tansania, Burma, Pakistan, Schweden und Norwegen tätig.

Diese Geschichte eines Frankfurter Zeitgenossen von Anna Seghers zeigt neben der lokalen Nähe, wie nah Wirklichkeit und Fiktion beieinander sind. Heute gibt es in Osthofen bei Worms eine Gedenkstätte, eingerichtet erst 1996, gegen die Zurückweisung der Einwohner. Eine erste Gedenktafel von 1978 zeigt, wie schwerfällig sich der Prozess der Gedenkkultur gestaltete. Osthofen wollte lange nichts wissen von der unrühmlichen Vergangenheit des Ortes. So wie Mainz lange nichts wissen wollte von Anna Seghers, die erst 1981, zwei Jahre vor ihrem Tod, und erst nach hitzigen Debatten im Mainzer Landtag, zur Ehrenbürgerin ihrer Geburtsstadt ernannt wurde, nachdem ihr allerdings vier Jahre zuvor, anlässlich des 500. Universitätsjubiläums die Johannes Gutenberg-Universität Mainz bereits die Ehrenbürgerwürde verliehen hatte – mehr als verdient, promovierte Kunstwissenschaftlerin (Sinologin und Historikerin), die sie war, und Trägerin der beiden renommiertesten deutschen Literaturpreise. Den Kleist-Preis bekam sie 1928 für ihr Debüt *Aufstand der Fischer von St. Barbara* und *Grubetsch*, den Büchner-Preis 1947 für ihr Gesamtwerk und insbesondere auch für *Das siebte Kreuz*.

Das späte Bekenntnis ihrer Geburtsstadt zu Anna Seghers bedeutete aber nicht, dass sie wirklich in dem Teil Deutschlands, in dem Mainz und Frankfurt am Main liegen, angekommen war. Erst in den 1970er-Jahren wurde es an bundesdeutschen Universitäten möglich, Exilliteratur zum Forschungsgegenstand zu machen. Etwa zeitgleich mit dem Aufblühen der feministischen Literaturwissenschaft waren dann gleich zwei Gründe gegeben, sich mit Anna Seghers – und z. B. auch mit Irmgard Keun – zu beschäftigen. Stimmen aus den Zeiten des Kalten Krieges: Anna Seghers, »Ulbrichts Dichterin, Dichterfürstin der DDR, Patriarchin der DDR-Literatur«[9] oder: »Die Mainzerin, eine schöne Frau, ist zum Eigentum der östlichen Welt geworden [...] Sie hätte, wäre sie im Westen geblieben, die große Dame der deutschen Literatur werden können.«[10] Aber das ist ein Kapitel für sich ...

Dieser Frankfurter Lesemarathon mit über 120 Veranstaltungen, in dem wir uns gerade befinden – selbst am heutigen Dienstag finden zehn Veranstaltungen parallel statt –, ist ein Phänomen; die Veranstaltung an diesem Ort – der Philosophisch-Theologischen Hochschule – wäre lange undenkbar gewesen. Dass in diesem Jahr an zwei Theatern, am Schauspiel Frankfurt und am Theater Oberhausen, *Das siebte Kreuz* inszeniert wurde (18 Jahre nach seiner Uraufführung in Schwerin), und dass eine Neuverfilmung des Seghers-Romans *Transit* zu den meistbeachteten Beiträgen der Berlinale im Februar dieses Jahres gehörte – alle drei Adaptionen stammen von namhaften Regisseuren – das alles ist nicht nur ein Glücksfall für die Seghers-Rezeption, es spricht vor allem für die Qualität und Aktualität der Seghers'schen Texte.

Frankfurt am Main ist für dieses Leseprojekt zum *Siebten Kreuz* ein renommierter Ort in mehrfacher Hinsicht: Handeln doch die meisten Episoden des Romans in dieser Stadt, wenn auch neben die realen Orte fiktive Schauplätze treten, die man vergeblich auf dem Stadtplan sucht. Die lokale und mentale Verbundenheit mit dem Flüchtling Georg Heisler und mit den Menschen, die sich zu seiner Flucht so oder so verhalten, war auch in den Publikumsreaktionen, in der gespannten Aufmerksamkeit, dem lang anhaltenden Beifall nach den stets ausverkauften Vorstellungen des *Siebten Kreuz* am Schauspiel Frankfurt zu spüren, von denen ich zwei miterleben durfte; in der letzten Aufführung kokettierte der Hauptdarsteller schon ein wenig mit dem lokalen Dialekt.

Zurück zu der fiktiven Geschichte der sieben Häftlinge; sie brechen aus einem Lager in Rheinhessen aus: Albert Beutler und Eugen Pelzer werden schon am 1. Tag gefasst, noch in der Nähe des Lagers; der Artist Belloni am 2. Tag, er kommt bis Frankfurt und schwingt sich dort, nachdem die Verfolger auf seine Füße gezielt und getroffen hatten, von einem Hoteldach; am 3. Tag wird Ernst Wallau verraten und im KZ von dem brutalen Scharführer Zillich zu Tode gefoltert, ohne dass er seine Gefährten verrät; am 4. Tag stellt sich Füllgrabe der Frankfurter Gestapo in der Mainzer Landstraße, nachdem er erfolglos versucht hatte, auch Georg Heisler zum Aufgeben zu überreden; und am 5. Tag erleidet der Bauer und frühere Bürgermeister Aldinger einen Herzschlag, als er, auf einem Hügel stehend, sein Heimatdorf Buchenbach erblickt. Nur Georg Heisler kommt lebend davon, aber genau genommen bleiben *drei* Kreuze leer, denn Belloni und Aldinger sterben einen Tod außerhalb des Lagers. Der Totenschein Bellonis wird in einem Frankfurter Krankenhaus ausgestellt, der Bauer Aldinger wird an den Wachposten vorbei in sein Dorf und in sein Haus getragen, von seiner Familie gewaschen und aufgebahrt, und alle, die das Haus der Aldingers betreten, nehmen die Mützen ab, statt den Arm zum Hitlergruß hochzureißen.

Wie das Figurenensemble insgesamt, repräsentieren auch die sieben Flüchtlinge einen Querschnitt durch die deutsche Bevölkerung, sie zeigen auch die Willkür, mit der Menschen eingesperrt wurden. In einem Lesekreis musste ich kürzlich feststellen, dass es viele LeserInnen gibt, die meinen, es seien nur Juden ins KZ gekommen. Dass es gerade in den ersten Jahren der NS-Diktatur vor allem ›Politische‹ traf, SPD- und Gewerkschaftsmitglieder, und dass auch Sinti und Roma sowie Homosexuelle und vermeintlich Asoziale eingesperrt wurden, ist vielen offenbar bis heute nicht bewusst.

Anna Seghers deutet mit dem Spektrum der Häftlingsschicksale an, dass all diese Verhaftungen jeder Rechtsgrundlage entbehrten, lässt aber vieles offen. Nur Wallau und Heisler werden als politische Häftlinge charakterisiert, in gewisser Weise auch Aldinger, der einer Intrige zum Opfer fällt, von den anderen erfährt man wenig. In der Hollywood-Verfilmung von 1944 werden solche Leerstellen gefüllt: Albert Beutler ist hier ein jüdischer Lebensmittelverkäufer, Eugen Pelzer ein Lehrer (er trägt eine Brille), Füllgrabe wird als Schriftsteller bzw. berühmter Romancier gedeutet und Belloni, alias Anton Meier, ist im Film Luigi Bellani, der berühmteste Varietékünstler Deutschlands.

Repräsentativ und in keiner Weise agitatorisch oder klischeehaft, eher symbolisch ist es in Seghers Darstellung auch, dass nur *einer* der Flüchtlinge wirklich mit dem Leben davonkommt, dass diesem einen, eher unheldischen Menschen von anderen Menschen ganz unterschiedlicher Herkunft, Motivation, Religion oder Weltanschauung geholfen wird. Ausgerechnet dem KZ-Kommandanten Fahrenberg, der voller Wut und Hass die Kreuze aus gekuppten Platanen errichten ließ, werden die Worte in den Mund gelegt: »Irgendeine Hand mußte ihm [Georg, U.E.] Brot abgeschnitten, mußte ihm ein Glas Wein eingeschenkt haben. Irgendein Haus mußte ihn beherbergt haben.«[11]

Es war nicht einer, es waren viele, die Georg zur Flucht verholfen haben, auch solche, denen er früher nur flüchtig oder gar nicht begegnet ist: Freunde, Verwandte, Gesinnungsgenossen, Passanten, einige unterstützen ihn durch Schweigen und bewusstes Verwischen von Spuren, durch Unterlassen einer Anzeige an die Behörden, andere helfen aktiv und werden sich dadurch ihrer eigenen Stärke wieder bewusst.

Es gibt vier Gruppen von Romanfiguren: Neben den Flüchtlingen zunächst die Personen, die mit Georg direkt oder indirekt in Berührung kommen; weiterhin Figuren, die n i c h t mit Georg in Berührung kommen, sich aber zu ihm verhalten, z. B. der Schäfer Ernst, und schließlich die Vertreter des NS-Regimes. Von den insgesamt ca. 130 Personen im Roman begegnet Heisler nur wenigen selbst, aber viele tragen dazu bei, dass seine Flucht glückt: Zwei alte Damen am Mainzer Dom, von denen die eine Almosen gibt, wofür sie von der anderen gescholten wird; ein weiteres altes Fräulein, die Kostümschneiderin Marelli, die erst später begreift, wem sie da geholfen hat, aber in ihrer Geradlinigkeit und Gewissenhaftigkeit auch dann geholfen hätte, wenn sie im Bilde gewesen wäre; der jüdische Arzt Dr. Löwenstein – zu ihm kommen nur noch Verzweifelte –, der die Glassplitter aus Georgs Hand entfernt und ihn kostenlos behandelt, obwohl er in jeder Minute fürchten muss, selbst verhaftet zu werden; zwei Arbeiter, frühere Bekannte, die Georg in einer Kantine erkennen und sich das Kopfgeld verdienen oder sich gegenseitig denunzieren könnten, und es nicht tun – man spürt als LeserIn, wie dieser Widerstand ihnen gut tut; der Mainzer Dompfarrer Seitz, der die von der Küstersfrau unter der Kirchenbank gefundene und von ihrem beflissen agierenden Mann abgelieferte Häftlingskleidung nicht bei der Gestapo abgibt, sondern sie umgehend in seinem kleinen Öfchen verbrennt, und damit genauso wie der Gärtnerlehrling Fritz Helwig eine Spur des Flüchtlings verwischt, die Verfolger aufhält und in die Irre führt.

Der kleine Helwig verleugnet seine eigene, vom Flüchtling gestohlene Jacke, die Georg inzwischen gegen einen blauen Schifferpullover eingetauscht hat. Der Gärtnerlehrling verzichtet auf die Jacke, obwohl er sie sich sauer verdient hat und so stolz auf sie war: »[...] brauner Kordsamt mit Reißverschlüssen außen und innen, auch innen, verstehst du!«[12] Wie kann er seine anfängliche Wut gegen den »dreckigen Dieb« bezähmen und später vom Flüchtling sagen: »Meinen kriegen sie nicht! So dumm ist meiner nicht!« Wie kann er sich in Gefahr begeben, der Komplizenschaft verdächtigt und selbst verhaftet zu werden? An Helwig zeigt die Autorin, dass die Heranwachsenden, obwohl schon in das nationalsozialistische Erziehungssystem eingebunden, noch nicht ganz verdorben und gleichgeschaltet sind. Man erinnere sich an den anfangs genannten Willi Knoob aus Frankfurt. Helwig ist noch sensibel für den Unterton seines Lehrmeisters, des alten Gärtners Gültscher, der ihm die Angst vor denen nimmt, die sich als allmächtig aufspielen. Helwig verkörpert den Wunsch der Autorin, dass die NS-Herrschaft kein Niemandsland zwischen die antifaschistisch-humanistischen Kräfte und die Nachgeborenen legen, sondern dass die nächste Generation die Idee von Menschlichkeit aufnehmen und weitertragen möge. Bei der Charakterisierung von Seghers' Werken ist immer wieder vom »Stafettenprinzip« die Rede. Was aus den Söhnen von Wallau werden wird, die nach der Ermordung des Vaters in ein nationalsozialistisches Erziehungsheim kommen, bleibt im Roman offen. Aber auf das Thema »Sippenhaftung« bzw. kollektive Verantwortung und Neubeginn kommt Seghers in der Erzählung *Das Ende* zurück.

Warum kommt Georg durch, warum wird ihm geholfen, was gibt die Hilfe den Helfenden selbst? Hilfe kommt von Menschen für einen Menschen in Not, nicht er hat Schuld auf sich geladen, sondern die, die ihn wegsperren, auslöschen wollten. Anders als erwartet, zerbrechen über der Hilfe für Georg, die den Helfenden viel abverlangt, Beziehungen von scheinbar gefestigten Charakteren, und es werden Beziehungen von scheinbar labilen gestiftet, zu neuem Leben erweckt: Der Kommunist Bachmann erhängt sich in seiner Gartenlaube, weil er dem Verhör nicht standgehalten und Wallau verraten hat; das im gehobenen Bürgertum angekommene Ehepaar Kreß findet, indem es sich durch die Fluchthilfe gemeinsam in Gefahr begibt, den fast verloren gegangenen Sinn des gemeinsamen Lebens wieder. Die Röders aus Frankfurt-Bockenheim beginnen gerade, die Vergünstigungen des neuen Systems zu genießen: staatliche Glückwünsche zur Geburt der Kinder, freie Windeln, NS-Volkswohlfahrt und »Kraft durch Freude«, als sie in ihrer unbekümmerten Familienidylle aufgeschreckt werden. Paul hat nach den Jahren der Weltwirtschaftskrise endlich wieder Arbeit, allerdings in einem Rüstungsbetrieb. Georg wird »die Kehle immer enger« und das Herz brannte ihm (DsK, S. 244), heißt es im Roman, und Paul wird stutzig, beginnt nachzudenken, die Schwärmerei über den neuen Wohlstand weicht Rechtfertigungsversuchen. Paul ist – wie die meisten in dieser Zeit – ein praktischer Mensch, der ein Auskommen für sich und seine Familie sucht, sich aus der Politik heraushalten will. Mitgefühl und menschliche Anständigkeit haben die Röders sich dennoch bewahrt. Am Ende wird ihm, Paul Röder, so heißt es im Roman, »wortlose Hochachtung zuteil, eine Art von Berührung, die tiefer in den Menschen hineingeht als welche Zärtlichkeit immer«. (DsK, S. 358)

Der Handvoll Kommunisten, Franz Marnet, Hermann, Reinhardt, Fiedler … wird Georg auf seiner Flucht nie begegnen, aber ohne ihr Netzwerk, ohne den gefälschten Pass, den sie ihm zukommen lassen, ohne die organisierte Schiffspassage auf dem holländischen Rheinkahn, wäre die Flucht nicht geglückt.

Das vielleicht utopische Moment des Romans besteht darin zu zeigen, dass Menschen den Mut finden zu helfen, weil sie dadurch ihre Menschlichkeit bewahren oder zurückgewinnen. Sie halten fest an humanistischen Werten und damit gelingt es ihnen, sich selbst treu zu bleiben. Die alten Damen am Dom: Almosen geben tut gut, es verweigern lässt ein flaues Gefühl zurück. Fritz Helwig: Ernst genommen werden von einem, den man schätzt, tut gut; nicht mitzulaufen mit einer fanatisierten Masse, sondern eigene Wege zu gehen, selbst zu denken, sich nicht vorschreiben zu lassen, was man denken soll, Gefühle zuzulassen, sie mit jemandem teilen können, tut gut. Paul und Liesel Röder: Zu einem Freund halten tut gut, Mensch bleiben, nicht zu verdrängen, sondern darüber nachzudenken, woher der kleine Wohlstand kommt und auf wessen Kosten er geht. Dr. Löwenstein: Ärztliches Ethos zu bewahren tut gut, Menschen helfen, wenn sie in Not sind, unabhängig von Geburt und Stand, Religion und Weltanschauung.

Jemandem wie Georg Heisler zu begegnen, weckt Zweifel am System, oder bestärkt Zweifel, die man zu verdrängen versucht hat, macht nachdenklich über sich selbst und das eigene angepasste Verhalten: das Mitlaufen, das Wegschauen, das Sich-ins-Private-Verkriechen. Und Georg steht für diejenigen, die aus politischen Gründen helfen, auch für die Sache, die nicht untergehen darf. Der Roman ist a l l e n Antifaschisten gewidmet, sein letzter Satz bezieht alle Helfenden ein: sie alle haben etwas bewahrt, was »unangreifbar war und unverletzbar«. (DsK, S. 421)

Die Flucht des KZ-Aufsehers Zillich in der Erzählung *Das Ende*

Schon im französischen Exil sprach Anna Seghers die Befürchtung aus, dass der »Prozess der Entfaschisierung des deutschen Volkes [...] durch furchtbare Leiden [gehen werde], durch die Dezimierung der deutschen Jugend, durch die Verzweiflung von Millionen Müttern, durch die grausamsten Erfahrungen, [...]«.[13] In der Erzählung *Das Ende* antizipiert sie 1945, im zwölften Jahr des Exils, zwei Jahre vor ihrer Rückkehr nach Berlin, deutsche Nachkriegswirklichkeit.

Sie geht der Frage nach, wie die Überlebenden nach der Katastrophe des Zweiten Weltkriegs weiterleben, wie sie mit der schmachvollen Vergangenheit, mit Schuld- und Rachegefühlen umgehen werden.

In Gestalt des ehemaligen KZ-Häftlings Volpert und des früheren Lageraufsehers Zillich konfrontiert sie Opfer und Täter miteinander. Der frühere Häftling erkennt in einem der Bauern aus Botzenbach den damaligen Scharführer wieder, fühlt sich durch diese ebenso gefürchtete wie erhoffte Begegnung emotional aus der Bahn geworfen und zeigt den »Büttel«[14] bei den Besatzungsbehörden an. Er erkennt Zillich an der für ihn charakteristischen Trittbewegung, mit der er im Lager Häftlingen den Todesstoß versetzt hat und mit der er nun seinen Sohn traktiert, er erkennt ihn am Schnippen seiner Finger und an den umgestülpten Ohrläppchen, die ihm im Lager den Namen »das Schweinsohr« (DE, S. 154) eingebracht haben.

Nach der differenzierten Gestaltung des Zillich in den Romanen *Der Kopflohn* (1932) und *Das siebte Kreuz* (1939), wo die Entwicklung dieses Charakters nicht gerechtfertigt, aber doch aus sozialen, ökonomischen und psychologischen Determinanten hergeleitet wird, fällt die Gestaltung der Zillich-Figur in der Erzählung *Das Ende* (1945) eher schematisch aus. Doch scheint die negative Typisierung verständlich, wenn man bedenkt, dass sie aus der Sicht der Opfer erfolgt, die Folterungen und Morde mit angesehen, unsägliche Demütigungen und Qualen erlitten oder – wie die Autorin selbst – den Tod von Familienangehörigen und FreundInnen zu beklagen haben. Der ehemalige Häftling Volpert erinnert sich:

»Als Gebhardt vor der ganzen Kolonne zu Tode geprügelt worden war, hatte Zillich, der mit verschränkten Armen gleichgültig zusah, im letzten Augenblick plötzlich auf den Liegenden eingehackt, einem Todesvogel gleich, der sein Opfer umkreist und erst auf es fällt, wenn es verendet.« (DE, S. 155)

Zillich hat – wenn man seine Entwicklung in den drei Texten betrachtet – eine verhängnisvolle Karriere gemacht: Aus dem verschuldeten, glücklosen Bauern, der im Sommer 1932 – den Versprechungen der Nationalsozialisten glaubend und auf einfache Lösungen aller seiner Probleme hoffend – zur SA gegangen war, wurde ein gefürchteter Aufseher in einem der »wilden Lager« und schließlich ein gewissenloser Mörder im KZ. Schon als Scharführer und rechte Hand des Lagerkommandanten Fahrenberg in Westhofen war der als dumpf und brutal geltende Zillich für das Grobe zuständig. Er selbst erinnert sich: »Wenn irgendein roter Bonze stumm blieb, dann hieß es: holt mal den Zillich. Wenn irgend so ein Kommunisten-Viech so zäh war, daß er nicht abkratzen wollte, dann hieß es: Dem gibt schon der Zillich den Rest.« (DE, S. 186)

Im Lager Piaski, das erst in der Erzählung *Das Ende* erwähnt wird, machte Zillich den Tod zu seinem Beruf. Zillich spürt, dass Volpert ihn erkannt hat, aber ihm dämmert erst allmählich, dass er ihn »wohl zuletzt im Lager Piaski in Polen unter der Fuchtel gehabt« hat. (DE, S. 161) Einer Mutter, die noch immer auf die Rückkehr ihres Sohnes wartet, wünscht Zillich im Stillen: »Die sollten doch mal die Amerikaner [...] an unser Massengrab in Piaski bringen, dann würden ihr die Hirngespinste vergehen.« (DE, S. 184) Mehrmals gibt sich Zillich, seine Ortskenntnis auf zynische Art missbrauchend, selbst als ehemaliger Piaski-Häftling aus. Nach Volpert begegnet er noch einem zweiten Häftling aus diesem Lager und wird von einem alten Kameraden wiedererkannt, dessen Rache er fürchtet, weil er ihm einst den Aufstieg zum Oberaufseher verdorben hat. Weder von dem einen noch von dem anderen kann er Hilfe erwarten, im Gegenteil, Zillich, der sich hinter dem Allerweltsnamen Schulze versteckt, fürchtet jede Begegnung, weil sie seine wahre Identität ans Licht bringen könnte.

Die siebenmalige Erwähnung von Piaski in der Erzählung *Das Ende* verweist auf Biografisches: Anna Seghers weiß inzwischen, dass ihre Mutter, Hedwig Reiling, in das Sammellager Piaski und von dort aus – wenn sie denn noch lebte – vielleicht in das nahegelegene Konzentrationslager Majdanek oder eines der Vernichtungslager (Sobibór, Bełżec, Auschwitz-Birkenau) deportiert worden ist. Ihr mit der Nummer 856 versehener Name findet sich neben dem der Lehrerin Johanna Sichel – der Anna Seghers im *Ausflug der toten Mädchen* gedenkt – auf einer Deportationsliste, die insgesamt 1 000 BürgerInnen jüdischen Glaubens aus der Mainzer Region, unter ihnen 450 Juden aus der Stadt Mainz, erfasst. In Piaski verliert sich die Spur der Mutter.

Der Literaturwissenschaftler Frank Wagner hat versucht, die Situation zu imaginieren:

»Hedwig Reiling am 20. März 1942: Zweiundsechzigjährig, ein beschriebenes Schild um den Hals, auf der linken Brustseite des Mantels der aufgenähte gelb-schwarze Judenstern, einen schweren Koffer, Deckenrolle, Proviantbeutel schleppend. Den Beutel mit den Wertsachen hat man ihr schon abgenommen. Die vorletzte nach all den vorangegangenen Enteignungen. Aufbruch in die schwarze Ungewissheit. Oder Gewissheit des Todes? [...] Gemäß einer vom Reichsverkehrsministerium ergangenen Anordnung wurden ›Juden und fremdvölkische Personen‹ zum Zwecke der ›Aussiedlung aus dem deutschen Reich‹ in Sonderzügen und nach einem Sondertarif befördert. [...] Von der Bahnstation Trawniki bis Piaski sind es 12 km. [...] ein beschwerlicher und banger Weg. Im letzten Märzdrittel, nach dem besonders schlimmen Winter 1941/42 mit großen Schneemassen, die auf den Feldern nur langsam wegtauten.«[15]

So ist die Erzählung *Das Ende* vielleicht in erster Linie als ein Stück Trauerarbeit von Netty Reiling/Anna Seghers zu verstehen. Das Wissen um das vermutlich qualvolle und demütigende Ende der Mutter, die grauenhafte Vorstellung von der Ermordung von Millionen Menschen und ihr eigenes erzwungenes Exil lassen die Verbitterung der Autorin gerechtfertigt erscheinen, die sich auch in einer – im Vergleich zum *Siebten Kreuz* – eher holzschnittartigen Darstellungsweise niederschlägt.

So fällt auf, dass nicht alle Details in Bezug auf die Entwicklung der Zillichfigur in den drei Texten kompatibel sind. Im *Siebten Kreuz* ist von Zillichs Teilnahme am Ersten Weltkrieg die Rede, in der nach 1945 spielenden Erzählung wird sein Alter auf dreißig bis vierzig Jahre, also um mindestens zehn Jahre zu jung, veranschlagt. Ebenso variieren die Anzahl und das Alter seiner Kinder, im *Kopflohn* (1932) ist sowohl von vier als auch von sechs Kindern die Rede, in der Erzählung *Das Ende* (1945) ist das älteste der vier Kinder erst zwölf Jahre alt, kann also zur Handlungszeit des Romans *Der Kopflohn* noch nicht geboren gewesen sein.

Gleichgeblieben sind die psycho-soziale Kennzeichnung Zillichs und die Beschreibung seiner verhärmten, geschundenen Ehefrau. Wie in den Romanen ist in der Erzählung von Zillichs Vorliebe für militärische Rituale, für »Marschschritte« und »Kommandos« die Rede, vom »lang entbehrten Geschmack der Macht« (DE, S. 173): »Er sehnte sich [...] nach einem schroffen Widerstand, der sich aufbäumte, bis man ihn mit den Füßen zertrat, daß er um sich schlug, schrie und winselte, und von Blut nur so tratschte [...].« (DE, S. 194)

Unstimmigkeiten in der Figurenanlage verweisen darauf, dass es der Autorin weniger um zyklische Kontinuität als vielmehr um das Durchspielen von Verhaltensweisen in immer neuen Kontexten ging. Wie groß ihr Schmerz über den von den Zillichs maßgeblich mitverschuldeten Abschnitt deutscher Geschichte ist, geht aus den Gedanken des ehemaligen KZ-Häftlings Volpert hervor, von dem es in der Erzählung heißt: »Er fühlte über dem Herzen eine Trauer, kühl und unfassbar, wie Reif. Er hatte einstmals geglaubt, er brauchte nur wieder frei zu sein, um froh zu werden, gedankenlos froh wie ein Kind. Er sah jetzt ein, die Freude war weg wie die Kindheit, endgültig und unwiederbringlich [...] Selbst, wenn sie den Zillich morgen finden, das Böse war dadurch noch nicht gefangen, wovon der Zillich ein Auswuchs war, der Reif ging davon nicht weg [...], die Trauer in seinem Herzen war unstillbar, er würde davon nicht froher.« (DE, S. 168)

Zillich, den es wie viele andere, TäterInnen und Opfer, nach Kriegsende in sein Heimatdorf zurückgezogen hat – auch der Häftling Aldinger im *Siebten Kreuz* findet den Weg in sein Dorf Buchenbach –, fällt unter den HeimkehrerInnen zunächst nicht auf, nur seiner Frau erscheint er »wie ausgewechselt [...], ganz fromm, ganz fleißig, ganz stumm«. (DE, S. 160)

Nicht ein Dorfbewohner, erst ein ominöses Männchen namens Niemand/ Freitag behelligt ihn mit seiner Vergangenheit. Die meisten haben anscheinend selbst viel zu verdrängen und betäuben ihr Gewissen mit Arbeit oder tauchen, wie Zillich, in der Anonymität der »Aufbauhelfer« unter, die von Baustelle zu Baustelle ziehen. Die Wahrscheinlichkeit, dass Leute wie Zillich ungestraft davonkommen, ist nicht gering. Von Zillich, den viele noch in seiner SA-Uniform vor Augen haben müssten, meinen die, die ihn von früher kennen, bagatellisierend: »[...] der hat sich draußen die Hörner abgewetzt [...]. Der hat jetzt gelernt, wie man anpackt«; seine Frau wird beneidet: »Du kannst froh sein, daß du deinen Mann noch hast.« (DE, S. 160)

Es sind nur wenige, die auf eine Auseinandersetzung mit der Vergangenheit drängen. Ein alter Arbeiter verlangt: »Man muß vor allen Dingen bei uns selbst anfangen. Am besten wäre es, ein jeder müßte vor unserer Belegschaft antreten; er müßte genau Auskunft geben, wo er die letzten zwölf Jahre verbracht hat. Er müßte all unsere Fragen beantworten.« (DE, S. 195) Ein Pfarrer – es ist der Mainzer Dompfarrer Seitz aus dem *Siebten Kreuz* – prophezeit in einer Kirchenruine: »Gott aber, der in die Herzen sieht [...], wüßte ganz genau, wo sich noch ein Schurke versteckt halte.« (DE, S. 177) In seiner Predigt fordert er die MörderInnen und diejenigen, die sich durch ihr Schweigen schuldig gemacht haben, zu Besinnung und Reue auf. Er repräsentiert den kirchlichen Widerstand, war selbst im KZ: »Er hat einmal eine Messe lesen lassen für die Jungens aus unserer Stadt, die von den Nazis erschlagen wurden.« (DE, S. 182) Sein christliches Ethos versagt ihm irdische Rache, es überantwortet die TäterInnen dem Gericht Gottes, das die Uneinsichtigen bestrafen und denen, die zur Einsicht über ihr Tun gelangen, vergeben wird.

Zillich aber ist zu Einsicht und Reue nicht fähig, er denkt noch immer in den alten Feind-Bildern, fühlt sich betrogen vom »Führer« und von der »Volksgemeinschaft« (DE, S. 181), wähnt sich von allen belauert. Er vergleicht sich auf seiner ruhelosen Flucht mit dem »Ewigen Juden«, der »ungestört ewig weiterwandern« kann (DE, S. 194), was blasphemisch und halbgebildet anmutet angesichts seines Judenhasses: »Zillich fiel es ein, wie viele er aufgehängt hatte [...] im Lager von Piaski hatte ihm sowas Spaß gemacht.« (DE, S. 167) Zillich hofft, als »verirrter Heimkehrer« (DE, S. 194) durchzugehen, legt sich gelegentlich sogar eine Opfergeschichte zu: »[...] die Kinder verschollen, das Haus zerbombt, die Frau krepiert, er selbst durch Jahre gefangen. Im Lager Piaski, das er aus eigener Anschauung vorzüglich beschrieb.« (DE, S. 197) Im Dialog mit einem KZ-Häftling gibt er sich dann nochmals als Häftling aus. Aber es funktioniert nicht, er fühlt sich nirgends sicher, und so beschließt er: »Bevor sich die Bande was ausheckt, bin ich längst hinter allen Bergen« (DE, S. 196), am Ende kann er dieses »Leben nicht fortsetzen von Rattenloch zu Rattenloch«[16] (DE, S. 199) Er ist nicht fähig, sich seiner Verantwortung zu stellen, Schuld einzugestehen, Reue zu üben, damit sind ihm Vergebung, Integration oder gar ein Neubeginn versagt. Er dreht den Spieß um, voller Selbstgerechtigkeit, Selbstmitleid und Wut unterstellt er den anderen unstillbaren Rachedurst:

Von den vielen Häftlingen, die er unter seiner Aufsicht gehabt hatte, die »meisten waren tot; [...] gab es [...] bestimmt welche, die der Gedanke an Rache nicht schlafen ließ. Die erkannten den Frieden nicht an, nach dem die Menschen und Felder gelechzt hatten. Die konnten nichts anderes mehr denken als an Hass und Rache.« (DE, S. 161)

Doch was ist mit den Opfern und ihren Rachegefühlen? Der ehemalige Häftling Kurt Volpert kann und will nicht vergessen. Er, der nach Kriegsende als Ingenieur in den rhein-hessischen Dörfern unterwegs ist, um Maschinenteile für den Wiederaufbau der Eisenbahnstrecken und Industriebetriebe zu organisieren, ist zutiefst verstört durch die Konfrontation mit dem KZ-Aufseher. Die Begegnung mit Zillich macht ihm bewusst, wie stark die Qualen und Demütigungen des Lagers nachwirken: »Er hatte sich das Wiedersehen in Tag- und Nachtträumen vorgestellt, im Lager selbst hatte ihn vielleicht nur die Hoffnung auf Rache lebendig erhalten.« (DE, S. 155) »Vielleicht«, heißt es im Modus der erlebten Rede, aber es wird zugleich deutlich, dass Rache allein seine Trauer nicht kompensieren kann.

Wenn nun der Jäger Zillich zum Gejagten wird – er »flieht vor dem Strick«[17] –, fühlt er sich nicht nur von den einstigen Opfern, sondern auch von den vermeintlichen Kameraden und Gesinnungsgenossen verfolgt, denen er den »Spaß« nicht gönnen will, ihn anzuzeigen, ihn »zappeln zu lassen«: »Ja, so was macht Spaß. Ich aber, ich werde ihm diesen Spaß nicht machen« (DE, S. 210), heißt es nach der Begegnung mit dem Männchen, das sich mal Niemand, mal Freitag nennt und Zillich inzwischen mit seinem wirklichen Namen anspricht. »Ist dieses Männlein mit dem Blümchen im Knopfloch ein Überlebender aus den Lagern? Ein Untoter? Oder nur ein Kobold aus dem Märchen der Vorzeit?«[18], fragt Helen Fehervary und sie stellt die Vermutung an, dass Erbach, wo Zillich sein suizidales Ende findet, auf Auerbach hinweisen könnte, die Stadt, »aus der Seghers' Familie väterlicherseits stammte«. Und sie schlussfolgert: »Somit gewährt das Ende des Nazi-Verbrechers Zillich gerade an diesem Ort sowohl diesen Ahnen Genugtuung wie auch Seghers' Vater Isidor Reiling und seinem Bruder Hermann, die unter der Nazi-Herrschaft in Mainz starben.«[19]

Nicht Gewissensqualen und Reue, sondern Angst und ein absurder Trotz treiben Zillich in den Selbstmord, er entzieht sich seiner Verantwortung und Bestrafung als Mörder. In der Begegnung mit einem jungen, völlig verzweifelten Mann, der als Wehrmachtssoldat an der Exekution von Frauen, Kindern und Greisen im ukrainischen Dorf Sarkoje beteiligt war und nicht weiß, wie er mit der Last dieser Schuld weiter leben soll, wird deutlich, dass Zillich über keinerlei Einsichten und Schuldbewusstsein verfügt. Er verweist den Verzweifelten auf den »Befehlsnotstand« im Krieg und begreift nicht, was jener mit dem »höheren Befehl« und der »inneren Stimme« meint, auf die er sich damals hätte besinnen sollen. (Vgl. DE, S. 178 f.)

Die Fluchtgeschichte des Faschisten Zillich weist von der äußeren Gestaltung her zahlreiche Parallelen zu der des Antifaschisten Georg Heisler auf: Beide bewegen sich in der gleichen herbstlichen Landschaft, beide verstecken sich in einer Kirche; beide werden auf ihrer Flucht von einem

LKW mitgenommen; beide überqueren den Fluss mit einer Fähre, der eine, Georg, im offenen Gespräch mit einer Jungenklasse und deren Lehrer, der andere, Zillich, indem er sein Gesicht versteckt; beide werden in die Irre geführt von einem dubiosen Männchen (Hechtschwänzchen, Niemand/Freitag), das sie schließlich denunziert; beide tarnen sich durch die Begleitung unverdächtiger Personen; beide verstecken sich hinter falschen Identitäten.

Durch diese offenbar beabsichtigte Parallelität treten die Unterschiede umso krasser hervor und es wird deutlich, dass das Fluchtsujet allein nicht genügt, die LeserInnen für den Protagonisten einzunehmen, man fiebert nicht mit Zillich, allein, weil er ein Flüchtender ist. Georg findet auf seinem Weg immer wieder Menschen, die ihm weiterhelfen, die Begegnung mit ihm löst bei vielen, die sich resigniert, gleichgültig oder abwartend zurückgezogen hatten, Bewusstseins- und Läuterungsprozesse aus, bringt sie zu sich selbst, lässt sie über sich hinauswachsen. Zillich, der sich nicht nur von den Besatzungsbehörden verfolgt fühlt, sondern vor allem von seinen Opfern und ehemaligen Kriegskameraden, kann keine Solidarität erwarten; für die einen hat er zu viel Schuld auf sich geladen, von den anderen ist er erpressbar. Deshalb wird er nicht aufgefangen, sondern weggestoßen, auch von der eigenen Familie, die er gepeinigt hat.

Zillichs Sohn reagiert zur Bestürzung seines Lehrers Degreif mit Erleichterung, ja sogar Freude auf die Nachricht vom Tod seines Vaters. Der Lehrer Degreif, ein Überlebender des KZ Sachsenhausen, wird künftig – so legt es die Erzählkonstruktion nahe – die Vaterstelle bei Zillichs Sohn übernehmen. Dieser Schluss zeigt, wie sich die Autorin ein Leben nach der Barbarei w ü n s c h t : Bestrafung der Täter, aber nicht Sippenhaftung für deren Angehörige, sondern die Chance zum Neuanfang für die Generation der Nachgeborenen, die im Geiste des Antifaschismus erzogen werden soll.

Und dennoch, im Roman und in der Erzählung scheint am Ende Schwermut auf. Von Georg heißt es: »Er fühlte sein Herz jetzt gefeit gegen Furcht und Gefahren, aber vielleicht auch gegen das Glück.« (DsK, S. 420) Und dem Lehrer Degreif, selbst von Krankheit gezeichnet, geht es durch den Kopf: »Der Junge [Zillichs Sohn, U.E.] hatte nichts anderes als Schande und Ekel von seinem Vater erfahren. Der Vater hatte ihn in die Welt gesetzt und dann im Stich gelassen. Jetzt musste ein anderer, ein fremder Vater, jetzt musste er für ihn sorgen.« (DE, S. 211)

Wie das Weiterleben, das Empfinden von wirklicher Trauer und wirklicher Freude gelingen würde, konnte die Autorin 1938 und 1945 nicht wissen, und auch wir sind damit noch beschäftigt.

Anmerkungen

1 Vortrag, gehalten am 24.4.2018 im Rahmen der Veranstaltungsreihe Frankfurt liest ein Buch an der Philosophisch-Theologischen Hochschule Frankfurt a. M., St. Georgen.

2 http://www.gedenkstaette-osthofen-rlp.de/: In den Gebäuden einer ehemaligen Papierfabrik entstand kurz nach der Machtübernahme der NSDAP das KZ Osthofen, wo vom Frühjahr 1933 bis

Sommer 1934 Gegner des NS-Regimes, allen voran Mitglieder der KPD, der SPD und Gewerkschafter, aber auch Angehörige des Zentrums, Juden, Zeugen Jehovas, Sinti und andere gefangen gehalten wurden.
3 Anna Seghers im Gespräch mit Wilhelm Girnus, in: Anna Seghers: Glauben an Irdisches. Essays aus vier Jahrzehnten, hg. von Christa Wolf, Leipzig 1974, S. 360–370, hier S. 367.
4 Erwin Rotermund: Sieben Flüchtlinge und sieben Kreuze. Ein unbekannter Bericht aus dem KZ Sachsenhausen, in: *Argonautenschiff* 10/2001, S. 253–260, hier S. 254.
5 Willi Knoob; zit. n. Erwin Rotermund. Ebd., S. 256.
6 Ebd., S. 255
7 Ebd.
8 Ebd., S. 256
9 Agnes Hüfner: Rezension zu Christiane Zehl Romero: »Anna Seghers – eine Biographie«, in: *Deutschlandfunk* Köln, 23.6.2003.
10 Wolfgang Paul: Die große alte Genossin. Zum 70. Geburtstag der Schriftstellerin Anna Seghers, in: *Bonner Rundschau*, 18.11.1970.
11 Anna Seghers: Das siebte Kreuz. Roman aus Hitlerdeutschland. Werkausgabe. Bd. I/4, hg. von Bernhard Spies, Berlin 2000, S. 418 (weitere Seitenangaben im laufenden Text: DsK).
12 Kristina Handke: Die Jacke. Hörspiel nach einer Begebenheit aus dem Roman »Das siebte Kreuz« von Anna Seghers. Sendemanuskript, *Rundfunk der DDR* 1985, S. 4.
13 Anna Seghers: Deutschland und wir, in: Dies.: Aufsätze, Ansprachen, Essays 1927–1953, Berlin/Weimar, 1984², S. 89–96, hier S. 95.
14 Anna Seghers: Das Ende, in: Dies.: Erzählungen 1933–1947. Werkausgabe, Bd. II/2, hg. von Silvia Schlenstedt, Berlin 2011, S. 155 (weitere Seitenangaben im laufenden Text: DE).
15 Frank Wagner: Deportation nach Piaski. Letzte Station der Passion von Hedwig Reiling, in: *Argonautenschiff* 3/1994, S. 117–126, hier S. 118 f.
16 »Rattenlinie« war später die von US-amerikanischen Geheimdienst- und Militärkreisen geprägte Bezeichnung für Fluchtrouten führender Vertreter des NS-Regimes, Angehöriger der SS und der Ustascha nach dem Ende des Zweiten Weltkriegs. Vgl. Ernst Klee: Persilscheine und falsche Pässe. Wie die Kirchen den Nazis halfen, Frankfurt a. M. 1991; Rena und Thomas Giefer: Die Rattenlinie. Fluchtwege der Nazis, Weinheim/Basel 1992; Gerald Steinacher: Nazis auf der Flucht. Wie Kriegsverbrecher über Italien nach Übersee entkamen, Innsbruck 2008.
17 Helen Fehervary: Zur Topographie der Flucht in den Romanen und Erzählungen von Anna Seghers, in: *Argonautenschiff* 25/2017, S. 47–56, hier S. 52.
18 Ebd.
19 Ebd.

Uwe Wittstock
ALS JOHN F. KENNEDY MAL ANHALTER MITNAHM

Hatte der junge John F. Kennedy, lange bevor er Präsident wurde, einen Gastauftritt in Anna Seghers berühmtestem Roman *Das siebte Kreuz*? Diese Spekulation ist natürlich höchst gewagt, aber es gibt ein paar Indizien für sie. Das großartige und klug gemachte Literaturfestival Frankfurt liest ein Buch war vom 16. bis 29. April 2018 dem Roman von Anna Seghers gewidmet. Da ich eine der vielen Veranstaltungen zu dem Buch bestreiten durfte, habe ich den Roman wieder gelesen und dabei fiel mir eine ziemlich bemerkenswerte Szene auf, in der der Flüchtling Georg Heisler per Anhalter mitgenommen wurde. Weitere Recherchen machten die Sache immer interessanter. In einem Artikel für die *Frankfurter Rundschau* vom 30. April 2018 breite ich meine Indizien aus. Meine Behauptung ist natürlich komplett unbeweisbar, aber vielleicht doch bemerkenswert genug, einmal vorgestellt zu werden. Kennedy besuchte Deutschland dreimal zwischen 1937 und 1945. Hinterließ er dabei Spuren in der deutschen Literatur?

Um die Entstehung von Anna Seghers Roman *Das siebte Kreuz* ranken sich Legenden. Ich möchte eine neue hinzufügen. Beweisbar ist meine nicht, aber fantasieanregend.

Anna Seghers hatte bereits 1933 vor den Nazis fliehen müssen. Doch auch Jahre später war sie, zeigt ihr Roman, noch immer exzellent orientiert über die Ereignisse und die soziale Atmosphäre in Deutschland. Offenbar erreichte sie über Exilorganisationen wie die Rote Hilfe ein steter Strom von Informationen über Gruppen, die das Hitler-Regime bekämpften. So erhielt sie vermutlich auch Nachricht von der Flucht von sieben Häftlingen aus dem KZ Sachsenhausen 1936. Sechs von ihnen wurden gefangen und an Pfählen auf dem Appellplatz des KZs aufgehängt. Der Siebte aber entkam, sein Pfahl blieb leer und wurde so zum Hoffnungszeichen.

Doch wie detailliert waren die Berichte, die Anna Seghers zugetragen wurden? Schließlich lebt ein Roman wie ihrer nicht allein von der Handlungsidee – der dramatischen Flucht –, sondern ebenso von einer Unzahl möglichst überzeugender Kleinigkeiten, die diese Handlung glaubwürdig erscheinen lassen.

Fast in der Mitte ihres Buches hat Anna Seghers eine überraschende Szene eingebaut: Ihre Hauptfigur Georg Heisler wird von einem jungen Ausländer, der einen ausländischen Wagen fährt, per Anhalter mitgenommen. Der Fahrer kaut Kaugummi und spricht gebrochen Deutsch. Die Vermutung, er sei Amerikaner, liegt nahe.

Fabelhaft ist diese Episode schon deshalb, weil Anna Seghers hier den erzählerischen Mut hat, ihren Helden von einer moralisch unvorteilhaften Seite zu zeigen: Heisler erwägt kurz, den freundlichen Fahrer zu ermorden, um den »schönen Schlitten« zu stehlen. Wie verfiel Anna Seghers auf diese Szene? Sie hatte die Handlung ihres Romans in den Oktober 1937 verlegt, und die Vorstellung von einem jungen Amerikaner, der in dieser Zeit mit einem großen amerikanischen Wagen durch Deutschland reist, liegt nicht eben nahe.

Vor fünf Jahren wurde allerdings das Reisetagebuch eines 20-jährigen Amerikaners veröffentlicht, der tatsächlich 1937 mit seinem Ford Deluxe Cabriolet durch Europa tourte und am 21. August von Süden kommend über Frankfurt nach Köln fuhr, also die fiktive Fluchtroute Heislers berührte. Dieser Amerikaner gelangte später ins höchste politische Amt seines Landes und wird bis heute verehrt: Es war John F. Kennedy.

Er bereiste mit seinem Studienfreund Kirk LeMoyne Billings einen Sommer lang im eigenen Wagen den alten Kontinent. Obwohl der junge Kennedy in Harvard Politik studierte, vertrat er erstaunliche politische Ansichten: »Komme zu dem Schluss, dass Faschismus das Richtige für Deutschland und Italien ist, Kommunismus für Russland und Demokratie für Amerika und England.« Zudem schreibt er das Wort »Faschismus« (»Fascism«) in seinen Notizen konsequent falsch (»Facism«).

Um mehr über Land und Leute zu erfahren, bestand Kennedy darauf, so Billings, »dass wir jeden deutschen Anhalter mitnahmen«. Darunter sei auch ein Student gewesen, »der sehr gegen Hitler war. Wahrscheinlich ist er jetzt tot.« In Anna Seghers Roman beginnt die entsprechende Szene mit der Bemerkung, der ausländische Wagenbesitzer habe förmlich Ausschau gehalten nach Anhaltern und »Georgs Wink geradezu erwartet«.

Natürlich kann die Vorstellung, der spätere Präsident Kennedy habe eine Art Gastauftritt im berühmtesten Roman von Anna Seghers, nicht mehr als eine Spekulation sein. Doch ausgeschlossen ist es nicht, dass ihr die unwahrscheinliche Begegnung zwischen einem deutschen Hitlergegner und zwei Amerikanern irgendwo bei Frankfurt bis ins Pariser Exil zugetragen wurde. Ein berührender Gedanke ist es allemal, dass es vielleicht ein Widerstandskämpfer war, der dem Politikstudenten Kennedy zu ein paar realistischen Einsichten über den Nationalsozialismus verhalf.

Literatur

John F. Kennedy: Unter Deutschen. Reisetagebücher und Briefe 1937–1945, Aufbau Verlag Berlin 2013.
Rainer Wieland (Hg.): Das Buch der Deutschlandreisen. Von den alten Römern zu den Weltenbummlern unserer Zeit, Propyläen Verlag Berlin 2017, S. 397–400.

Marie-Christin Flohr / Carsten Jakobi
DAS SIEBTE MANUSKRIPT
DIE ABENTEUERLICHE ENTSTEHUNGS- UND EDITIONSGESCHICHTE VON ANNA SEGHERS' ROMAN *DAS SIEBTE KREUZ*

Die folgenden Ausführungen gehen auf einen Vortrag zurück, der im Rahmen der Veranstaltungsreihe Frankfurt liest ein Buch (im Jahr 2018 *Das siebte Kreuz*) an der Johannes Gutenberg-Universität Mainz gehalten wurde. Die Mainzer Universität hat eine besondere Beziehung zu Anna Seghers; seit vielen Jahren ist die Autorin hier Gegenstand der germanistischen Forschung und Lehre. Auch der folgende Text ist in gewisser Weise Resultat dieser Lehre, denn er geht zurück auf ein Seminar zu Anna Seghers' Exilromanen im Wintersemester 2016/17.

Anna Seghers ist aber auch von der gesamten Mainzer Universität schon vergleichsweise früh gewürdigt worden, »früh« gemessen an den westdeutschen Verhältnissen. Seit 1977 ist sie Ehrenbürgerin der Universität. Damit ist die Universität Mainz der Stadt Mainz vier Jahre vorausgegangen. Damals, 1977, wurde diese Entscheidung des akademischen Senats und des Universitätspräsidenten in Mainz und in Rheinland-Pfalz heftig kritisiert. Die CDU hat sich geradezu wutbürgerlich aufgeführt, und die Mainzer *Allgemeine Zeitung* war in erheblichem Ausmaße an dieser Kampagne beteiligt und hat sie sogar wesentlich verschärft. Seit es die DDR nicht mehr gibt, hat sich diese Kritik in berechnende Anerkennung verwandelt. Und zwar nicht nur in Mainz.

Vor allem Anna Seghers' Roman *Das siebte Kreuz* wird – aus den unterschiedlichsten Gründen – fast durchweg geschätzt. Was lässt sich an Lobendem über den Roman sagen? Es ist ein Gesellschaftsroman, dem es gelingt, den Zusammenhang von Individuen, die ein Land bevölkern, tatsächlich als »gesellschaftlichen« Zusammenhang darzustellen. Diese Individuen stehen in vielfältigen ökonomischen, sozialen, politischen bis hin zu repressiven Verknüpfungen, von denen sie keine oder nur bruchstückhafte Kenntnisse haben. Diese Verknüpfungen sind aber praktisch wirksam, auch ohne dass die darin Involvierten sie durchschauen, und sie wirken sich in der Regel zum Schaden für das Individuum aus, aber ausnahmsweise auch zum Nutzen. Ein solcher Nutznießer ist Georg Heisler. Seine Rettung vor der nationalsozialistischen Verfolgung kommt überhaupt nur dadurch zustande, dass er etliche seiner Helfer nicht kennt und diese zum Teil voneinander auch nichts wissen. Obwohl der Roman von lauter Einzelpersonen mit Namen, Biographie, Adresse, Beruf, Verwandtschaftsverhältnissen bevölkert wird, bilden diese zusammengenommen ein gesellschaftliches System, das bekanntlich den Namen Faschismus trägt.

Dieses System stellt einen Funktionszusammenhang dar, in dem ihr individuelles Agieren normalerweise Exekutionen verselbstständigter ökonomischer Bewegungen (Wertbildung, Warenaustausch, ökonomische Benutzung), praktizierter Herrschaftstechniken und durchgesetzter Rechtsnormen ist. Die subjektiven Zwecke, die die Individuen sich für ihr Agieren zurechtlegen, sind nicht identisch mit den objektiven, vom Wert- und anderen Gesetzen konstituierten Gründen ihres Agierens selbst. Diese Diagnose ist der Romanhandlung als analytischer Befund vorausgesetzt, und so gefasst, stellt der Roman ein vorweggenommenes Dementi des neoliberalen Kerndogmas dar, wonach es keine Gesellschaft gebe.

An einem entscheidenden Punkt geht der Roman über die Diagnose und Bebilderung dieses aus objektiven Zwecken abgeleiteten individuellen Agierens hinaus. Der Roman inszeniert eine praktische Widerständigkeit dagegen, einen Vorbehalt oder Einspruch gegen den blinden gesellschaftlichen Funktionszusammenhang. Auf diesen Einspruch ist es Anna Seghers sehr angekommen, überhaupt in ihrem literarischen Gesamtwerk und speziell in diesem Roman: Georg Heislers Rettung stört die gesellschaftliche Ordnung, und zur Inszenierung dieser sympathischen Störung bietet Anna Seghers ihr ganzes erzählerisches und bildsprachliches Können auf. Am Ende kommt Heisler mit dem Leben davon und kann in die Niederlande fliehen. Dass es überhaupt so weit kommt, erscheint als Glück, als Zufall. An jeder Stelle der Romanhandlung wäre ein Scheitern Heislers denkbar: lebenswichtige Nachrichtenverbindungen seiner Genossen im Untergrund könnten abreißen; unbedachte Äußerungen könnten ihn verraten; jeder Schritt des Flüchtlings könnte ihn in die Arme eines der zahlreichen NS-Repressionsorgane führen – so wie es seinen Mitflüchtenden ergeht, die nach und nach gefasst und im KZ Westhofen an Kreuzen aufgehängt werden. Für das Gelingen von Heislers Flucht hat es offenbar genau einen einzigen richtigen, aber in keiner Weise antizipierbaren Fluchtweg gegeben. Dieser Fluchtweg wird ihm von zahlreichen Bekannten und Unbekannten gebahnt, die selbst nicht immer genau wissen, was sie tun und vor welchen Alternativen sie überhaupt stehen. Aber natürlich ist es zugleich etwas mehr als bloßes Glück oder bloßer Zufall, denn Heislers Entkommen resultiert aus dem erzählerischen Kalkül, das den Roman vom ersten Satz an dominiert.

Eine verblüffend anmutende Parallele hat Heislers Flucht in der Entstehungs- und Publikationsgeschichte des Romans *Das siebte Kreuz*, der Anna Seghers' Weltruhm begründen sollte. Wie Heislers Flucht sind auch die Entstehungsgeschichte des Romans und die im puren materiellen Sinne Überlieferungsgeschichte von Seghers' Romanmanuskripten ein aberwitziger Glücksfall: Um ein Haar hätte es diesen Roman der Weltliteratur nicht, nur in fragmentarischen Auszügen oder in fremdsprachigen Übersetzungen gegeben.[1]

Im Folgenden soll es um eine Rekonstruktion dessen gehen, wie unter den Bedingungen von Exil, Verfolgung und Weltkrieg Literatur entstanden ist. Wir werden nachzeichnen, wie die mutmaßlich sieben Manuskripte des *Siebten Kreuzes* entstanden sind, wo sie verblieben sind und welche davon für die Publikations- und Übersetzungsgeschichte des Romans eine Rolle gespielt haben.[2] Ins Zentrum wird dabei die Frage nach dem siebten Manuskript rücken (dessen Nummerierung des Effekts halber erfolgt). Und wir gehen dazu zurück ins Jahr 1933.

Anna Seghers wurde kurz nach der Machtübertragung an einen nationalsozialistischen Reichskanzler verhaftet. Parallel dazu wurde, wie in vielen anderen Regionen des Reiches auch, in dem rheinhessischen Städtchen Osthofen ein Konzentrationslager eingerichtet. Über dieses und weitere Konzentrationslager entwickelte sich alsbald eine rege Publizistik: einerseits in Deutschland selbst, wo Zeitungsberichte über die keineswegs geheimen Lager eine abschreckende Wirkung entfalten sollten,[3] andererseits im Exil, wo der europäischen Öffentlichkeit Kenntnis über die beginnenden Gräuel des Nationalsozialismus verschafft werden sollte.

Bereits im Juni 1933 erschien in Moskau eine Broschüre mit dem Titel *Mord im Lager Hohenstein. Berichte aus dem Dritten Reich*.[4] Zwei der Beiträge trugen den Verfassernamen »Peter Conrad«; es sind fiktionalisierte Erzählungen authentischer Ereignisse: *Mord im Lager Hohenstein* und *Das Vaterunser*. Es wird heute mit einiger Sicherheit vermutet, dass sich hinter diesem Pseudonym Anna Seghers verbirgt.[5] Sollte dies der Fall sein, hätte die Vorarbeit am *Siebten Kreuz* bereits im Frühjahr 1933 begonnen.

Anna Seghers lebt seit 1933 in Paris. Dort entsteht das *Siebte Kreuz*. 1938 taucht in Seghers' Notizkalender erstmals ein Hinweis auf das neue Projekt auf: Über die ersten zwei Wochen des Mai 1938 findet sich der quergeschriebene Eintrag »d. letzte Kreuz«, im Juni die Konkretisierung: »7 Kreuze Novelle«[6]. Die Symbolik des Titelmotivs steht also früh fest, die Gattungsbezeichnung des geplanten Werkes ist hingegen noch unentschieden. Viele weitere Notizkalendereinträge belegen die kontinuierliche Weiterarbeit. Seghers beschrieb in Caféhäusern Notizzettel und übergab sie ihrer Mitarbeiterin Lore Wolf zur Abschrift; dabei variierten ganze Textpassagen und zum Teil auch Figurennamen erheblich. Erst durch Lore Wolfs Abschriften kam so etwas wie Textkohärenz zustande. Ab diesem Arbeitsstadium kann man Manuskripte unterscheiden. Oder strenggenommen: Typoskripte, da es sich um maschinenschriftliche Abschriften handelt. Keine der genannten Notizsammlungen mit Seghers' Handschrift ist erhalten; was aus den Manuskripten bzw. Typoskripten wurde, wird zu zeigen sein.

Konkreter werden die Zeugnisse über die Romanentstehung im Herbst 1938. Am 23. September 1938 findet sich die erste briefliche Erwähnung. An Iwan Anissimow, den Direktor des Gorki-Instituts für Weltliteratur in Moskau, schreibt Seghers:

»Ich werde einen kleinen Roman beenden, etwa 200 bis 300 Seiten, nach einer Begebenheit, die sich vor kurzem in Deutschland zutrug. Eine Fabel also, die Gelegenheit gibt, durch die Schicksale eines einzelnen Mannes sehr viele Schichten des faschistischen Deutschlands kennenzulernen. Dieses Buch darf und wird nicht allzu lang dauern, ich habe es schon begonnen und will es, wenn meine Lage es irgendwie zuläßt, in einigen Monaten beenden.«[7]

Diese in der Seghers-Forschung vielzitierte Stelle formuliert ein Programm. Es besteht darin, die abenteuerliche Flucht Georg Heislers als analytische Sonde zu benutzen, einen Querschnitt durch das faschistische Deutschland zu zeichnen. Diesem Programm ist Seghers treu geblieben. Nur den Umfang hat sie falsch einkalkuliert, denn der Roman wird – je nach Ausgabe – einiges mehr als 400 Seiten umfassen.

Von handwerklichen Schwierigkeiten beim Verfassen des Romans erfahren wir aus den überlieferten Quellen nichts. Seghers beherrschte ihre erzählerische Technik und auch das politische Kalkül, das sie mit dem Roman verfolgte, offenbar in einer Weise, die ihr selbst ganz selbstverständlich war. Und zwar im doppelten Sinne: Das Schreiben scheint ihr glatt von der Hand gegangen zu sein, aber sie kann ihre eigenen Fähigkeiten auch selbstbewusst einschätzen. Nach Abschluss des Romans schreibt Seghers an den Verleger Wieland Herzfelde am 9. Mai 1940:

»Ich brauch Dir jetzt nicht mehr zu erzaehlen warum ich gerade an diesem Buch sehr haenge als Thema und als Arbeit weil ich will dass sowohl ich in diesem Buch einen bestimmten Grad meines Koennens zeigen kann und weil ich will, dass eine bestimmte Phase in unsrer Geschichte darin gezeigt werde.«[8]

Die Schwierigkeiten, die Seghers dieser Roman bereitet, liegen jenseits jeder ästhetischen Produktivität. Anna Seghers befindet sich in den Jahren 1938 und 1939, in denen der Roman entsteht, zunehmend in einer ökonomischen Zwangslage. Die Versuche, Honorare und Arbeitsstipendien zu erhalten, rauben ihr immer mehr Zeit und Konzentration. Sie führt in dieser Zeit einen Briefwechsel mit der American Guild for German Cultural Freedom, einer Hilfsorganisation für exilierte deutsche Schriftstellerinnen und Schriftsteller. Der Erfolg der beiderseitigen Bemühungen besteht in einer Unterstützung im Umfang der gigantischen Summe von 50 Dollar.[9]

Zu diesen prekären Lebensbedingungen treten Publikationsschwierigkeiten, die typisch sind für die Umstände, unter denen die Exilliteratur entstanden ist und vor allem: unter denen sie veröffentlicht wurde. Unter den Bedingungen von Krieg und Exil geraten die Versuche, Seghers' Roman zu publizieren, zur Abenteuergeschichte.

Ein früher Plan zur Veröffentlichung des Romans besteht in der Überlegung, ihn unter der Schirmherrschaft der Internationalen Schriftstellervereinigung zur Verteidigung der Kultur (ISVK) herauszubringen: damals eine repräsentative Vereinigung antifaschistischer Schriftsteller des Exils. Als Publikationsort wird ein neuer Verlag mit einem politisch gleichsam demonstrativen Namen ins Auge gefasst: die »Éditions du 10 Mai«, benannt nach dem Datum der nationalsozialistischen Bücherverbrennung. Der Verlag ist Resultat einer Neuorganisation der kommunistischen Exilpublizistik. Willi Münzenberg, die legendäre kommunistische Verlegergestalt der Weimarer Republik und des frühen Exils, hatte sich nach 1937 gegen den Stalinismus positioniert und die Kommunistische Partei verlassen. Damit brach eine organisatorisch und personell wesentliche Stütze der kommunistischen Verlagslandschaft weg.

Eine nennenswerte Erfolgsgeschichte kann dieser neue Verlag nicht verzeichnen: Es erscheinen ganze zwei Bücher: von Willi Bredel eine Reportage aus dem Spanischen Bürgerkrieg, *Begegnung am Ebro*, und von Heinrich Mann die Essaysammlung *Mut*, beide 1939.[10] Das Scheitern des Verlagsprojekts und damit der Publikationsmöglichkeit für das *Siebte Kreuz* resultiert aus dem gleichen Grund wie die Verlagsgründung, nämlich aus dem Stalinismus: Der Moskauer Verbindungsmann des Verlags, der sowjetische Journalist Michail Kolzow, wurde im Dezember 1938 als Trotzkist verhaftet und 1940 ermordet.[11] Im Februar 1939 sperrte Moskau den finanziellen Zuschuss zum Verlag und der Verlagsbetrieb wurde eingestellt.

Noch erscheint Anna Seghers aber die Sowjetunion als aussichtsreiches Publikationsland für den Roman. Schon vor Fertigstellung des Textes beginnt seine erste Publikation, und zwar als Fortsetzungsroman in der Moskauer Zeitschrift *Internationale Literatur*. Im Heft 6, also im Juni des Jahrgangs 1939, erscheint dort das vollständige erste Kapitel des *Siebten Kreuzes*. Im gleichen Heft sind auch drei Kapitel aus Lion Feuchtwangers Roman *Exil* und ein Essay von Heinrich Mann abgedruckt. Im Juli-Heft erschien der Anfang des zweiten Kapitels, im August dessen Fortsetzung bis zum Ende des zweiten Kapitels.[12] Auf diese Weise lag im Sommer 1939 ein gutes Drittel des *Siebten Kreuzes* gedruckt vor.

Die Zeitgeschichte verhinderte den weiteren Abdruck. Am 24. August (mit Datierung 23. August) 1939 wurde in Moskau der sogenannte deutsch-sowjetische Nichtangriffspakt, auch bekannt als »Hitler-Stalin-Pakt«, unterzeichnet, in dem sich die beiden weltanschaulich verfeindeten Staaten gegenseitige militärische Neutralität – und noch einiges mehr an gegenseitigem imperialem Wohlwollen – zusicherten. Von diesem Tag an konnte für knapp zwei Jahre, nämlich bis zum deutschen Angriff auf die Sowjetunion, dort keinerlei antifaschistische Literatur mehr erscheinen. Davon betroffen war auch das *Siebte Kreuz*: Das Septemberheft 1939 der *Internationalen Literatur* erschien nicht (offenbar konnte die Redaktion nach dem politischen Kurswechsel nicht schnell genug mit einem alternativen Heft aufwarten). Im Oktoberheft 1939 waren die geplanten Fortsetzungskapitel der Romane von Seghers und Feuchtwanger nicht mehr enthalten – übrigens, wie es für das stalinistische Verständnis von Öffentlichkeit typisch ist, ohne eine redaktionelle Erläuterung zum Abbruch des Abdrucks.

Mit dem Ende der Arbeiten an dem Roman beginnt die abenteuerliche Geschichte der Manuskripte erst richtig. Schon in der Widmung der ersten vollständigen, »mexikanischen« Ausgabe findet sich ein Hinweis auf die Schwierigkeiten der Publikation:

»Dieses Buch ist den toten und lebenden Antifaschisten Deutschlands gewidmet. Es verdankt sein Erscheinen in Mexiko der Freundschaft und gemeinsamen Arbeit deutscher und mexikanischer Schriftsteller, Künstler und Drucker.«[13]

Anna Seghers selbst ist davon ausgegangen, dass lediglich vier Manuskripte im Umlauf gewesen seien. Diese Vermutung hat sie jedenfalls in einem Interview ausgesprochen.[14] Tatsächlich lassen sich aber die Spuren von mindestens sieben, in der Textgestalt keineswegs identischen Manuskripten nachverfolgen. Anna Seghers hat sie breit gestreut, aus Angst, sie könnten verloren gehen. Diese Sorge hat sich als berechtigt herausgestellt: Fast alle Exemplare sind im Chaos des Zweiten Weltkriegs verschollen.

1. Ein Manuskript brachte Seghers nach dem »Blitzkrieg« gegen Polen in Umlauf. Sie gab es an Fritz Helmut Landshoff weiter, der kurz darauf im November 1939 zu einer USA-Reise aufbrach. Landshoff leitete seit 1933 die deutschsprachige Exil-Abteilung des Querido Verlags in Amsterdam, einem der wichtigsten Verlage des deutschsprachigen Exils.[15] Auch Anna Seghers publizierte *Der Kopflohn* und *Die Rettung* mit Landshoffs Hilfe bei Querido.[16] *Das siebte Kreuz* reihte sich aber vorerst nicht in die Veröffentlichungen des Verlags ein und das Manuskript, das Seghers an Landshoff versandt hatte, ist heute nicht mehr erhalten. Später hat Anna Seghers das Manuskript allerdings auch als unbefriedigend bezeichnet und zog diesem ein anderes Manuskript vor.

2. Ähnlich kurzlebig ist die Geschichte des zweiten Manuskripts. Seghers vertraute es im Frühjahr 1940 Berthold Viertel an. Von dem Theater- und Filmregisseur, der zu dem Zeitpunkt in Hollywood lebte, erhoffte sie sich, dass er das Manuskript zur Verfilmung vorschlagen würde. Doch aus diesem Plan wurde nichts und auch dieses Manuskript ist nicht mehr auffindbar.

3. Die Geschichte um das dritte Manuskript ist hingegen recht spektakulär. Seghers' Sohn Pierre Radványi berichtet, dass ein Manuskript in ihrer Wohnung in Bellevue, einem Vorort von Paris, zurückgeblieben war. Seghers musste es dort wahrscheinlich bei ihrer Flucht 1940 zurücklassen. Im Nachhinein bat sie deswegen ihre polnische Freundin und Haushälterin Justyna Sierp, die auch für das illegale Politbüro der Kommunistischen Partei Polens in Paris arbeitete,[17] um Hilfe. Sierp verbrannte das Manuskript aus Angst vor der Gestapo.

Damit verlaufen die Spuren dreier Manuskripte im Sand.

4. Das vierte Manuskript sollte vermutlich in der *Pariser Tageszeitung* erscheinen, denn es lag bis zum Einmarsch der deutschen Truppen in der Redaktion. Die *Pariser Tageszeitung* war die einzige bis 1940 erscheinende deutschsprachige Tageszeitung im Exil. Da viele deutsche Exilanten mit dem Kriegsausbruch 1939 interniert wurden oder flohen, musste die Zeitung im Februar 1940 eingestellt werden.[18] Nach dem Einmarsch in Paris 1940 wurde Seghers' Manuskript von der Gestapo beschlagnahmt.

Eine Publikation war damit natürlich ausgeschlossen. Tatsächlich ist es aber das einzige Typoskript, das noch erhalten ist. Es liegt heute im Bundesarchiv Berlin-Lichterfelde und unterscheidet sich in vielen Punkten von den Druckfassungen, beispielsweise beinhaltet es handschriftliche Korrekturen von Seghers.[19]

Drei weitere Manuskripte verloren sich hingegen nicht in einer Sackgasse.

5. Die fünfte Spur führt in die Sowjetunion. Das Manuskript ist nicht mehr erhalten, diente jedoch als Grundlage für die russische Übersetzung.

Im April 1940 schickte Seghers ein Exemplar an F. C. Weiskopf zur Weitergabe an Johannes R. Becher in Moskau. Wahrscheinlich ist es dieses Manuskript gewesen, welches in Moskau von Vera Stanevič ins Russische übersetzt wurde. 1941 erschien ihre Übersetzung bis zum fünften Abschnitt des vierten Kapitels, also fast bis zur Hälfte, in der sowjetischen Zeitschrift *Oktjabr* (Октябрь). Auf Grundlage dieser Übersetzung erschien 1949 auch die vollständige russische Ausgabe mit dem Titel Седьмой крест, welche bis heute Gültigkeit hat.

6. Die sechste Spur führt zurück nach Frankreich. Nach ihrer Flucht aus Paris 1940 hatte Seghers noch ein weiteres Manuskript hinterlassen, das sie später für verloren hielt. Tatsächlich wurde es aber von dem Deutschlehrer und Übersetzer Fernand Delmas versteckt, der auch Werke von Hermann Hesse, Thomas Mann und Stefan Zweig ins Französische übertragen hatte. Auch Seghers' Manuskripts nahm er sich an. *La Septième Croix* erschien 1947 beim Pariser Gallimard-Verlag und ist noch heute als die französische Übersetzung gültig.

7. Die zuletzt genannten Übersetzungen, also die russische und die französische, sind erst nach dem Zweiten Weltkrieg erschienen. Nach dem Nichtangriffspakt zwischen Deutschland und der Sowjetunion und dem Einmarsch der Nazis in Frankreich verlor Seghers jegliche Hoffnung darauf, in diesen Ländern publizieren zu können. Hilfe versprach sie sich dagegen von F. C. Weiskopf in den USA. Ihm schickte sie im Januar 1940 ein siebtes Manuskript. Er hat maßgeblich dazu beigetragen, dass *Das siebte Kreuz* veröffentlicht wurde, und außerdem seiner Freundin Anna Seghers die Flucht aus Frankreich ermöglicht. Die Zeit während des Zweiten Weltkriegs verbrachte er im amerikanischen Exil und stand in regem Briefkontakt mit Seghers. In einigen dieser Briefe sucht Seghers ihn um Hilfe an. So schrieb sie am 2. Februar 1940 aus Frankreich:

»Es gibt für uns nur einen einzigen Ausweg: nach Amerika zu gehen. […] Auf jeden Fall wollen wir in die Vereinigten Staaten und nicht in ein anderes amerikanisches Land. Wir wissen genau, dass das nicht einfach ist, aber Du bist sehr gewieft.«[20]

Im gleichen Brief zieht sie aber auch andere Exilländer in Erwägung. Sie bittet Weiskopf darum, »[…] keinerlei andere Möglichkeit für irgendeine offizielle Einladung, z. B. aus Mexiko, außer Acht zu lassen«[21]. Auch um finanzielle Hilfe bat sie ihn in zahlreichen Briefen. Nach ihrer Flucht aus Paris begann nämlich eine regelrechte Odyssee für Seghers und ihre Familie, die sich existenziellen Nöten ausgesetzt sahen.

Tatsächlich erreichte die Familie am 16. Juni 1941 Ellis Island, die kleine Insel vor New York City. Dort erwartete sie jedoch eine böse Überraschung. Seghers und ihre Familie durften das Schiff nicht einmal verlassen. Während ihrer Internierung auf Ellis Island geschah aber auch eine glückliche Wendung, zu der F. C. Weiskopf ganz wesentlich beigetragen hatte. Er hatte ihr siebtes Manuskript nämlich bereits im Januar 1940 an Maxim Lieber, Anna Seghers' Literaturagenten in den USA, weitergegeben. Dieser legte

Seghers noch bei ihrer Ankunft auf Ellis Island einen Vertrag des Verlags Little, Brown and Company vor. Mit dem Vertrag ging ein Vorschuss einher, der allerdings – zu Seghers' Bestürzung – sofort mit der englischen Übersetzung verrechnet werden musste. Anfangs war Helen Lowe-Porter als Übersetzerin vorgesehen; da aber die finanziellen Mittel für diese hochrangige Übersetzerin nicht ausreichten, beauftragten Lieber und Little, Brown and Company James Galston mit der Übersetzung. 1942 wurde so die amerikanische Ausgabe unter dem Titel *The Seventh Cross* in Boston veröffentlicht – bis zur Neuübersetzung von Margot Bettauer Dembo (2018) die einzige vorliegende englischsprachige Übersetzung.

Kurz darauf erschien sie auf die Empfehlung von Erich Maria Remarque hin in einer Massenauflage im Book of the Month Club. Der Club, 1928 gegründet, hatte zeitweise fast eine halbe Million Mitglieder, denen jeden Monat ein neues Buch empfohlen wurde. Dass *Das siebte Kreuz* von dem Club angepriesen wurde, ließ die Verkaufszahlen dementsprechend in die Höhe schnellen.[22] Wie viele Exemplare der amerikanischen Ausgabe verkauft wurden, lässt sich heute kaum mehr nachvollziehen. Der Roman fand aber großen Anklang beim amerikanischen Publikum. Recherchen zufolge waren im Februar 1943 schon an die 421 000 Exemplare verkauft.[23]

Galstons Übersetzung ist aber nicht vollständig deckungsgleich mit der deutschen Fassung. Sie wurde an den Geschmack des amerikanischen Publikums angepasst. Davon zeugen entpolitisierende Kürzungen und Streichungen einzelner Szenen (erst Bettauer Dembos Neuübersetzung präsentiert den vollständigen Text auf Englisch).

Weitere, quantitativ erheblichere Kürzungen wurden bei der von William Sharp illustrierten Ausgabe vorgenommen, die 1942 veröffentlicht wurde, aber schnell in Vergessenheit geriet. Erst 2015 wurde die bebilderte Version in deutscher Sprache gedruckt.[24] Seinerzeit erreichte der Comic – oder: die Graphic Novel – aber wohl um die 20 Millionen Leser. Der Auftraggeber war der konservative Verleger William Randolph Hearst, dem das King Features Syndicate gehörte und der dafür sorgte, dass die bebilderte Ausgabe episodenweise in verschiedenen Zeitungen der USA abgedruckt wurde. Schon in der reißerischen Ankündigung dieser »pictorial version« wird deutlich, dass die politische Aussage des Romans nebensächlich wird. Sie verspricht den Lesern »the excitement and suspense of the man-hunt and the final successful flight to freedom of one man, the hero«[25].

Zu Gunsten des Unterhaltungswerts bestand ein illustrierter Teil typischerweise aus vier Bildern, die von nicht mehr als 500 Wörtern begleitet wurden. Bemerkenswert sind allerdings die Tuschezeichnungen des österreichischen Exilanten Leon Schleifer, der sich in Anspielung an seine sprichwörtliche »spitze Feder« William Sharp nannte.

Mit seiner expressionistisch anmutenden Comic-Version des *Siebten Kreuzes* gelingt es ihm, sowohl die Brutalität der Nationalsozialisten sichtbar zu machen, als auch die Opfer des faschistischen Regimes in ihrer Menschlichkeit darzustellen.[26] Weitaus weniger Kürzungen als in der illustrierten Ausgabe wurden in der Armed Service Edition für die Streitkräfte gemacht, die 1944 veröffentlicht wurde.[27] Internationale Bekanntheit erlangte *Das siebte Kreuz* aber insbesondere durch seine Verfilmung *The Seventh Cross* aus dem Jahr 1944. Die Entpolitisierung verstärkt sich noch einmal im Film. Hier tritt die politische Aussage zu Gunsten der Kriminalgeschichte und der Liebesgeschichte zwischen Heisler und der Kellnerin Toni deutlich in den Hintergrund.

Damit hatte das Manuskript seinen Weg nach Amerika gefunden. Anna Seghers und ihre Familie landeten jedoch erst einmal im mexikanischen Exil. Auch dort suchte sie den Kontakt zu anderen exilierten Deutschen, mit denen sie den antifaschistischen Buchverlag El libro libre (Das freie Buch) gründete. Der Verlag wurde 1942 zum Jahrestag der Bücherverbrennung in Deutschland ins Leben gerufen und veröffentlichte zahlreiche heutige Klassiker der deutschen Exilliteratur, so auch *Das siebte Kreuz*. 1943 lief der Roman mit 2 000 Exemplaren innerhalb der ersten zwei Wochen an. Vor der Veröffentlichung hatte Anna Seghers nochmals die Gelegenheit, es zu korrigieren.

Das siebte Manuskript ist die Grundlage aller deutschen Ausgaben. 1946 erschien der Roman nach dieser Vorlage beim Aufbau Verlag in Berlin[28] und 1947 bei Desch in München.[29] Auch der Querido Verlag veröffentlichte nun den Roman 1946 in Amsterdam.[30] Dass alle diese Ausgaben auf der El libro libre-Ausgabe beruhen, zeigt sich daran, dass sie nahezu identisch sind. Die Namensgebung ist vereinheitlicht und die deutsche Schreibweise der Umlaute hat sich in allen Auflagen durchgesetzt. Außerdem findet man in allen Auflagen, bis auf vereinzelte Ausnahmen, dieselben Fehler.

Als letzte wichtige Publikation ist die Ausgabe des Romans im Rahmen der großen Anna-Seghers-Werkausgabe zu erwähnen. Sie erscheint seit 2000 (dem 100. Geburtstag der Autorin) im Aufbau Verlag, und der erste Band, der herausgekommen ist, enthält das *Siebte Kreuz*. Was ist das besondere dieser Ausgabe? Sie ist die erste sogenannte Kritische Ausgabe, also eine Ausgabe, die exakten editionsphilologischen Anforderungen genügt: Sie stellt den Versuch dar, die Textgestalt des literarischen Werkes in einer Weise zu rekonstruieren, die der Intention der Autorin möglichst nahe kommt, also einen »authentischen Text« präsentiert. Das *Siebte Kreuz* ist ein besonders interessantes Beispiel, warum diese Rekonstruktion von Bedeutung ist, und das hat auch mit der Entstehungs- und frühen Publikationsgeschichte des Romans zu tun.

Die erste vollständige deutschsprachige Ausgabe des Romans erschien, wie erwähnt, 1943 in Mexiko. Die technische Erstellung weist Schwierigkeiten auf, die mit dieser Konstellation zu tun haben. Die mexikanischen Setzer, die an der Erstellung der Druckfassung beteiligt waren, verstanden kein Deutsch[31] – man kann sich vorstellen, dass sich unter solchen Voraussetzungen zahlreiche Druckfehler und Irrtümer in den Satz eingeschlichen haben. Dabei entstanden sinnentstellende bis verwirrende Passagen. So taucht an einer Stelle der befremdliche Satz auf: »Die einzigen Worte, die Franz sprach, waren an Franz Marnet gerichtet [...]«[32] – dass Franz Marnet mit sich selbst spricht, ist eine etwas seltsame Mitteilung. Der gleiche Wortlaut findet sich in der Querido-Ausgabe von 1946[33], wohingegen es in der Berliner Aufbau-Ausgabe von 1946 und in der Münchner Desch-Ausgabe von 1947 heißt: »Die einzigen Worte, die Franz sprach, waren an Frau Marnet gerichtet.«[34] Offenbar war den sprachunkundigen Setzern ein Fehler unterlaufen.

Aber es lassen sich in den Drucken des Romans auch andere Fehler finden, die nicht auf die mangelnden Sprachkenntnisse der mexikanischen Setzer zurückzuführen sind. Ein Beispiel, das sich schon im ersten Abdruck in der Moskauer *Internationalen Literatur*, also bereits 1939, findet; wieder betrifft es Franz Marnet: Im 8. Abschnitt des 1. Kapitels wird aus seiner Perspektive ein Rückblick auf die Freundschaft mit Georg Heisler, die gemeinsame politische Arbeit und die geteilte Armut in der Spätphase der Weimarer Republik formuliert. An einer Stelle heißt es:

»Kurz darauf verlor Franz selbst seine Arbeit. Sie [also Franz Marnet und Georg Heisler] legten ihr Stempelgeld zusammen und ihre Gelegenheitsverdienste. Ein unvergleichlicher Winter, dachte *Georg*, mit nichts zu vergleichen, was er früher oder später erlebt hatte.«[35]

Es ist völlig unerfindlich, warum hier mitten in der Gedankenrede Franz Marnets plötzlich Georg Heisler als Träger eines Gedankenzitats auftritt: Ganz offenkundig liegt hier ein Satzirrtum vor.

Dieser Fehler findet sich nicht nur in der Ausgabe in der *Internationalen Literatur* von 1939 und in der mexikanischen Erstausgabe von 1943, sondern auch in zahlreichen deutschen Ausgaben der Nachkriegszeit – 1946 in der Ausgabe des Amsterdamer Querido Verlages[36], 1947 in den Ausgaben des Berliner Aufbau Verlages[37] und des Münchener Desch Verlages[38].

Als der Berliner Aufbau Verlag 1975 im Rahmen der *Gesammelten Werke* das *Siebte Kreuz* erneut herausbrachte, wurde dieser Fehler korrigiert: An die Stelle des falschen »Georgs« trat der richtige »Franz«, sodass der Satz nun lautete: »Ein unvergleichlicher Winter, dachte *Franz* [...]«[39]. Ebenso wurde auch die zuvor zitierte Stelle korrigiert.[40]

Bernhard Spies, der Bandbearbeiter der kritischen Werkausgabe von 2000, überprüfte alle vorhandenen Ausgaben und schloss sich dieser Fehlerkorrektur an, sodass wir auch in der Kritischen Ausgabe den mutmaßlich richtigen, von Anna Seghers intendierten und damit authentischen Wortlaut vorliegen haben.[41]

Das sind vergleichsweise triviale und einfach durchzuführende Korrekturen. Aber es gibt auch andere, schwierigere Fälle. Der erste Satz des Romans lautet in der mexikanischen Ausgabe:

»Vielleicht sind in unserem Land noch nie so merkwürdige Bäume gefällt worden, als die sieben Platanen auf der Schmalseite der Baracke III.«[42]

Jeder des Deutschen Mächtige erkennt hier zwei Verstöße gegen die sprachliche Norm: Es findet sich ein überflüssiges Komma, und an die Stelle der korrekten Vergleichspartikel »wie« tritt ein »als«. In den Nachkriegsausgaben wird dieser Fehler zum Teil wiederholt (so in der Querido-Ausgabe von 1946)[43], zum Teil korrigiert (so in den Ausgaben bei Aufbau[44] und bei

Desch[45]). Im Erstdruck des ersten Kapitels in der *Internationalen Literatur* von 1939 lautet der Satz, grammatikalisch korrekt: »Vielleicht sind in unserem Land noch nie so merkwürdige Bäume gefällt worden wie die sieben Platanen auf der Schmalseite der Baracke III.«[46] Und so lautete der Satz auch in vielen Ausgaben der BRD und der DDR. Der Bandbearbeiter von 2000 stellt hingegen die Version von Mexiko 1943 wieder her, also die grammatikalisch fehlerhafte,[47] weil seine eingehende Stilanalyse des Romans ihn zu der begründeten Vermutung geführt hatte, dass Anna Seghers diesen Verstoß gegen die sprachliche Norm absichtsvoll produziert hat. Dieser Analyse zufolge hat Seghers in ihrem Roman nämlich versucht, den Duktus mündlichen Erzählens zu imitieren – und das soll durch die – auch dialektal typische – Verwechslung von »als« und »wie« unterstützt werden. Der Grammatikfehler ist also beabsichtigt; der fehlerhafte erste Satz des Romans entspricht damit wahrscheinlich der intendierten, authentischen Textgestalt. Genau diese authentische Textgestalt will die kritische Ausgabe zugänglich machen und damit überhaupt erst die Interpretationsmöglichkeit eröffnen, dass Seghers hier mündliches Erzählen simuliert – in der korrigierten, d.h. der sprachlichen Norm entsprechenden Textgestalt wäre eine solche Interpretationsmöglichkeit gar nicht erkennbar. Die neueste Ausgabe des Romans im Aufbau Verlag, 2015 erstmals veröffentlicht, schließt sich dieser Version der kritischen Werkausgabe an.[48]

Man sieht, dass die Werkausgabe einen neuen Standard in der Seghers-Forschung etabliert. Es wäre daher wünschenswert, wenn sie fortgesetzt werden könnte.[49]

Mit der Werkausgabe und ihren Anschlussausgaben ist die Publikationsgeschichte des *Siebten Kreuzes* vorläufig beendet. Wie wir gesehen haben, ist dem Roman die Zeitgeschichte in einer Weise in die Quere gekommen, die ihn beinahe hätte verschwinden lassen – wer weiß, bei wie vielen literarischen Texten des Exils dies tatsächlich der Fall gewesen ist.

Anmerkungen

1 Vgl. Bernhard Spies: Kommentar, in: Anna Seghers: Das siebte Kreuz. Roman aus Hitlerdeutschland, Werkausgabe Bd. I/4, hg. von Helen Fehervary/Bernhard Spies, Berlin 2000, S. 445–496, hier S. 445.

2 Wir stützen uns dabei vor allem auf die Forschungsergebnisse, die Christiane Zehl Romero, Bernhard Spies und Alexander Stephan zusammengetragen haben. In einigen Details können Ergänzungen bzw. Korrekturen vorgenommen werden.

3 Vgl. Angelika Arenz-Morch: Das Konzentrationslager Osthofen 1933/34, in: Die Zeit des Nationalsozialismus in Rheinland-Pfalz. »Für die Außenwelt seid Ihr tot!«, hg. von Hans-Georg Mayer/Hans Berkessel, Bd. 2, Mainz 2000, S. 32–51, hier S. 35.

4 Dazu u. a. Bernhard Spies: Anna Seghers. Das siebte Kreuz. Frankfurt a. M. 1993, S. 15.

5 Dezidiert im Hinblick auf »Das Vaterunser«: Sonja Hilzinger: Anna Seghers, Stuttgart 2000, S. 100–102; insgesamt recht sicher Alexander Stephan: Anna Seghers »Das siebte Kreuz«. Welt und Wirkung eines Romans, Berlin 1997, S. 18; skeptischer dagegen: Christiane Zehl Romero: Anna Seghers. Eine Biographie 1900–1947, Berlin 2000, S. 246.

6 Ebd., S. 337.

7 Anna Seghers: [Bemerkungen zum »Siebten Kreuz«], in: Dies.: Über Kunstwerk und Wirklichkeit, Bd. II, hg. von Sigrid Bock, Berlin 1971, S. 15 f., hier S. 16. – In der Briefedition der Werkausgabe ist der Brief nicht enthalten.
8 Anna Seghers: Briefe 1924–1952. Werkausgabe Bd. V/1, hg. von Helen Fehervary/Bernhard Spies, Berlin 2008, S. 73.
9 Vgl. Werner Berthold/Brita Eckert/Frank Wende: Deutsche Intellektuelle im Exil. Ihre Akademie und die »American Guild for German Cultural Freedom«. Eine Ausstellung des Deutschen Exilarchivs 1933–1945 der Deutschen Bibliothek, Frankfurt a. M. [u. a.] 1993, S. 467–472.
10 Zehl Romero gibt irrtümlich den Titel von Heinrich Manns bereits 1933 erschienener Sammlung »Der Haß« an. Christiane Zehl Romero: Anna Seghers, 2000 (s. Anm. 5), S. 340. Alexander Stephan behauptet, der Verlag habe gar keine Bücher veröffentlicht. Vgl. Alexander Stephan: Anna Seghers, 1997 (s. Anm. 5), S. 23. – Beide Ausgaben sind im Bestandskatalog der Staatsbibliothek zu Berlin nachgewiesen.
11 Vgl. Christiane Zehl Romero: Anna Seghers, 2000 (s. Anm. 5), S. 340.
12 Der genaue Überblick: Heft 6 [Juni] 1939, S. 6–34: Erstes Kapitel; Heft 7 [Juli] 1939, S. 49–65: Zweites Kapitel (bis Abschnitt IV); Heft 8 [August] 1939, S. 8–25: Zweites Kapitel (Abschnitt V–VII). Vgl. dazu: Titelverzeichnis, in: *Internationale Literatur*. Moskau 1931–1945. Bibliographie einer Zeitschrift, Bd. I, bearbeitet von Christina Streller/Volker Riedel, Berlin, Weimar 1985, S. 206–211.
13 Anna Seghers: Das siebte Kreuz, 2000 (s. Anm. 1), S. 7. – In vielen späteren Ausgaben fehlt der zweite Satz der Widmung.
14 Vgl. Sonja Hilzinger: Anna Seghers. Das siebte Kreuz, Stuttgart 2004, S. 90.
15 Vgl. Hiltrud Häntzschel: Geschlechtsspezifische Aspekte, in: Handbuch der deutschsprachigen Emigration 1933–1945, hg. von Claus-Dieter Krohn u. a., Darmstadt 1998, sp. 101–116, hier sp. 112.
16 Vgl. Fritz H. Landshoff: Amsterdam, Keizersgracht 333. Querido Verlag. Erinnerungen eines Verlegers, Berlin, Weimar 1991, S. 37–45.
17 Manfred Gebhardt/Joachim Küttner: Deutsche in Polen nach 1945. Gefangene und Fremde, bearbeitet von Dieter Bingen, München 1997, S. 104 f.
18 Vgl. Hélène Roussel/Lutz Winckler: Einleitung, in: Rechts und links der Seine. *Pariser Tageblatt* und *Pariser Tageszeitung* 1933–1940, hg. von Hélène Roussel/Lutz Winckler, Tübingen 2002, S. 1–14.
19 Ein weiteres mutmaßliches Manuskript – es wäre das achte Manuskript –, das 1940 in Paris bei einem deutschen Bombenangriff vernichtet worden sein soll, wird von Pierre Radványi mit diesem Exemplar identifiziert, sodass in der Tat von der Existenz von sieben Manuskripten ausgegangen werden muss.
20 Anna Seghers: Briefe 1924–1952, 2008 (s. Anm. 8), S. 434.
21 Ebd., S. 434.
22 Der Book-of-the-Month-Club sprach für den Monat Oktober ungewöhnlicherweise noch eine weitere Empfehlung aus, nämlich für W. L. Whites Kriegsroman »They Were Expendable«. Vgl. Alexander Stephan: Anna Seghers, 1997 (s. Anm. 5), S. 330.
23 Vgl. Sonja Hilzinger: Anna Seghers, 2004 (s. Anm. 14), S. 94.
24 Anna Seghers/William Sharp: Das siebte Kreuz. Mit den Originalillustrationen von 1942, Berlin 2015.
25 Ebd., S. 80.
26 Vgl. ebd., S. 80–91.
27 Die Armed Service Edition umfasst 413 Seiten.
28 Anna Seghers: Das siebte Kreuz, Aufbau Verlag, Berlin 1946. Zur Unterscheidung der verschiedenen Ausgaben von »Das siebte Kreuz« werden im Folgenden die Verlage in die Literaturangaben einbezogen.
29 Anna Seghers: Das siebte Kreuz, Desch, München 1947.
30 Anna Seghers: Das siebte Kreuz, Querido, Amsterdam 1946.
31 Vgl. Alexander Stephan: Anna Seghers, 1997 (s. Anm. 5), S. 30.
32 Anna Seghers: Das siebte Kreuz, 2000 (s. Anm. 1), S. 223 bzw. S. 500.
33 Anna Seghers: Querido, 1946 (s. Anm. 30), S. 221.
34 Anna Seghers: Desch, 1947 (s. Anm. 29), S. 284; Anna Seghers: Aufbau, 1946 (s. Anm. 28), S. 219.
35 Anna Seghers: Das siebte Kreuz. Roman, in: *Internationale Literatur*. Deutsche Blätter 9/1939, H. 6, S. 6–34, hier S. 31. – Hervorhebung von den Verfassern.
36 Anna Seghers: Querido, 1946 (s. Anm. 30), S. 68.
37 Anna Seghers: Aufbau, 1946 (s. Anm. 28), S. 65.

38 Anna Seghers: Desch, 1947 (s. Anm. 34), S. 84.
39 Anna Seghers: Das siebte Kreuz. Ein Roman aus Hitlerdeutschland, Berlin 1975, S. 69. – Hervorhebung von den Verfassern.
40 Ebd., S. 224.
41 Anna Seghers: Das siebte Kreuz, 2000 (s. Anm. 1), S. 69.
42 Ebd., S. 9.
43 Anna Seghers: Querido, 1946 (s. Anm. 30), S. 9 (dort ohne vorheriges Komma).
44 Anna Seghers: Aufbau, 1946 (s. Anm. 28), S. 7.
45 Anna Seghers: Desch, 1947 (s. Anm. 29), S. 7.
46 Anna Seghers: Das siebte Kreuz, 1939 (s. Anm. 25), S. 6.
47 Anna Seghers: Das siebte Kreuz, 2000 (s. Anm. 1), S. 9.
48 Anna Seghers: Das siebte Kreuz. Roman aus Hitlerdeutschland, Berlin 2018², S. 9.
49 Jedoch liegt derzeit die geplante kritische Ausgabe des Romans »Der Kopfflohn« von 1933 aus Geldmangel auf Eis – ein Text, der den Aufstieg des Nationalsozialismus auf dem rheinhessischen Land darstellt und für den nun wirklich die vielzitierte Phrase gilt: dass er nämlich von beklemmender Aktualität ist.

Lesung in der Deutschen Nationalbibliothek mit Martin Wuttke aus dem Roman *Das siebte Kreuz* im Rahmen von Frankfurt liest ein Buch, Foto: Jeanette Faure

Diskussionsveranstaltung in der Deutschen Nationalbibliothek im Rahmen von Frankfurt liest ein Buch, v. l. n. r.: Ruthard Stäblein, Sylvia Asmus, Hans-Willi Ohl, Foto: Jeanette Faure

WEITERE BEITRÄGE ZUM ROMAN
DAS SIEBTE KREUZ

Christa Degemann
ERZÄHLEN VON DER KRAFT DER SCHWACHEN
ANNA SEGHERS: *DAS SIEBTE KREUZ* – *DER AUSFLUG DER TOTEN MÄDCHEN*

Vorbemerkung

Den nachfolgenden Vortrag habe ich am 9. Februar 2017 auf Einladung des Katholischen Bildungswerkes sowie der Kölnischen Gesellschaft für Christlich-Jüdische Zusammenarbeit und des Katholischen Bildungswerkes im Domforum, wenige Meter neben dem Kölner Dom, gehalten.
Zum Auftakt las ich aus dem ersten Kapitel des *Siebten Kreuzes* die Schäfer-Szene, bis zu den Worten: »Jetzt sind wir hier. Was jetzt geschieht, geschieht uns.« Danach habe ich ein Saxophon-Solo abgespielt, und zwar das Volkslied *Kein schöner Land*, das zunächst wie bekannt zu hören ist, um später verfremdet abzubrechen. Spätere Einspielungen erfolgten mit Klezmer-Anklängen und Bach-Improvisationen.

Eine junge Frau verlässt Deutschland, fluchtartig, denn sie war bereits einmal verhaftet worden. Sie flüchtet, wie die meisten der verfolgten Autoren, bevor die Bücher brennen. Sie gelangt über die Schweiz nach Frankreich. Die Eltern bringen ihr und ihrem Mann die Kinder nach, die in ihrer Obhut in Mainz waren. Peter und Ruth, sechs und vier Jahre alt.
Eine Tagebuchnotiz vom Juni 1933, Anna Seghers schreibt damals:
»Wir haben die Kinder von der Grenze abgeholt. Wie Verrückte haben sie sich in unsere Arme geworfen, dort verharrten sie dann unbeweglich. Völlige, unendliche Sicherheit bei diesen unsteten Wesen, ihren Eltern, die doch selbst zu den Obdachlosesten dieser Welt zählten, selbst von allen Stürmen hin- und hergeworfen wurden. Das mehrfarbige, karierte Kleid der Kleinen, der Geruch ihrer Haare machen mich verrückt vor Heimweh. Franz, unser Gast, beißt sich auf die Lippen, als wir die Hosentaschen der Kleinen leeren: ein paar trockene Grashalme, ein Pfennig, eine Fahrkarte, ein Tannenzapfen: ein halbes Deutschland.«[1]
Warum diese überstürzte Flucht? Den Nationalsozialisten war doch am Verbleib namhafter Autoren gelegen ... Und Anna Seghers hatte 1928 den renommierten Kleist-Preis erhalten. Und 1932 war sie für den Georg-Büchner-Preis vorgeschlagen worden, das schützt sie jetzt nicht. An dieser Autorin war den neuen Machthabern nicht gelegen, war sie doch als Mitglied des BPRS sowie der KPD und vor allem als Jüdin mehrfach stigmatisiert.
Das Exil war also eine Frage von Leben und Tod. Die Familie kommt in Paris unter, zunächst in kleinen Hotels. Im Herbst 1933 findet sich eine Wohnung in einem Pariser Vorort und man kann sich sogar Möbel und

Bücher nachschicken lassen, gerade noch rechtzeitig, bevor im November 1933 ihr Vermögen wie auch das anderer Autoren, z. B. von Brecht, beschlagnahmt wird.

Auf baldige Heimkehr hoffend oder, wie Brecht schreibt: »Unruhig sitzen wir so, möglichst nahe den Grenzen/ Wartend des Tags der Rückkehr [...], nichts vergessend und nichts aufgebend [...] wir hören die Schreie aus ihren Lagern bis hierher.«[2]

Exil in Frankreich für acht Jahre, dann, die Deutschen erobern Frankreich, im Frühjahr 1941 Flucht über Marseille nach Mexiko. Für die USA hatte sie kein Visum erhalten, ein zermürbendes Szenario, wie sie es, hoch aktuell, in ihrem Roman *Transit* beschreibt. Erst 1947 wird sie in ein völlig verändertes Deutschland zurückkehren.

In den Jahren 1937 bis 1939 entsteht in Paris, meist an Kaffeehaustischen, der Roman *Das siebte Kreuz*. Eine Freundin tippt die mitunter schwer lesbare Handschrift ab. Ein Leben unter bedrückenden Verhältnissen. Zu der politischen und psychischen Gefährdung kommt die Sorge um das tägliche Brot. Freunden schreibt sie: »[...] ich habe es unbedingt nötig, daß man mir Geld schickt [...]. Meine Lage ist derart, daß man mir wirklich und für einige Zeit helfen muß.«[3]

Eine prekäre Lage, die die Tochter aus gutem Hause nun bewältigen muss. Dabei führt sie einen kostbaren Besitz mit sich. Einen Originalbrief von Heinrich Heine, den er, schwerkrank, 1848 von Paris aus an seine Mutter in Hamburg geschrieben hatte. Ein Geschenk des Vaters, für die äußerste Not gedacht. Doch sie verkauft ihn nicht. Dieser Brief wird sie durch das gesamte Exil und bis an ihr Lebensende begleiten.[4]

Ein Blick zurück:

Im November des Jahres 1900 kommt Netty als einziges Kind von Isidor und Hedwig Reiling in Mainz auf die Welt, die sie 1983 als Anna Seghers in Berlin (DDR) verlassen wird. Ihr Grab befindet sich dort auf dem Dorotheenstädtischen Friedhof. Die Eltern gehören der orthodoxen jüdischen Gemeinde an, die sich 1849 von der Gesamtgemeinde abgespalten hat. Das häusliche Klima wird als liberal, weltoffen und bildungsfreudig beschrieben. Man gehört zu den angesehenen Mainzer Bürgern. Dass man einen anderen Glauben als die Mehrheit hat, beeinflusst nicht die guten Kontakte zu christlichen und anderen Mitbürgern in der rheinischen Stadt.

Die Vorfahren der Reilings kommen von der Bergstraße.[5] Isidor Reiling führt, gemeinsam mit seinem Bruder Hermann, eine renommierte Kunst- und Antiquitätenhandlung am Flachsmarkt. Zu seinen Kunden gehört z. B. der Berliner Museumsleiter Wilhelm Bode. Isidors Frau Hedwig, geborene Fuld (Mutter: Goldschmidt), stammt aus einer angesehenen Frankfurter Kaufmannsfamilie, wohlhabende Verhältnisse. Die Familie besitzt in Frankfurt eine große Antiquitätenhandlung mit Zweigstellen in vielen Metropolen der Welt. Die kleine Tochter Netty kränkelt viel; die Mutter liest ihr oft vor, Goethe, Büchner, Schiller. Bald erfindet Netty eigene Geschichten, die sie sich erzählt, oder sie schreibt ein paar Sätze. Größer geworden, führen sie Erlebnishunger und Abenteuerlust oft in heruntergekommene Viertel am Rhein. Die soziale Not der Menschen, die sie beobachtet, beunruhigt sie und wird, wie das rheinische Milieu, der Strom, für immer Spuren hinterlassen. Hier am Rhein, in der Stadt Mainz und ihrer Umgebung, empfängt sie, was Goethe den Originaleindruck nannte, nämlich »die kulturelle Mitgift«[6], die sie immer begleiten wird. Ihr Leben lang hat sie betont: »Ich bin vom Rhein.«

Sie macht Abitur, sie studiert in Heidelberg und Köln Kunstgeschichte und Sinologie. Im Alter von 24 Jahren promoviert sie mit einer Arbeit über die Judendarstellung bei Rembrandt.

Netty Reiling lernt László Radványi kennen. Er kommt aus Budapest, 1900 geboren, studiert dort Volkswirtschaft und Philosophie, später in Heidelberg, wo die beiden sich begegnen. Er stammt ebenfalls aus bürgerlichen jüdischen Verhältnissen, aus denen er sich früh löst. 1923 promoviert er bei Karl Jaspers in Heidelberg über »Chiliasmus«, über religiöse und nicht religiöse, politische Erlösungsideen. 1924 tritt er, wie viele Intellektuelle damals, der KPD bei, einer Massenpartei. 1925 heiraten die beiden. Es ist nicht einfach für Netty, den Segen der Eltern für diese Verbindung zu erhalten. Radványi findet trotz seines großen Ehrgeizes keine adäquate Arbeit, bis er schließlich nach Berlin geht. Er arbeitet zunächst als Buchhändler und dann als Ökonom an der Sowjetischen Handelsvertretung in Berlin. Zudem unterrichtet er an der Marxistischen Arbeiterschule (MASCH), die damals rasch an hohem Ansehen gewinnt. Die junge Frau Dr. Radványi folgt ihm im August 1925 in die Hauptstadt. Eltern und einzige Tochter trennen sich nur schwer.

Ihre Veröffentlichung von 1927, *Grubetsch*, eine Erzählung, die im Rheinufermilieu angesiedelt ist, zeichnet die junge Autorin nur mit »Seghers«. Hercules Seghers war ein Grafiker der Rembrandtzeit, sie wird ihn während ihres Studiums kennengelernt haben. Vielleicht Antje als Vornamen? Schließlich Anna! Anna Seghers. 1928 erhält sie den Kleist-Preis für die Erzählung *Der Aufstand der Fischer von St. Barbara*, die Geschichte eines gescheiterten Streiks. Spätestens mit dieser Erzählung ist ihre literarische Zielsetzung deutlich: »Schreiben, um beschreibend zu verändern«[7], um teilzunehmen an den Auseinandersetzungen ihrer Zeit mit dem Ziel der sozialen Gerechtigkeit. Die politische Umsetzung dieses Ziels erhofft sie sich von der KPD, der sie im selben Jahr, 1928, beitritt. Der Austritt aus der jüdischen Religionsgemeinschaft erfolgt zum 1. Mai 1932.

Die Weimarer Republik scheitert. Die Nationalsozialisten übernehmen die Macht. Von Berlin aus also die Flucht über die Schweiz nach Frankreich. Trotz aller misslichen Umstände eine überaus rege Zeit, in der vier Romane, Erzählungen und Vorträge entstehen und Seghers sich zudem bei den zahlreichen politischen und kulturellen Veranstaltungen der Exilschriftsteller engagiert. So entsteht in Paris die Deutsche Freiheitsbibliothek, die zum ersten Jahrestag der Bücherverbrennungen in Deutschland am 10. Mai 1934 gegründet wird. Der Anfangsbestand zur deutschen Exilliteratur zählt über 20 000 Bände, auch hier war Seghers mit initiativ, ebenso beim Internationalen Kongress zur Verteidigung der Kultur, der in Paris im Juni 1935 mit mehr als 250 Schriftstellern aus 38 Ländern stattfindet.

Kurz vor dem Einmarsch der Deutschen wird *Das siebte Kreuz* fertig. Das Schicksal des Manuskripts ist abenteuerlich.[8] Ihr Mann befindet sich in einem französischen Internierungslager. Deutsche Exilanten, Hitlergegner, werden als »unerwünschte Ausländer« interniert, z. B. in Le Vernet. Sie ist allein mit ihren Kindern und weiß die Gestapo auf ihrer Spur. Paris wird evakuiert, sie müssen Hals über Kopf die Stadt verlassen, ohne *Das siebte Kreuz*, ohne das Manuskript, ohne einen Durchschlag. Der Roman – in dieser bangen Zeit der Hetzjagd und des Verbergens für immer verloren? Eine Freundin findet die Wohnung verlassen und bereits von der Gestapo durchsucht vor und entdeckt einen Durchschlag, der übersehen wurde. Nein, kein Aufatmen. Die Freundin verbrennt ihn – aus Sicherheitsgründen. »Zu meinem schrecklichen Kummer«, erzählt Anna Seghers in einem Gespräch mit Christa Wolf, »gingen mir mehrere Kopien verloren. Ich fürchtete sogar eine Zeitlang, die ganze Abschrift wäre verlorengegangen.«[9] Viel später erfährt sie, dass ein Exemplar in die USA gelangt und bei dem Schriftstellerkollegen Franz Carl Weiskopf angekommen ist, der es einem Verlag übergibt.

Seghers ist bereits in Mexiko, als *Das siebte Kreuz* 1942 in Boston zuerst in englischer Sprache erscheint und in Kürze ein Bestseller wird. Im 300 000 Mitglieder starken Book-of-the-Month-Club erscheint der Roman auf Empfehlung von Erich Maria Remarque als Buch des Monats. Eine Comic-Version wird in 35 amerikanischen Tageszeitungen verbreitet. Eine Taschenbuch-Ausgabe für die amerikanischen Soldaten soll diesen eine Vorstellung von Deutschland vermitteln, bevor sie dieses Land betreten. In Mexiko erscheint eine kleine deutsche Ausgabe im Verlag El libro libre. Leser in Deutschland kann das Buch erst nach dem Krieg erreichen.

Hollywood wird aufmerksam und verfilmt den Roman 1944. Der Film *The Seventh Cross*, mit Spencer Tracy in der Hauptrolle, wird – ebenso wie das Buch – ein großer Erfolg. Man kann ihn bis heute zu den besten Filmen über Deutschland unter dem Hakenkreuz zählen.

Ein bemerkenswerter Sonderfall, ein Kuriosum, dass eine kommunistische Autorin, die im damaligen Amerika als potentielle »enemy alien«, also als feindliche Ausländerin gilt, die nie ein Einreise-Visum für die USA erhalten hat, dort mit ihrem Roman einen Bestseller landet und auch noch in Hollywood Erfolg hat!

Viele Jahre später denkt übrigens die DEFA an eine Neu-Verfilmung, doch die Autorin will nur zustimmen, »wenn [...] die rheinische Landschaft im Original mitspielen«[10] kann. Bis heute gibt es keine neue Fassung.

Sie will gegen Hitler kämpfen, mit dem Wort als Waffe. Noch scheint es möglich. Sie schreibt gegen die Gefühle der Ohnmacht und Ratlosigkeit an, die sich allenthalben breit machen, sie schreibt gegen die eigene Angst vor der Vergeblichkeit ihres Tuns an. Sie versteht Antifaschismus jenseits enger Parteidoktrin, immer will sie für ein breites Publikum schreiben und keinesfalls etwa nur für Kommunisten. Viele Zeitgenossen sind von der Authentizität des Buches fasziniert. Stephan Hermlin schreibt, die Wirkung sei deshalb so »stark, ja überwältigend gewesen, weil uns, die wir Deutschland vor nicht allzu langer Zeit verlassen hatten, die Heimat mit ihrer Landschaft und ihren Menschen mit bestürzender Wahrhaftigkeit begegnete«.[11]

Die Autorin hat ihrem Roman eine Widmung vorangestellt: »Dieses Buch ist den toten und lebenden Antifaschisten gewidmet.« Worte, die irritieren können, denn Seghers erzählt nicht von großen Helden, nicht von spektakulären Taten, sondern von den vielen Menschen, die im Alltag unter dem Hakenkreuz ihre Menschlichkeit bewahren und dies in kleinen Hilfen, ja, vielleicht gering erscheinenden Handlungen beweisen. Dies allerdings in einer Zeit, in der jede einfache Geste menschlichen Anstands die eigene Vernichtung und die Zerstörung der Familie nach sich ziehen kann. Und sie zeigt damit, wie sie immer wieder betont, dass sich der Faschismus vor allem gegen das eigene Volk richtet. Es ist kein Buch des Hasses auf Deutschland, sondern ein Buch der Liebe zu ihrem Land. Den Menschen im Ausland will sie zeigen, dass es in NS-Deutschland noch gute Menschen mit der Bereitschaft zum Widerstand gibt. Und indem sie vom unerhörten Ereignis der Flucht erzählt, »durchbricht sie den Schein, dass alle Zustände, die zum Zeitpunkt der Handlung fast fünf Jahre Bestand haben, auch unerschütterlich so sein und bleiben müssen«.[12]

Im Roman *Das siebte Kreuz* verbindet die Autorin Nachrichten aus Deutschland, die Berichte von Flüchtlingen, dokumentarisches Material aus dem Archiv des Schutzverbandes deutscher Schriftsteller in Paris – und Fiktion. Die Schicksale des Münchner Reichstagsabgeordneten Hans Beimler, der im Sommer 1933 aus dem KZ Dachau floh, sowie des Berliner Reichstagsabgeordneten Gerhard Seger, der aus dem KZ Oranienburg entkam, sind der Autorin bekannt. Ob sie auch vom Schicksal des jüdischen sozialistischen Mainzer Rechtsanwaltes Max Tschornicki, offener NS-Gegner, wusste? Er wurde nach seiner Verhaftung bereits im Mai 1933 in das KZ Osthofen eingeliefert, konnte im Juli fliehen. 1942 wurde er in Marseille aufgespürt und starb später im KZ Dachau.[13]

Die meisten Orts- und Straßennamen im Buch sind authentisch. Authentisch, also auf einem wahren Vorfall beruhend, ist auch die »sonderbare Begebenheit«, wie Anna Seghers es ausdrückte und von der man ihr erzählt hatte, »nämlich die Sache mit dem Kreuz, an das ein Häftling gebunden wird, den man wieder gefunden hat«. (DsK, S. 28) Im Roman lässt der Lagerkommandant sieben Platanen kuppen, an die die entflohenen Häftlinge nach ihrer Festnahme gebunden werden sollen. Im Roman ist vom KZ Westhofen die Rede. Dieses KZ hat es in der Nähe des Ortes Osthofen zwischen Mainz und Worms wirklich gegeben. Heute ist das KZ Osthofen ein Erinnerungsort. Damals sitzt dort u. a. die gesamte SPD-Stadtratsfraktion der Gemeinde Osthofen ein. Der Öffentlichkeit wird gesagt, dass »verwilderte Kommunisten« zu »anständigen Menschen« erzogen werden sollen.[14]

Die Wirklichkeit im KZ bildet einen harten Kontrast zur teils liebevoll poetischen Schilderung der idyllischen Rhein-Main-Landschaft und dem Leben in den Dörfern und Städten. Von sieben sehr verschiedenen Menschen erzählt die Autorin, wenngleich in unterschiedlichem Umfang. Die erzählte Zeit umfasst sieben Tage, von Montag bis Sonntag, im Oktober 1937. Rückblenden, Vorgriffe und Querverweise, vielfach unterbrochene Handlungsstränge und damit häufige Szenenwechsel kennzeichnen die Montagetechnik des Buches.

Die Männer brechen gemeinsam aus. Vier Tage nach der Flucht sind sechs von ihnen wieder gefangen oder tot. Der Zirkusartist Belloni entzieht sich bei seiner Verfolgung der Festnahme, indem er mit einem letzten kühnen Sprung vom Dach eines Frankfurter Hotels springt. Er war verhaftet worden, weil man bei ihm ein paar Briefe von einer Artistenloge aus Frankreich gefunden hatte. Der Bauer Aldinger erliegt, als er sich endlich seinem Heimatdorf nähert, einem Herzschlag. Er war von seinem Konkurrenten um das Amt des Bürgermeisters denunziert worden. Beutler und Pelzer werden nach kurzer Zeit verhaftet. Beutler war wegen eines geringfügigen Devisenvergehens im KZ. Füllgrabe stellt sich nach vier Tagen selbst, hofft so, sein Leben zu retten. Ernst Wallau, Georgs Freund, war Parteiarbeiter, Kommunist. Er wird im Lager brutal gequält und totgeschlagen.

Georg Heislers Geschichte bildet den Haupthandlungsstrang. Das glückliche Ende seiner Flucht wird im Prolog vorweggenommen. Dieser Georg ist kein Held. Rastlos wirkt er, nichts an ihm ist geglättet oder stilisiert, er wird nicht als positiver Held konstruiert. Er ist gelernter Autoschlosser, der sich, angeregt durch seinen Freund Franz Marnet, weiterbildet, politisch profiliert und zur kommunistischen Bewegung findet. Er hat keine Skrupel, dem Freund, dem er viel zu verdanken hat, die Freundin Elli auszuspannen. Sie wird seine Ehefrau, doch schon nach kurzer Zeit lässt er sie mit Kind sitzen. Und obschon, so meint man vielleicht, so einiges nicht richtig an ihm ist, erkennen viele, denen er auf seiner Flucht begegnet, dass – wie Anna Seghers schreibt – »sein Blick richtig«[15] ist. Während seiner Flucht hält er imaginäre Zwiesprache mit seinem politischen Freund und Vorbild Ernst Wallau. Was würde dieser jetzt an seiner Stelle tun? Was würde er raten? In seiner Einsamkeit wünscht Georg sich: »Jetzt mit ihm zwei Minuten zusammen sein, in welcher Hölle auch immer.« Er fühlt, was der Freund ihm sagen würde und so trägt er, wie Anna Seghers es wunderbar formuliert, ein »Amulett aus Stimme« (DsK, S. 33) bei sich.

Und die äußeren Helfer? Mit einem Querschnitt durch die Bevölkerung zeigt Anna Seghers, dass die Deutschen keinesfalls ein Volk ohne Widerstand sind. Doch alle leben in einem Klima der Angst – Angst, offen zu reden, Angst vor Bespitzelung und Denunziation, Angst, selbst zum Verräter zu werden, Angst um den Arbeitsplatz und die Versorgung der Familie, Angst vor dem Lager, Angst vor Schmerz, Angst vor Folter und Tod, und – auf der Seite der Machthaber – Angst vor Machtverlust.

Ein Pfarrer, ein Gärtner, ein Lehrling, der Tapeziermeister Mettenheimer, Fabrikarbeiter wie Franz Marnet und besonders Paul Röder, weiter ein jüdischer Arzt, ein Ingenieur und seine Frau, Elli, Heislers ehemalige Frau, eine Kellnerin, ein holländischer Schiffer, kaum einen von ihnen mag man als »Helden« bezeichnen.

Alle, die dem Flüchtling begegnen, wissen, auch wenn sie sich unpolitisch fühlen, um die Bedeutung ihres Tuns. Jede Hilfe bedeutet eine Bresche in die Allmacht der Nationalsozialisten. Es sind »minimale Aktionen, was ihre historische, aber maximale Aktionen, was ihre persönliche Tragweite angeht«[16]. Und dennoch: Sie, die scheinbar Schwachen, entdecken durch diese Herausforderung eine Kraft in sich, von der sie zuvor nichts geahnt haben. Sie helfen aus elementar humanen Motiven. Manche Menschen helfen Heisler, obwohl sie ihm gar nicht persönlich begegnen, wie etwa der Pfarrer im Mainzer Dom. Für eine Nacht findet Georg, verletzt und gehetzt, Geborgenheit im rettenden Dom. Unzählige Male war Seghers als Kind und Jugendliche mit ihrem Vater dort gewesen! Jedes Detail hat sie wahrgenommen. Berühmte, berührende Szenen: »Das Haus Gottes, in dem – wie es die Religion verspricht – jeder Zuflucht Suchende eine Herberge findet, steht auch dem Mann offen, der wegen seiner kommunistischen Gesinnung gejagt wird.«[17] Die Autorin lässt uns durch die Augen des Flüchtigen das nächtliche Gotteshaus erleben. Er ist kein gläubiger Mensch, doch der Dom verlangt selbst dem Verfolgten ein Staunen ab, sodass dieser sich sogar für Augenblicke vergisst:

»Georg stockte der Atem. Quer durch das Seitenschiff fiel der Widerschein eines Glasfensters, das vielleicht von einer Lampe erhellt wurde aus einem der Häuser jenseits des Domplatzes oder von einer Wagenlaterne, ein ungeheurer, in allen Farben glühender Teppich. Jäh in der Finsternis ausgerollt, Nacht für Nacht umsonst und für niemand über die Fliesen des leeren Doms geworfen, denn solche Gäste wie Georg gab es auch hier nur alle tausend Jahre.« (DsK, S. 80)

Einige Bilder erkennt Georg: die Vertreibung aus dem Paradies, das Abendmahl, als er schon verraten war, der Soldat, der mit dem Speer zustieß, als er schon am Kreuze hing. Anna Seghers schreibt: »Alles, was das Alleinsein aufhebt, kann einen trösten. Nicht nur, was von andern gleichzeitig durchlitten wird, kann einen trösten, sondern auch, was von andern früher durchlitten wurde.« (DsK, S. 81)

Der Küster findet am nächsten Tag ein blutiges Stück Stoff, das Georg schlecht versteckt hatte. Er hat von den Geflohenen gehört und drängt den Pfarrer, damit zur Polizei zu gehen. Beherzt und humorvoll unterbindet dieser das und steckt den Fetzen in seinen Küchenherd, wohl wissend, »[dass] wieder einmal etwas passiert war, was sich ebenso leicht durch den Fensterspalt verflüchtigen wie zu einem furchtbaren Stunk verdichten konnte, an dem man womöglich noch hinterher erstickte«. (DsK, S. 109)

Auch der Gärtnerlehrling Fritz, dem Heisler die Jacke gestohlen hat, um seine schmutzige zerfetzte Kleidung zu ersetzen, hilft ihm, nachdem er, angestoßen durch die kurzen knurrigen Bemerkungen seines Lehrers, darüber nachdenkt, dass nicht jeder, den die Gestapo sucht, ein Unrecht begangen haben muss. Als die Gestapo später seine heiß geliebte Jacke findet, behauptet er, es sei nicht seine Jacke, um den Flüchtenden nicht zu gefährden.

Auch andere haben von Georgs Flucht gehört. Sie sehen ihn zufällig. Sie können ihm gar nicht helfen. Aber durch diese Begegnung finden sie sich selbst und einander wieder. Etwa in der kleinen, scheinbar unauffälligen Episode in einer Kantine. (Vgl. DsK, S. 212 ff.)

Das solidarische Schweigen derer, die direkt oder indirekt mit ihm Kontakt hatten oder haben, reicht jedoch nicht aus. Georg muss auf Menschen zugehen, sie um Hilfe bitten. Er weiß, welchem Risiko er sich selbst aussetzt. Und er weiß, welchem Risiko er die Angesprochenen aussetzt. Er hat sich beim Überklettern einer Mauer, deren Kranz mit Glassplittern übersät war, schwer verletzt. Er braucht dringend einen Arzt, der ihm die Splitter aus der Hand entfernen kann. »Dr. Herbert Löwenstein« steht auf dem Schild. Im Sprechzimmer macht man ihn auf die Rassenzugehörigkeit des Arztes aufmerksam. Der Arzt erkennt, wie sehr ihn dieser Patient gefährdet: »Seine Beklommenheit wuchs, schnürte ihm den Hals zu, als sei ihm der Tod noch nie so nah gewesen [...].« (DsK, S. 99) »Warum kommt der Mensch zu mir?«, denkt er angesichts des völlig erschöpften Patienten. »Ich habe Frau und Kind. Bei jedem Schellen zittern müssen. Und was man mir Tag für Tag alles antut.« (DsK, S. 100) Aber er fragt nicht, er schickt ihn nicht weg, er versorgt ihn stillschweigend. »Vielen Dank«, sagt Georg. Der Arzt hat eigentlich nach Geld fragen wollen, doch Georg bedankt sich in einem Ton, als sei er kostenlos behandelt worden. Ein Patient im Wartezimmer hat ihn misstrauisch beobachtet. Er schöpft Verdacht und wird später, als er im Radio von der Flucht hört, Georg und den Arzt anzeigen.

Ob ihm Paul Röder weiterhelfen kann? Den hat er seit drei Jahren nicht mehr gesehen. Der war ihm einmal ein lieber Freund. Darf er ihn derart gefährden?

»Georg hatte schon, während er horchte, den Daumen auf dem Klingelknopf. [...] Er zog die Hand zurück. Konnte er hier herein, wo man ihn vielleicht arglos aufnahm? Konnte ein Druck auf die Schelle diese Familie in alle Winde zerstreuen? Zuchthaus bringen, Zwangserziehung und Tod?« (DsK, S. 234)

Gerade will er kehrtmachen, da begegnet er dem alten Freund auf der Treppe. Paul freut sich, er nimmt ihn arglos und ahnungslos auf. Zufrieden zählt er die Vergünstigungen im neuen System auf, die Reise nach Thüringen, die Zuschüsse und das Windelpaket für das vierte Kind – und vor allem, er hat endlich wieder Arbeit! Er arbeitet in einem Rüstungsbetrieb, die Waffen sind für Franco bestimmt. Ja, es geht ihm richtig gut unter dem neuen Regime. Und so reagiert er auch auf Georgs Einwand erst einmal unbefangen. »Georg sagte: ›Ist das nicht ein komisches Gefühl?‹ – ›Was?‹ – ›[...] die Dinger zu fabrizieren, dass sie da unten dran krepieren?‹ Paul sagte: ›Ach, dem einen sein Ul ist dem anderen sein Nachtigall. Wenn du erst anfangen willst, darüber zu spinnen [...].‹« (DsK, S. 237)

Als Paul über Georgs Bruder spricht, der zur SA gegangen sei, stellt sich heraus, dass Georg das gar nicht weiß:

»›Wieso weißt du das denn alles nicht?‹, sagte Röder. ›Kommst du denn nicht von daheim?‹ Plötzlich begann dem kleinen Röder das Herz furchtbar zu klopfen. [...] ›Drei Jahre kommst du nicht [...]. Du scheinst ja schön in der Klemme zu sein. [...] Was ist eigentlich mit dir los?‹ [...] ›Ich bin näm-

173

lich im Radio‹, sagte Georg. ›Ich bin geflohen.‹ Er sah geradezu in Röders Augen hinein. Plötzlich war Röder erbleicht, so erbleicht, daß die Sommersprossen in seinem Gesicht zu flimmern schienen. ›Woher bist du geflohen, Schorsch?‹ – ›Ich bin aus Westhofen ausgerückt […].‹ ›Du aus Westhofen? Hast du die ganze Zeit dort gesteckt? Du bist wirklich eine Nummer! Aber sie werden dich totschlagen, wenn sie dich kriegen.‹ ›Ja‹, sagte Georg. ›Und da willst du weggehen ohne Bleibe? Du bist nicht bei Trost.‹ Georg sah noch immer in Röders Gesicht, das ihm der Himmel selber schien, von Sternchen übersät. Er sagte ruhig: ›Lieber, lieber Paul, das kann ich doch nicht – du mit deiner ganzen Familie. Ihr seid alle ganz vergnügt, und jetzt ich – verstehst du denn überhaupt, was du sagst? Wenn sie jetzt hier heraufkommen? Sie waren vielleicht schon hinter mir.‹« (DsK, S. 240 f.)

Paul wird ihm beistehen. Allerdings braucht er weitere Helfer. In seinem Betrieb überlegt er lange, wen er ansprechen könnte. Wie schwer fällt es zu sagen, dass es um einen Flüchtling aus Westhofen geht:

»[Paul] wurde so bleich bei der Eröffnung, wie vor zwei Tagen, da Georg ihm dieselbe Eröffnung gemacht hatte. Auch Fiedler [der Angesprochene, CD] war fast bis in die Lippen erbleicht. Er schloß sogar die Augen. Wie rauschte der Hof. In welches Gebrause waren sie beide geraten! […] ›Wie kommst du gerade auf mich?‹«

Und Paul denkt verzweifelt: »War er der Richtige? Er muß es jedenfalls werden.«

»Wieso ist der auf mich verfallen, dachte Fiedler. War mir denn überhaupt noch was anzumerken? Ja, Fiedler – Fiedler, du hast so lang und so gut auf dich achtgegeben, daß man dir ja nichts anmerkt, bis auf einmal das nicht mehr da war, was man dir nicht anmerken sollte. Es war erloschen […]. Aber es muß doch etwas geblieben sein […] der Röder hat's gespürt […], der Paul hat mich ja herausgefunden.« (DsK, S. 326 ff.)

Mit großer Spannung liest man, wie die Verfolger, natürlich auch dank willfähriger Helfer, immer ganz nahe sind, wie die KZ-Schergen aufs Brutalste mit den wieder Eingelieferten verfahren und wie es den Helfern gelingt, trotz alledem ein Netz der Hilfe für Georg zu knüpfen und ihm eine neue Identität zu besorgen. Anna Seghers lässt uns erfahren, wie Menschen sich geradezu wieder erheben, sich aufrichten durch das an sie herangetragene Vertrauen, weil sie sich in ihrem Wesenskern erkannt fühlen.

Auch das Ehepaar Kreß findet durch die Hilfe, die es für Georg wagt, zu einer neuen, tiefen Gemeinsamkeit. Und so mag das, was diese Eheleute sagen, für die Empfindungen vieler Menschen stehen, nachdem sie Georg geholfen haben: »›Es ist merkwürdig‹, sagte die Frau, ›mir ist es zumut, als ob ich mich bei ihm bedanken sollte, was auch immer noch aus dieser Geschichte für uns alle entstehen mag – daß er bei uns war, daß er uns diesen Besuch gemacht hat.‹ – ›Ja, ich auch‹, sagte der Mann rasch. Sie betrachteten einander in einem neuen, ihnen noch unbekannten Einverständnis.« (DsK, S. 399)

Und so endet diese Passionsgeschichte – nicht zum Kreuz hin, sondern vom Kreuz weg. Das siebte Kreuz bleibt leer. Zuletzt nimmt ein holländischer Schiffer Georg auf seinen Kahn und der Rhein trägt ihn Richtung Meer in die Freiheit.

Anna Seghers wird ihre Eltern nicht wiedersehen. Sie verlieren ihr Hab und Gut, müssen in »Judenhäuser« gehen. Die Nachrichten aus Deutschland sind furchtbar. Der Vater stirbt 1940 zwei Tage nach der sogenannten Arisierung, dem erzwungenen Verkauf seines Kunst- und Antiquitätengeschäftes in Mainz, an den Folgen eines Schlaganfalls. Der Versuch, es an Bekannte von der Bergstraße zu verkaufen, misslingt. Ein benachbarter Bäcker, NSDAP-Mitglied, erwirbt das Anwesen unter nicht näher bekannten Umständen. Der Bruder Hermann Reiling stirbt am gleichen Tag, am 30. März 1942, an dem die Mutter von Anna Seghers, Hedwig Reiling, in Mainz den Deportationszug besteigt. Ihre Spur verliert sich im Osten Polens, in Piaski, einem Lager in der Nähe von Lublin. Die Nachricht vom Geschick ihrer Mutter muss Seghers etwa 1943 in Mexiko erreicht haben, nachdem sie jahrelang nichts von ihr hörte. Im September 1946 schreibt sie einer Freundin: »Meine Mutter wurde nach Polen deportiert und ermordet, obwohl wir ihr Visen verschafften, aber um Tage zu spaet. Ich habe bis auf ein paar Freunde niemanden Lebendes in Deutschland.«[18]

Den Namen der Mutter, Hedwig Reiling, kann man heute auf den Transportlisten ebenso nachlesen wie den Namen einer Lehrerin von Anna Seghers, Johanna Sichel.[19] Dieser Weggefährtin von Hedwig Reiling begegnen wir auch in der Erzählung *Der Ausflug der toten Mädchen*. Im heutigen Mainz erinnern Stolpersteine an die beiden Frauen.

»Was überwunden werden soll«, sagte Seghers einmal, »muss erzählt werden.« Und so versucht sie, im Jahr 1943 mit der Erzählung *Der Ausflug der toten Mädchen*, dieses unsägliche Leid zu bewältigen. 1946 wird der Text, noch im Exil, publiziert. Seghers erzählt in einer zunächst traumhaften, später jedoch albtraumgleichen Vision von ihren ehemaligen Mainzer Klassenkameradinnen, die sie mittels eines Schulausfluges zusammenbringt. Überaus berührende Schicksale deutscher Mädchen und Frauen von der Zeit vor dem Ersten Weltkrieg bis in die Gegenwart des »Dritten Reiches«.

Es ist ein Hohelied der Freundschaft und der Verbundenheit mit der rheinischen Heimat. »Wer erfahren will, wie sie wirklich war, woher sie kommt und was alles sie auf ihre lange Lebensreise mitgenommen hat aus der Vaterstadt Mainz«[20], dem sei, so Monika Melchert, diese einzig unmittelbar autobiografisch gefärbte Erzählung ans Herz gelegt. Ein Tag im Mai, die Natur in schönster Blüte, eine Zeit, in der es noch keine Rolle spielt, ob eine der Schülerinnen oder Lehrerinnen Jüdin ist, Zeugin Jehovas oder Katholikin.

Die Mädchenklasse macht Rast auf einer Kaffeeterrasse am Rhein, der Frühling, der Duft von Kaffee und Kuchen durchziehen die Szenerie. Ein liebevolles, aufmerksames Miteinander, das auch die Lehrerinnen einschließt. Liebevoll und aufmerksam beschreibt sie auch die rheinische Landschaft. Es sind Bilder unauslöschlicher Erinnerungen: Auf dem gegenüberliegenden Ufer Dörfer und Hügel im Sonnenlicht. »Ein holländischer Dampfer mit einer Kette von acht Schleppkähnen fuhr durch die im Wasser widergespiegelten Hügel.«[21] »Die schräge Nachmittagssonne auf den Hügeln und

Weinbergen plusterte da und dort die weißen und rosa Obstblütenbäume.« (A, S. 29) Ein Dampfer bringt die Klasse zurück nach Mainz: Netty, unsere Autorin, schaut in enger Umarmung mit ihren Freundinnen Leni und Marianne flussaufwärts.

Doch Anna Seghers erzählt auch vom kommenden Unheil. Niemand kann ahnen, dass Nora ihre Lieblingslehrerin, das Fräulein Sichel, später als Judensau bespucken und verhöhnen wird, dass Leni, gemeinsam mit ihrem späteren Mann im Widerstand, in einem Frauenkonzentrationslager zugrunde gehen wird, dass Marianne unter dem Einfluss ihres späteren Mannes, der SS-Sturmbannführer wird, ihre Freundschaft zu Leni verrät, sie und ihr Mann seien zu Recht arretiert, weil sie sich gegen Hitler vergangen hätten, und sich weigert, zur Rettung von Lenis kleiner Tochter beizutragen. Bis auf die Ich-Erzählerin Netty werden alle Mädchen sterben, viele im Bombenhagel des Zweiten Weltkrieges.

Doch noch genießen die Mädchen den Ausklang des schönen Tages. Der Dampfer legt an. Netty fühlt sich beklommen:

»Wie wir vom Rhein her in die Innenstadt einbogen, da legte sich's hart auf mein Herz. Als ob mir [...] etwas Böses bevorstünde, vielleicht [...] ein Unheil, das ich über dem sonnigen Ausflug leichtfertig vergessen hatte. Dann verstand ich [...], die Christhofskirche konnte unmöglich bei einem nächtlichen Fliegerangriff zerstört worden sein, denn wir hörten ihr Abendläuten. [...] Es ging mir auch durch den Kopf, dass jene Zeitungsphotographie sich geirrt haben möchte, auf der alle Gassen und Plätze abrasiert oder zerstört waren.« (A, S. 32 f.)

In der Schlussszene schildert sie ihre eigene freudige Erwartung, nach dem schönen Tag am Rhein nach Hause zu kommen. Doch vergeblich ist der Versuch, die Umarmung der wartenden Mutter zu erreichen. Es ist – der Abschied von den Eltern:

»Nur kam es mir unerträglich vor, die Treppe hinaufzusteigen [...]. Meine Mutter stand schon auf der kleinen, mit Geranienkästen verzierten Veranda über der Straße. Sie wartete schon auf mich. Wie jung sie doch aussah, die Mutter, viel jünger als ich. Wie dunkel ihr glattes Haar war, mit meinem verglichen. Meines wurde ja schon bald grau [...]. So lachte und winkte sie immer nach Ausflügen. [...] Ich zwang mich zu meiner Mutter hinauf, die Treppe, vor Dunst unübersehbar steil, als steige sie eine Bergwand hinauf. [...] Mir versagten die Beine. Ich hatte nur als ganz kleines Kind eine ähnliche Bangnis gespürt, ein Verhängnis könnte mich am Wiedersehen hindern. Ich stellte mir vor, wie sie umsonst wartet, nur ein paar Stufen getrennt. Dann fiel mir zum Trost ein, falls ich hier vor Erschöpfung zusammenbreche, mein Vater könnte mich doch sofort finden. Er war ja gar nicht tot, denn er kam gleich heim, es war ja Feierabend. Er liebte nur [...] an den Straßenecken mit seinen Nachbarn herumzuschwatzen. [...] Die Stufen waren verschwommen von Dunst, das Treppenhaus [...] wie ein Abgrund. Dann ballten sich in Fensternischen Wolken zusammen, die ziemlich schnell den Abgrund ausfüllten. Ich dachte noch schwach: Wie schade, ich hätte mich gar zu gern von der Mutter umarmen lassen.« (A, S. 36 f.)

»Jetzt sind wir hier. Was jetzt geschieht, geschieht uns«, heißt es im ersten Kapitel des Romans *Das siebte Kreuz* (DsK, S. 15). Mit dieser Sentenz demonstriert die Autorin eine Haltung zur Geschichte, die ihr nicht einfach freien Lauf lässt, sondern auf deren Veränderbarkeit verweist. Wir selbst sind es, die auf unsere Geschichte Einfluss nehmen können. Dass dies gelingen kann, auch mit scheinbar schwachen Kräften, davon erzählt Anna Seghers. Und so endet *Das siebte Kreuz* mit ruhiger Zuversicht: »Wir fühlten alle, wie tief und furchtbar die äußeren Mächte in den Menschen hineingreifen können, bis in sein Innerstes, aber wir fühlten auch, daß es im Innersten etwas gab, was unangreifbar war und unverletzbar.« (DsK, S. 408)

Christa Wolf schreibt: »Anna Seghers: Deutsche, Jüdin, Kommunistin, Schriftstellerin, Frau, Mutter. Jedem dieser Worte denke man nach. So viele einander widersprechende, scheinbar einander ausschließende Identitäten, so viele tiefe schmerzliche Bindungen.«[22]

Es ist nicht einfach, die Rolle des Judentums im erwachsenen Leben von Anna Seghers zu beschreiben. Wir Menschen suchen ja schlichte, griffige Bilder. Vielleicht aber ist es richtig, auch das Schwebende, Unauflösbare und auch Widersprüchliche nebeneinander zu akzeptieren. Sie war – mit Ausnahme der Erzählung *Der Ausflug der toten Mädchen* – immer extrem zurückhaltend mit Auskünften über ihre Person. Vielleicht verhält es sich so wie mit Dingen in einer alten Wohnung, vor denen Fremde ratlos stehen, der Besitzer aber weiß, welche Bedeutung die Dinge für ihn haben. So gibt es denn in der Wohnung von Anna Seghers einen schmalen Band in ihrer Bibliothek, ein Geschenk ihres Mannes, deutsche Übersetzungen osteuropäischer jiddischer Liebeslieder, des Weiteren eine Sammlung von Bibeln, besonders eine Lutherbibel von 1916 trägt viele Spuren schriftstellerischer Nutzung. In Mexiko hatte sie den kleinen Klapp-Altar erworben, den sie später, gleich einem Maskottchen, immer mit auf Reisen nimmt.

Ich habe auf den Arzt Herbert Löwenstein im *Siebten Kreuz* verwiesen, des Weiteren ist in diesem Buch von der heimlichen Flucht der Familie Katzenstein die Rede. Von jüdischen Schicksalen erfahren wir in der Erzählung *Der Ausflug der toten Mädchen*. Jüdische Menschen begegnen uns im Werk von Anna Seghers immer wieder, es sind nicht so viele, aber sie kommen vor, ebenso wie zahlreiche christlich-jüdische Symbole und Anspielungen.

In der anrührenden Erzählung *Post ins gelobte Land*[23] erzählt Seghers ausschließlich über 50 Jahre die Geschichte der Familie Grünbaum-Levi, die nach einem Pogrom aus Polen flieht und über Wien, Kattowitz nach Paris gelangt. Der alte Levi hat mit dem Aufkommen der Nationalsozialisten beschlossen, ins Gelobte Land auszuwandern. Manchmal hat er Heimweh, z. B. nach der Winterkälte in seiner alten Heimat, nein, wirklich zu Hause fühlt er sich nicht. Die Briefe seines Sohnes, der in Paris Augenarzt geworden ist, sind sein Lebenselixier. Der Sohn erkrankt unheilbar und schreibt deshalb Briefe auf Vorrat, die seine Frau nach seinem Tod nach Palästina schickt. Denn der Vater soll nie erfahren, dass sein Sohn vor ihm sterben musste. Die Witwe fühlt sich durch die Antwortbriefe des Vaters an den vermeintlich lebenden Sohn getröstet. Als der Vater wegen eines Augenleidens nicht mehr schreiben und lesen kann, lässt er Freunde die Briefe schreiben bzw. vorlesen. Denn alle finden Trost in diesen Briefen. Nach dem Tod des alten Nathan Levi setzen seine Freunde im Jerusalemer Altersheim diesen Briefwechsel fort.

Im Roman *Überfahrt* kehrt der Emigrant Ernst Triebel nach Deutschland zurück. Seine Familie, die Mutter Jüdin, war in den 1930er-Jahren nach Brasilien emigriert. Andere Beispiele aus ihrem Werk: In dem Aufsatz *Passagiere der Luftbrücke* (1948) nimmt sie Juden in Schutz, die verallgemeinernd für den Schwarzmarkt verantwortlich gemacht werden.[24] In *Die Hochzeit von Haiti* ist es der Jude Michael Nathan, der sich für Robespierre begeistert, weil dieser mit der Forderung nach Gleichheit die Menschen- und Bürgerrechte für alle will, auch für Juden, Indios, für »Neger« und »Mulatten«. Und, das ist typisch Seghers, eine ausdrückliche Verbindung mit anderen Unterdrückten und auch Ausgebeuteten, ein Humanitätsdenken, das alle umfasst, die seiner bedürfen. Also kein Auserwähltheitsdenken, vielmehr die Vorstellung, dass sich Befreiung, Erlösung, in einem alle Völker umspannenden Horizont vollziehen muss. Ich formuliere vorsichtig und unter Vorbehalt: So könnte sich die Spannung zwischen jüdischer Herkunft und sozialistischem Lebensentwurf für sie aufgelöst haben. So hat sie vielleicht das religiöse Potential der Hoffnung und Heilserwartung ins Politische, ins Irdische wenden wollen.

Es bestehen sehr unterschiedliche Einschätzungen zum Judentum von Anna Seghers nebeneinander, einerseits wird eine tiefe emotionale Bindung an ihre jüdische Herkunft angenommen,[25] andererseits heißt es, sie habe ihre Herkunft verdrängt, um sich kompromisslos politisch definieren zu können.[26] Zur emotionalen Bindung wird oft gesagt, dass Seghers in ihrer Jugend die jüdische Herkunft als wichtiges Element familiärer Zusammengehörigkeit erfahren habe, d. h. Rituale und Feiern wurden weniger religiös motiviert erlebt, eher als Familienbrauch, der die verwandtschaftlichen Gefühle stärkt, ähnlich wie heute zahllose Menschen Weihnachten ohne religiösen Impuls feiern.

Einen wichtigen Hinweis verdanken wir Stephan Hermlin, ihrem Freund, ebenfalls jüdischer Herkunft und Kommunist, der mehr als einmal berichtet hat, dass Anna Seghers vom gewaltsamen Ende ihrer Mutter ins Mark getroffen war. Er erzählt von einem gemeinsamen Spaziergang durch Stockholm. Gedankenversunken und scheinbar völlig unvermittelt habe die Seghers ausgerufen: »Mein geliebtes jüdisches Volk!« Hermlin weiter: »Ich sagte nichts. Ich begriff alles – daß sie an ihre Mutter dachte, die schutzlose alte Frau, die im Konzentrationslager Piaski in Polen ihr Ende gefunden hatte [...]. Ich wußte, dass Anna Seghers tief in ihrem Innern unter Bergen von Schweigen Worte und Schreie barg, die niemals laut wurden.«[27]

Dennoch ist zu akzeptieren, dass sie sich nicht als jüdische Autorin verstanden hat. Sie hat sich losgelöst, was aber nicht mit einer Ablehnung ihrer Herkunft gleichzusetzen ist. 1944 schreibt sie in einem Essay über Tolstoi und Dostojewski einen Satz, der auf ihre eigene Entwicklung verweisen könnte: »Viele Menschen haben sich von den religiösen Bindungen gelöst, nicht, weil sie ihre ethischen Forderungen für ungültig erklärten, sondern weil sie sich an neue, der Epoche erwachsene, erweiterte ethische Forderungen gebunden fühlten.«[28]

Der spezifische jüdische Partikularismus, das exklusiv erwählte Volk, das aus allen anderen Völkern herausgehobene zu sein, diese Idee passte nicht zu ihren marxistischen Vorstellungen von einer klassenlosen Gesellschaft, in der soziale und nationale Schranken überwunden werden sollen.

Keine jüdische Autorin also? Lassen wir ihren Sohn Pierre, heute 92 Jahre alt, zu Wort kommen. Sie sei eine deutsche Schriftstellerin gewesen, mehr noch: Weltbürgerin. Es klingt stolz, wenn er es auf Französisch sagt: »Citoyenne du monde!« Ergänzen wir: eine deutsche Schriftstellerin jüdischer Herkunft aus dem christlichen Mainz, dem Rhein für immer verbunden, eine Weltbürgerin sozialistischer Überzeugung, Citoyenne du monde.

Anmerkungen

1 Hier und im Folgenden zitiert nach Ursula Elsner: Anna Seghers: Das siebte Kreuz, München 1999, S. 21.
2 Bertolt Brecht: Über die Bezeichnung Emigranten, in: Ders.: Gesammelte Werke, Bd. 9, Frankfurt a. M. 1967, S. 718.
3 Zitiert nach Sigrid Bock: Erziehungsfunktion und Romanexperiment. Anna Seghers: Die Toten bleiben jung, in: Erfahrung Exil, hg. von Sigrid Bock, Berlin 1979, S. 395.
4 Dieser Brief befindet sich heute im Besitz der Akademie der Künste, Berlin. Eine Kopie ist in der ehemaligen Wohnung der Autorin in Berlin-Adlershof, heute Gedenkstätte, zu sehen.
5 Zur Geschichte der jüdischen Vorfahren von Anna Seghers siehe Hans-Willi Ohl: Jetzt steht er nur in einer untergegangenen Welt, in: *Argonautenschiff* 16/2007, S. 173–191.
6 Monika Melchert: Der Ausflug der toten Mädchen, in: Dies.: Mit Kafka im Café. Die schönsten Szenen bei Anna Seghers, Berlin 2006, S. 81.
7 Anna Seghers: Kleiner Bericht aus meiner Werkstatt, in: Anna Seghers: Über Kunstwerk und Wirklichkeit, Bd. 2, hg. von Sigrid Bock, Berlin 1971, S. 15.
8 Vgl. zur Entstehungs- und Publikationsgeschichte des Romans »Das siebte Kreuz« den Beitrag von Carsten Jakobi und Marie-Christin Flohr in diesem Jahrbuch.
9 Christa Wolf: Ein Interview mit Anna Seghers, in: Anna Seghers. Glauben an Irdisches. Essays aus vier Jahrzehnten, hg. von Christa Wolf, Leipzig 1974, S. 347–360, hier S. 353.
10 Ursula Elsner: Anna Seghers, 1999 (s. Anm. 1), S. 108.
11 Ebd., S. 27.
12 Bernhard Spieß: Das siebte Kreuz, Frankfurt a. M. 1993, S. 28.
13 Vgl. Angelika Arenz-Morch: Max Tschornicki – ein Mainzer Sozialist aus jüdischer Familie, in: Mainzer Geschichtsblätter, Heft 15: Lebensläufe in Zeiten der Diktatur 1933–1945, hg. vom Verein für Mainzer Sozialgeschichte e. V., Mainz 2014, S. 71–97.
14 *Frankfurter Volksblatt* vom 22./23.4.1933, zitiert nach Ursula Elsner: Anna Seghers, 1999 (s. Anm. 1), S. 40.
15 Anna Seghers: Das siebte Kreuz, Berlin 2012, S. 402. Im Folgenden mit der Seitenangabe im Text zitiert als DsK.
16 Dieter Schlenstedt: Das Werk als Rezeptionsvorgabe und Probleme seiner Aneignung, in: Gesellschaft-Literatur- Lesen. Literaturrezeption in theoretischer Sicht, hg. von Manfred Naumann, Berlin/Weimar 1975, S. 301–438, hier S. 411.
17 Monika Melchert: Siebte Kreuz, 2006 (s. Anm. 6), S. 60.
18 Frank Wagner: Deportation nach Piaski. Letzte Stationen der Passion von Hedwig Reiling, in: *Argonautenschiff* 3/1994, S. 117–126, hier S. 117.
19 Ebd. S. 123.
20 Monika Melchert: Ausflug, 2006 (s. Anm. 6), S. 78 f.

21 Anna Seghers: Der Ausflug der toten Mädchen, Berlin 2012, S. 14. Im Folgenden mit der Seitenangabe im Text zitiert als A.
22 Christa Wolf: Gesichter der Anna Seghers, in: Eine Biografie in Bildern, hg. von Frank Wagner/Ursula Emmerich/Ruth Ravanyi, Berlin 1994, S. 6–11, hier S. 7.
23 Anna Seghers: Ausflug, 2012 (s. Anm. 21), S. 39–71.
24 Anna Seghers: Passagiere der Luftbrücke, in: Anna Seghers. Über Kunstwerk und Wirklichkeit, Bd. 3, hg. von Sigrid Bock, Berlin 1971, S. 41–46.
25 Vgl. Erika Haas: Anna Seghers und das Judentum, in: *Argonautenschiff* 10/2001, S. 79–89, hier S. 81.
26 Vgl. Marie Haller-Nevermann: Jude und Judentum im Werk Anna Seghers', Frankfurt a. M. 1997.
27 Erika Haas: Judentum, 2001 (s. Anm. 25), S. 81.
28 Anna Seghers: Fürst Andrei und Raskolnikow, in: Anna Seghers: Über Kunstwerk und Wirklichkeit, Bd. 2, hg. von Sigrid Bock, Berlin 1971, S. 151.

TEXTDOKUMENTATION

Walter Kaufmann
LIEUTENANT MURRAY

Tocumwal, Australien 1944/2018

Recreation Facility – welch großspurige Bezeichnung für eine karge Baracke mit roh gezimmerten Regalen und einem Holztisch mit harten Stühlen. Tür und Fenster gaben die Sicht frei auf den Appellplatz, wo unsere Kompanie allmorgendlich anzutreten hatte, um zur Arbeit eingeteilt zu werden: Stückgut und Munition von einem Güterzug in den anderen laden, Kartoffel- und Zwiebelsäcke auf Lastwagen packen, dazu jede Menge fürs Lager bestimmte Kisten und Kästen. Hochgestochen wie die Bezeichnung Recreation Facility klang auch dieses Education Officer, das Lieutenant Murray, unser Kommandant, dem Soldaten mit der Nummer V 377561 zugedacht hatte. Ich sollte Leihbücher einordnen, Schachbretter und die dazu gehörenden Figuren verwalten, auch Dartspiele und Spielkarten, dazu die Baracke sauber halten, den Boden wischen, das Fenster putzen: Education Officer – ein Hohn! Zumal auch ich allmorgendlich zum Eisenbahnknotenpunkt auszurücken hatte und wie alle anderen auf den Güterzügen schuften musste. Es war kein Privileg, dass ich mich vorzeitig auf den Rückweg zum Lager machen durfte, um in der Recreation Facility weitere fünf Stunden Dienst zu tun. Wobei mir, das sei gesagt, viel Zeit zum Lesen blieb. Es war gute Literatur, die uns die Quäker für die Bibliothek gespendet hatten: von Dickens bis Thackeray, von Jane Austen bis zu den Brontë-Schwestern und jede Menge englische und australische Gegenwartsliteratur. Dazu kam, was unsere Armeeverwaltung von der amerikanischen übernehmen durfte: Dreiser, Hemingway, Steinbeck Taschenbücher und – ich staunte! – *The Seventh Cross* von Anna Seghers. Lange ehe ich das Buch auf Deutsch zu lesen bekam, las ich es in der englischen Übersetzung. Und Lieutenant Murray gleich mit. Der war eines Nachmittags, als im Lager noch Stille herrschte, in die Baracke gekommen: »Everything O.K., Private?« »Yes, Sir!« Was ich da gerade lese, wollte er wissen. Ich sagte ihm, fünf Exemplare von *The Seventh Cross* seien eingetroffen und beschrieb ihm den Inhalt. »Sounds interesting«, sagte er und lieh sich den Roman aus. Ich schrieb seinen Namen in die Kladde – was sich als überflüssig erwies, denn schon am nächsten Tag war er zurück. Sich die Augen reibend sagte er: »Couldn't put the damn book down.« Ob noch anderes »by this German woman« zu haben sei? Ich musste passen. »Private Kofmen«, sagte er, »search around. That's an order!« »Yes, Sir«, sagte ich und begann, nachzuforschen. Doch kein weiteres Buch der Anna Seghers war aufzutreiben, nicht in Sydney, nicht in Melbourne – und schon gar nicht in der Einöde von Tocumwal.

Max Zimmering
DAS SIEBTE KREUZ

Geschrieben 1943 in London

»Das siebte Kreuz« stahl mir die Nacht.
Ich habe sie mit ihm verbracht.
Wie müd und schwer ward Aug' und Hand.
Das Licht, das auf dem Tische stand,
warf schweigend Weiß auf das Papier ...

Was hier geschah, geschah an mir.
Es sprach das Buch ganz leis und klar:
Mich schrieb ein Mensch, doch ich bin wahr,
weil ich des Lebens Inhalt bin,
des Lebens Bild, des Lebens Sinn.
Ob das, was hier erzählt, geschah?
Was gilt es? – Ist dir Georg nah?
»Er lebt! Wie bangte ich um ihn,
als alles schon verloren schien.«
Und Wallau, den kein Leiden bricht?
»Ich seh sein schweigendes Gesicht,
da ihn der Overkamp verhört.
Ein Wille, den kein Schmerz zerstört.«
Und Fahrenberg? Was macht dich blaß?
»Er lebt, und neu erwacht mein Haß.«
Siehst du auch Elli, Georgs Frau?
»Ich seh sie, höre sie genau.«
Wen siehst du oder hörst du nicht?
»Ich seh sie hinterm Lampenlicht
in lückenloser, langer Reih.«
Ist Marnet Franz, ist Kreß dabei?
»Ich seh sie alle vor mir stehn,
ich seh sie durch das Leben gehn,
erfaßt in einem schmalen Band
von eines großen Menschen Hand.«

(Erschienen im *German Amercian*, 15. August 1943, New York)

SEGHERS-STUDIEN

Otmar Käge
ELLI, LENI, LIESEL, EUGENIE, GRETE, GERDA, EINE SCHNEIDERIN, EINE HURE, EINE GARAGISTIN, EINE KELLNERIN NETTY REILING ALIAS ANNA SEGHERS UND *DAS SIEBTE KREUZ*

Für Nelli, Miła und Tine

Geboren in Worms am Rhein, aufgewachsen in Rheinhessen zwischen Donnersberg und Alzey, der Bergstraße, Darmstadt und dem Ried, studiert in Mainz und seit 26 Jahren in Berlin lebend, habe ich viele Jahre in räumlicher Nachbarschaft von Anna Seghers (Mainz 1900 – Berlin 1983) und Elisabeth Langgässer (Alzey 1899 – Berlin – Darmstadt 1950) verbracht.

Deutlich bewusst geworden ist mir das im Hinblick auf Netty Reiling aus Mainz, als ich dort in der zweiten Oktoberhälfte 1973 in meiner Studentenmansarde ihren Roman *Das siebte Kreuz* las und mich als 23-Jähriger wie Georg Heislers früherer Freund Franz scheute, »allein in den Wäldern herumzusteigen und Liebespaare aufzuscheuchen in den Lichtungen, im trocknen Herbstlaub«[1].

Die »ungescheuchte« Wiederlektüre 44 Jahre später, im Oktober 2017 in meiner Berliner Wohnung und an der Herbstlaubhavel, fesselt mich wieder. Nicht nur an den groben Handlungsverlauf, auch an manche der vielen authentischen Einzelbeobachtungen, atmosphärischen Schilderungen, Gedanken und Empfindungen der die Gegend zwischen Worms und Rhein-Main-Region bevölkernden Figuren erinnere ich mich.

Georg Heislers Folgerung aus der Wiederbegegnung mit »seiner früheren Freundin Leni« am Ende des dritten Kapitels jedoch überrascht, erstaunt, befremdet mich:

»In keiner Stadt wäre er mehr gefährdet als hier; dicht davor, aus dem läppischsten Anlaß zugrunde zu gehen, aus dem allergeläufigsten: weil er sich auf ein Mädchen verlassen hatte.«

»Aber das ist ja geradezu Philipp der Zweite!«, geht es mir 67-Jährigem durch den Kopf: »Der Name des Weibes heißt Verleumdung.« (Friedrich Schiller: *Don Carlos* III, 2)

Dass Heisler den Umstand, sich auf ein Mädchen zu verlassen, den »allergeläufigsten« und »läppischsten« nennt, ist schon bemerkenswert. Wird er doch selbst kurz vorher als jemand beschrieben, der seine Elli bereits wenige Wochen nach der Hochzeit ver- und mit dem bald Neugeborenen auf Nimmerwiedersehen sitzenlässt. Dass ein solcher Mann seine Bereitschaft, »sich auf ein Mädchen zu verlassen«, als tödlich bezeichnet, ist, wenn nicht frauenfeindlich, dann doch wenigstens wenig gerecht.

So weit in meiner Wiederlektüre des *Siebten Kreuzes* und mit den davon ausgelösten Gedanken gekommen, frage ich mich zum ersten Mal, in welchem Licht eigentlich die Frauen in diesem Roman über die Flucht aus einem Männer-KZ erscheinen.

Also »Elli, Georgs Frau«, wie es im Personenverzeichnis heißt, was aber nur standesamtlich stimmt, nicht menschlich: Die von Georg verlassne und wenige Monate später alleinerziehende Büroangestellte hört von ihrem Mann erst wieder durch die ganz unglaubliche Vorladung ins KZ Westhofen, wo sich das »Ehepaar« zwischen zwei SA-Posten nur mit Mühe erkennt und nichts zu sagen hat. Bei späteren stundenlangen Polizeiverhören mit Fragen nach Kontaktpersonen Heislers bleibt Elli stumm, auch wenn sie sich an einige und an weibliche immer noch mit einem Stich erinnert.

Dennoch meint Georg, »zugrunde zu gehen, weil er sich auf ein Mädchen verlassen hatte«. Aber damit bezieht er sich ja streng genommen auch nicht auf seine standesamtliche Elli, sondern auf seine »frühere Freundin« Leni, an die er schon Jahre nicht mehr gedacht hat und deren Wohnung in Frankfurt-Niederrad ihm nun auf der Flucht wie eine Rettungsinsel im tödlichen SS-Verfolgungsstrudel vorkommt.

Auch Georg und Leni erkennen sich zuerst nicht, wie sie sich da in der Wohnungstür mit einem neuen Namensschild wieder zu Gesicht bekommen. Und als der KZ-Flüchtling dann feststellen muss, dass seine lang vergessne ehemalige Freundin inzwischen verheiratet ist, und zwar mit dem in wenigen Minuten heimkommenden Träger der im Flur stehenden »hohen schwarzlackierten Schaftstiefel«, da verdichtet sich ihm diese männliche Erkenntnis vom tödlichen »Verlassensein« von einem Mädchen im Kopf. – Aber ist das wirklich gerecht?

Obwohl ihn Leni tödlich enttäuscht hat, sucht Heisler in seiner verzweifelten Lage – »Wie vertraut war die Hölle gewesen, mit dieser Stadt verglichen!« – gleich anschließend die nächste Frau auf. Madame Marelli, eine Theaterschneiderin in der Nähe des Roßmarkts; ein Tipp seines Mithäft- und -flüchtlings Belloni, Artist. Da Frau Marelli zu der seltenen »Art Frauen gehört, die imstande ist, sogar den Teufel zu beruhigen«, gelingt ihr das fast wortlos auch bei dem verteufelt verstörten Georg. Mit einem steifen Hut, einem gelblichen Überzieher und acht Mark meint sie, einem abgerissenen Artisten für ein neues Engagement behilflich zu sein.

Mit wem versucht's ein Mann, wenn ihm die Wege zur Mutter, zur Frau und zur Geliebten verlegt sind? Genau! – »Georg dachte: mit der ersten besten.« Obwohl die »doch schlimmer war, als er sich das hätte träumen lassen«, geht er mit ihr. Unterwegs und davor bewahrt sie ihn noch geistesgegenwärtig vor einer Polizeistreife. Als er jedoch danach erschöpft einschläft, verrät sie ihn. Aber wer hat hier wirklich einen Vorwurf oder gar Verachtung verdient? Immerhin kann Heisler noch aus dem Huren-Haus flüchten, bevor ihn die SS-Hunde aufspüren.

Die nächste Frau, die Georg die Wohnungstür öffnet, diesmal in Frankfurt-Bockenheim, ist Liesel. Früher »ausgesprochen fidel«, inzwischen mit seinem

Jugendfreund Paul Röder verheiratet, das vierte Kind erwartend, dick geworden.

Paul ist derjenige im ehemaligen Bekannten- und Freundeskreis von Georg, der – obwohl dessen politische Position nicht teilend – am meisten für seine Rettung tut und riskiert, Polizeiverhöre übersteht und einen Ausweg findet.

Und seine Liesel? Die wird von den beiden Männern vorsichtshalber zuerst gar nicht eingeweiht. Als sie dann selbst eine Gefahr spürt, beschließt sie zwar, »sich und ihre Brut zu verteidigen«, aber als sie den ganzen schrecklichen Sachverhalt erfährt, bricht sie zusammen: »›Dafür mußt *du* dann gradstehn.‹ – ›Ja‹, sagte Paul, ›dafür steh *ich* dann grad. Denn ich bin ja der Mann hier und von unserer Familie der Vater.‹«

Paul bringt für Georg den politisch abgetauchten Arbeitskollegen Fiedler wieder auf Trab und der seine Frau: »Grete, gib acht, in deinem ganzen Leben hast du noch nie so 'ne brenzlige Sache mitgemacht. Frag mich nichts. Ich hau jetzt also ab. Hast du noch Haushaltungsgeld?«

Auf diesem Weg findet der gehetzte Georg für eine Nacht Unterschlupf bei dem Chemiker-Ehepaar Kreß in Frankfurt-Riederwald. Und obwohl von den beiden der Mann der Unsichere zu sein scheint, gefällt er dem Flüchtenden besser als die Frau: »Diese Frau hatte wohl noch nichts besessen, was sie fürchtete zu verlieren.«

Die 19-jährige Gerda, erfahren wir, hat Kreß geheiratet, weil sie in ihm den Märchenprinzen sah, der sie aus ihrem lähmenden Elternhaus rausküsste. Als er sich dann bloß als promovierter Chemiker und politischer Hasenfuß herausstellt – wird sie da selbst aktiv? Nein, depressiv.

Wie Grete, die Frau von Fiedler; wie die Frau des Wormser Straßenbahners Bachmann, der Wallau verpfeift; wie Georg Heislers Mutter, die über dem schrecklichen Schicksal ihres dritten Sohns versteinert und erst wieder Hoffnung schöpft, als der zweitälteste Sohne-Mann ihr Mut macht: »Er ist doch noch nicht ganz verloren.«

Aber gibt es in dem ganzen Roman nicht eine aktive, selbstständig handelnde Frau?

Doch – Katharina Grabber, die als Garagenbesitzerin in der Metzgergasse »ihren Mann steht« oder richtiger: »ihren Teufel«, denn schlimmer als sie könnte der in der Werkstatt nicht wüten. Dort schindet sie Heisler, bevor er in der Nacht vor seiner Flucht ins Ausland doch noch einem verlässlichen, tatkräftigen Mädchen begegnet: einer namenlosen Kellnerin im Kostheimer Engel. Obwohl die nicht klug aus ihm wird – »Er ist kein Lügner. Aber er lügt. Er hat Angst. Aber er ist nicht ängstlich.« – nimmt sie ihn nach Engel-Schluss entschlossen mit und vergewissert ihn nach zwangsjähriger Lagerabstinenz seiner sexuellen Potenz. Sodass er am frühen Morgen am Schiffsanleger in Mainz-Kastel zuversichtlich die *Wilhelmine* besteigt, die holländische Schaluppe ins Freie.

»Was bist du denn für ein liebs Hundelchen«, sagt Eugenie, die dem Großbauern Messer den Hofhaushalt besorgt, zu Schäfer Ernsts Nelli. Eugenie ist neben Madame Marelli vielleicht die sympathischste Frau in Anna Seghers' düsterem Romankosmos zwischen Worms, Westhofen und der Rhein-Main-Region. Aber wie der fraglos helfenden Varietéschneiderin in Frankfurt Heislers wahre Identität unbekannt ist, so der Bauersfrau im Taunus seine ganze Existenz, lebt sie doch in einem Landstrich, den der KZ-Häftling auf seiner Flucht nicht berührt; also auch nicht die Wiese, auf die sie blickt, »zum Weinen still und leer«.

Um auf meine Eingangsfrage zurückzukommen: In welchem Licht erscheinen sie also, die im Personenverzeichnis des *Siebten Kreuzes* genannten und darüber hinaus an Heislers Fluchtweg zwischen Worms, Mainz und Frankfurt versammelten Frauen? Mir scheint, in keinem besonders hellen.
Darin bewegen sich, vielleicht von Wallau und Röder abgesehen, auch die Männer nicht! Richtig, aber ich meine, in einem helleren, weniger diffusen als die Frauen. Die allein hätten Georgs finstren Fluchtweg zwischen Westhofen und Rhein wohl kaum in rettendes Licht getaucht. Dazu muss Anna Seghers dann doch das andre Geschlecht aufbieten. »Dafür steh *ich* dann grad, Liesel. Ich bin ja der Mann hier [...].«
Um auf meinen persönlichen Vorspann und auf Anna Seghers' Landesschwester Elisabeth Langgässer zurückzukommen, die für die ein Jahr Jüngere »ein Faible« hat (wenngleich mehr persönlich, kaum »weltanschaulich« und literarisch): »Ach, wer so schreiben könnte wie mein Gegenpol, die Seghers! So nach der Linie, so mit vorgeschriebenen, zuverlässigen Handgriffen.« (am 4.2.1948 an Erich Fried)
Ob sich dieses ambivalente Verhältnis zwischen den beiden Rheinhess- und Schriftstellerinnen – »mystische Katholikin und realistische Kommunistin, Vertreterinnen der inneren und äußeren Emigration« (Christiane Zehl Romero) – fruchtbar machen ließe? Etwa zum genaueren Verständnis des *Siebten Kreuzes*? Durch einen vergleichenden Blick auf Elisabeth Langgässers Roman *Gang durch das Ried*, erschienen 1936, zehn Jahre vor der Berliner Ausgabe von Anna Seghers' allen deutschen Antifaschisten gewidmetem Buch?
Nun, kreist die Handlung des *Siebten Kreuzes* um das KZ Westhofen, zwischen Worms, Mainz und Frankfurt, so die von Langgässers *Ried*-Roman um ein geräumtes französisches Besatzungslager in Griesheim bei Darmstadt, Richtung Mannheim über den Rhein nach Worms. Hier sind im Herbst 1930 die Faschisten zwar noch nicht an der Macht – aber was »da gebrütet wurde, auf den verkrachten Höfen der adligen Grundbesitzer, in den Dorfschenken, wo die Bauern verbiestert zusammenhockten«, bereitet ihnen den blutigen Boden. Radeln Franz und Hermann jeden Morgen aus ihren Taunus-Dörfern in Fabriken nach Frankfurt-Höchst und -Griesheim, so sind die Opel-Werke in Rüsselsheim ein industrielles Zentrum der Ried-Region mit »Maschinen, Richtpreisen, Zöllen, Syndikaten, Trusts und Börsenaktionen«.
Auch wenn zwischen Georg Heisler im *Siebten Kreuz* und Peter Schaffner alias Aladin im *Gang durch das Ried* ein existenzieller Unterschied insofern besteht, als Letzterem nicht der Tod droht – heimatlos und auf der Flucht sind beide. Und begegnen dabei mehreren Frauen.

Während Heisler von einer Hure verraten wird, wird Aladin von einer namens Laura beglückt. Gerät dafür aber an einen »mit Unzucht und Schande bedeckten« Gasthaustisch, wohingegen Georg im Gasthaus Engel von einem befriedigt wird.

Mit dem Hinweis auf Parallelszenen im Mainzer und Wormser Dom sind die fruchtbaren Vergleichsmomente zwischen Anna Seghers' und Elisabeth Langgässers Roman keineswegs erschöpft. Und das gilt weit über diese beiden Bücher hinaus; was allein solche Titel wie *Märkische Argonautenfahrt* (E. Langgässer, 1950) und *Das Argonautenschiff* (A. Seghers, 1948/49) untersuchenswert macht. Selbst hinter eher unähnlichen Überschriften wie *Tod im Frühling* (E. Langgässer, 1920/1949) und *Der Ausflug der toten Mädchen* (A. Seghers, 1946) warten auf aufmerksam Lesende vergleichenswerte Erzählungen.

Wobei ergiebige biografische Berührungspunkte zwischen den fast gleichaltrigen Rheinhessinnen abschließend nur angedeutet seien:

»Hier in Berlin wird zurzeit die Seghers ganz groß gefeiert, und sie verdient es auch. Ihr *Siebtes Kreuz* ist großartig in seiner Verhaltenheit, Echtheit und Menschlichkeit. Sie hat ein wunderschönes, flächiges Barlach-Gesicht unter schneeweißen, glatten Haaren, unerhörte schwarze Augen u. einen trotzigen, gewölbten Kindermund. Ihr seht: ich habe mich verliebt. Natürlich werden und müssen wir, sozusagen zwangsläufig, furchtbar aufeinanderplatzen: weltanschaulich. Und wahrscheinlich werden wir beide dabei ordinär werden wie ›zwei Fischweiber‹, wie meine Mutter zu sagen pflegte.« (E. Langgässer an Horst Lange, 1947)

Lesehinweise

zu Anna Seghers:
Das siebte Kreuz zitiere ich nach meiner Sammlung-Luchterhand-108-Taschenbuch-Ausgabe von 1973.
Christiane Zehl Romero: Anna Seghers. Eine Biografie in 2 Teilen, Berlin: Aufbau Verlag 2000 und 2003.
zu Elisabeth Langgässer:
Elisabeth Langgässer, *Marbacher Magazin* 85/1999.
Sonja Hilzinger: Elisabeth Langgässer. Eine Biografie, Berlin: Verlag für Berlin-Brandenburg 2009.

Anmerkungen

1 Mit der Alzeyerin Elisabeth Langgässer habe ich mich dagegen erst viel später beschäftigt, in Berlin, wo man von der S-Bahn-Station Grunewald aus sowohl die Siedlung Eichkamp erreicht – hier hat die Langgässer zehn Jahre mit ihrer Familie gelebt – als auch das Bahngleis 17 – hier verschwand Anfang 1944 ihre fünfzehnjährige Tochter Cordelia in einem Zugtransport nach Theresienstadt und Auschwitz.

AUS SCHULE UND HOCHSCHULE

Jan Müller-Wieland
HENZES »ENKEL« – IM FOKUS DES WIDERSTÄNDIGEN
ANSICHTEN ZU HENZES 9. SINFONIE

Um Missverständnissen vorzubeugen: Ich werde keinen Abriss über Henzes »Enkel-Generation« geben. Dies ist mir weder möglich, noch steht es mir zu. Auch werde ich nicht einen musikwissenschaftlichen Blick auf Henze und Henzes Neunte werfen. Sondern ich werde einen Blick als Komponist auf diese 9. Sinfonie werfen. Es geht dabei um das subjektive Hineinlesen in eine Partitur und um Bezüge, so wie man sie persönlich spürt. Dabei interessiert mich der Bezug zu meiner Generation, denn der Schuh, den wir alle tragen, drückt: Die Generation, welche den Nationalsozialismus erlebte, wird – wie wir jungen Leute, wir Quasi-Enkel, nun allmählich begreifen – nicht ewig leben. Direkte Erinnerungen werden wir Töchter, Söhne, Enkel in inzwischen absehbarer Zeit gar nicht mehr erhalten. Dies erklärt, warum in den Neunzigerjahren vieles neu und genauer berichtet wurde und gefragt wurde über Faschismus und Nationalsozialismus. Viele der Quasi-Eltern und Quasi-Großeltern können erst mit großem Abstand, also im Alter, ihre Erinnerungen festhalten und wiedergeben. Hierzu gehört meines Erachtens in der Musik die 9. Sinfonie Hans Werner Henzes.

Im September 1997 erklingt in der Berliner Philharmonie zum ersten Mal dieses Werk für großes Orchester und Chor ohne Solisten, aber mit Orgel.[1] Es ist nach Henzes ersten drei Trümmerlandschafts-Sinfonien aus den Vierzigern, der 4., »Forio di Ischia«-Sinfonie, der 5., der »Römischen«, der 6., der »Kubanischen«, der 7., der »Hölderlin-Sinfonie«, der 8., der »Sommernachtstraum-Sinfonie«, nun seine »Deutschland-Sinfonie«. So international Henze lebt, fühlt, träumt und denkt – eine verdammte Zeit hat ihn geprägt. Es ist die Zeit Hitlers. Henzes Leben steht seit dieser Zeit unter einem gewaltigen Befreiungsdruck, der sich musikalisch unzählige Male gebärdete und ihn verzweifeln ließ, wenn auch nur kleinste Andeutungen Henze die Zeit erinnern lassen. Nicht zuletzt deshalb handelt die 9. Sinfonie von sieben Befreiungsversuchen deutscher Antifaschisten aus einem KZ. Diese 9. Sinfonie beinhaltet Henzes persönliche – tönende – »Ästhetik des Widerstands«.

Was bringt diese Sinfonie über das Erinnern des Faschismus auf den Punkt? Sie bringt akustisch, mit temperierten und altertümlichen Tonarten und Klangvorräten in verschiedensten Abschattierungen, die Furcht vor dem Faschismus und die Abneigung gegen ihn auf den Punkt. Daher z. B. die enorm crescendierenden Aufwallungen der hyperpolyphonen Klangsätze, der Harmoniemassen, als ob Menschenmassen sich auflehnen oder jubeln. Empörung meint diese Musik – wie auch Ohnmacht. Hinzu kommt, dass sie auch die Diktatur selbst sprechen lässt, was das Grauen potenziert.

Auf mich als jemand, der von der NS-Zeit nur vom Hörensagen weiß, wirkt das erhellend, aufklärend und erschreckend, da der Aufarbeitungsprozess immer noch nicht abgeschlossen ist, zumindest solange nicht, solange Juden, Nichtchristen und Ausländer sich in Deutschland nicht automatisch willkommen und sicher fühlen können. Henzes Neunte verschärft die Sichtweise auf dieses Vakuum der deutschen Gegenwart und der historischen Vergangenheit.

Als Musikstück kann dieses Erinnerungswerk betont mehrstimmig das Irrationale, das Wahnsinnige des Faschismus und simultan – eben durch Polyfonie – das Trauma des Widerstands fokussieren. Dies ist der Vorteil dieser Musik gegenüber anderen Erinnerungsformen.

Wie hält Henze nun die Erinnerung wach, die nicht vergessen werden darf? Er tut dies mit fünf kontrapunktischen Elementen: erstens mit Anna Seghers' Roman *Das siebte Kreuz*, zweitens mit seiner eigenen Erinnerung, drittens mit poetischen Psychogrammen von Hans-Ulrich Treichel, viertens mit einem Chor und fünftens mit einem Orchester. Diese fünf Elemente – Kontrabereiche sind es freilich – bilden siebenmal pulsierende, entwickelnde Variationen bis hin zu Fugen, wobei ich »Fuge« wörtlich verstehe, denn »Fuga« heißt »Flucht«.

Bei diesen Kontrabereichen geht es musikalisch um die »Unabgeschlossenheit eines historischen Prozesses«. So Sonja Hilzinger in ihrem Nachwort zur 16. Auflage von Seghers' Roman *Das siebte Kreuz*. Und es geht (ich zitiere wieder aus diesem Nachwort) »um Verwandlung und Verdichtung gesellschaftlicher Wirklichkeit im Interesse ihrer besseren Erkennbarkeit«. Denn es sollte, so Seghers im Roman, von den Nazis »ein Niemandsland [...] gelegt werden zwischen die Generationen, durch das die alten Erfahrungen nicht mehr dringen konnten«.

Bei Seghers ist der Überlebende Georg Heisler. Er ist nicht aus Warschau. Er ist ein Westdeutscher. Er überlebt als einziger von sieben Flüchtlingen das Konzentrationslager Westhofen, welches in Wahrheit das Konzentrationslager Osthofen war. In Osthofen schrieb Wagner übrigens einen Großteil seines ersten *Meistersinger-Akts*.

Vielleicht steht die Zahl Sieben sogar auch für das jüdische Glaubenssymbol. Jedenfalls steht die Sieben für die sieben Platanenkreuze, die der Lagerkommandant Fahrenberg sadistischerweise bauen lässt, damit die sieben Flüchtlinge bei ihrer Rückkehr einen verkappten Jesus-Tod zur Schau erleiden. Die Zahl Sieben ist aber auch metrisch, rhythmisch und formal für Henzes Spätwerk bedeutsam – besonders ab seiner 7 Sinfonie. Die Zahl Sieben steht in dieser Neunten aber in erster Linie für die siebensätzige Form und für sieben thematische Faktoren des Romans, die durch Musik pointiert werden. Henze und Treichel bündeln den Roman so: 1. »Die Flucht«, 2. »Bei den Toten«, 3. »Bericht der Verfolger«, 4. »Die Platane spricht«, 5. »Der Sturz«, 6. »Nachts im Dom«, 7. »Die Rettung«.

Zum ersten Satz »Die Flucht«

Der Satz beginnt fast wie der 5. Satz »Der Sturz« mit einem Wirbelwind oder Sturm. Der Sturm an sich ist für Henze in den letzten Jahren immer wichtiger geworden. Ein Satz seiner Zehnten wird heißen »Ein Sturm«. In dieser Neunten handelt es sich aber um einen inneren Sturm, um eine innere Stürmung gegen das Unrecht, welches Anna Seghers so prägnant verbalisiert. In diesem ersten Satz geht es dabei konkret um den inneren Hurrican in Georg Heisler, dem Flüchtling.

Wenn die Sturmwellen und Wirbel abreißen, ist dies nicht selten ein Reflex auf einen Beckenschlag, untermauert von einem dumpfen Trommelschlag. Mir sagt das, dass Georg Heisler durch Militärmusikzeichen bzw. Militärzeichen immer wieder zurück- und zurechtgewiesen wird und doch die Flucht will, um alles in der Welt. Dies ist das eine Thema dieses Satzes. Ein anderes ist eine hessische, rheinische oder westfälische Wirtshausmusik, ähnlich jener des Wirtshauses von Franz Wozzeck. Die Abgrundidylle des deutschen Stammtisches wird damit umtönt. Henze tut dies als Mephisto, bei ihm klingt es lieblich, was in diesem Zusammenhang bedeutet: scheinlieblich.

Ein anderes wichtiges Moment des Romans wird in diesem Satz als drittes Thema benannt: der Nebel. Henze und Seghers gehen beide sehr aufmerksam um mit dem Nebel des westdeutschen Flachlandes, der über viele Getreidefelder ein eigentümliches Panorama entwirft. Seghers benennt den Nebel als Leitmotiv. Henze stellt den Nebel dar, indem er leise Polyfonien in den Stimmgruppen des Orchesters fast unentwegt auffächert. Der Nebel steht aber auch für die psychologische Verfassung von Georg Heisler und für die politischen Umstände, in denen der Roman spielt. Er spielt nicht am Ende des zweiten Weltkriegs, sondern zu Beginn der Nazi-Diktatur. Heute weiß man, was kam, damals – besonders für junge Leute (Enkel) – gab es nur Nebel als Aussicht.

Zudem diente der Nebel als Versteck und als verheißende Hoffnung auf der Flucht. Begleitet und beflügelt, wie ein Himmel über und hinter dem Nebel, wird dieser Satz von den Stimmen des Chors. Es sind heidnische Engelsstimmen – wie von fern, wie aus der Ferne in lieblicher Bläue.

Zum zweiten Satz »Bei den Toten«

Ruhevoll überquert hier der Antifaschist – wie ein Hermes – den Lebensbereich zu den Toten. Harmonische Felder erzeugt dies. Treichels Text beginnt mit: »Dann bin ich hinübergegangen.«

Die Überquerung als solche, zum Beispiel eines Flusses, ist ein wiederkehrendes Motiv im Gesamtwerk Henzes. In diesem Stück wird der Rhein überquert. Der holländische Schiffer am Schluss des Romans ist ein positiver Charon. In Henzes *Barcarola* wird der Styx überquert.

Man denke an *We come to the River* oder an die Kinderoper *Pollicino*, in der die Kinder auch einen Fluss überqueren, aus einem Land emigrieren, auswandern, in die Fremde einwandern, weil die Eltern sie verhungern lassen. Und man denke an die Überquerung der Lebenden in das Totenreich im Oratorium *Das Floß der Medusa*. Interessanterweise ist die Flussüberquerung auch ein jüdisch-religiöses Motiv: Ukrainische Chassiden glauben – besonders heute –, dass wenn der Messias kommt, die zerstörte Brücke bei Zablotov über den Pruth durch Zigarettenpapier überquerbar ist und man so doch noch ins »gelobte Land« Israel gelangen kann.[2] Auch aus solcher Hörperspektive kann man diesen zweiten Satz begreifen.

Treichel schreibt: »Dann bin ich hinübergegangen. Ich habe ihre Namen gerufen und ihre Gesichter gesehen. Die waren weiß wie Papier und in Fetzen [...].« Dieser Satz ist ein Bericht von einem Überlebenden über seine Gedanken an die Toten, die er erinnert. Es ist auch ein Satz über das Selbst. Treichel schreibt: »[...] nur noch ein Heulen, wie Wind im verlassenen Haus.«

Zum dritten Satz »Bericht der Verfolger«

Hierbei handelt es sich um einen SS-Rapport, um einen kleinen Wutausbruch der Macht und um die Andeutung des von den Nazis so genannten »Tanzplatzes«, des Innenhofs im KZ Westhofen. Ein Hauptrhythmus der letzten Henze-Stücke taucht dabei auf. Er steht für die Penetranz und Unberechenbarkeit der Macht. In seinem Bach-Buch spricht Albert Schweitzer u. a. über einen Bach'schen Hauptrhythmus, den synkopierten, den punktierten, den hinkenden. Punktierte Achtel, Sechzehntel, punktierte Achtel, Sechzehntel ... usw. Ein vergleichbarer Hauptrhythmus bei Henze hinkt nicht. Er betont die Taktzeit, den Beat und federt auf dem Off-Beat besonders leicht ab. Achtel, Sechzehntel, Sechzehntelpause, Achtel, Sechzehntel, Sechzehntelpause ... usw.

Trotz des Marsch-Charakters entsteht so Elastizität und eine seltsame, böse Wirkung stellt sich ein, da sie aufmuntert, aufpowert, und in dieser Sinfonie damit wohl besonders die ahnungslose Jugend bzw. Hitlerjugend meint. Auch taucht dieser Rhythmus im »Dies Irae« des Requiems und im »Rex tremendae« auf, wo er den Zitatverschnitt des »Badenweiler Marschs« umrahmt. Dieser Rhythmus ist explizit doppeldeutig und doppelbödig, denn er stimuliert den Hörer – was immer dieser vom Sinn des Stücks versteht – zu Tatendrang. Henze verwendet diesen Rhythmus wie alle seine Metaphern: wie Mittel im Theater. Statt nur zu klagen, wird auch karikiert. Zwei Seelen sind in einer Brust.

Zum vierten Satz »Die Platane spricht«

Im Roman heißt es: »Da waren nur saubere Baracken, ein großer, sauber gekehrter Platz, ein paar Posten, ein paar gekuppte Platanen, stille Herbstmorgensonne.« Die Musik fängt diese Ausgangssituation ein und das Fällen der Platanen. Mit dem weihevollen Ritus der Platanenkreuze möchte sich Lagerkommandant Fahrenberg selbst ein Denkmal setzen. Über Fahrenbergs Nachfolger schreibt Seghers am Schluss des Buchs: »Die Kreuze hat er gleich abschlagen lassen, denn sie waren sein Stil nicht.«

Die Männer des Chors sind in diesem Satz Dämonen, Todesengel einer aufgedunsenen, hülsenfrüchtigen Brutalität. Sie verwandeln sich in der Musik zu deutschen Holzfällern, zu deutschen Handwerksburschen. Die Seele der Bäume wird dargestellt durch das akustisch Gegensätzlichste patriarchaler Strukturen: durch weibliche Stimmen. Das vergebliche Aufbäumen übernimmt das Orchester.

Zum fünften Satz »Der Sturz«

Der Artist Belloni stürzt infolge der Hetzjagd vom Dach in den Tod. Mit seinem Absprung setzen in der Partitur mit »gran canto« nur die Streicher ein und besingen bewundernd Bellonis Mut und sein Können, denn – und nun sind wir in der Fantasie von Artisten – Belloni kann fliegen, er stürzt nicht, er schlägt nicht auf. Künstler können das, könnte man unter der Glasglocke der Fantasie meinen. Künstler, Artisten können »Lachen machen, was zum Weinen ist« (siehe Bachmanns Gedicht *Böhmen liegt am Meer*). Sie können zaubern und verzaubern. Auch sich selbst – manchmal verlieren sie sich zwar. Manchmal sind sie zwar zu mutig. Doch fliegen können sie allemal. Vor allem hier und jetzt *For the Time Being* durch Henzes Streichorchester. Dabei ist der Artist Belloni ein kranker Mond.

Seghers schreibt über Belloni und diese Situation: »Er war in einen Hotelhof gestürzt, so daß die Zuschauer schließlich abziehen mußten, ohne etwas erlebt zu haben. In den Mutmaßungen der Müßiggänger, in den aufgeregten Berichten der Frauen schwebte er immer noch stundenlang über die Dächer, halb Gespenst, halb Vogel.«

Zum sechsten Satz »Nachts im Dom«

Georg Heisler versteckt sich im Dom. Bei Seghers heißt es dazu: »Alles, was das Alleinsein aufhebt, kann einen trösten. Nicht nur, was von andern gleichzeitig durchlitten wird, kann einen trösten, sondern auch, was von andern früher durchlitten wurde.« Dies bezieht sich auch auf die Sarkophage im Dom mit ihren Toten, die zu Heisler sprechen, flüstern, singen. Existenzielle Fragen stellt dieser 6. Satz: Die Portale, die Seitenportale des Doms sind alle offen … Ausrufungszeichen oder Fragezeichen? Und: Warum wurden sie nicht für SS-Schergen geschlossen? Für kurze Zeit bietet die katholische Welt Georg Heisler Schutz. Aber wie ist dieser Schutz beschaffen? Ist es ein allgemeiner Schutz? Ist es ein resistierender Schutz? Oder ein zufälliger?

Die Toten des Doms äußern bei Treichel: »Sei ohne Hoffnung.« In einer derartigen Fluchtsituation ist ein Glaube, ein Gott, eben ein Glaube, aber keine konkrete Hilfe. Die Zeit, die Ruhe, die Muße zum Glauben sind undenkbar in dieser Situation. Nur ein Blitzstrahl könnte vielleicht helfen. Eine Bombe vor den Portalen. Doch nichts passiert.

In den *Goldberg-Variationen* von George Tabori heißt es: »Nichts ist das Einzige, was vollkommen ist. Nur Gott ist vollkommen, weil er Nichts ist.« In Büchners *Dantons Tod* heißt es im vierten Akt, fünfte Szene: »Das Nichts ist der zu gebärende Weltgott.«

Sebastian Haffner verwendet im Vorwort für sein Buch *Geschichte eines Deutschen* Goethes 1808 geschriebenen Satz: »Deutschland ist Nichts, aber jeder Deutsche ist viel.«[3] Auch in diesem Sinne passiert für Georg Heisler nachts im Dom im wörtlichen Sinne das Nichts. Der Dom lässt Georg Heisler dies spüren. Er hat selbst im Dom zu ahnen, dass er dem Nichts begegnet und bald nicht mehr ist.

Gegen Ende des Satzes gibt es eine »Litanei der Heiligen«. Ich meine die Partiturseite 161, vier Takte nach Ziffer 75: Es ist eines der gegenweltlichsten Momente der Musik. Die Orgel spielt zu dieser Litanei zweistimmige Sechzehntel-Ketten in kleinen Nonen, als ob es um eine billige Feierei gehe, um die Anrufung von Plunder, um eine Profanisierung. Warum? Die Heiligen sind das Entrückteste und Verrückteste, was man sich vorstellen kann, wenn man sich überhaupt die Todesangst vor der SS vorstellen kann. Es tönt hier also nicht nur die Angst, sondern es tönt besonders die verzweifelte Demut vor dieser Angst. Und diese Demut äußert sich dialektisch infantil bzw. als Hohn.

Die »Litanei der Heiligen« ist ein Musterbeispiel für Henzes musikalischen Realismus. In diesem Zusammenhang ist der musikalische Realismus letztlich eine »Kunst der Fuge«, Kunst der Flucht vor dem martialischen Realismus der SS. Der Hohn dieser Litanei resultiert überdies natürlich auch daher, dass der Katholizismus wie auch der Protestantismus in Deutschland keinen genügenden Widerstand gründeten.

Zum siebten Satz »Die Rettung«

Georg Heisler hat es trotzdem geschafft. Er kann es nicht fassen. Er kann sich aber auch nicht freuen. Er wurde nicht befreit von einer antifaschistischen Mehrheit. Er wurde nicht vor Freude umschlungen von Millionen, sondern er hat mit Glück und durch vereinzelte Mitmenschen die Flucht überlebt. Er ist auf einem holländischen Kutter. Holland ist die Rettung fürs Erste. Die Musik zeigt die Ebenen westwärts des Rheins und des Mains, das Verlassen des Vaterlands. Kein *Rheingold* ist zu spüren, eher die vier Hörner von Schumanns Konzert für vier Hörner und Orchester. Was aber zu spüren ist, ist der Ausdruck von Erschöpfung.

Bei Seghers heißt es: »Endlich traten die Häuser zurück. Der Regen hing in Strängen vor der Stadt auf dem anderen Ufer. Sie schien bar aller Wirklichkeit vor dem unermeßlichen trüben Himmel. Eine von jenen Städten, die man im Schlaf erfindet, für die Dauer eines Traumes, und selbst so lange wird sie nicht halten. Aber sie hatte schon zweitausend Jahre ausgehalten!« Zweitausend Jahre! Die zweitausend Jahre des Christentums? Oder wird im Schlaf ein Jerusalem erfunden?

Wenn die Musik bis hierin überwiegend die Bedrohung ertönen ließ, so nun abschließend das Naturbild, ein deutsches Landschaftsbild, ein neues Stück deutsches Requiem. Vergleichen möchte ich dieses Abgesang- und Abtanzstück auch mit der Schiller-Deutschland-Sinfonie Beethovens und einer dritten Neunten eines Juden aus Böhmen, der unter anderem das Habsburgische in seiner Neunten absingen und abtanzen lässt – ich meine Mahlers Neunte.

Nach Henzes Neunter liest und hört man Beethovens Neunte anders. Ein Beispiel: Im letzten Satz bei »Adagio ma non troppo ma divoto« singt der Chor laut Partitur: »Ihr stürzet nieder, Millionen? Ahnest du den Schöpfer, Welt? Such ihn überm Sternenzelt!« Hier jubelt Beethovens Musik keineswegs. Auch umschlingt sie nicht. So ganz einfach scheint die Suche nicht zu sein, denn die Bratschen teilt Beethoven in drei Stimmen. Auf ihren dicken, groben Darmsaiten klingen – wie es damals nicht anders denkbar war – die »Zwischeninstrumente«-Bratschen sehr morbid, brüchig und auch bedächtig. Erst recht zu Beethovens Zeiten. Im Schiller-Text sind es ja auch Fragen an die Existenz Deutschlands. Durch Henzes Neunte bekommt Beethovens Neunte eine stärkere, weil widersprüchlichere Bedeutung, als bloß der jährliche Prosecco-Thrill beim Jahreswechsel zu sein. Bezeichnenderweise betitelten Jens Brockmeier und Henze ihre Analyse über die Exposition vom ersten Satz der Neunten Beethovens mit: »Nur insofern etwas in sich selbst einen Widerspruch hat, bewegt es sich, hat Trieb und Tätigkeit.«[4]

Dies gilt aber auch für Henzes Neunte. Gemeinsam sind Mahlers Neunter und Henzes Neunter: das Groteske, die Ländlermotiv-Integration, das Aufs-Maul-Schauen, die Menschenkenntnis, der Übermut, die Zeichen des Trotzes, die dem Pöbel gelten bzw. den Menschenmassen, von denen ich anfangs sprach. Ich denke da besonders an das Steigerungsmodell des Schlusses im sechsten Satz von Henzes Neunter.

Und einen Unterschied zwischen Mahler und Henze: Mahler ist das Vorgefühl und Henze das Nachgefühl des Komponisten von *Ein Überlebender aus Warschau*. Mahler muss geahnt haben, was kommt. Henze weiß, was verdrängt wird bis heute. Die Vortragsanweisungen bei Mahler »mit Wut« oder »mit höchster Gewalt«; das Rütteln bei Beethoven am Sternenzelt, wo doch drüber ein lieber Vater wohnen muss – sicher sind sich Schiller und Beethoven da ja nicht –, sind für das Begreifen von Henzes Neunter Voraussetzung. Bei allen drei Komponisten ist die Kraft des Vergangenen, die Skepsis und Kritik an der Gegenwart und das verschüttete »Prinzip Hoffnung« Grund für die Tätigkeit zu komponieren. Vaterland, das Väterliche, das Hinterfragen des Väterlichen, vielleicht sogar das Ödipale hängen bei allen drei Komponisten eng miteinander zusammen und lassen bei allen drei Projektionen entstehen.

Henzes Oper *Das verratene Meer* handelt zum Großteil vom Hass auf und von der Enttäuschung eines Sohnes über seinen möglichen Stiefvater, einen Seemann, der – für das Verständnis des Sohnes – die See verrät. Und das in Yokohama, nur um sich in irgendeiner Mode-Boutique mit der Mutter des Sohnes eine ihn, den Seemann, behütende Existenz zu sichern.

Der Sohn befürwortet daher zusammen mit seiner Freundesclique eine pubertäre Lynchjustiz am potenziellen Stiefvater, dem Verräter am Meer. Der Sohn glaubt sich zusammen mit dem Meer im Recht. Henze schreibt dem Sohn und dem Meer eine seiner eindringlichsten Musiken zu. Die Gewaltbereitschaft durch den ödipalen Konflikt des Sohnes wird durch die Leidenschaftlichkeit, durch das »Appassionatamente« der Musik überhöht, ja bejaht. Der Sohn ist einem für seine Psyche unauflösbaren Konflikt ausgesetzt. Seine Ethik der Tat, seine aktive Beihilfe zum Mord wird verständlich. Animation erhält er aus dem Orchestergraben.

Henzes zurzeit entstehende Oper hat den Titel *L'Upupa und der Triumph der Sohnesliebe*. Ein arabisches Märchen, von Henze in Wort und Ton neu erzählt. Das Märchenhafte auch als Widerruf auf eine Zeit des Vaterlands, des Väterlichen und auf eine Zeit, wie man sie vorfand? Das Märchenhafte auch als Kunst der Flucht? Schließlich ist laut Jean Renoir die Wirklichkeit märchenhaft oder laut Novalis sind »alle Märchen [...] nur Träume von jener heimatlichen Welt, die überall und nirgends ist«. Auch stammt von Novalis der Satz: »Mit der Zeit muß Geschichte Märchen werden – sie wird wieder, wie sie anfing.«[5] Für mich hängt das bei Henze alles zusammen und bedingt die Philosophie, Dramatik und Poesie seiner Partituren.

Bezüglich des Väterlichen bei Mahler und Beethoven dazu noch zwei Anmerkungen: Mahlers Vater, Schnapsbrenner aus ärmlichsten Verhältnissen, war für den Sohn Mahler ein Horror. Ich zitiere aus einem Mahler-Brief an Bauer-Lechner: »Er war der Starrsinn, sie [die Mutter] die Sanftmut selbst.«[6] Beethovens Vater hatte gegenüber seinem Vater einen musikalischen Minderwertigkeitskomplex, der ihn um so übertriebener dazu führte, seinen Sohn Ludwig nur so zu pushen wie er konnte. Überliefert ist die Anekdote, wie der trunksüchtige Vater das schlafende Büblein aus dem Bett ans Klavier zerrt, um es bis in die frühen Morgenstunden hinein mit Übungen zu foltern. Was Henze über seinen Vater mitteilt, kann man in seiner Autobiografie nachschlagen. Problematisch war auch dieses Verhältnis.

Bei allen drei Neunten dieser Komponisten geht es meines Erachtens auch um untergehende Vaterländer, um untergehende Gebiete des Väterlichen. Es ist ein Themenkomplex, der immer wieder neu betrachtet wird. Schon 1860 schreibt Wagner an Liszt: »Glaub mir, wir haben kein Vaterland! Und wenn ich deutsch bin, so trage ich sicher mein Deutschland in mir.«[7] Wagner hat es bekanntlich geschickt in sich hineinprojiziert.

In Henzes Stück *Versuch über Schweine* von 1968 heißt es im Text von Gaston Salvatore: »Berliner Romantik, wer hat sie eingerichtet? Es stellt sich heraus, das Ganze war nur eine Pause zwischen zwei Zügen eines Spiels, dem du nicht entkommen bist.« Und weiter heißt es: »Zwischen unserer Einsamkeit und unseren Träumen ist ein Streit ausgebrochen.«

Und später: »Die Hoffnung ist auf weite Strecken hin nur ein Aufschub, wer kann Fallschirm springen? Abspringen! Abspringen!! Schluß mit fahrenden Zügen!!!«[8]

Man kann jetzt wieder an den Artisten Belloni denken. Es könnten auch seine Rufe sein. Am Ende steht bei Salvatore: »Schluß mit fahrenden Zügen! Aufhalten! Aufhalten!!«

Dies ist kein Achtundsechziger-Getön. Es war schon damals überzeitlich gemeint. Es beinhaltet die Fassungslosigkeit vor Viehwaggons und Befehlen. So wie Henze diese wütende Ode vertont, versteht man den abschließenden entscheidenden Satz von Salvatore, welcher Notwehr bejaht und Gewalt als Notwehr rechtfertigt. Der letzte Abschnitt in *Versuch über Schweine* lautet: »Da stand ich auf und sagte: Ich ergebe mich. Das ist alles. Doch dann schoß ich, wie es befohlen ist.« Dies ist vertont durch einen *Pierrot lunaire*-verwandten männlichen Sprechgesang plus Orchester. Tragisch dabei ist, dass die Rebellion der Schweine, der Söhne, zu ähnlichen gewalttätigen Mitteln zu greifen hat, um überhaupt eine Chance gegen die Obrigkeit der Väter zu haben. Ein Teufelskreis entsteht, ein Strudel, ein Sumpf, aus dem man sich nur mit größten Mühen und in Widersprüchen verhaftet – befleckt, unrein, musikalisch »impur« – lösen kann.

In Henzes zweitem Violinkonzert von 1969 heißt es im Text Enzensbergers: »Widerspruchsfreiheit ist eine Mangelerscheinung oder ein Widerspruch«, und in Klammern folgt eine Gleichung: »Gewißheit = Inkonsistenz«. Der Schluss lautet: »In jedem genügend reichhaltigen System, also auch in diesem Sumpf hier, lassen sich Sätze formulieren, die innerhalb des Systems weder beweis- noch widerlegbar sind. Diese Sätze nimm in die Hand und zieh!« Wenn man dies einfach zur sogenannten politisierenden Phase Henzes zählt, untertreibt man. Es war schon damals auch die Sinnsuche nach dem gesellschaftlichen Überbau, nach einem Ethos, nach einem Vaterland.

In der Neunten ist Henze da angelangt, wo er das Überzeitliche nicht mehr koppelt an eine strittige Bestandsaufnahme, sondern zurückblickt, gewissermaßen eine zweite Jugend fühlt und so die Bedenken für unsere Zukunft kompositorisch zusammenfasst. Mit der Neunten hat Henze sein Vaterland zu Papier gebracht – wie Mahler und Beethoven auf ihre Weise. Die drei stellten sich Konflikten und Umwälzungen, die mit dem »Wundbrand der Wachheit« eines Peter Weiss viel zu tun haben – sei es um 1824 oder 1909 oder 1997. Für Henzes Enkel, wer immer das ist oder wird, bedeutet dies kompositorische Herausforderung. Es gibt Vieles, was es weiterzuführen gilt im übertragenen Sinn – in Gegensätzen denkend, widersprechend, ziehend – in eine ganz neue Zeit hinein.

Der Abdruck des Aufsatzes erfolgt mit freundlicher Genehmigung des Autors Jan Müller-Wieland. Die Erstveröffentlichung erfolgte in: Hans-Klaus Jungheinrich (Hg.): Im Laufe der Zeit. Kontinuität und Veränderung bei Hans Werner Henze, edition neue zeitschrift für musik: Mainz 2002, S. 89–98.

Anmerkungen

1 Hans Werner Henze: Sinfonia No. 9 für gemischten Chor und Orchester, Dichtung von Hans-Ulrich Treichel; Anna Seghers: Das siebte Kreuz, Berlin 2001, S. 431, S. 430, S. 433, S. 168, S. 111, S. 84, S. 423; Ingeborg Bachmann: Böhmen liegt am Meer, in: Werke, Bd. 1, München 1993, S. 167; Wynston Hugh Auden: For the Time Being. A Christmas Oratorio, Part IX of »The Collected Poetry of W. H. Auden«, New York 1945; George Tabori: Goldberg-Variationen, München/Wien 1994, S. 314; Georg Büchner: Dantons Tod, in: Gesammelte Werke, Bd 3, München 1984, S. 74 f.

2 Joachim Schlör: Galerie der Wahrheit, in: *Der Tagesspiegel*, 26.8.2001.

3 Sebastian Haffner: Geschichte eines Deutschen, Stuttgart/München 2001.

4 Hans Werner Henze und Jens Brockmeier: Die Zeichen (Reihe: Neue Aspekte der musikalischen Ästhetik 11), Frankfurt a. M. 1981.

5 Erläuterungen zur deutschen Literatur, »Romantik«, Berlin 1980, S. 180 f.

6 Wolfgang Schreiber: Gustav Mahler, Reinbek bei Hamburg 1971, S. 12.

7 Martin Gregor-Dellin: Richard Wagner, München 1980, S. 464.

8 Hans Werner Henze: Versuch über Schweine, Mainz 1970.

Birgit Burmeister
ÜBER DEN UMGANG MIT DER VERGANGENHEIT
BETRACHTUNGEN ZUR LEKTÜRE DER ROMANE *NACKT UNTER WÖLFEN* UND *DAS SIEBTE KREUZ*

Wann vertragen die Schüler und Schülerinnen die Wahrheit über die Grauen des Faschismus? Ich erinnere mich noch gut an die Jugendstunden in Vorbereitung auf die Jugendweihe, als ich 14 Jahre alt war. Verpflichtend wurde eine Gedenkstätte besichtigt. Alles, was wir während der Führung erfuhren, ergriff uns, blieb im Gedächtnis haften. Die Lektüre von Bruno Apitz' Roman *Nackt unter Wölfen* war in der 10. Klasse Pflicht. Der Text war auch oft Grundlage der Abschlussprüfungen im Fach Deutsch. Die Schicksale Höfels und Pippigs und natürlich das des Buchenwald-Kindes ließen mich nicht mehr los.

Auch heute noch gilt es, fächerübergreifend zu unterrichten, sodass sich die Stoffeinheit sowohl in Unterrichtsinhalte wie Geschichte oder Politikwissenschaft eingliedert, aber auch in das Fach Bildende Kunst integriert werden kann. Bis zum Abitur, zumeist als Aufgabenschwerpunkt im vierten Semester, sind die Themen »Drittes Reich«, »Faschismus« und »Exil« Teil der Wissens- und Kompetenzvermittlung.

Einige Jahre wurde der Roman an unserer Schule nicht behandelt, sodass ich mich entschloss, ihn meiner 10. Klasse in diesem Schuljahr vorzustellen. Bereits die Assoziationen zum Titel *Nackt unter Wölfen*, um die ich die Schüler bat, waren interessant, und es zeigte sich, dass sie durchaus in der Lage waren, die Metapher zu erfassen. Viele Vermutungen gingen in die Richtung der Romanhandlung: Schwächere werden von Stärkeren unterdrückt; »Wölfe« sind Raubtiere, sie jagen, sie töten. Der Leseauftrag wurde von den Schülern angenommen und der Roman von allen – im Vergleich zu anderen Werken ist das durchaus nicht üblich – gelesen.

Durch die Anfangssequenz des Romans, in der der Alltag des Konzentrationslagers Buchenwald beschrieben wird, erhielten die Schüler einen ersten Einblick. Apitz' Darstellung kann noch immer, durch detailreiche Beschreibungen und die genaue Nachzeichnung der Appellplatz-Situation, die Aufmerksamkeit nicht allein der jungen Leser wecken:

»Der ewige Nebelregen klebte auch an den Mänteln der fünfzig SS-Leute [...]. [...] Auf seinem weitgestreckten, nach Norden hin abfallenden Appellplatz waren die Häftlinge zum Abendappell angetreten. Block neben Block, Deutsche, Russen, Polen [...], eine unübersehbare Masse, zu einem exakt ausgerichteten Riesenquadrat zusammenkommandiert.«[1]

Ein textanalytisches Vorgehen befähigte die Schüler, den Handlungsrahmen zu erschließen. Im weiteren Verlauf des gemeinsamen, lauten Lesens legten die Schüler eine Skizze der Figurenkonstellation an, da aufgrund der vielen Figuren sonst die Übersichtlichkeit und damit die Verständlichkeit schwerer gefallen wäre. Die Kontrastierung zwischen Häftlingen und SS-Personal wurde herausgearbeitet. Im Anschluss wurde die Textstelle, in der beschrieben wird, wie das Kind in das Lager kommt, besprochen: »Auf dem Bahnhof rollte zur gleichen Zeit der Güterzug mit dem Transport ein. [...] ›raus, ihr Mistsäue! ’raus hier! ’raus!‹«[2] Bereits zu Beginn des Romans wird die menschenverachtende Haltung und Sprache der SS deutlich. Demgegenüber steht die Darstellung der Entdeckung des Kindes durch die Häftlinge Pippig und Kropinski, die die zentralen Figuren sind, die hier handeln: »Im Koffer lag, in sich verkrümmt, die Händchen vors Gesicht gedrückt, ein in Lumpen gehülltes Kind. [...] Kropinski kauerte sich und starrt das Kind an. Es lag reglos. Pippig strich zärtlich über den kleinen Körper. ›'n Miezekätzchen. – Ist uns zugelaufen.‹«[3] Aus diesem Kontrast entwickelt sich der zentrale Konflikt. Die Frage nach Verantwortung wurde gestellt und unter dieser Leitfrage wurde der Roman weiter gelesen. Ist es gerechtfertigt, das Leben des Kindes zu schützen und damit das Leben der Häftlinge zu riskieren? Das Internationale Lagerkomitee und seine geheimen Aktivitäten zur Befreiung des Lagers waren damit gefährdet: »Jeder Einzelne wusste von sich, dass er zu schweigen und sein Geheimnis mit in den Tod zu nehmen hatte, falls er verhaftet werden sollte.«[4] Der Spannungsbogen reicht bis zu den schrecklichen Folterungen im Bunker, die von einigen Schülern der Klasse schwer ausgehalten wurden.

Der Romantext war relativ leicht zugänglich, den Schülern fiel es nicht schwer, Struktur und Handlungsinhalte zu erfassen. Dabei sollte es auch nicht um ein kleinteiliges »Zerpflücken« (wie die Schüler oft das Analysieren nennen) gehen, sondern darum, wie es AutorInnen gelingen kann, Leser in den Bann der Geschichte zu ziehen. Schülervorträge zur Biografie von Bruno Apitz und zum Konzentrationslager Buchenwald unterstützten die Auseinandersetzung mit dem Roman. Die Neuauflage von 2015 bietet zudem am Ende der Textausgabe wertvolle Materialien zu verschiedenen Aspekten der Rezeption, die in den Unterricht einbezogen wurden.

Die Reaktionen der Schüler waren sehr positiv: »Meiner Meinung nach sollte man das Buch wieder einführen. Es bringt einen guten Eindruck, wie die Menschen gelitten haben, verloren waren und nichts mehr hatten außer sich selbst«, so äußerte sich eine Schülerin nach der Lektüre. In den Unterrichtsgesprächen bewiesen die Schüler Empathie und ein Grundverständnis für das Thema Solidarität. Eine Schülerin bemerkte:

»Ich finde den Roman sehr erschreckend und dennoch sehr schön. Auf der einen Seite werden die grausame Zeit im KZ Buchenwald und die entsetzlichen Taten der SS, die sich dort abspielten, beschrieben. Und auf der anderen Seite wird beschrieben, wie sich mehrere Häftlinge um einen kleinen Jungen kümmern und ihn vor dem Schlimmsten bewahren.«

»Der Roman lässt das Geschehene nicht in Vergessenheit geraten, was, wie ich finde, sehr wichtig ist. Es ist wichtig, da wir dafür sorgen müssen, dass etwas so Schreckliches nie wieder vorkommt«, so der Kommentar eines Schülers.

Erstaunt war ich, als einige Schülerinnen und Schüler mich fragten, ob sie das Buch länger behalten dürften, weil sie es nochmals genauer lesen und auch ihre Eltern es lesen wollten. Selbstverständlich hatte ich nichts dagegen. Sehr schnell berichteten einige Schülerinnen und Schüler zudem, dass sie schon mit ihren Eltern die Verfilmung gesehen hätten, nachdem sie mit der Romanlektüre begonnen hatten. Hier sei den neuen Medien gedankt, die einen so schnellen Zugang ermöglichen. Eigentlich hatte ich mich nicht getraut, den DDR-Spielfilm von Frank Beyer aus dem Jahr 1963 zu zeigen, der mich damals so tief erschüttert hatte. Die Schülerinnen und Schüler wählten jedoch die Neuverfilmung von 2015 (unter: https://www.youtube.com/watch?v=pQjL_P87XkQ«v=pQjL_P87XkQ).

Nach dem Film waren die Reaktionen unterschiedlich: Es gab viele Schülerinnen und Schüler, die nicht sprechen konnten, weil sie das Gesehene zuerst für sich selbst verarbeiten mussten, einige weinten, eine Schülerin musste den Raum verlassen. Einige wenige Schülerinnen und Schüler konnten gleich ihre Eindrücke formulieren. Sie waren »froh, heute zu leben und nicht damals«. Ich ließ das unkommentiert im Raum stehen.

In der folgenden Stunde bot es sich an, die Rede des AFD-Politikers André Poggenburg zum politischen Aschermittwoch zu zeigen (unter: https://www.youtube.com/watch?v=lozZij_x6qw).

Danach konnten wir darüber diskutieren, in welcher Zeit wir heute leben und dass wir wachsam sein müssen, was um uns herum passiert. Seine inakzeptablen Äußerungen und der abschließende Hitlergruß machten deutlich, in welch einer gefährlichen Zeit wir leben. Jeder Bürger und jede Bürgerin, und dazu zählen selbstverständlich auch unsere Schüler, selbst, wenn sie erst 15 oder 16 Jahre alt sind, muss sich seiner Verantwortung bewusst werden. Oft agieren die Schüler zu oberflächlich, hinterfragen Propaganda z. B. auf Wahlkampfveranstaltungen nicht, nehmen sich nicht die Zeit, darüber nachzudenken, welche Ziele politische Gruppierungen vertreten.

Wir schauten uns zum Abschluss noch einige Beiträge aus der ARD-Mediathek zum Thema »70 Jahre Befreiung KZ Buchenwald« an (unter: http://www.daserste.de/unterhaltung/film/themenabend-nackt-unter-woelfen/videos/index.html).

Auch das interessierte die Schülerinnen und Schüler sehr und sie wurden sich klar darüber, dass sie weder aus den doch nur seltenen Gesprächen mit den Eltern oder Großeltern noch aus dem Geschichtsunterricht so viel über diesen Teil unserer deutschen Geschichte erfahren haben wie durch die Lektüre des Romans.

Ende Februar 2018 fuhr der gesamte 10. Jahrgang in die Gedenkstätte Sachsenhausen bei Oranienburg. Es war ein bitterkalter Tag. Zuerst sahen wir einen Dokumentarfilm über die Errichtung des Konzentrationslagers und danach wurden wir über das Gelände geführt. Der junge FSJ-ler erreichte die Zuhörer, indem er ihre Sprache sprach und ihnen viele Informationen gab, die sie interessiert aufnahmen. Sie konnten nachfühlen, wie die Häftlinge auf dem Appellplatz beim Stehen gefroren haben mussten, wie sie tierähnlich in den zugigen Baracken gehalten wurden, wie sie hungerten und unter primitivsten Voraussetzungen dahinvegetierten. Am meisten beeindruckte uns der Abschlusssatz des jungen Mannes: »Wir sind nicht verantwortlich für das, was war, aber wir sind verantwortlich für das, was ist und das, was sein wird.«

In jedem Jahrgang wird an unserer Schule ein Werk der Namensgeberin Anna Seghers gelesen und besprochen. Meine Klasse hat schon in der 5. Klasse ein Portfolio angelegt, das immer mehr erweitert wird. So haben sie darin biografische Angaben zur Autorin, die immer wieder ergänzt werden, Inhaltsangaben zu den Texten, die wir gelesen und besprochen haben, wie z. B. *Die Entdeckung Amerikas, Reise ins Elfte Reich, Das wirkliche Blau* und *Das Obdach*, selbst verfasste Kommentare usw. Es ist für mich sehr erstaunlich zu bemerken, wie sie, wenn sie die Hefter zur Hand nehmen, doch gerne darin stöbern. Sie wussten also, dass wir uns wieder mit Anna Seghers beschäftigen würden. Und auf den Titel kamen sie selbst, denn ich hatte vom Roman *Das siebte Kreuz* schon mehrfach erzählt. Sie wussten, dass es um die Flucht aus einem Konzentrationslager geht. Ich bat sie, in Tischgruppen (dem Prinzip der Gemeinschaftsschule folgend) darüber zu sprechen, wie sie, wenn sie einen Roman über die Flucht von Häftlingen schreiben wollten, deren schicksalhaften Weg gestalten würden, z. B. welche Gefahren es gibt, auf wen sie treffen, welche Probleme auftreten und wie sie diese lösen. Sie haben dazu eine Mindmap angelegt und ihre Ideen zur Romanfigur im Plenum erläutert. Danach motivierte ich sie, indem ich sagte, dass wir nun schauen würden, wie Anna Seghers diese Fluchten gestaltet hat. Um sie durch den Umfang des Texts nicht abzuschrecken, bekamen sie nur Kopien der Anfangsseiten. Wir lasen diese gemeinsam im Unterricht und klärten Unverstandenes. Die detailreichen Beschreibungen der Landschaft fanden die Schülerinnen und Schüler langweilig. Hier gelang es ihnen kaum, die Ästhetik der Sprache Seghers' zu erschließen und demzufolge erfassten sie auch kaum deren Funktion. Hier bedurfte es einer starken Lehrer-Lenkung. Wir haben zwei Textstellen ausgewählt, die wir analysiert haben. Erst dabei wurde den Schülern bewusst, wie es der Autorin gelingt, Atmosphäre zu schaffen und durch Bilder Stimmungen zu erzeugen. Wir folgten noch einigen Stationen im Leben Georg Heislers. Fragen zur Hilfsbereitschaft, zum Verrat, zu den gesellschaftlichen Umständen wurden aufgeworfen und diskutiert. Hierbei gingen wir recht intensiv auf die Figurenkonstellation ein und wieder tauchte der Begriff der Solidarität auf.

Nur die leistungsstarken Schüler und Schülerinnen haben den Roman vollständig gelesen. Die anderen erfuhren die Handlungsfolge durch den Comic von William Sharp, denn seit der Einführung des neuen Rahmenlehrplans zum Schuljahr 2017/18 wird durch das Basiscurriculum Medienbildung ein großer Schwerpunkt auf diese gesetzt:

»Kinder und Jugendliche leben in einer durch Medien wesentlich mitbestimmten Welt, wobei der Einfluss von Medien in allen Lebensbereichen weiter zunehmen wird. Diese Entwicklung stellt die Informationsgesellschaft und das Bildungssystem vor immer neue Herausforderungen. Medien dienen der Verbreitung von Informationen, Inhalten und Botschaften durch Sprache, Text, Töne, Bilder und Bewegtbilder, unterstützen Kommunikations- und Verständigungsprozesse und erweitern die individuellen Aus-

drucksmöglichkeiten des Menschen. Zugleich werden durch Medien auch Werte, Normen, Orientierungen und Weltanschauungen vermittelt. […]
Medienbildung knüpft ausdrücklich an die Alltagserfahrungen der Schülerinnen und Schüler an. Medienbildung eröffnet zahlreiche Gelegenheiten vielfältiger individueller und kollektiver Kompetenzentwicklung.«[5]

Auch die Verfilmung aus dem Jahr 1944 mit Spencer Tracy trug für ein erweitertes Verständnis der Schülerinnen und Schüler bei. Auch hier war ich mir nicht sicher, ob ich den Film zeigen sollte, denn er bedient ganz andere Sehgewohnheiten als die der heutigen, jugendlichen Zuschauer, z. B. schwarzweiß, langsames Erzählen, Off-Stimme. Mit einigen wenigen Vorinformationen schauten wir den Film im Unterricht und auch hierzu waren die Kommentare der Schülerinnen und Schüler nur positiv. Angefangen von »Das war mal etwas Anderes« über »Das war spannend zu sehen, wie es Heisler gelingt, seine Flucht zu überleben und wie ihm andere Menschen helfen und wieder andere ihn verraten« bis hin zu »Das Buch möchte ich nun doch lesen«.

Natürlich berichtete ich den Schülerinnen und Schülern auch noch über die Tagung der Anna-Seghers-Gesellschaft in Mainz 2017, auf der wir uns auf den Spuren des Romans bewegten. Die Fotostrecke von Margrid Bircken und Rainer Dyk sowie auch meine eigenen Fotos waren eine wunderbare Ergänzung, sodass die ersten Minuten nach der Flucht, die Domszene und natürlich auch das glückliche Ende lebendig wurden.

Alles in allem war das eine ergreifende Stoffeinheit, die für meine Schüler und Schülerinnen und auch für mich einen sehr hohen Stellenwert hat. Damit habe ich für uns auch Marcel Reich-Ranickis Frage beantworten können:

»[…] Text bleibt Text – davon waren wir seit eh und je überzeugt. Gilt der Satz nicht mehr? Doch, er gilt nach wie vor. Aber wahr ist auch, dass literarische Arbeiten im Laufe von Jahren und Jahrzehnten verblassen und absterben, dass sie andererseits in einer neuen Situation eine neue Bedeutung gewinnen können, ja sogar eine ungeahnte Aktualität. *Das siebte Kreuz*, dieser keineswegs zu Unrecht berühmteste Roman der Anna Seghers […] – wie liest er sich hier und heute?«[6]

Anmerkungen

1 Bruno Apitz: Nackt unter Wölfen, Berlin 2015, S. 7.
2 Ebd., S. 11.
3 Ebd., S. 25.
4 Ebd., S. 189.
5 RLP-Online: Basiscurriculum Medienbildung unter: https://bildungsserver.berlin-brandenburg.de/rlp-online/b-fachuebergreifende-kompetenzentwicklung/basiscurriculum-medienbildung/bedeutung/ (Zugriff am 3.8.2018).
6 Marcel Reich-Ranicki: Meine Geschichte der deutschen Literatur, München 2014, S. 326 f.

ANNA SEGHERS UND DIE BILDENDE KUNST

Monika Melchert
GESPRÄCH MIT ROLAND R. BERGER

»Literatur und bildende Kunst sind für mich Geschwisterkinder, die sich, wenn sie sich an die Hand nehmen, gut verstehen und geistige Bande knüpfen. Das kann im Sinne der Illustration geschehen, aber auch durch selbständige Begleitung wie ein bildhaftes Fenster, ein Panorama oder gestaltetes und verdichtetes Sinnzeichen, das sich dem Text widmet und diesem einen deutenden Rahmen gibt.

Die Werke von Anna Seghers, der Autorin von Weltrang, stehen mir bei meinen Bemühungen besonders nahe, weil sich in ihren Geschichten das Menschliche wundersam mit Utopien und Märchen mischt.«
Roland R. Berger im Faltblatt *Graphiken und Zeichnungen zu Texten von Anna Seghers* (2015)

M. Melchert: Seit vielen Jahrzehnten hast du dich bildkünstlerisch mit Werken von Anna Seghers beschäftigt. Auf diese Weise sind wunderbare Interpretationen oder Impressionen entstanden, etwa zum *Räuber Woynok*, zu den *Sagen von Unirdischen*, zum Roman *Transit*, zum *Argonautenschiff* und der Serie *Die drei Bäume*, zu der Geschichte aus Mexiko *Das wirkliche Blau* oder zuletzt zum Welterfolg *Das siebte Kreuz*. Viele unserer Mitglieder verbinden mit Leseerlebnissen der Prosa von Anna Seghers visuelle Eindrücke, die über deine Bilder vermittelt wurden. Darüber möchten wir gern mit dir sprechen.

Im Autorenverzeichnis unseres Jahrbuches wird auf deine drei Berufe verwiesen. Wie bist du zu ihnen gelangt und wie ist dein Selbstverständnis dazu?

R. R. Berger: Ja, ich bekenne mich zu meinen drei Berufen. Deren Abschlüsse und Zertifikate erlangte ich weniger aus Ehrgeiz, vielmehr weil mich deren Inhalte und Probleme interessierten und ich in den Querverbindungen Chancen für ein vielschichtiges und konzeptionelles Arbeiten sah.

Nach dem Lehrstudium für die Fächer Kunsterziehung und Deutsch an der Berliner Humboldt-Universität bot man mir dort eine Assistentenstelle an. Zwar musste ich noch die anderthalbjährige Wehrpflicht ableisten, kehrte aber 1968 in das Kollegium des Instituts für Kunsterziehung zurück. Neben meiner Unterrichtsarbeit mit Studenten absolvierte ich ein zweijähriges externes Studium an der Kunsthochschule Berlin-Weißensee, erhielt deren Diplom und wurde Mitglied im Künstlerverband der DDR.

Nach der 3. Hochschulreform 1968 kam es in der Lehrerausbildung zu Veränderungen in den wissenschaftlichen Ansprüchen der Berufsziele. Für die Kunsterziehung ergab das die Forderung nach systematischen theoretischen Kenntnissen, die die Fachdidaktik mit Blick auf die Kunstgeschichte und das Kunstschaffen in der Gegenwart unterstützen sollen. In diesem Projekt habe ich geforscht, gearbeitet und promoviert. Ich hatte das große Glück, meine Interessen vielfach zu bündeln und in der breit gefächerten Ausbildung von Kunsterziehern einzusetzen.

Meine Berufe sind immer mein Rückgrat gewesen.

Das Institut wurde in der Wendezeit abgewickelt. Ich begriff, seine Geschichte auch kritisch sehen zu können, wenngleich nicht mit den Augen der damals aktuellen »Sieger« der Geschichte. Ich war der letzte Hochschullehrer, der im Institut das Licht ausknipste, und arbeitete von 1994 bis 2007 als Kunstpädagoge in Gesamtschulen und in der Lehrerweiterbildung zweier Bundesländer. Ich sehe diese Jahre ohne Groll, traf viele meiner ehemaligen Studenten, lernte viel und kam seltsamerweise in meinen drei Berufen immer zu Ergebnissen, die mich befriedigten und glücklich machten.

M. Melchert: Bist du seit der Gründung der Anna-Seghers-Gesellschaft deren Mitglied?
R. R. Berger: Nein. Ich trat etwas später ein. Meine Frau gehörte zu den GründerInnen der ASG und war dann auch die erste Vorsitzende der Gesellschaft. Mit Ruth Radványi, der Tochter von Anna Seghers, hatten wir freundschaftlichen Kontakt. Ruth interessierte sich für das, was ich so machte, und damit war es klar, dass ich Mitglied wurde.

Die Situation des Aufbruchs und der Wendewirren Anfang der 1990er-Jahre war recht verheißungsvoll und widersprüchlich in einem, kamen doch Menschen aus zwei konträren Sozialisierungssystemen zusammen, die Anna Seghers verehrten, bewunderten, liebten und ein wenig vergötterten. Das schuf die Basis für viele interessante Gespräche, auch unter den Ostdeutschen. Insofern ist die Mitgliedschaft berufs- und familienbedingt. Hinzu kamen damals aber auch die Versuche, Anna Seghers zu diffamieren, zu verunglimpfen. Das ließ natürlich Solidarität gedeihen.

M. Melchert: Als umtriebiger Mensch hast du in der Anna-Seghers-Gesellschaft einige Spuren hinterlassen. Wie kam es dazu und was waren deine Intentionen?
R. R. Berger: Das An- und Aufregende Anfang der 1990er-Jahre behielt in der ASG die Oberhand, und für mich war erfreulich, dass der Aspekt der bildenden Kunst beim Blick auf Anna Seghers stets berücksichtigt und in einigen Ausstellungen hervorgehoben wurde, z. B. 1993 in der Literaturwerkstatt in Berlin-Pankow, 1994 in der Sparkasse der Stadt Mainz und in Burggrafiat in Alzey. Von Seiten des Archivs der Berliner Akademie der Künste kam Hilfe durch Renate Grasnick. Meine Blätter befanden sich da u. a. in der Gesellschaft der Arbeiten von Bernhard Heisig, Armin Münch und Nuria Quevedo.

Im Laufe der folgenden Jahre und mit Blick auf den 100. Geburtstag von Anna Seghers wuchs meine Werkgruppe an. Teile wurden im Jahr

2000 in Berlin-Adlershof und in Berlin-Treptow ausgestellt und recht umfangreich 2006 im Mainzer Kunstverein Eisenturm.

Für 2008 hatte sich die Anna-Seghers-Gesellschaft vorgenommen, die Jahrestagung in Berlin unter den Arbeitsschwerpunkt *Anna Seghers und die bildende Kunst* zu stellen. Der Rahmen für die Veranstaltung war eine große Ausstellung in der Anna-Seghers-Bibliothek in Berlin-Hohenschönhausen. Mit grafischen Arbeiten zu Werken von Anna Seghers von Armin Münch aus Rostock (1930–2013), Helmut Müller aus Berlin (*1953) und von mir stellten sich drei Künstlergenerationen dem Publikum.

In Vorbereitung dieser Tagung entstand die Idee, einen Bildband zur Tagungsproblematik als Materialsammlung zu erstellen und den Mitgliedern der Gesellschaft vereinsintern zu schenken.

M. Melchert: Ahntest du, als du damals begonnen hast, Illustrationen zu Romanen und Erzählungen von Anna Seghers für die Sonderpublikation der Anna-Seghers-Gesellschaft *Anna Seghers in der bildenden Kunst* zu sammeln, dass sich so viele Beiträge aus derart vielen Ländern finden würden?

R. R. Berger: Nun ja, die Idee habe ich mit in die Welt gesetzt und befürwortet, wohl wissend, dass das ein Batzen Arbeit ist, der bei mir landen würde. Und so kam es dann auch. Die Finanzierung war Sache des Vorstands, alles andere lag in meiner Verantwortung.

Das Projekt hat mir jedoch Arbeit und Freude gemacht. Ich stöberte im Akademiearchiv und in der Gedenkstätte, frischte Kontakte zu Kollegen aus der Kunst und der Wissenschaft sowie zu Sammlern auf. An einem bestimmten Punkt musste terminlich und finanziell aber ein Schlusspunkt gesetzt werden. Etliches Material konnte nicht mehr berücksichtigt werden. Daraus erwuchs mein Vorschlag, künftig im Jahrbuch die Rubrik *Anna Seghers und die bildende Kunst* einzurichten, die ich betreuen würde.

Das *Anna-Bilderbuch*, wie ich es gern nenne, gestaltete mein Sohn Marc Berger. Ich schaute ihm dabei lernend und kritisch zu. Zur Jahrestagung vor zehn Jahren wurde das Buch den Mitgliedern übergeben.

Zur Ergänzung: Meine Werkgruppe stellte ich nahezu vollständig 2015 im Kulturforum Berlin-Hellersdorf und 2017 in der Stadtinformation von Oranienburg aus.

M. Melchert: Voraussetzung für öffentliche Projekte bildender Kunst ist sicher das Suchen und Finden von Material, dessen Sichtung und Sortierung. Wie läuft so etwas? Bist du ein passionierter Sammler?
R. R. Berger: Ich gestehe, in Bezug auf meine Interessen ein Sammler zu sein. Zumindest bemühe ich mich mit Eifer um Informationen. In einem gewissen Umfang möchte ich Bescheid wissen.

Sammler sind seltsame Mitmenschen: wunderlich und bewundernswert, umsichtig und fleißig, oft verkannt als treue Bewahrer. Sie sind suchende »Aufspürer« und behütende Finder. Zwischen Suchen und Finden schweben Glücksmomente und Kenntnisgewinne, entstanden aus Enthusiasmus. Suchen und Sammeln erfordert Ausdauer und Geduld, aber ebenso ein Gespür für sachbezogene Qualität.

Dass Anna Seghers als viel und vielfältig illustrierte Schriftstellerin gelten kann, wurde mir bewusst, als ich mit Genehmigung in aller Ruhe das Bucharchiv der Akademie der Künste und die Regale in der Gedenkstätte durchstöbern durfte.

Seit vielen Jahrzehnten bin ich Mitglied der Pirckheimer-Gesellschaft, einer Bücher- und Grafiksammlergemeinschaft noch aus DDR-Kulturbundzeiten. Von da erreichen mich gelegentlich Hinweise, die ich nutzen kann. Ja und das Internet als Brieftaube und Spürhund möchte ich nicht missen, bin aber nicht suchtgefährdet.

Die von mir betreute Rubrik im Jahrbuch zeigte einige Ergebnisse des Suchens und Findens. Davon habe ich dann in den Beiträgen berichtet. Jeder Beitrag war eigentlich eine Überraschung. Ich entdeckte vergessene Illustrationen zur Seghers in einer der zentralen DDR-Kunstausstellungen, auch eine ganze Reihe recht unbekannter Porträts sowie Arbeiten von bekannten Künstlern wie Werner Klemke oder Carl Marx, wo man nicht vermutet hätte, dass sie Anna Seghers illustriert haben. Die Recherchen waren oft spannende Abenteuer. Trotz eifrigster Bemühungen sind mir noch bis heute die Lebensdaten einer Scherenschnittkünstlerin unbekannt geblieben.

So erschöpft sich im Leben auch manches Projekt und man muss es unterbrechen oder beenden. Aber vielleicht nimmt eine nächste Generation den Faden wieder auf, das ist ja denkbar und wäre gut.

M. Melchert: Erinnerst du dich noch, wie du Anna Seghers für dich entdeckt hast?
R. R. Berger: Das erste Buch von Anna Seghers, das ich las, war *Das siebte Kreuz*. Als Dreizehnjähriger war ich ein eifriger Leser in der Bibliothek meines Heimatortes und las querbeet, was mir in die Hände kam. Mein Vater kaufte ab und zu Bücher. In seinem kleinen Regal fand ich *Das siebte Kreuz* in der Ausgabe der BFDS-Reihe (Bibliothek Fortschrittlicher Deutscher Schriftsteller). Das Buch in rotem Leinen besitze ich noch in dieser Erstauflage von 1950 und lese auch heute noch stückweise darin. Seltsam, in meiner Schul- und Studentenzeit war es nie Pflichtlektüre. Ich habe das Buch mit Spannung und Interesse gelesen, es förderte meine aufkommende Neugier an Geschichte und Politik und prägte mein Empfinden für Zeitläufe und Menschenschicksale.

Anna Seghers rangierte bei mir lange Zeit nicht in der ersten Reihe. Jorge Amado, Thomas Mann, Kurt Tucholsky, Romain Rolland, Novalis und noch andere hatten bis in die Studentenzeit die vorderen Plätze. In den Sechzigerjahren kamen dann, auch durch das Studium bedingt, die DDR-Schriftsteller ins Blickfeld: Erik Neutsch, Christa Wolf, Erwin Strittmatter, Hermann Kant, Dieter Noll, Volker Braun und, schon durch sein Theater bedingt, Bertolt Brecht. In diesem Umfeld waren plötzlich die Erzählungen von Anna Seghers etwas Besonderes. Sie eröffneten andere

Lebenswelten: Die Zeit des Exils, den lateinamerikanischen Kulturkreis, fiktive Geschichten von Reisebegegnungen, Sagen und Legenden. Das war in der sehr munteren Literaturszene der DDR trotzdem etwas Ungewöhnliches und faszinierte mich.

M. Melchert: Anna Seghers wird von unzähligen Menschen gelesen. Als Künstler hast du sicher noch andere Ambitionen. Wie kam es dazu, Zeichnungen und Druckgrafiken zu ihren Texten zu gestalten? Hat sich im Laufe der Zeit dein Interesse an ihrem erzählerischen Werk verändert bzw. modifiziert?
R. R. Berger: Anfang der Siebzigerjahre rundete sich meine berufliche Dreieinigkeit als Kunstpädagoge, Künstler und Kunstwissenschaftler. Die Anforderungen und Verführungen waren sehr vielfältig, machten aber auch Spaß. Als Mitglied im Künstlerverband galt es, bei dessen Ausstellungen Werke einzureichen.

Als Generation der damals Dreißigjährigen erlebten wir diese Zeit mit einem Zukunftsbewusstsein voller Hoffnung und Glücksanspruch. Rückblickend ist erkennbar, es wandelten sich die Ausschläge des Stimmungsbarometers in der DDR von Jahrfünft zu Jahrfünft. Optimismus war durchaus kein Dauerzustand.

Der heute übliche und beschränkte Blick auf die Geschichte der DDR mit den vier Faktenpflöcken 17. Juni 1953, Mauerbau 1961, 11. Plenum 1965 und Biermann-Ausweisung 1976 ignoriert historische Entwicklungen in den politischen Weltlagern ebenso wie die darin sehr differenziert zugleich aufkeimenden Alternativen und geistigen Ansätze für mögliche Utopien.

Ulrich Plenzdorfs Theaterstück *Die neuen Leiden des jungen W.* war ein Knaller, traf genau den Zeitgeist. Ich wollte eine Grafik dazu machen, war aber erst mit der dritten Fassung, einem größeren Linolschnitt, zufrieden. Ich merkte, das erreicht zu haben, was ich wollte, weil ich wusste, was ich nicht wollte. Ich wollte Plenzdorfs Stück nicht traditionell illustrieren. Ein zeichenhafter Gesamteindruck sollte das Bildgefüge beherrschen. Seine Gestalt und Ordnung musste dem Grundgedanken des literarischen Werkes Ausdruck verleihen.

Kurz danach las ich *Sagen von Unirdischen* von Anna Seghers. Da funkte es bei mir sofort: Es ging um eine Grafik zu einem Text. Keine Illustration, sondern Grafik zur Literatur. Mein Linolschnitt wurde als Großformat in der damals populären Studentenzeitung *FORUM* abgebildet und erregte einige Aufmerksamkeit. Das war 1974 und meine erste Arbeit zu Anna Seghers.

M. Melchert: In deinem Schaffen sind die Arbeiten zu Anna Seghers eine besondere Werkgruppe geworden, zumindest deutet die Präsentation in Ausstellungen darauf hin. Erzähl doch bitte von der Entstehung dieser Bilder.
R. R. Berger: Die Texte der Seghers, jeder für sich, waren für mich immer eine gestalterische Herausforderung, weil ich die geläufigen Szenenabfolgen nicht fortlaufend bebildern mochte und einen Illustrationsauftrag von einem Verlag sowieso nie bekommen habe. Ich realisiere also meine Bilder

Roland R. Berger: Zu Anna Seghers *Sagen von Unirdischen II*,
1974/2015; Linolschnitt, 500 x 400 mm

als Werke für Grafikausstellungen, um dort die Betrachter neugierig zu machen auf den betreffenden Roman oder die Erzählung. Eigentlich ist das eine raffinierte kunst- und literaturpädagogische Verführungsmethode.

Meine Bilder zu Anna Seghers sind alle im Eigenauftrag entstanden. Ich war ganz froh darüber, denn mir redete keiner in meine Sache rein.

Mein Konzept wandte ich auch bei den etwas größeren Graphitzeichnungen an. Diese hänge ich in Ausstellungen gern nebeneinander, um dem Betrachter das Besondere dieser mehr malerischen Nutzung zwischen Schwarz und Weiß im Gegensatz zu den Druckgrafiken bewusst zu machen.

Einige Holzschnitte in strengem Schwarzweiß meiden ebenfalls das erzählende Illustrieren und stellen paarweise die beiden Hauptfiguren der Handlung vor: Gruschek und Woynok, Jason und Medea, Tuomas und Timo. Ähnlich ist das halbe Dutzend Farbholzschnitte zu *Anna Seghers – Geschichten* angelegt, die zum 100. Geburtstag von Anna Seghers bei der Edition Schwarzdruck als Buch erschienen sind und in meiner Edition Linksrum als Mappe.

Illustrationen, die das Erzählen in einem Buch begleiten, habe ich für das *Argonautenschiff* gezeichnet, das 1994 als Band II in der Elefantenhautreihe der Edition Schwarzdruck veröffentlicht wurde.

M. Melchert: Wie entscheidest du dich für die jeweilige gestalterische Technik, wenn du zu einer bestimmten Geschichte etwas schaffen willst?
R. R. Berger: Das Finden des Grundgedankens, von dem ich sprach, kann dauern. Manche Einfälle kommen plötzlich, die sind mir lieber, andere müssen erarbeitet werden.

Sollen es Druckgrafiken werden, weil eine Auflage beabsichtigt ist, dann folgt den Ideenskizzen eine Entwurfszeichnung. Da sind die Eigenheiten der Drucktechnik berücksichtigt einschließlich der methodischen Überlegungen zum Schneiden im Holz oder Linoleum – das sind die von mir bevorzugten Materialien. Bei Farbgrafiken ist die Planung etwas komplizierter, weil beim Drucken nicht nur eine Platte zum Einsatz kommt.

Der Linolschnitt zu *Sagen von Unirdischen* hat in der ersten Fassung von 1974 ein Wolkengebilde aus Schraffuren in der Himmelszone. Nach etlichen Jahren gefiel mir das nicht mehr. Schließlich habe ich 2015 in einer zweiten Fassung den Himmel geändert. Nun fliegen die Unirdischen durch das Firmament der Sterne.

Das siebte Kreuz von Anna Seghers ist sehr oft und überzeugend illustriert worden. Aber so etwas kam für mich nicht in Frage. Andererseits juckte mich der Gedanke, gerade dieses Werk im 75. Jahr seines Erscheinens – erschienen noch dazu in meinem Geburtsjahr – auf meine Art in den Griff zu bekommen und meiner Werkgruppe beizufügen. Meine Bildidee kam plötzlich, als ich über den Künstler Carl Marx und sein Bild zu dem berühmten Seghers-Buch nachdachte und im Jahrbuch darüber schreiben wollte.

Es muss ein Bildgefüge sein, das das Schreckliche und Ungeheuerliche faschistischer Konzentrationslager in den Gegensatz zur dauerhaft lieblichen Rheinlandschaft stellt, die bei Anna Seghers eine bedeutsame emotionale Bezugsfunktion hat. Und es ist die Schlussszene: Georg Heisler verabschiedet sich vor seiner Flucht mit dem Frachtschiff nach den Niederlanden von der Frau, die ihm für seine letzte Nacht in Deutschland eine Schlafstätte gewährte. Die Frau bleibt im Text anonym. Sie steht für die Menschen, die Heislers Entkommen ermöglichen und ihm helfen. Das ihm zugedachte Marterkreuz bleibt leer und leuchtet im blutdunklen Himmel.

Der Farbübergang vom hellen Graublau am Flussufer zum tiefen Rot in der Höhe des Himmels entstand mit dem Trick eines sogenannten Irisdrucks, ein Druckgang in der Maschine mit einer besonders präparierten Farbwalze. Mein Sohn Marc ist ein sehr guter Drucker und es macht Spaß, mit ihm zu arbeiten.

In jeder Druckgrafik steckt zumeist immer eine andere Entstehungsgeschichte.

Die Kunstpostkarte wird diesmal im Jahrbuch beigelegt sein.

M. Melchert: Du hast auch zu verschiedenen Zeiten, obgleich du sie persönlich nicht kanntest, grafische Porträts der Schriftstellerin geschaffen – bereits einmal 1997, zuletzt 2015. Hat sich dein Blick auf sie verändert?
R.R. Berger: Ich bin kein Porträtist. Zu Anna Seghers habe ich ausnahmsweise so etwas gemacht, weil ich dachte, in meine Ausstellungen gehört auch ein Bild von ihr.

Anna Seghers wurde sehr viel fotografiert. Neben Brecht und Thomas Mann gehört sie wohl zu den besonders häufig abgelichteten Schriftstellern des 20. Jahrhunderts. Ich habe mir viele Fotos angesehen, aber eine davon ausgehende Umsetzung als Druckgrafik vermieden. Meine Porträts sind imaginär. Aus der Erinnerung an die Fotos habe ich mir ihr Gesicht ausgedacht, gewissermaßen eine Quintessenz aus vielen Antlitzen. Es kam mir dabei darauf an, sie als schöne Frau zu zeigen, die sie zeitlebens war. Einmal, in der Linolschnittgrafik zu *Die Reisebegegnung*, habe ich sie, eine Zigarette rauchend, an den Tisch zu Kafka, E. T. A. Hoffmann und Gogol gesetzt.

Roland R. Berger: Zu Anna Seghers *Die Reisebegegnung*, 2015; Linolschnitt, 300 x 400 mm

M. Melchert: Inwieweit eignen sich die Romane und Erzählungen von Anna Seghers besonders für Illustrationen?
R. R. Berger: Das kann ich nicht erklären, aber die Fülle an Beispielen in der DDR und den ehemaligen sozialistischen Staaten ist schon sehr beeindruckend und ist Ergebnis der Kunst- und Kulturpolitik dieser Länder. Westeuropa steht im Vergleich dazu recht mager da.

Es gibt bei Anna Seghers jedoch auch spröde Texte, zu denen Illustrationen für mich nicht vorstellbar sind. Aber das entscheiden Hirn und Hand des jeweiligen Künstlers. Und das letztendliche und eigentliche Sagen haben die Verlage, die die Illustratoren aussuchen und beauftragen. Solche Entscheidungen können, jeweils bedingt vom Zeitgeist, in ihrer Orientierung eigenwillig-artifiziell oder kommerziell ausfallen.

Die DDR war ein bücher- und leserfreundliches Land. Jetzt noch, fast dreißig Jahre später, ist es erstaunlich, was alles an Kunst und Literatur, an Musik und Theater zustande kam und hinterlassen wurde, auch im Bewusstsein der Menschen bis heute wach geblieben ist. An ihrem Ende konnte die »alte« Bundesrepublik ein derartig aufgefächertes Spektrum nicht aufweisen. Zudem geht heute der Niedergang traditioneller Kulturbereiche einher mit einer digital bedingten Medienverseuchung und ärmlich-verkommenen Kommunikationsqualität. Ob man auf Alternativen hoffen kann, ist ungewiss, wenn auch manchmal ein Stern aufleuchtet, weil ein ambitionierter Handpressendrucker oder ein Kleinverlag gerade einmal mutig und übermütig geworden sind.

M. Melchert: Deine Werkgruppe zu Anna Seghers ist über die Jahre gewachsen. Hast du für die Zukunft noch weitere Pläne zu ihrer Prosa?
R. R. Berger: Bildideen kommen mir erfreulicherweise spontan in den Sinn, auf Literatur bezogene natürlich beim Lesen. Da ich ab und an zu Seghers-Büchern greife, kann es schon passieren, dass ein Text Zündschnurcharakter bekommt. Ich erwarte so etwas jedoch eher bei den Geschichten und Erzählungen, nicht so bei den großen Romanen.

Allerdings habe ich auch noch ein paar andere Arbeitsfelder, die ich gern beackern möchte.

REZENSIONEN

Klaus Bellin
DAS WIDRIGE TAPFER ERTRAGEN
JOY UND GÜNTHER WEISENBORN:
LIEBE IN ZEITEN DES HOCHVERRATS. TAGEBÜCHER UND BRIEFE AUS DEM GEFÄNGNIS 1942–1945
Hg. von Christian und Sebastian Weisenborn und Hans Woller. München: Verlag C. H. Beck, 298 S., 24,95 Euro

Er kam in seine Zelle und wunderte sich, dass er so ruhig und gefasst war. Der Reichskriegsanwalt hatte ihm soeben mitgeteilt, dass er die Todesstrafe zu erwarten habe. Kurz nach neunzehn Uhr an diesem 5. Februar 1943 setzte sich Günther Weisenborn hin, um Joy, seiner ebenfalls am 26. September 1942 von der Gestapo verhafteten Frau, die Nachricht zu übermitteln. »Es ist furchtbarer Ernst geworden«, schrieb er. Und: »Muss ich sterben, so werde ich tapfer und schweigsam sterben. Es ist Krieg. Die einen fallen in Stalingrad, die anderen in Plötzensee.«

Weisenborn hatte Glück. Am nächsten Tag, in der Verhandlung, wurde das Urteil in eine Zuchthausstrafe von drei Jahren umgewandelt. »Ich muss mich erst sammeln«, gestand er erleichtert. »Ich bin sehr müde. Und sehr einsam. Es waren die schwersten Tage meines Lebens.« Später, nach dem Krieg, wird er von alledem in seinem Buch *Memorial* erzählen, dem eindrucksvollen Bericht über die Monate der Haft, die Verhöre, die Isolierung (»gefesselt in einer absolut ungeheizten Kellerzelle ohne ein Buch, hungrig, fast im Dunkeln«), die Ängste, das alles kontrastreich durchsetzt mit den Erinnerungen an die helle Zeit davor, die Studententage, die Reisen, die Feste, die Arbeit als Theaterdramaturg, die Bühnenerfolge. Damals, als die Eheleute in ihren Zellen saßen, schickten sie sich, wann immer es möglich war, Briefe und Kassiber. Sie sind fast vollständig erhalten geblieben. Joy Weisenborn hat die Schreiben und die Gedichte ihres Mannes, als sie entlassen wurde, mitnehmen können, und später, als man ihr den Koffer ihres Mannes aushändigte, fand sie zwischen Wäsche, Wanzen und Manuskripten auch die eigenen Briefe.

Elisabeth Raabe veröffentlichte die Korrespondenz 1984 unter dem Titel *Einmal laß mich traurig sein* im Zürcher Arche Verlag. Der Band fand kaum Beachtung. 2008 erschien er, kombiniert mit Zitaten aus *Memorial*, dort noch einmal, und jetzt, fünfundsiebzig Jahre nach der Zerschlagung der Widerstandsgruppe Schulze-Boysen-Harnack durch die Gestapo, haben die Söhne Christian und Sebastian Weisenborn, unterstützt von Hans Woller, die Briefe unter dem Titel *Liebe in Zeiten des Hochverrats* bei C. H. Beck erneut publiziert, ergänzt mit den Tagebüchern, die ihre Mutter seit dem Frühjahr 1943 für ihren Mann geführt hat.

Das Buch erzählt von zwei Liebenden, die sich, bewundernswert stark und fest, nicht ihrem Elend überlassen. »Wir haben so viel Schönes erlebt«, schreibt Weisenborn, der nicht aufhören wird, an besondere Tage und Ereignisse zu erinnern, »jetzt wollen wir auch das Widrige mit Anstand und tapfer ertragen ... Ich bin ganz ruhig und gelassen, sei Du es auch! Das ist meine Bitte jeden Tag.« Oder er malt sich aus, was sie tun werden, wenn sie wieder in Freiheit sind und er sie in ihrem Atelier besucht. Er arbeitet, entwirft Stücke und Pläne, schreibt: »Wir müssen uns eben im Leid schon heimlich auf die schöne Zukunft innerlich vorbereiten, wir müssen sie uns verdienen, durch Tapferkeit.« So sind alle diese Briefe, Liebesbekundungen und Mut-mach-Zeilen, zärtlich und voll stiller Zuversicht. Keine Klagen, kein Jammern, kein Selbstmitleid. Beide trotzen der Kälte, dem Hunger, der Einsamkeit. Natürlich: Die Ungewissheit quält, wird zur Marter, wenn die erwarteten Lebenszeichen ausbleiben, weil Weisenborn Schreibverbot erhält oder eine Nachricht seiner »Schicksalsfrau« nicht ankommt.

Dann, am 12. April 1943, die Überraschung: »Es ist kaum zu fassen!«, schreibt Joy in ihr Tagebuch. »Ich bin frei! Nach dieser harten Prüfungszeit, es waren 199 Tage, der 200. sollte mein Freiheitstag sein! Strahlender Himmel! Frühlingssonne! Blüten! Blumen! Freiheit!« Von nun an hält sie alles, was sie denkt, tut und wünscht, in diesem Journal fest, ihre Sehnsucht und Freude, die Sorge um den anderen, die Bemühungen, wieder arbeiten zu können, die Schrecken der Bombennächte. Als man Günther Weisenborn ins Zuchthaus Luckau bringt, fährt sie los, um ihn wenigstens für ein paar Augenblicke zu sehen, wenn die Gefangenen morgens zur Arbeit aufbrechen. Die Eintragungen reichen bis in die ersten Nachkriegswochen. Da wartet sie noch immer auf die Rückkehr ihres Mannes, den die Rote Armee nach der Befreiung der Häftlinge als Bürgermeister in einigen Dörfern rund um Luckau eingesetzt hat. Keiner weiß, wo er in den Wirren jener Tage den anderen findet. Die Aufzeichnungen enden mit der zufälligen Begegnung beider auf einer Straße.

Diese rühmenswerte Edition ist ein Akt der Gerechtigkeit. Sie gibt Günther Weisenborn, der ein großartiger und erfolgreicher Theater-, Hörspiel- und Romanautor war, die verlorene Stimme zurück, und sie würdigt zugleich die Widerstandsgruppe, die von der Gestapo als »Rote Kapelle« zur Spionagetruppe der Sowjetunion erklärt wurde. Die Justiz der alten Bundesrepublik hat diese Lesart bis in die Neunzigerjahre ohne Abstriche übernommen und dafür gesorgt, dass die einst Verfolgten, noch immer als Landesverräter angesehen, Stigmatisierte blieben. Hans Woller, Mitarbeiter des Instituts für Zeitgeschichte, verfasste für den Band zwei notwendige, begrüßenswert umfangreiche und detaillierte Aufsätze. Er bricht damit auch das unfassbar lange Schweigen über den 1969 gestorbenen Weisenborn (dem die Hamburger ZEIT nicht einmal einen Nachruf gönnte) und seine Arbeit gegen die Nationalsozialisten. Zu Beginn erzählt Woller, was es mit der Gruppe auf sich hatte, wie das Ehepaar Weisenborn zu den Widerstandskämpfern fand. Und am Ende des Buches erfährt der Leser, wie es mit beiden weiterging. Wie Joy, von der Haft geschwächt, häufig krank, sich nach Ruhe sehnte, und er, Weisenborn, rastlos beinah übermenschliche Aktivitäten entwickelte, mithalf, das Berliner Hebbel-Theater aufzubauen, die Zeitschrift *Ulenspiegel* gründete, sein Stück *Die Illegalen* und das Erinnerungsbuch *Memorial* schrieb, die von Ricarda Huch geplante und von ihm übernommene Dokumentation *Der lautlose Aufstand* publizierte. Dazu kamen die zeitkritischen Romane *Auf Sand gebaut* und *Der dritte Blick*, Theaterprojekte mit Brecht und Eisler, Filme, Vorträge, Reisen, neue Stücke und ständig neue Ideen.

Weisenborn, der 1964 von Hamburg nach Westberlin zog, ist wegen seiner Kontakte zu Schriftstellern und Verlagen der DDR, seiner Wahl zum Korrespondierenden Mitglied der Ostberliner Akademie der Künste, auch wegen seiner Aktivitäten gegen die bald dominierende Praxis, den Widerstand gegen die Nationalsozialisten auf den 20. Juli zu reduzieren, von Boulevardpresse und konservativen Kräften immer wieder attackiert worden. Finanziell ohnehin nicht auf Rosen gebettet, liebäugelte er mit dem Gedanken, seinen Wohnsitz in der DDR zu nehmen (was die Familie verhinderte). Als er fünfundsechzig wurde, gratulierte ihm Anna Seghers mit einer Erinnerung. Es war kurz nach ihrer Rückkehr 1947, als ihr Weisenborn während einer Autofahrt von seinen Erlebnissen im Widerstandskampf erzählte. Ob er damals zufällig einmal auf Philipp Schaeffer gestoßen sei, fragte sie. Sie suchte nach ihrem Heidelberger Studienfreund, dessen Foto auch später in ihrem Arbeitszimmer hing, seit sie wieder in Berlin lebte. Ja, er kannte seinen Prozess, und er wusste auch, dass Schaeffer danach enthauptet wurde. Er konnte nicht ahnen, welchen Eindruck er mit dieser Auskunft hinterließ.

Günther Wiesenborn starb, krank nach der langen Haft und schwer verletzt nach einem Unfall, mit sechsundsechzig Jahren. Joy, leidenschaftliche Malerin und Bildhauerin, überlebte ihn um fünfunddreißig Jahre. Es hat lange gedauert, bis sie die Briefe aus der Haftzeit für die Publikation freigab. Ihre Tagebücher blieben unter Verschluss. Hier, in dieser berührenden Edition, kann man sie zum ersten Mal lesen.

Andrée Fischer-Marum
DIERK LUDWIG SCHAAF: *FLUCHTPUNKT LISSABON.*
WIE HELFER IN VICHY-FRANKREICH TAUSENDE
VOR HITLER RETTETEN
Bonn: Dietz-Verlag 2018, 424 S., 32,00 Euro

Zunächst vielleicht etwas irreführend verweist der Titel des zu besprechenden Buches einerseits auf Lissabon und andererseits auf Vichy-Frankreich als Ort der Handlung, wenn man so will, wo »Helfer […] Tausende vor Hitler retteten«. Dierk Ludwig Schaafs Veröffentlichung über das Exil in Frankreich während der NS-Zeit, speziell über die Zeit seit dem Überfall der deutschen Truppen auf Frankreich, gibt zugleich einen Überblick über die internationale Fluchthilfe. Deren Darstellung ist vielfältig: Mithilfe von Erlebnisberichten, Romanen, Dokumentationen sowie internationaler wissenschaftlicher Literatur wird der Blick vor allem auf die Helfer von Verfolgten gerichtet. Jene gehörten unterschiedlichen, ja gegensätzlichen Gruppierungen an. Sie agierten teils aus politischen Überzeugungen, ganz gleich ob diese sozialdemokratisch, bürgerlich-liberal oder kommunistisch waren, aus religiöser Motivation – jüdisch oder christlich – und teils aus purer Menschlichkeit oder aus persönlichen, verwandtschaftlichen Gründen. Die einen bauten Organisationen zur Menschenrettung auf, andere nutzten beispielsweise ihre Stellung in einem Regierungsgefüge aus, selbst wenn ihre Regierung dieses Bemühen nicht akzeptierte, gar behinderte.

Bemerkenswert an der vorgestellten Veröffentlichung ist Schaafs Fokus sowohl auf die Auswirkungen der Arbeit der Fluchthelfer als auch solcher Regierungen, von Politikern, Militär und Polizei, die verhinderten, dass mehr Flüchtlinge hätten gerettet werden können.

Doch zunächst zur Situation in Frankreich. Eigentlich braucht man über Frankreich als Exilland für politisch Verfolgte, vor allem aus Europa, seit 1933 hier nichts zu sagen. Es ist bekannt. Und doch möchte ich die damalige Situation kurz festhalten. Zuerst flohen politisch und rassisch Verfolgte aus Deutschland ins Nachbarland. Mit jeder Aggression, mit jeder Okkupation, mit jeder scheinbar »demokratischen« Aktion Deutschlands folgten weitere Flüchtlinge aus den jeweils betroffenen Ländern. Nach der »Abstimmung« etwa kamen Gefährdete aus dem Saarland. 1938 wurde Österreich »angeschlossen« und brachte ebenso neue Schutzsuchende wie der spanische Bürgerkrieg. Aus der Tschechoslowakei flohen die Menschen nach der Zerschlagung mit Hilfe Englands und Frankreichs, sie kamen aus Polen und ab Mai 1940 aus den Benelux-Staaten. Aus all diesen Ländern kamen sowohl deutsche Flüchtlinge, die zunächst dort Schutz gesucht hatten, als auch deren eigene Bürger, nunmehr aus den gleichen Gründen wie die deutschen Emigranten. Frankreich war, nach dem Einmarsch der deutschen Wehrmacht (ab dem 10. Mai 1940), endgültig zu einer Falle geworden für Juden und alle Gegner des Faschismus. Sie alle stellten sich die gleichen Fragen: Was tun, um den deutschen Truppen nicht in die Hände zu fallen? Muss man weiter flüchten oder kann man in Frankreich bleiben? Kann man überhaupt noch flüchten? Und wenn ja, wohin? Woher kommt Unterstützung? Woher bekommen wir die nötigen Papiere, das nötige Geld, die notwendigen Kontakte innerhalb der ins Auge gefassten Flüchtlingsländer? Dierk Ludwig Schaaf zeigt einige der Antworten auf und gibt einen Überblick über die vielfältige Arbeit der Helfer und ihrer Organisationen. Er berichtet von deren Schwierigkeiten, über Erfolge, die beitrugen, den Exilanten das Leben zu retten, aber auch über Misserfolge. Bemerkenswert ist die Vielzahl der vorgestellten Organisationen, die – ungeachtet ihrer unterschiedlichen politischen Aufträge – in Not geratene Menschen unterstützten: die HICEM, die jüdische Hilfsorganisation, Varian Frys Centre américain de secours, Noel Field mit dem Unitarian Service Committee, amerikanische Quäker, die deutsche jüdische und nichtjüdische Kommunisten unterstützten und viele andere. Einer der bekanntesten war der amerikanische Journalist Varian Fry, der in ständigen und heftigen Auseinandersetzungen mit amerikanischen Behörden wie dem Außenministerium und der US-Botschaft in Vichy-Frankreich darum rang, von ihm betreute Verfolgte außer Landes zu bringen. Er brachte 1940 eine Namensliste mit nach Marseille – zusammengestellt von deutschen Emigranten und unterstützt von zahlreichen amerikanischen Journalisten, Künstlern, Politikern, darunter auch Eleanor Roosevelt – auf der die Namen vorwiegend prominenter Künstler und Politiker standen. Man war sich darüber im Klaren, dass es nur Wenige sein konnten, denen Hilfe und Rettung zuteilwerden würde. Am Ende waren es etwa 2 000 bis 3 000 Menschen, die mithilfe des Emergency Rescue Committee vor den deutschen Truppen aus Frankreich entkommen konnten. Unendliche Probleme mit seiner Regierung und dem Botschafter hatte auch Aristides de Sousa Mendes, der portugiesische Generalkonsul in Bordeaux, der mit viel Eigensinn, gegen den Willen seines Ministerpräsidenten António de Oliveira Salazar und teilweise auch mit illegalen Mitteln etwa 30 000 Menschen rettete. Anders war die Situation für den mexikanischen Konsul Gilberto Bosques in Marseille, der in Übereinstimmung mit seiner Regierung zunächst 1938, nach der Niederlage der Spanischen Republik, spanischen und internationalen Kämpfern die mexikanische Staatsbürgerschaft gewährte, ein Vorgehen, das ab 1940 auf die vom Nationalsozialismus Verfolgten erweitert wurde. Man nimmt an, es waren etwa 40 000 Visa, die von ihm ausgestellt wurden. In *Fluchtpunkt Lissabon* werden die Tätigkeiten vieler anderer vorgestellt, die unter Einsatz ihres Lebens versuchten, so viele Menschen wie nur möglich aus dem Land zu bringen. Der Autor nennt Joseph Willem Kolkmann, den niederländischen Konsul im Vichy-Frankreich, Leonty Gomella, der Juden, die aus Polen und der Sowjetunion nach Frankreich geflohen waren, Beistand leistete oder Vladimir Vochoc, Konsul der tschechoslowakischen Republik, der nach deren Zerschlagung auch weiter Ausweise, Visa und andere amtliche Dokumente für die Emigranten ausstellte.

Nur wenige dieser Helfer wurden nach dem Ende des Zweiten Weltkrieges in ihren Ländern gewürdigt und erhielten zu Lebzeiten den Dank, der ihnen gebührte. Diejenigen aber, die aus Frankreich weiter emigrieren konnten, dankten es ihnen ihr Leben lang.

Was ich hier referiere, ist der Teil, der die gefährdeten Menschen im Vichy-Frankreich betrifft. Was aber taten die Regierungen der möglichen, erhofften Fluchtländer, um die Fluchthelfer und ihre Klientel zu unterstützen? Wie reagierten die Regierungen der Länder, in die Flüchtlinge kommen wollten, wenn diese alle Dokumente und das notwendige Geld beisammen hatten? Bereits bei der Konferenz von Evian 1938 weigerten sich die Vertreter der beteiligten 32 Staaten, verfolgte Juden aufzunehmen und schlossen ihre Grenzen. Und als Deutschland den Krieg in die Welt führte, erschwerten die möglichen Exilländer das Entkommen aus Frankreich zunehmend. Nachdem der Waffenstillstandsvertrag Deutschland-Frankreich abgeschlossen worden war, war die Dritte Republik zerschlagen und an deren Stelle trat der État français mit dem Präsidenten Petain und dem Sitz in Vichy. Aufschlussreich sind die durch zahlreiche zeitgenössische Dokumente belegten Hintergründe für diese Politik: Das Vichy-Frankreich unter Marschall Petain, »nicht ganz faschistisch, aber mehr als nur autoritär« (S. 204), verfolgte all jene, die auch die deutschen Nationalsozialisten im Auge hatten. Der portugiesische Premierminister Salazar wollte unbedingt Portugals Neutralität wahren. Die USA unter dem Präsidenten Roosevelt erhöhte weder nach der Konferenz von Evian noch nach dem Kriegsausbruch die Einwanderungsquote für Juden. Der Präsident »sah keinen akuten Entscheidungsbedarf wegen der europäischen Juden« (S. 206). Dazu kam, dass in den USA sowohl in den Medien als auch in der Bevölkerung ein großes Misstrauen, man kann es auch Hysterie nennen, den Geflohenen gegenüber bestand. Und trotzdem gelangten sehr viele Emigranten in die USA.

Das hier besprochene Buch beinhaltet die Fluchthilfe, Organisationen und die Haltung der damaligen Regierungen zur Fluchthilfe in der Zeit des Zweiten Weltkrieges. Auch heute bewegen Flüchtlinge, die aus verschiedenen Gründen ihre Heimat verlassen müssen, Helfer in der Not und die entsprechende Haltung verschiedener Regierungen unsere Gedanken. Dierk Ludwig Schaaf macht mit seinem Buch zwar auf spezifische Probleme der damaligen Zeit aufmerksam – die hier dargelegten Probleme führen jedoch weit über die im Titel benannte Rettung »Tausende[r] vor Hitler« hinaus –, weist aber gleichzeitig auf die gegenwärtige Relevanz des Themenkomplexes hin.

Monika Melchert
RUND UM DIE WELT
WALTER KAUFMANN ERINNERT SICH AN MENSCHEN, DIE SEIN LEBEN BEEINFLUSSTEN
WALTER KAUFMANN: *DIE MEINE WEGE KREUZTEN. BEGEGNUNGEN AUS NEUN JAHRZEHNTEN*
Berlin: Quintus-Verlag 2018, 168 S., 18,00 Euro

Ein Leben wie ein Roman: Ein jüdischer Junge aus Berlin, der davongekommen ist, der alles verlieren musste, um eine Welt zu gewinnen. Und es verschlägt ihn dann tatsächlich um die ganze Welt, durch mehr als neun Jahrzehnte, durch schwierige Zeiten und Lebensgefahren, über Höhen und Tiefen. Und immer sind da Menschen, die weiterhelfen oder Hindernisse in den Weg legen, die etwas in ihm fördern oder ihn am liebsten loswerden wollen. 1924 als Jizchak Schmeidler, Sohn einer jüdischen Verkäuferin, in Berlin geboren, wird das Kind 1926 vom Ehepaar Sally und Johanna Kaufmann in Duisburg adoptiert und wächst die nächsten dreizehn Jahre dort auf. Entscheidende frühe Prägungen bleiben ihm bis ins Alter bewusst: der Großvater Simon Hartoch, auf dessen Schreibtisch im Düsseldorfer Warenhaus Hartoch der Dreijährige sitzt und sich für sein erstes Ausreißen verantworten soll. Adele Bundschuh, die Vorleserin, die den Kindern die Welt der Märchen und Sagen erschließt und in dem Knaben Walter vielleicht den Grundstein dafür legt, dass die Literatur von nun an ein unverlierbarer Teil seines Lebens wird. Ganz sicher auch der Turnlehrer Troll in Duisburg, der noch 1937 im Sportunterricht seine beiden jüdischen Schüler gegenüber dem HJ-Führer verteidigt, der sie aus der Sprintstaffel ausschließen will. So wächst der Junge heran, bis im faschistischen Deutschland für Seinesgleichen keine Chance mehr besteht.

Ein Leben wird reich nicht zuletzt durch die Fülle an Begegnungen, die es mit sich bringt – Walter Kaufmann ist demnach ein reicher Mann. Der deutsch-australische Schriftsteller, in diesem Jahr 94 Jahre alt geworden, veröffentlicht ein neues Buch, das noch einmal sein Leben schlaglichtartig in entscheidenden, schönen oder traurigen Momenten Revue passieren lässt. Im Januar 1939, an seinem 15. Geburtstag, gelingt es Walter Kaufmann, mit einem der rettenden Kindertransporte nach England zu entkommen. Seine Eltern jedoch werden deportiert und in Auschwitz ermordet. Bei Kriegsbeginn interniert und 1940 als »feindlicher Ausländer« mit einem Schiffstransport nach Australien gelangt, verdingt er sich zunächst als Landarbeiter. Bald tritt er als Kriegsfreiwilliger in die australische Armee ein und schlägt sich später mit den unterschiedlichsten Tätigkeiten durch, als Obstpflücker oder Fotograf, auf einer Werft, am längsten als Seemann. Dort beginnt er auch zu schreiben: Sein erster Roman, *Voices in the Storm*, erscheint 1953 in Melbourne. 1957 siedelt er von Australien in die DDR über, bleibt jedoch stets ein Reisender, der sich in der Welt zu Hause fühlt. Rund um den Globus gewinnt er Freunde, weil er erzählen kann und andere in seinen Bann schlägt.

Besonders in den Jahren in Australien hat der junge Walter Kaufmann richtungweisende Entscheidungen zu treffen. Dort wird er zum ersten Mal mit politischen Bewegungen konfrontiert und organisiert sich in der Melbourne Realist Writers Group. Er macht Erfahrungen mit Männern und Frauen aus den verschiedensten sozialen Schichten, und genau diese Erfahrungen bilden die Grundlage seiner Menschenkenntnis – die man in den wunderbaren, scheinbar so leicht geschriebenen Skizzen wiederfindet. Doch diese kleinen Geschichten sind höchst präzise gearbeitet.

Was Walter Kaufmann in seinem abenteuerlichen Leben auf drei Kontinenten gesehen, wen er getroffen, in welchen Berufen er auch gearbeitet hat – stets ist er ein überaus genauer Beobachter, der keine Begegnung gering schätzt und viele in Herz und Erinnerung behält. Er erzählt über Lebenskünstler und gescheiterte Existenzen, über Freunde und solche, die ihm das Leben schwer gemacht haben. In siebzig Episoden entwirft er mit wenigen Federstrichen punktgenaue Porträts von Menschen, die in Deutschland oder England, in Australien, den USA oder Südamerika seine Wege kreuzten. Sie alle haben ihn in einer bestimmten Weise beeinflusst. Ob er mit Basil, einem Do-it-jourself-Bücher verkaufenden Schwarzen durch Harlem oder mit dem Schiffsingenieur Gellert durch Bars in Havanna zieht, immer springt da jener Funke über, den ein Autor braucht, um seine Leser zu packen. Als Meister der Short Story weiß er Schlaglichter zu setzen, einen Menschen aus der Masse herauszuheben und in jeder Begegnung das Besondere zu erkennen. Dass sein Herz links schlägt, immer wieder aber auch für schöne Frauen, macht die Storys umso liebenswerter.

In Duisburg begegnet er 2016 bei einer Lesung in der Synagoge einem guten Freund wieder, dem Gymnasiallehrer Manfred Tietz. Der hatte sich mit seinen Schülern dafür engagiert, dass vor dem einst enteigneten Elternhaus Stolpersteine für seine ermordeten Eltern Johanna und Sally Martin Kaufmann verlegt werden. Auch er ist einer, der sich für andere einsetzt. Seit ihrer Gründung ist Walter Kaufmann, durchaus kein Zufall, Mitglied der Anna-Seghers-Gesellschaft. Die Bibliothek in ihrer Wohnung in Berlin-Adlershof enthält Bücher mit freundschaftlichen Widmungen des Autors für die von ihm verehrte Schriftstellerin Anna Seghers.

Unter den mehr als dreißig Büchern, die er in einem langen Schriftstellerleben veröffentlicht hat, nimmt, neben Romanen und Erzählungen, autobiografische Prosa einen wichtigen Platz ein, zuletzt *Schade, dass du Jude bist* (2013) und *Meine Sehnsucht ist noch unterwegs. Ein Leben auf Reisen* (2016). Das neue Buch zeigt Walter Kaufmann wiederum als unternehmungsfreudigen, umtriebigen Reisenden, als Reporter in vielen Ländern und als einen Mann, dem Freundschaften viel bedeuten.

Hans-Willi Ohl
ANNA SEGHERS UND DIE PSYCHOANALYSE
NEUE BLICKE UND PERSPEKTIVEN: *AMERICAN IMAGO.*
PSYCHOANALYSIS AND THE HUMAN SCIENCES.
EXILE AND MEMORY
Hg. von Louis Rose.
Baltimore: JHU Press Vol. 74 3/2017, 155 S., 14,00 US-Dollar

Von 1912 bis 1938 gaben Sigmund Freud, Otto Rank und Hanns Sachs die Zeitschrift *Imago* heraus. Mit dieser »Zeitschrift für Anwendung der Psychoanalyse auf die Geisteswissenschaften« wollten Freud und seine Mitstreiter unter Beweis stellen, dass die Psychoanalyse wertvolle Erkenntnisse für das Verständnis von Gesellschaft, Kunst und Literatur liefern kann. Sachs, der schon 1932 in die USA emigriert war, gab dort ab 1939 wiederum zusammen mit Sigmund Freud (der allerdings im selben Jahr starb) die Zeitschrift unter dem neuen Namen *American Imago* heraus. Der Anspruch, die Psychoanalyse mit den Human Sciences (also den Geisteswissenschaften) zu verknüpfen, blieb dabei erhalten. Bis heute erscheint die Zeitschrift vierteljährlich in den USA.

Auch die hier zu besprechende Nummer 74 aus dem Jahr 2017 ist diesem Fachdisziplinen übergreifenden Ansatz verbunden und widmet sich gänzlich dem Werk von Anna Seghers. Dieses erfreut sich in den USA neuer Popularität, wie z. B. die letzten Übersetzungen von *Transit* (2013) und *Das siebte Kreuz* (2018) zeigen.

In diesem Band finden sich drei von Helen Fehervary und Amy Keppler Strawser neu ins Englische übertragene Seghers-Erzählungen, die 1946 erstmals im Aurora Verlag in New York veröffentlicht wurden. Unter dem Titel *Three Tales from Dark Times* sind jetzt erstmals gemeinsam versammelt: *The Excursion of the Dead Girls (Der Ausflug der toten Mädchen), Post to the Promised Land (Post ins Gelobte Land)* sowie *The End (Das Ende). Der Ausflug der toten Mädchen* erschien schon 1945 (vor der deutschen Ausgabe) unter dem Titel *The School Excursion* auf Englisch. 1946 folgte die Übersetzung der Geschichte *Das Ende (The End). Post ins Gelobte Land* erscheint hier erstmals (!) auf Englisch.

Der Herausgeber, Louis Rose, weist in seinem Vorwort darauf hin, dass es Freud selbst war, der in seiner Schrift *Der Wahn und die Träume in W. Jensens »Gradiva«* (1907) mit der Interpretation einer literarischen Figur die Interdisziplinarität der Psychoanalyse begründete. Zwar gebe es keine direkten Bezüge zwischen Seghers und Freud bzw. der psychoanalytischen Bewegung, aber sowohl Seghers als auch die Psychoanalytiker hätten sich sehr für die Prozesse persönlicher und kollektiver Erinnerung, insbesondere in den Zeiten von Krieg und Exil, interessiert. Er weist hierbei besonders auf die Erzählung *Der Ausflug der toten Mädchen* hin, in der er ähnliche Erinnerungsprozesse erkenne, wie solche, die Freud 1930 in seiner Schrift *Das Unbehagen in der Kultur* beschrieben habe.

Die Literaturwissenschaftlerin Helen Fehervary stellt in ihrem einleitenden Text *Anna Seghers' Response to the Holocaust* die These auf, Seghers sei eine der ersten Autorinnen ihrer Generation, die über den Holocaust geschrieben habe. Dafür sprächen neben den hier präsentierten Erzählungen auch die Texte *Reise ins Elfte Reich* (1938/39) oder *Die drei Bäume* (entstanden 1940, erschienen 1946). In der deutschsprachigen Literatur habe niemand so oft und so viel über dieses Thema geschrieben. Dies gelte bis in die Vierzigerjahre. Danach habe sie das Thema kaum noch behandelt. Zu groß sei die Last dieses historischen Ereignisses gewesen, das zudem immer wieder schmerzliche Erinnerungen in ihr wachgerufen habe.

John S. Kafka ist emeritierter Professor für Psychoanalyse und sein Blick richtet sich – ausgehend von Freuds Text *Der Dichter und das Phantasieren* (1908) – zunächst auf den Zusammenhang zwischen dem kreativen Prozess des Schreibens und der Arbeit des Analytikers. Dann kommt er konkret zu Anna Seghers. Er betont vor allem ihren Sinn für Übergänge (transitions), den er sowohl in den Erzählungen *Der Ausflug der toten Mädchen*, *Das Ende*, *Post ins Gelobte Land*, aber vor allem in ihrem Roman *Transit* erkennt. Diese von Seghers geschilderten Erfahrungen des Übergangs (z. B. in Bezug auf Identitäten) seien eng verwandt mit dem Phänomen des Fehlens von dauerhaften Lösungen in der Psychoanalyse.

Der Literaturwissenschaftler Robert Cohen geht genauer auf die Erzählung *Der Ausflug der toten Mädchen* ein. Zunächst stellt er die Frage, wer hier eigentlich erzähle: die junge »Netty« oder die erwachsene Erzählerin, die aus der Perspektive des mexikanischen Exils schreibt? Die permanente Vermischung der Perspektiven führe, so seine These, zu einem Riss (rift), der wie in Georg Büchners *Lenz* durch die Zeiten und die Personen selbst gehe und sogar in ihren Sätzen stilistisch erkennbar sei. Er fügt allgemein hinzu: »In der Tradition von Lenz, Heinrich von Kleist, Büchner, Karl Marx und Friedrich Engels zeigt das Schreiben von Anna Seghers die Risse, Gegensätze, Sprünge und radikalen Diskontinuitäten, durch die sich die Gesellschaft und die Individuen entwickeln.« Der von ihm so apostrophierte Riss bestehe nicht zwischen Nationen, sondern gehe durch sie hindurch und teile eben auch Schulklassen. Am Ende stehe hinter der Notwendigkeit, die »befohlene Aufgabe auszuführen«, ein imperatives »Trotz alledem«, die Hoffnung also, dass der Faschismus letztlich überwunden werden könne.

Jeffrey Berman, Professor für Anglistik, gesteht am Ende seines Textes, dass er vor diesen hier übersetzten drei Geschichten nie etwas von Anna Seghers gelesen habe. Das ist umso verblüffender, als er in seiner Analyse von *Post ins Gelobte Land* zu Einsichten kommt, die erstaunlich und weitreichend sind. Er beginnt mit einem großen Lob: »*Post ins Gelobte Land* ist ein Meisterwerk psychologischer Subtilität, geschrieben von einer Autorin mit einer unübertroffenen Einsicht in die Schicksale von Menschen, die von

Krieg, Exil und katastrophalen Verlusterfahrungen erschüttert wurden.« Es ist hier nicht der Raum, all die klugen Gedanken und Thesen auszubreiten, die Berman im Folgenden entwickelt. Unter Bezugnahme auf viele psychoanalytische Theorien (wie z. B. von Anna Freud, D. W. Winnicott, Abraham Maslow, Carl Rogers und Erich Fromm) geht es ihm letztlich um die »heilende Kraft des Schreibens«, wie es im Titel seines Aufsatzes heißt. Dies gilt nicht nur für die Protagonisten in der Erzählung, sondern auch für die Autorin selbst. Schreiben, so Berman, heiße immer, Zeugnis für zukünftige Generationen abzulegen, z. b. über traumatische Situationen in der Geschichte. In einer Welt von Gewalt und Hass stünden die Briefe zwischen Vater und Sohn in Seghers' Erzählung beispielhaft für die therapeutische Kraft des Schreibens in den dunkelsten Momenten der Geschichte. So wie Vater und Sohn nie wissen würden, welche Auswirkungen ihre Briefe auf die hätten, die sie lesen oder hören würden, so würde auch Anna Seghers nie erfahren, welche Auswirkungen ihre Erzählung *Post ins Gelobte Land* auf ihre LeserInnen habe. Das Fazit seiner Lektüre fasst Berman so zusammen: »Ich weiß, ich werde diese Geschichte nie vergessen.«

Der letzte Aufsatz in diesem Heft stammt von dem Literaturwissenschaftler Hunter Bivens und beschäftigt sich mit dem Text *Das Ende*. Anknüpfend an einen Gedanken Alexander Stephans geht es für ihn in der Erzählung um eine sozialpsychologische Fallstudie der faschistischen Persönlichkeit am Beispiel des früheren KZ-Wächters Zillich. Mit einer solchen Analyse stehe Seghers in einer Reihe prominenter Autoren, wie z. B. Bertolt Brecht, Wilhelm Reich, Theodor W. Adorno, Ernst Bloch und Max Horkheimer (oder in jüngerer Zeit Klaus Theweleit), die dieses Thema ebenfalls bearbeitet hätten. Am Ende stehe zwar Zillichs Selbstmord, aber die Hoffnung auf ein »besseres« Deutschland bleibe doch recht vage, solange die gesellschaftlichen Verhältnisse, die eine solche Persönlichkeit wie Zillich hervorgebracht hätten, unangetastet blieben.

Insgesamt ist der Band ein schönes Beispiel dafür, wie dem Bild von Anna Seghers (nicht nur in den USA) durch andere, z. B. psychoanalytische Blickwinkel neue Facetten hinzugefügt werden können. Das ist hier beispielhaft gelungen und wäre sicher ganz im Sinne Sigmund Freuds gewesen.

Das Heft kann unter der folgenden Adresse bestellt werden: https://muse.jhu.edu/article/670922

Hans-Willi Ohl
TRÄUMEN UND ERZÄHLEN
ANNA SEGHERS IM FRANZÖSISCHEN EXIL
MONIKA MELCHERT: *WILDE UND ZARTE TRÄUME.
ANNA SEGHERS JAHRE IM PARISER EXIL 1933–1940*
Berlin: Bübül Verlag 2018, 94 S., 15,00 Euro

»Du bekommst, weil du ein berühmter Mann bist, auch deine Knöpfe von weiblichen Personen angenäht und deine Kinder ernährt, gekleidet und erzogen und deine Briefe getippt, all das machen für mich keine, das musst du unoffiziell und freundschaftlich auch bedenken.« Das schrieb Anna Seghers im Februar 1937 an den Schriftsteller-Kollegen und KPD-Genossen Willi Bredel. Sie reagierte damit auf Vorhaltungen bezüglich ihres politischen Einsatzes, aber das Zitat reflektiert natürlich in pointierter Form die Probleme einer Schriftstellerin, die, mit Mann und zwei Kindern 1933 vor den Nationalsozialisten geflohen, in einem fremden Land neu Fuß fassen musste.

Es sind vor allem die hier angesprochenen Fragen, die Monika Melchert in ihrem neuen Buch interessieren. Sie will zeigen, wie diese Frau es schaffte, den Alltag mit Mann und zwei Kindern zu organisieren, politische, antifaschistische Arbeit zu leisten und obendrein als Schriftstellerin äußerst produktiv zu sein. Der Titel des Buches *Wilde und zarte Träume* bezieht sich auf eine ihrer bekanntesten – im Pariser Exil entstandenen – Geschichten, *Die schönsten Sagen vom Räuber Woynok*, in der sie in der Form eines Gleichnisses auch auf Fragen des aktuellen politischen Geschehens eingeht.

Auch in der zweiten von Monika Melchert behandelten Geschichte, *Sagen von Artemis*, schreibt Seghers gegen die Eindimensionalität an und vermischt gekonnt Erlebtes und Geträumtes. Diese literarische Grundeinstellung haben damals nicht alle ihre politischen Freunde verstanden, wenn sie den Begriff des Realismus oft sehr eng interpretierten. Wie Artemis in der geheimnisvollen Geschichte, so verbirgt sich auch Anna Seghers hinter ihrem Familiennamen Radványi. »In ihn geht sie ein wie Artemis in ihre Wälder.« (Melchert)

Solche Geschichten entstehen auch auf Spaziergängen mit ihren Kindern. Sie erzählt, feilt an ihren Sätzen, und ihr Sohn erinnert sich noch viel später an die melodiöse Sprache der Mutter. So sei ihm nach und nach bewusst geworden, dass sie Schriftstellerin von Beruf war und nicht etwa Lehrerin oder »Postfrau«.

Monika Melchert beschreibt argumentativ überzeugend, menschlich einfühlsam und sprachlich elegant, wie es Anna Seghers gelang, in einer für die Familie immer bedrohlicher werdenden Situation eine immense literarische

Kraft zu entfalten. Ihr insgesamt bedeutendstes Werk *Das siebte Kreuz* entstand 1938/39 unter diesen Bedingungen, und mit *Transit* begann sie 1940 einen Roman, der zum bis heute gültigen Zeugnis von Flucht und Emigration werden sollte.

Auch und gerade im französischen Exil lagen Anna Seghers die deutsche Sprache und Kultur besonders am Herzen. Monika Melchert zeigt dies am Beispiel des bewegenden Auftritts der Berliner Freundin Helene Weigel, die Seghers in Paris in einer Aufführung des Brecht-Stückes *Die Gewehre der Frau Carrar* sah. In einem kleinen Text, *Helene Weigel spielt in Paris*, notierte sie ihre Eindrücke. Sie war emotional betroffen und tief erschüttert vom Spiel der Weigel als Mutter, die ihren Sohn im Spanischen Bürgerkrieg verliert. Selbst Brecht, ansonsten ein Gegner jeglicher Form der Einfühlung im Theater, konnte die »Tränen«, die Helene Weigel beim Sprechen des Textes kamen, nicht übersehen.

Waren die Anfangsjahre des Exils noch vergleichsweise ruhig, so ging es nach der Besetzung des nördlichen Teils von Frankreich durch die Nationalsozialisten für Anna Seghers und ihre Familie buchstäblich um Leben und Tod. Seghers' Mann, Laszlo Radványi, war schon in einem Lager in Südfrankreich interniert worden, zu allem kam die Sorge um die in Deutschland zurückgebliebenen Eltern. Das Exil war (und ist) kein »Logenplatz«, wie es später einmal ein Schriftsteller der sogenannten Inneren Emigration zynisch formulieren sollte. Die Radványis mussten Frankreich in Richtung Mexiko verlassen. Dies gelang unter abenteuerlichen Umständen und nur mit der Hilfe von Freunden und vielen Unterstützern. Das Buch von Monika Melchert endet mit dem Satz: »Ihren Traum von einer gerechten und friedlichen Gesellschaft nimmt sie mit in die neue Welt.«

Das Büchlein aus dem kleinen Berliner Bübül Verlag (= Die Bücher mit dem Büffel) ist liebevoll ausgestattet und enthält illustrierende Zeichnungen der aus Syrien stammenden Künstlerin Luna Al-Mousli (Jahrgang 1990). Wir finden hier – scheinbar unspektakulär – typische Pariser Motive, wie z. B. den Eiffelturm, die charakteristischen Straßenlaternen, das klassische Cafémobiliar (Stühle, Tische), Parkbänke und auch einen Lese-Sessel. An den Schreibvorgang erinnern allerdings auf jedem Bild leere, meist zerknüllte (die Rheinhessin Anna Seghers würde sagen »verkrumpelte«) Papierseiten, die offenbar darauf warten, glattgestrichen und beschrieben zu werden. Damit könnten sie zu dem von Monika Melchert beschriebenen Ort werden, »von dem aus man das Leben deuten und erklären kann, um in den Fährnissen, denen wir ausgesetzt sind, nicht unterzugehen«. Die Schriftstellerin Anna Seghers hat diesen Ort – auch in für sie schwierigen Zeiten – zweifellos oft gefunden. Inwieweit wir ihre Deutungsvorschläge annehmen, bleibt uns überlassen.

ERINNERUNGEN

Ulrich Kaufmann
ZWISCHEN BÖHMEN UND UTOPIA
ZUM TODE DES JENAER PROFESSORS HANS RICHTER

Hans Richter, Copyright: Privat

Am 11. Dezember 2017, neun Tage nach seinem 89. Geburtstag, ist der Literaturwissenschaftler, Hochschullehrer, Editor, Kritiker und Essayist Hans Richter gestorben. Unzähligen Studenten, Wissenschaftlern und Lesern vermittelte er seine Liebe zur Literatur, gab sein Wissen engagiert weiter, lehrte genaues Lesen. Zu Recht galt der Unermüdliche als Stilist. Von seinen »Schülern«, zu denen sich Sigrid Damm, Frank Quilitzsch und viele andere zählten, verlangte er einen sorgsamen Umgang mit der Sprache.

Oftmals äußerte sich der sensible Kritiker zur Gegenwartsliteratur, namentlich zur Lyrik. Er suchte den direkten Kontakt zu den Autoren und schickte seine Besprechungen in der Regel vor ihrer Drucklegung an die Dichter. Als 1970 Wulf Kirsten mit seinem Lyrikband *Satzanfang* debütierte, gehörte Hans Richter – der, wie er scherzhaft sagte, ungern den »Richter« spielte – zu den ersten Rezensenten.

Der 1928 in Reichenberg (dem heutigen Liberec) geborene Sohn eines Angestellten besuchte ebendort ein Gymnasium. Seine Liebe zur Literatur, erinnerte sich Richter, hatte schon Jahre zuvor seine fast erblindete Großmutter in ihm erweckt, die Balladen vortrug und Märchen erzählte. Einer seiner Jugendträume war es, einmal Schauspieler zu werden. Richter aber musste in den Krieg, erlebte die amerikanische Kriegsgefangenschaft und konnte erst 1947 in Weimar sein Abitur ablegen. Zunächst war er als Oberschulhelfer tätig und nahm im Gründungsjahr der DDR ein Germanistikstudium in Jena auf. Der gerade gegründete Staat, für den er sich über Jahrzehnte einsetzte, schien ihm eine Alternative zu dem Durchlebten zu sein. »Den Antifaschismus hat mir [...] übrigens niemand anders verordnet, als gerade die Faschisten selber, indem sie mich kalt aus meiner Kindheit rissen und mir meine Jugendjahre verdarben.«

Trotz beträchtlicher Lehr- und Leitungstätigkeit verteidigte der junge Wissenschaftler 1957 seine Promotionsschrift zu Gottfried Keller. Es schloss sich eine fünfbändige Keller-Ausgabe im Aufbau Verlag an. Hans Richters Buch *Verse, Dichter, Wirklichkeiten* (1970) war umstritten. Adolf Endler hat ihn für diesen Band seinerzeit heftig kritisiert, weil er den jungen Lyrikern die alten Muster anempfahl.

Die gemeinsame böhmische Herkunft, die Liebe zu Rilke und zur Musik sowie die Nähe zum Weimarer Dichter-Nachlass waren Gründe dafür, dass sich der Jenaer Germanist in seiner Habilitationsschrift der Lyrik Louis Fürnbergs zuwandte. Der *Mozart-Novelle* des böhmischen Dichters widmete er später eine eigene Studie, die im *Palmbaum* erschien.

Seine lange Publikationsliste zeigt, dass Hans Richter zu Goethe, Rilke, Hauptmann, Wedekind, Kafka, Celan und vielen anderen Gültiges zu sagen wusste, aber ein Schwerpunkt seiner Lehrtätigkeit war die Literatur der DDR. Schmerzvoll für ihn war, dass er den Textkorpus zur DDR-Rilke-Ausgabe zusammengestellt hatte, das für ihn so wichtige Projekt jedoch wegen vieler anderer Aufgaben nicht zu Ende bringen konnte; dies tat dann sein Leipziger Kollege Horst Nalewski.

Auch theoretischen Fragestellungen ging er nach: Wie verhalten sich Schriftsteller des 20. Jahrhunderts zum literarischen Erbe? Was macht den Individualstil eines Dichters aus? Es entstanden wichtige Bände, die Hans Richter anregte und gemeinsam mit Jenaer Kollegen erarbeitete: *Schriftsteller und literarisches Erbe* (1976) und, ein Jahrzehnt danach, *Generationen, Temperamente, Schreibweisen*. Nicht vergessen sollte man seine gewichtigen Zuarbeiten für die zwölfbändige *Geschichte der deutschen Literatur*. Unermüdlich durchforstete er das Werk Johannes R. Bechers in seiner Früh-, Exil- und Spätphase.

Richter war ein exzellenter Kenner der sozialistischen Literatur. Wiederholt schrieb er über Brecht, Fürnberg, Weinert und viele andere. Auch wenn man ihn nicht explizit einen Seghers-Forscher nennen würde, war Anna Seghers in seinen Schriften immer präsent. Die Entwicklung der Segher'schen Erzählkunst von den 1950er- zu den 1970er-Jahren beobachte er in seinem Essay-Band *Werke und Wege* (1987) genauestens. Er konstatierte die Hinwendung zur Legende, zum Märchen, zu Gleichnissen, stellte heraus, dass es dabei »zur Konstruktion phantastischer Prämissen« komme. Die Dissertation von Frank Quilitzsch *Zur Konfliktgestaltung in der Kurzprosa von Anna Seghers* wurde von Richter angeregt und betreut. Weitere Studien von Quilitzsch sind in den ersten Seghers-Jahrbüchern (1992–1994) nachzulesen.

Wie wirkten, fragte Richter, die großen Exilautoren auf spätere Schriftstellergenerationen? Wo gab es Anknüpfungsmöglichkeiten, wo entstanden Differenzen? In dem von Richter angeregten Jenaer Band *Schriftsteller und literarisches Erbe* gibt es ein umfangreiches Seghers-Kapitel aus der Feder von Irene Wegner und dem Slawisten Peter Keßler. Als Mitglied des DDR-Schriftstellerverbandes wurde Hans Richter zu mehreren Schriftsteller-Kongressen delegiert und konnte so als Zeitzeuge das langjährige Wirken der Präsidentin Anna Seghers erleben.

Bei seinen Studien zu Franz Fühmann hob der Jenaer Germanist dessen nüchtern wirkenden Begriff von der »Teilfunktion« des Schriftstellers hervor. Er verwies dabei auf Anna Seghers, die auf dem VII. Schriftstellerkongress formuliert hatte: »[...] keiner kann alles für alle darstellen.« Auch der berühmte Seghers-Satz von 1947, wonach »der Autor und der Leser [miteinander] im Bunde« stünden, klang immer wieder in seinen Vorlesungen und essayistischen Schriften an. Die Universität Jena, die bis zum Umbruch 1989 ein Anna-Seghers-Studentenwohnheim hatte, schlug ihre Ehrendoktorin mehrfach für den Literaturnobelpreis vor. Dass Hans Richter derartige Aktivitäten unterstützte, versteht sich von selbst.

Das Glanzstück seiner Interpretationskunst – und doch wohl auch eine Perle in der Seghers-Forschung – dürfte der Essay *Der Kafka der Seghers* sein, den Richter im Sterbejahr der Autorin in *Sinn und Form* veröffentlichte. Diese Studie, in der Richter sich Seghers' Erzählung *Die Reisebegegnung* widmete, nahm er 1987 in seinen repräsentativen, im Aufbau Verlag erschienenen Band *Verwandeltes Dasein* auf. Gogol habe den »Lorbeer« erhalten, Hoffmann sei »ganz ihr Mann«, heißt es am Ende. »Zu Herzen aber geht ihr gerade der junge magere Mensch mit der leisen Stimme und der Todesangst, der Dichter Kafka, der sich gefoltert fühlte und selbst folterte, dem das Leben nicht gelingen wollte und der trotz allem oder eben darum schrieb: ›Der Mensch kann nicht leben ohne ein dauerndes Vertrauen zu etwas Unzerstörbarem in sich [...].‹«

Sein opus magnum schrieb Hans Richter vor und nach dem Umbruch: *Franz Fühmann – Ein deutsches Dichterleben* (1992), welches 2001 auch in einer erweiterten Taschenbuchausgabe erschien. Mit Fühmann, der das Spannungsverhältnis zwischen Dichtung und Doktrin tief durchlebte und künstlerisch reflektierte, wählte er erneut einen Autor, der aus seiner böhmischen Heimat kam. Auch der – wie Richter – aus Reichenberg stammende Erzähler Günther Rücker stand ihm besonders nahe. In einem Nekrolog für den *Palmbaum* blickte Richter auf dessen Werk zurück. Den dickleibigen Band *Zwischen Böhmen und Utopia*, der im Jahr 2000 erschien und einen repräsentativen Querschnitt seines Schaffens bietet, könnte man ein »Hans-Richter-Lesebuch« nennen.

Hans Richter nahm seine Kollegen nicht nur als Wissenschaftler wahr. Er, der selbst Schicksalsschläge durchleben musste, teilte mit uns Freud und Leid. Im Mai 2000 war ein vielversprechendes Kapitel aus Richters Erinnerungen im *Neuen Deutschland* erschienen. Dort schilderte er den gespenstischen Besuch Hitlers in seiner Vaterstadt am 2. Dezember 1938. Dies war der zehnte Geburtstag des nunmehr Verstorbenen. Dieses erste Kapitel macht bewusst, was ungesagt bleibt, da Hans Richter seine Memoiren, an denen er über Jahre gearbeitet hat, nicht zu Ende führen konnte.

Lutz Winckler
ARTISTIK UND ENGAGEMENT
ERWIN ROTERMUND 1932–2018

Erwin Rotermund, Copyright: Privat

In der *Legende von der Entstehung des Buches Taoteking auf dem Weg des Laotse in die Emigration* aus dem Jahr 1939 kommentiert Brecht die Frage des Zöllners nach zollpflichtigem Gut des Philosophen mit dem Hinweis: »Er hat gelehrt.« Laotse folgt einer Bitte des Zöllners und schreibt in sieben Tagen seine Lehre in einundachtzig Sprüchen auf. Als »kleine Reisegabe« hinterlässt Laotse sie dem Zöllner.

Erwin Rotermund hat ein umfangreiches wissenschaftliches Lebenswerk hinterlassen. Er war einer der wenigen Literaturwissenschaftler, der Geschichte und Poetik der deutschen Literatur vom Barock bis zum 20. Jahrhundert überblickte und die Ästhetik der anderen Künste, insbesondere der Musik, in seine Interessen einbezog. Exilforschung bildete einen Schwerpunkt von Lehre und Forschung – sie stand hermeneutisch im literatur- und sozialgeschichtlichen Zusammenhang dieses übergreifenden Horizonts. Das Grundthema seiner Forschungen war das Verhältnis von Kunst und Gesellschaft oder, mit dem Titel einer 1994 erschienenen Aufsatzsammlung, von *Artistik und Engagement*. Rotermund verstand darunter nicht ein von außen an die Kunst herangetragenes, sondern in Form und Funktion der künstlerischen Werke selbst angelegtes Verhältnis. Daher seine Vorliebe für Satire, Parodie und Ironie als künstlerische Formen ästhetischer Subversion und humanistischer Gesellschaftskritik.

Die Dissertation *Die Parodie in der modernen deutschen Lyrik* (1963) bemüht sich um eine kritische Aufwertung literarischer Formen des Komischen und verweist mit Analysen von Texten der Dadaisten, Walter Mehrings und des Frühwerks von Brecht auf Thematiken und Autoren der späteren Forschungen zum Exil. Die Habilitation *Affekt und Artistik. Studien zur Leidenschaftsdarstellung und zum Argumentationsverfahren bei Hofmann von Hofmannswaldau* (1972) schlägt den Bogen von der Kunst des 20. Jahrhunderts zur deutschen Barockliteratur. Die subtile formen-, geistes- und sozialgeschichtliche Interpretation der Liebeslyrik Hofmannswaldaus führt zu einer Neubewertung des lyrischen Werks dieses Barockpoeten: Die Ironie und ihr rhetorisches Formenarsenal wird als ästhetischer Modus subversiver Kritik der orthodoxen Moralvorstellungen des 17. Jahrhunderts statuiert. Der Versuch einer sozialgeschichtlichen Konfiguration der Gattungspoetik war innovativ. Ergebnisse und Methoden seiner Arbeiten stellte Erwin Rotermund im interdisziplinären Arbeitskreis Poetik und Hermeneutik vor, einer zeitgenössischen »Artusrunde« etablierter und jüngerer Forscher, die sich nachhaltig für eine Reform der traditionellen Geisteswissenschaften einsetzten. Dissertation und Habilitation entwickeln historische Paradigmen ästhetischer Wahrnehmung, deren Formen und Funktionen auch an der zeitgenössischen Literatur überprüft werden können. Die Aufmerksamkeit gilt dabei zunehmend den ästhetischen Normen literarischer Kritik. Aus einer innerliterarischen Kategorie der klassischen Satireforschung wird die ästhetische Norm zum übergreifenden sozialen Kriterium, das die Schwerpunkte der literarischen Forschung bestimmt, die ästhetische Interpretation und Wertung leitet.

Zum normativen Kern des Verhältnisses von Artistik und Engagement gehört für Erwin Rotermund ein kritischer Humanismus, den er in einem Vortrag über Carl Zuckmayer aus dem Jahr 1999 als »Freiheit des Denkens, Forschens und Gewissens« beschrieben hat – als jeweils neu zu regulierende, dem Eigenen und Fremden gerecht werdende Instanz.

Dieser Anspruch, den Erwin Rotermund mit einer Generation Gleichaltriger teilt, die das Jahr 1945 als Moment der Befreiung und Verpflichtung begriffen, gilt insbesondere für seine Arbeiten zur Exilliteratur. Erste Berührungen ergaben sich bereits in seiner Dissertation und der Beschäftigung mit der Parodie bei Walter Mehring und Bertolt Brecht in den 1920er-Jahren. Die Habilitation bezog sich bei der historischen Deutung der Affekte in der Poesie des 17. Jahrhunderts auf die Untersuchungen der Kritischen Theorie zur Genese bürgerlicher Arbeitsethik, insbesondere auf den 1936 in der *Zeitschrift für Sozialforschung* veröffentlichten Essay Max Horkheimers *Egoismus und Freiheitsbewegung*. Es bedurfte nur eines Schritts, um neben der Theorie auch die im Exil entstandene Literatur zum Gegenstand der Forschung und Lehre zu machen. Vorlesungen und Seminare zur Exilliteratur und zu Walter Benjamin reichen zurück zum Beginn seiner Würzburger Tätigkeit in den Jahren nach 1968. Wie anregend und prägend, offen und kontrovers die Diskussionen in seinem Würzburger Oberseminar waren, kann ich selbst bezeugen. Erwin Rotermund dozierte nicht, er hörte zu und stellte Fragen, die die Diskussion an Punkte führte, von denen aus weitergedacht, gelesen und nachgeforscht werden konnte.

Von Erwin Rotermund stammt eine der ersten literaturgeschichtlichen Darstellungen der Exilliteratur: Er hat für die von Viktor Žmegač herausgegebene *Geschichte der deutschen Literatur vom 18. Jahrhundert bis zu Gegenwart* einen kritischen Überblick zur *Deutschen Literatur im Exil 1933–1945* verfasst (1984). Es folgen Aufsätze zur Prosa von Anna Seghers, Leonhard Frank, Ernst Glaeser und Grete Weil, zu den Exildramen von Friedrich Wolf, Ferdinand Bruckner und Ödön von Horvath, ein Sammelband über Carl Zuckmayer (2012, zusammen mit Heidrun Ehrke-Rotermund). In diesen Arbeiten geht es im Wesentlichen um den Nachweis, dass Kunst und Literatur im Exil ohne ein im Humanismus begründetes Engagement nicht denkbar sind. Ein besonderes Interesse gilt neben der exilspezifischen Themenwahl den ästhetischen Diskursen: den Erzählformen einer politisch intervenierenden Literatur, dem Gattungswechsel des historischen Dramas zum Zeitstück, der sozialen Konkretisierung der Affekte in der Lyrik. Exilliteratur steht für Erwin Rotermund in einem durch innovative Brüche und Kontinuitäten gekennzeichneten Kontinuum der neuzeitlichen Literaturgeschichte.

Exemplarisch ist ein für die Forschung wichtiger Aufsatz zum Früh- und Spätwerk von Anna Seghers: *Soziales Engagement und Dichtung der Unmittelbarkeit* (1981, 1994). Rotermund weist auf die Tradition des europäischen Realismus von Georg Büchner über Honoré de Balzac bis zu Emile Zola und ordnet das Werk Anna Seghers' dem sozialen Realismus der experimentellen Moderne des 20. Jahrhunderts zu. Die zentrale Kategorie der »Unmittelbarkeit« ist Ausdruck und Nachweis einer existentiellen und künstlerischen Authentizität, die das Früh- und Exilwerk bestimmt und in den späten Erzählungen wieder aufgenommen wird. Spontaneität als existentielles Moment geschichtlicher Erfahrung und ästhetisches Experiment verbinden sich im Schreibprozess zu einer Ästhetik des Widerstands jenseits vorgegebener politischer oder ästhetischer Normen. Im Mittelpunkt, so Rotermund, stehe die Erfahrung »der unangreifbaren humanen Substanz, die sich in den Akten des Standhaltens, solidarischen Widerstehens und vor allem des Rebellierens bewährt«. Dieses offene Konzept der Verbindung von Artistik und Engagement, das alle epischen Formen vom Roman über die Erzählung bis zum Märchen, zeitgeschichtliche Erfahrung und mythische Referenz umfasst, hat Anna Seghers eine große, parteiliche aber nicht auf eine Partei beschränkte Leserschaft gesichert.

Als einer der ersten Forscher hat Erwin Rotermund auf diskursive und formgeschichtliche Zusammenhänge zwischen der Exilliteratur und der Literatur der Inneren Emigration hingewiesen und so dem Versuch entgegengearbeitet, die gesamte in Deutschland erschienene Literatur – nach dem bekannten Diktum Thomas Manns – dem Faschismusverdacht zu unterstellen. Das geschieht zunächst in dem zusammen mit seiner Frau, Heidrun Ehrke-Rotermund, verfassten Überblick zur *Literatur im »Dritten Reich«* (1984). In dem von Erwin Rotermund und Heidrun Ehrke-Rotermund verfassten opus magnum *Zwischenreiche und Gegenwelten. Texte und Vorstudien zur »Verdeckten Schreibweise« im »Dritten Reich«* (1999) werden die methodischen Überlegungen weitergeführt und präzisiert. Der Untertitel verweist auf die zentrale hermeneutische Kategorie. Der Begriff der verdeckten Schreibweise knüpft an rhetorische Elemente indirekter Rede – Substitution, Synkope, Oxymoron, Hyperbel, Parabolik – an, wie sie die Dissertation im Zusammenhang mit der Definition der Parodie entwickelt hat. Sie werden für die intertextuelle Zuschreibung einer ästhetischen »Gegenwelt« weiterentwickelt und kommunikationstheoretisch erweitert. Die »Zweideutigkeit« (Walter Benjamin) der Texte muss interpretativ für jedes Werk und seinen Autor aus dem zeit- und werkgeschichtlichen Kontext und aus dem Erfahrungshorizont der Leser erschlossen werden. Die Untersuchung stützt sich auf die zeitgenössische Literaturkritik, Gutachten der offiziellen Zensur, private Briefwechsel von Autoren und Lesern. Die komplexen Zusammenhänge von Werk und Wirkung werden am Beispiel ausgewählter Autoren und Texte vorgestellt: Ernst Jüngers *Marmorklippen*, Werner Krauss' im Gefängnis geschriebener Roman *PLN Die Passionen der halykonischen Seele*, Reinhold Schneiders *Las Casas vor Karl V.*, in Essays, Kunst- und Literaturkritiken, Kommentaren von Gerhard Nebel, Reinhard Linfert, Hans Gerth, Rudolf Pechel, Satiren von Werner Finck. Der innovative methodische Zugriff ermöglicht einen eindrucksvollen Blick in ein bis dahin weitgehend unbekanntes Universum oppositionellen Schreibens – »literarische Zwischenreiche«, deren Autonomieanspruch fragil war, ästhetische und ideologische Überschneidungen mit dem herrschenden Kulturbetrieb und seinem Diskurs nicht ausschloss. Damit öffnet sich ein Forschungsfeld, das auch für die Exilforschung und die Einbindung ihres Gegenstands in ein vieldeutiges, durch universale und traditionell-nationale Diskurse bestimmtes kulturelles Kräftefeld relevant ist, aber erst noch erschlossen werden muss.

Die Botschaft, die Brecht Laotses *Taoteking* zuschreibt, lautet, »dass das weiche Wasser in Bewegung / mit der Zeit den mächtigen Stein besiegt«. Die Überzeugung, dass »das Harte unterliegt« bezeichnet Walter Benjamin in seinem zusammen mit Brechts Gedicht publizierten Kommentar als das »Minimalprogramm der Humanität«. Erwin Rotermund hätte dem, freundlich und diskret, sein Wissen auch einem größeren Zuhörerkreis mitteilend, zugestimmt. Wichtig war ihm die Erweiterung des »kleinen Kreises der Kenner« seiner akademischen Schüler und Kollegen auf den größeren Kreis eines literarisch interessierten Publikums. Als Mitherausgeber des Jahrbuchs *Exilforschung* hat Erwin Rotermund zwischen 1990 und 2008 mit den Bänden *Künste im Exil* (1992), *Aspekte der künstlerischen Inneren Emigration 1933–1945* (1994), *Exil und Avantgarden* (1998), *Film und Fotografie* (2002), *Autobiografie und wissenschaftliche Biografik* (2005) wesentlich dazu beigetragen, Exilforschung als interdisziplinäre Kulturwissenschaft zu fundieren und einem größeren Publikum zugänglich zu machen.

Wichtig war ihm die Erforschung und Vermittlung der »Mainzer Weltliteratur« im 20. Jahrhundert. Anlässlich der Ehrungen zum 80. Geburtstag der Dichterin durch die Stadt Mainz organisierte er im Rahmen des Studium Generale an der Johannes-Gutenberg-Universität ein wissenschaftliches Symposium zum Werk von Anna Seghers und trug so zu ihrer »Rückkehr« nach Mainz bei. Als Herausgeber des Zuckmayer-Jahrbuchs, seit 2002 zusammen mit Gunther Nickel und Hans Wagener, und des Sammelbandes über den Schriftsteller, Theaterkritiker und Übersetzer Rudolf Frank (2002) setzte er sich für die Wiederbelebung und Neubewertung von zwei weiteren Mainzer Exilautoren ein. Zu den Schülern und Mitarbeitern Erwin Rotermunds aus der Zeit seiner Tätigkeit an der Würzburger (1968–1973) und der Mainzer Universität (1973–1998) zählen der Heine-Forscher Günter Oesterle, der durch Veröffentlichungen zur ästhetischen Theorie und zur Literatur des 19. und 20. Jahrhunderts hervorgetreten ist, der Thomas-Mann-Forscher und Büchner-Biograph Hermann Kurzke, der Exilforscher Bernhard Spies, Autor eines Buches über die Komödie in der deutschsprachigen Literatur des Exils und Mitherausgeber der Werkausgabe von Anna Seghers, der Theaterwissenschaftler Günther Heeg, Sonja Hilzinger, Biografin und Herausgeberin der Werke Christa Wolfs. Sie haben, wie seine Frau und kongeniale Mitautorin Heidrun Ehrke-Rotermund, jeder auf eigene Weise das Werk Erwin Rotermunds und das damit verbundene Engagement fortgesetzt.

Die zum 80. Geburtstag Erwin Rotermunds erschienene Festschrift *Mimesis, Mimikry, Simulatio, Tarnung und Aufdeckung in den Künsten vom 16. bis 20. Jahrhundert* (2013) zeigt mit über dreißig Beiträgen zur Literatur- und Kunstgeschichte, zur Musik und Fotografie die Disziplinen übergreifende Wirkung der zentralen Leitbegriffe und Themen von Forschung und Lehre Erwin Rotermunds.

ZU UNSEREN AUTORINNEN UND AUTOREN

NORBERT ABELS studierte Literatur- und Musikwissenschaft, Philosophie und Judaistik. Seit 1980 Literaturdozent am Media-Campus Frankfurt, seit 1985 an der Oper Frankfurt tätig, ab 1997 als Chefdramaturg. Seit 2005 Professor für Theaterdramaturgie an der Folkwang-Universität der Künste, seit 2006 Mitglied der Deutschen Akademie der Darstellenden Künste. Zahlreiche Gastdramaturgien, u. a. von 2003 bis 2010 bei den Bayreuther Festspielen sowie auf internationalen Bühnen.

SABINE BAUMANN, geb. 1966 in Frankfurt a. M.; Literaturwissenschaftlerin, Übersetzerin und leitende Lektorin bei Schöffling & Co. in Frankfurt a. M. Sie studierte Anglistik, Amerikanistik und Slawistik in Frankfurt a. M., Bloomington und New York, 1998 promovierte sie an der Universität Frankfurt mit einer Arbeit über das übersetzerische Werk Vladimir Nabokovs. Seit 2017 ist sie ehrenamtliche Vorsitzende des Vereins Frankfurt liest ein Buch e. V.

KLAUS BELLIN, geb. 1935; Publizist, viele Jahre Literaturredakteur beim Rundfunk sowie bei der *Weltbühne*. Autor zahlreicher literarischer Porträts und Radiofeatures, z. B. über Anna Seghers, Arnold Zweig, Gottfried Benn, Uwe Johnson. Buchpublikationen u. a.: *Es war wie Glas zwischen uns. Die Geschichte von Mary und Kurt Tucholsky* (2010). Zuletzt: *Das Weimar des Harry Graf Kessler* (2013). *Bankett für Dichter. Feuilletons zur Literatur* (2015). Vgl. *Argonautenschiff* 15, 16, 18, 22, 23, 24.

ROLAND R. BERGER, Prof. Dr. phil., geb. 1942; Graphiker, Kunsterzieher, Kunstwissenschaftler, Hochschullehrer, freischaffender Rentner, lebt in Hohen Neuendorf bei Berlin. Zahlreiche Ausstellungen; seit 1993 Edition Linksrum, mehrere Druckgrafiken und Zeichnungen zu Werken von Anna Seghers. Erarbeitete den Bildband *Anna Seghers in der bildenden Kunst* (Sonderpublikation der Anna-Seghers-Gesellschaft Berlin und Mainz e. V. 2008). Vgl. *Argonautenschiff* 3, 7, 9, 10, 16, 18, 19, 20, 21, 22, 24, 25.

MARGRID BIRCKEN, Dr. phil., geb. 1951; arbeitete an der Universität Potsdam im Lehrgebiet Neuere Deutsche Literatur 1750 bis zur Gegenwart, Vorstandsmitglied der Brigitte-Reimann-Gesellschaft. Veröffentlichungen zu schreibenden Frauen, z. B.: *Brigitte Reimann. Eine Biographie in Bildern* (mit Heide Hampel, Berlin 2004), *Brüche und Umbrüche. Frauen, Literatur und soziale Bewegungen* (mit Helmut Peitsch, Potsdam 2010), *Frauen und andere Hexen* (Friedland 2011); betreut die Internetseiten zu Anna Seghers (www.anna-seghers.de), zu Brigitte Reimann (www.brigittereimann.de) und für die Bibliothek der verbrannten Bücher (www.verbrannte-buecher.de). Vgl. *Argonautenschiff* 3, 4, 5, 7, 9, 11, 13, 15, 18, 19, 20, 23, 24, 25.

BIRGIT BURMEISTER, geb. 1964 in Berlin; Studium an der Humboldt-Universität zu Berlin; Studiendirektorin für Deutsch, Englisch, Darstellendes Spiel und Fachbereichsleiterin Deutsch/Darstellendes Spiel an der Anna-Seghers-Gemeinschaftsschule mit gymnasialer Oberstufe Berlin-Treptow. Seit 2011 Mitglied im Vorstand der Anna-Seghers-Gesellschaft. Vgl. *Argonautenschiff* 18, 19, 21, 24.

CHRISTA DEGEMANN, Dr. phil., geb. 1946 in Krefeld; lebt seit dem Studium (Lehrerin/Diplom-Pädagogin) im Münsterland. Tätigkeit in der Lehrerausbildung in den Fächern Deutsch und Soziologie an der PH bzw. Universität Münster/Universität Paderborn, zudem Lehrerin an Gesamtschulen im Ruhrgebiet. Veröffentlichungen zum Literaturunterricht, u. a. zur Literatur der Arbeitswelt, zur Seghers-Rezeption in Westdeutschland, z. B. *Anna Seghers in der westdeutschen Literaturkritik 1946 bis 1983* (Köln 1985). Heute VHS-Dozentin für Literatur, Vortragstätigkeit u. a. über Böll, Borchert, Remarque und Seghers, Veröffentlichung eigener Gedichte und Geschichten sowie des Romans *Wenn Hans kommt* (Vechta 2013), die Geschichte eines Kriegstraumas. Lebensschwerpunkt: Friedensarbeit vor Ort.

RAINER DYK, geb. 1951; Diplom-Journalist, Journalistik-Studium an der Karl-Marx-Universität Leipzig 1973–1977, verantwortlicher Redakteur einer Betriebszeitung, Lokalredaktion in der Prignitz, freiberuflicher Journalist Wort/Bild, Entwicklung und Herausgabe mehrerer Regionalmagazine, Geschäftsführung im Journalistenbüro medienPUNKTpotsdam, Mitglied der Anna-Seghers-Gesellschaft seit 2008, u. a. verantwortlich für Fotodokumentationen der Jahrestagungen.

URSULA ELSNER, Dr. phil., geb. 1954 in Magdeburg; nach Germanistikstudium in Leipzig Tätigkeiten an den Universitäten Halle und Magdeburg, seit 1994 an der PH Freiburg/Br., 1989 Dissertation zur Mittelalter- und Antikerezeption Franz Fühmanns; Interpretation zu Seghers' *Das siebte Kreuz* (München, 1999). 2005 bis 2013 Vorsitzende der Anna-Seghers-Gesellschaft. Mitherausgeberin und Autorin des *Argonautenschiffs* seit 1996. Ausgewählte Publikationen: *Anna Seghers – Frau mit dem »männlichen Blick«?* (Berlin, 1996); *»Ich begreife es nicht. Ich beschreibe es« – Lesarten zu Fühmanns »Drei nackte Männer«* (Frankfurt a. M., 1998); *Alptraum und Vision. Erinnerungsarbeit bei Anna Seghers und Christa Wolf* (Freiburg/Br., 2007). Vgl. *Argonautenschiff* 5, 8, 9, 10, 12, 13, 14, 16, 17, 19, 20, 21, 22, 23, 24, 25.

HELEN FEHERVARY, Prof. Dr., geb. 1942 in Budapest; Professor Emerita/Academy Professor, Ohio State University/USA. Seit 2000 Mitherausgeberin der Anna Seghers *Werkausgabe*, 1977 bis 1991 der Zeitschrift *New German Critique*. Zahlreiche Veröffentlichungen zur Literatur der Weimarer Republik, des Exils und der DDR. Zu Seghers: *Anna Seghers: The Mythic Dimension* (2001); Bandbearbeitung von *Aufstand der Fischer von St. Barbara* (Werkausgabe I/1, 2002) sowie Aufsätze in mehreren Zeitschriften und Sammelbänden, zuletzt: *Art Instead of Romance: Brecht's Collaborations with Women (Asja Lacis, Elisabeth Bergner, Anna Seghers)*, in: *Das Brecht-Jahrbuch* 41 (2017). Übersetzerin (mit Amy Kepple Strawser) der Erzählungen *Der Ausflug der toten Mädchen, Post ins gelobte Land, Das Ende*, in: *American Imago* 74/3 (2017), darin auch: *Anna Seghers's Response to the Holocaust*. Vgl. *Argonautenschiff* 5, 12, 16, 17, 18, 21, 22, 23, 24, 26.

ANDRÉE FISCHER-MARUM, geb. 1941 in Marseille, aufgewachsen in Mexiko, seit 1947 in Deutschland; Studium der Germanistik, Kulturwissenschaften und Ästhetik, anschließend Verlagslektorin. Veröffentlichungen u. a. zur Familiengeschichte: »Ludwig Marum: Das letzte Jahr in Briefen. Der Briefwechsel zwischen Ludwig

Marum und Johanna Marum« (2016). »Französische Zustände 1933–1942«, in: Juristin, Emigrantin, Botschafterin der Versöhnung und Erinnerung, hg. von Fritz-Erler-Forum Baden-Württemberg (2012).

MARIE-CHRISTIN FLOHR, geb. 1992; studiert Deutsch und Englisch auf Lehramt und Psychologie und arbeitet als wissenschaftliche Hilfskraft am Deutschen Institut der Johannes Gutenberg-Universität in Mainz.

MARIANNE GROSSE, geb. 1962; studierte Politikwissenschaften, Neuere Geschichte und Anglistik. 1992 bis 1998 wissenschaftliche Mitarbeiterin im Bundestag, 1998 bis 2001 Referatsleiterin für Reden und Öffentlichkeitsarbeit in der Landesregierung Rheinland-Pfalz/Ministerium für Arbeit, Soziales, Familie und Gesundheit, 2001 bis 2010 Mitglied des Landtages Rheinland-Pfalz, seit 2010 Dezernentin der Landeshauptstadt Mainz für Bauen, Denkmalpflege und Kultur.

CARSTEN JAKOBI, Dr. phil., geb. 1969; Akademischer Oberrat für Neuere deutsche Literaturwissenschaft an der Universität Mainz. Studium der Germanistik, Pädagogik, Geschichte, Politikwissenschaft und Komparatistik, Promotion 2003 mit einer Dissertation über das Thema *Der kleine Sieg über den Antisemitismus. Darstellung und Deutung der nationalsozialistischen Judenverfolgung im deutschsprachigen Zeitstück des Exils 1933–1945*. Mitherausgeber der literaturwissenschaftlichen Zeitschrift *literatur für leser*. Sammelbände über literarische Exterritorialitätsphänomene, Antike-Rezeption, Religionskritik, Komiktheorie; Aufsätze zur deutschen Literatur seit dem 18. Jahrhundert (u. a. über Boulevardtheater, Komik- und Komödientheorie, Poetik der Negativen Utopie, Exilliteratur). Vertrauensdozent der Rosa-Luxemburg-Stiftung an der Universität Mainz.

ANJA JUNGFER, M. A., geb. 1980 in Jena; studierte Literaturwissenschaft, Anglistik und Amerikanistik in Potsdam und Glasgow, Abschlussarbeit über Jüdische Lebenswelten im Werk Egon Erwin Kischs. Arbeitet derzeit an einer Dissertation über Berührungspunkte zwischen Arbeiterbewegung und Judentum bei Egon Erwin Kisch, Otto Katz, Lenka Reinerova und F. C. Weiskopf, die durch die Hans-Böckler-Stiftung gefördert wird. Zuletzt veröffentlichte sie u. a. *Die Quadratur eines Prager Kreises. Komplexe Zugehörigkeitskonstruktionen vier jüdisch-deutscher Intellektueller als revolutionäres Schema*, in: *Dialog*, Heft 78, 01/2018 und *Kurskorrekturen. Volksfront und »Judenfrage« in der Exilzeitung »Der Gegen-Angriff« 1933–1936*, in: *Judentum und Arbeiterbewegung. Das Ringen um Emanzipation in der ersten Hälfte des 20. Jahrhunderts*, hg. von Markus Börner/Anja Jungfer/Jakob Stürmann (2018).

MAREN KAMES, geb. 1984 in Überlingen am Bodensee; lebt als freie Autorin und Übersetzerin in Berlin. Ihr Debüt *Halb Taube Halb Pfau* erschien Ende 2016 im Secession Verlag für Literatur. In den Jahren vor und nach Erscheinen des Buches übersetzte sie den Text in verschiedene akustische, visuelle und performative Räume und Aggregatzustände. Neben dem Anna Seghers-Preis wurde sie dafür mit einem Jahresstipendium des Landes Baden-Württemberg und dem Düsseldorfer Poesiedebütpreis ausgezeichnet. 2017 erhielt sie außerdem den Kranichsteiner Literaturförderpreis. Momentan schreibt sie an ihrem zweiten Buch *Luna Luna*, das Ende 2019 erscheinen wird.

OTMAR KÄGE, Dr. phil., geb. 1950 in Worms a. Rh.; Gymnasialreferendar, Trier; wiss. Mitarbeiter Moderne Linguistik, Mainz; Dudenredakteur, Mannheim; Schulbuchlektor in Braunschweig, Frankfurt a. M., Berlin; seit 2014 Jubilar.

ULRICH KAUFMANN, Dr. phil., geb. 1951; Literaturwissenschaftler/Lehrer, lebt in Jena; ab 1974 wissenschaftlicher Mitarbeiter an der Universität Jena, 1978 Promotion über Oskar Maria Graf, 1992 Habilitation zu *Dichtern in »stehender Zeit« – Studien zur Georg-Büchner-Rezeption in der DDR*; Mitherausgeber und Redakteur der Zeitschrift *PALMBAUM – Literarisches Journal aus Thüringen*; letzte Publikationen: *Harald Gerlach: aber du der ich war* (2010), *»Wir hatten Fieber. Das war unsre Zeit«. Äußerungen zur ostdeutschen Literatur von Brecht bis Braun* (2014).

WALTER KAUFMANN, geb. 1924 in Berlin; Schriftsteller und Gründungsmitglied der Anna-Seghers-Gesellschaft. Emigrierte 1939 über Großbritannien nach Australien; übersiedelte 1956 in die DDR; von 1975 bis 1993 Mitglied des PEN-Zentrums der DDR, ab 1983 als dessen Generalsekretär. Mehr als 30 Buchveröffentlichungen, darunter Romane, Erzählungen, Reisereportagen und autobiografische Prosa. Zuletzt *Im Fluss der Zeit* (2010), *Schade, dass du Jude bist* (2013), *Meine Sehnsucht ist noch unterwegs. Ein Leben auf Reisen* (2016) sowie *Die meine Wege kreuzten. Begegnungen aus neun Jahrzehnten* (2018). Der in diesem Jahrbuch abgedruckte Text ist eine Erstveröffentlichung. Walter Kaufmann arbeitet bereits an einem neuen Buch.

DIRK KNIPPHALS, geb. 1963; studierte Literaturwissenschaft und Philosophie in Kiel und Hamburg. Seit 1991 Arbeit als Journalist, von 1994 bis 1996 bei der *taz.hamburg*, seit 1999 Literaturredakteur der *taz*, Essays. Literaturkritiken für Deutschlandfunk und Deutschlandradio, Moderationen. 2012 Mitglied der Jury des Deutschen Buchpreises.

ACHIM LETTMANN, Journalist und Mitglied der Kulturredaktion des *Westfälischen Anzeigers*.

MORITZ MALSCH, geb. 1976 in Berlin; Studium der Neueren Deutschen Philologie und der Musikwissenschaft an der Technischen Universität Berlin, freier Lektor, Übersetzer und Herausgeber, Mitbegründer und -betreiber des Literaturhauses Lettrétage in Berlin-Kreuzberg, seit 2016 Vorsitzender der Anna Seghers-Stiftung, lebt in Berlin.

MONIKA MELCHERT, Dr. phil., geb. 1953; Germanistin und Autorin, arbeitet im Auftrag der Akademie der Künste in der Anna-Seghers-Gedenkstätte und der Brecht-Weigel-Gedenkstätte in Berlin. Vorstandsmitglied der Anna-Seghers-Gesellschaft. Herausgeberin der Buchreihe *Spurensuche. Vergessene Autorinnen wiederentdeckt*. Buchpublikationen u. a. zum Werk von Anna Seghers (*Mit Kafka im Café*, 2006), Christa Wolf (*Kassandra vor dem Löwentor*, 2009) und Max Frisch (*Leben *spielen*, 2011). *Heimkehr in ein kaltes Land. Anna Seghers in Berlin 1947 bis 1952* (2011), *Abschied im Adlon. Die Geschichte von Thea und Carl Sternheim* (2013). Zuletzt *Wilde und zarte Träume. Anna Seghers: Jahre im Pariser Exil 1933–1940* (2018). Vgl. *Argonautenschiff* 5, 7, 8, 10, 11, 13, 16, 17, 19, 20, 21, 22, 23, 24, 25.

JAN MÜLLER-WIELAND, geb. 1966 in Hamburg; Komponist und Dirigent, seit 2007 Professor für Komposition an der Hochschule für Musik und Theater München. Studium bei Hans Werner Henze, Friedhelm Döhl und Oliver Knussen; Stipendien der Villa Massimo (Rom), der Cité des Arts (Paris) und des Tanglewood Music-Center (Leonard-Bernstein-Foundation, Boston Symphony Orchestra). Zahlreiche, internationale Preise, u. a. 1993 den Hindemith-Preis des Schleswig-Holstein-Musik-Festivals und 2002 den Förderpreis für Komponisten der Ernst-von-Siemens-Musikstiftung. Seit 1993 Mitglied der Akademie der Künste in Hamburg. 130 Werke entstanden bisher, darunter vier Sinfonien, Konzerte, Lieder, Kammermusik und Opern.

PATRICIA NICKEL-DÖNICKE, geb. 1979 in Potsdam; während des Studiums der Neueren deutschen Literatur & Medien und Politikwissenschaften in Marburg arbeitete sie im Verlagswesen, in der PR- und Öffentlichkeitsarbeit, als Regieassistentin bei verschiedenen Film- und Fernsehproduktionen und am Staatstheater Darmstadt. 2005 bis 2011 Dramaturgin an den Städtischen Bühnen Osnabrück, Mitkonzeption und Umsetzung des Festivals SPIELTRIEBE 1–3; 2011 bis 2013 Dramaturgin am Theater Heidelberg, u. a. Programmierung des Heidelberger Stückemarktes; 2014 bis 2017 Dramaturgin am Staatstheater Mainz. Seit 2017 Chefdramaturgin und stellvertretende Intendantin am Theater Oberhausen.

HANS-WILLI OHL, geb. 1954; 1973 bis 1979 Studium der Fächer Germanistik, Politik und Pädagogik an der Johann Wolfgang von Goethe-Universität in Frankfurt a. M.; seit 1982 Lehrer am Abendgymnasium in Darmstadt. Mitglied in der Gesellschaft für Exilforschung, dem Förderverein Büchnerhaus sowie der Luise Büchner-Gesellschaft; Mitglied der Anna-Seghers-Gesellschaft seit ihrer Gründung, seit 2013 deren Vorsitzender, Mitherausgeber und Autor des Jahrbuchs. Vgl. *Argonautenschiff* 7, 16, 21, 22, 24, 25.

SABINE REICH, geb. 1966; Dramaturgin, Autorin und Projektleiterin für verschiedene Kunstprojekte. Sie leitet das Förderprogramm »Tanzland«; zuvor geschäftsführende Dramaturgin am Schauspielhaus Bochum, dort u. a. Konzeption von Stadt-Projekten und Interventionen; aktuell Leitung eines deutsch-namibischen Kunstfestivals, regelmäßige Zusammenarbeit mit dem Künstler Ari Benjamin Meyers.

ERNST SCHÄFER, Schulleiter der Integrierten Gesamtschule Anna Seghers Mainz.

ULRIKE SCHNEIDER, Dr. phil.; seit 2010 wissenschaftliche Mitarbeiterin am Institut für Jüdische Studien und Religionswissenschaft/Germanistik an der Universität Potsdam, Schwerpunkt deutsch-jüdische Literatur- und Kulturgeschichte;

Veröffentlichungen: *Jean Améry und Fred Wander. Erinnerung und Poetologie in der deutsch-deutschen Nachkriegszeit* (2012); Aufsätze: *Kulturelle und religiöse Konzeptionen des Jüdischen im Werk von Franz Werfel* (2015); *»Uns interessierten im Grunde nur die Menschen.« Utopie und Wirklichkeit der sozialistischen Gesellschaft. Maxie und Fred Wanders Leben in und ihre Deutungen der DDR* (2014); *Versöhnung als Konzept der Verdrängung? Die Darstellung von jüdischen Protagonisten in der frühen (west-) deutschen Nachkriegsliteratur* (2013). Vgl. *Argonautenschiff* 22, 23, 24, 25.

JUDITH VON STERNBURG, geb. 1967 in Wiesbaden; Feuilletonredakteurin bei der *Frankfurter Rundschau*. Sie studierte Germanistik, Anglistik und Musikwissenschaft in Marburg und Canterbury. Anschließend volontierte sie bei der *Frankfurter Rundschau*, wo sie vier Jahre als Nachrichtenredakteurin arbeitete, bevor sie ins Kulturressort wechselte.

ANSELM WEBER, Studium der Germanistik, Philosophie und Anglistik in Berlin. Ab 1986 Regieassistent an den Münchner Kammerspielen, wo er 1989 seine erste Inszenierung *Die Minderleister* von Peter Turrini im Werkraum der Münchner Kammerspiele zeigte. 1991 eröffnete er die Intendanz von Peter Eschberg in den Frankfurter Kammerspielen mit der Inszenierung *Die Jungfrau von Orleans* von Friedrich Schiller. 1992 bis 2000 war er Hausregisseur am Schauspielhaus Hamburg unter Frank Baumbauer, 2001 bis 2003 Oberspielleiter am Schauspiel Frankfurt und 2005 bis 2010 Intendant am Schauspiel Essen, 2010 bis 2017 Intendant am Schauspielhaus Bochum. In Essen führte er 1999 erstmals Opernregie, weitere Operninszenierungen folgten auch an der Oper Frankfurt. Zuletzt erarbeitete er 2015 dort die Oper *Die Passagierin* von Mieczysław Weinberg. Seit der Spielzeit 2017/18 Geschäftsführender Intendant am Schauspiel Frankfurt.

LUTZ WINCKLER, geb. 1941 in Potsdam; ab 1976 Hochschullehrer in Tübingen, von 1992 bis 2006 Professor für deutsche Literatur und Zivilisation an der Universität Poitiers; Literatur und Kultur des 19. und 20. Jahrhunderts, Schwerpunkt deutsche Exilliteratur. Mitherausgeber des Jahrbuchs *Exilforschung*. Letzte Veröffentlichungen: *Geschichten erzählen als Lebenshilfe. Beiträge zum literarischen und künstlerischen Werk Rudolf Franks* (2015); *Schönheit und Schrecken der Vulkane*, in: Hanns-Werner Heister (Hg): *Schichten, Geschichte, System* (2016); zusammen mit Anke Winckler: *Max Rüdenberg – Hiob. Neues aus den Archiven: Zur Geschichte der Enteignung Max Rüdenbergs 1939–1942*, in: *Kreativität und Charakter* (2017).

UWE WITTSTOCK, geb. 1955 in Leipzig; nach der Übersiedlung seiner Eltern in den Westen (1957) wuchs er in Bonn und Köln auf. Nach dem Studium in Köln ab 1980 Redakteur der *Frankfurter Allgemeinen Zeitung* in der Literaturredaktion von Marcel Reich-Ranicki. 1989 wurde er mit dem Theodor-Wolff-Preis für Journalismus ausgezeichnet. Von 1989 bis 1999 war er als verantwortlicher Lektor für deutschsprachige Literatur im S. Fischer Verlag tätig und parallel dazu Mitherausgeber der Literaturzeitschrift *Neue Rundschau*. Von 2000 bis 2010 war er Redakteur der *Welt*, zunächst als stellvertretender Leiter des Feuilletons, danach als Kulturkorrespondent in Paris und Frankfurt a. M., von 2010 bis 2017 war er Literaturredakteur des Nachrichtenmagazins *Focus*. Seit 2018 ist Uwe Wittstock freier Schriftsteller und Journalist.

CHRISTIANE ZEHL ROMERO, Dr. phil.; Professorin für deutsche Literatur und Sprache an der Tufts University in Medford, Massachusetts/USA. Neben zahlreichen Veröffentlichungen zur deutschen Literatur verfasste sie rororo-Monografien über Simone de Beauvoir und Anna Seghers, die zweibändige Biografie über Anna Seghers (*Anna Seghers 1900–1947* und *Anna Seghers 1947–1983*), erschienen im Aufbau Verlag, und ist zusammen mit Almut Giesecke Herausgeberin der Bände *Annas Seghers. Briefe 1924–1953* (2008) und *Tage wie Staubsand. Briefe 1953–1983* (2010). Vgl. *Argonautenschiff* 4, 5, 12, 17, 19, 23.

BILDNACHWEIS

Foto der Preisverleihung: Copyright Rainer Dyk
Fotos der Tagung der Anna-Seghers-Gesellschaft: Copyright Rainer Dyk
Szenenfotos zur Aufführung *Das siebte Kreuz* am Schauspiel Frankfurt: Copyright Schauspiel Frankfurt, Thomas Aurin
Theaterplakat zur Aufführung *Das siebte Kreuz* am Schauspiel Frankfurt: Copyright Schauspiel Frankfurt
Szenenfotos zur Aufführung *Das siebte Kreuz* am Theater Oberhausen: Copyright Theater Oberhausen, Ant Palmer
Theaterplakat zur Aufführung *Das siebte Kreuz* am Theater Oberhausen: Copyright Theater Oberhausen
Fotos vom Lesefest Frankfurt liest ein Buch: Copyright Ute Meißner-Ohl, Birgit Burmeister
Fotos zur Diskussionsveranstaltung in der Deutschen Nationalbibliothek im Rahmen von Frankfurt liest ein Buch: Copyright Jeanette Faure
Abbildungen in der Rubrik „Anna Seghers und die Bildende Kunst": Copyright Roland R. Berger